U0464536

中咨研究系列丛书
工程咨询专业分析评价方法及应用丛书

工程项目风险分析评价理论
方法及应用

主　编　李开孟
副主编　张宏亮　杨凯越

中国电力出版社
CHINA ELECTRIC POWER PRESS

内 容 提 要

本书系统地阐述了工程项目风险分析评价的理论框架、操作方法及在工程咨询实践中的具体应用，内容包括工程项目风险分析的内涵及其理论基础，项目集成风险管理体系、风险分析方法及风险管理信息系统的构建，风险成本及效益度量，风险来源及主要识别方法，项目周期不同阶段的风险评估方法，风险应对措施、分担机制、监测预警及应急预案的制订策略，以及不同行业风险分析评价方法的具体应用案例研究。

本书可作为各类工程咨询机构、发展改革部门、项目业主单位、投融资机构相关领域专业人员开展专业学习、业务进修及继续教育用书，也可作为大专院校相关专业研究生和本科生教材使用。

图书在版编目（CIP）数据

工程项目风险分析评价理论方法及应用/李开孟主编. —北京：中国电力出版社，2017.1（2020.12重印）
（工程咨询专业分析评价方法及应用丛书）
ISBN 978-7-5123-9905-1

Ⅰ. ①工… Ⅱ. ①李… Ⅲ. ①工程项目管理－风险分析－研究 Ⅳ. ①F284

中国版本图书馆 CIP 数据核字（2016）第 247804 号

中国电力出版社出版、发行

（北京市东城区北京站西街 19 号 100005 http://www.cepp.sgcc.com.cn）
三河市航远印刷有限公司印刷
各地新华书店经售

*

2017 年 1 月第一版 2020 年 12 月北京第二次印刷
787 毫米×1092 毫米 16 开本 20.25 印张 495 千字
定价 **68.00 元**

中咨研究系列丛书

丛 书 总 序

现代咨询企业怎样才能不断提高核心竞争力？我们认为，关键在于不断提高研究水平。咨询就是参谋，如果没有对事物的深入研究、深层剖析和深刻见解，就当不好参谋，做不好咨询。

我国的工程咨询业起步较晚。以 1982 年中国国际工程咨询公司（简称中咨公司）的成立为标志，我国的工程咨询业从无到有，已经发展成具有较大影响的行业，见证了改革开放的历史进程，通过自我学习、国际合作、兼容并蓄、博采众长，为国家的社会经济发展做出了贡献，同时也促进了自身的成长与壮大。

但应该清醒地看到，我国工程咨询业与发达国家相比还有不小差距。西方工程咨询业已经有一百多年的发展历史，其咨询理念、方法、工具和手段，以及咨询机构的管理等各方面已经成熟，特别是在研究方面有着深厚基础。而我国的工程咨询业尚处于成长期，尤其在基础研究方面显得薄弱，因而总体上国际竞争力还不强。当前，我国正处于社会经济发生深刻变革的关键时期，不断出现各种新情况、新问题，很多都是中国特定的发展阶段和转轨时期所特有的，在国外没有现成的经验可供借鉴，需要我们进行艰辛的理论探索。全面贯彻和落实科学发展观，实现中华民族伟大复兴的中国梦，对工程咨询提出了新的要求，指明了发展方向，也提供了巨大发展空间。这更需要我们研究经济建设特别是投资建设领域的各种难点和热点问题，创新咨询理论和方法，以指导和推动咨询工作，提高咨询业整体素质，造就一批既熟悉国际规则、又了解国情的专家型人才队伍。

中咨公司重视知识资产的创造、积累，每年都投入相当的资金和人力开展研究工作，向广大客户提供具有一定的学术价值和应用价值的各类咨询研究报告。《中咨研究系列丛书》的出版，就是为了充分发挥这些宝贵的智力财富应有的效益，同时向社会展示我们的研究实力，为提高我国工程咨询业的核心竞争力做出贡献。

立言，诚如司马迁所讲"成一家之言"，"藏诸名山，传之其人"。一个人如此，一个企业也是如此。努力在社会上树立良好形象，争取为社会做出更大贡献，同时，还应当让社会倾听其声音，了解其理念，分享其思想精华。中咨公司会向着这个方向不断努力，不断将自己的研究成果献诸社会。我们更希望把《中咨研究系列丛书》这项名山事业坚持下去，让中咨的贡献持久恒长。

《中咨研究系列丛书》编委会

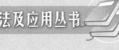
前　言

中国国际工程咨询公司一直非常重视工程咨询理论方法及行业标准规范的研究制定工作。公司成立30多年来，接受国家发展改革委等有关部门的委托，以及公司自开课题开展了众多专题研究，取得了非常丰富的研究成果，部分成果以国家有关部委文件的方式在全国印发实施，部分成果以学术专著、论文、研究报告等方式在社会上予以推广应用，大部分成果则是以中咨公司内部咨询业务作业指导书、业务管理制度及业务操作规范等形式，用于规范和指导公司各部门及所属企业承担的各类咨询评估业务。中咨公司开展的各类咨询理论方法研究工作，为促进我国工程咨询行业健康发展发挥了重要作用。

进入新世纪新阶段，尤其是党中央、国务院提出贯彻落实科学发展观并对全面深化改革进行了一系列战略部署，对我国工程咨询理念及理论方法体系的创新提出了更高要求。从2006年开始，中咨公司先后组织公司各部门及所属企业的100多位咨询专家，开展了包括10大领域咨询业务指南、39个行业咨询评估报告编写大纲、24个环节咨询业务操作规范及10个专业分析评价方法体系在内的83个课题研究工作，所取得的研究成果已经广泛应用于中咨公司各项咨询业务之中，对于推动中咨公司承担各类业务的咨询理念、理论体系及方法创新发挥了十分重要的作用，同时也有力地巩固了中咨公司在我国工程咨询行业的领先者地位，对推动我国工程咨询行业的创新发展发挥了无可替代的引领和示范作用。

工程咨询专业分析评价方法的创新，在工程咨询理念及理论方法体系创新中具有十分重要的地位。工程咨询是一项专业性要求很强的工作，咨询业务受到多种不确定性因素的影响，需要对特定领域的咨询对象进行全面系统地分析论证，往往难度很大。这就需要综合运用现代工程学、经济学、管理学等多学科理论知识，借助先进的科技手段、调查预测方法、信息处理技术，在掌握大量信息资料的基础上对未来可能发生的情况进行分析论证，因此对工程咨询从业人员的基本素质、知识积累，尤其是对其所采用的分析评价方法提出了很高的要求。

研究工程咨询专业分析评价关键技术方法，要在继承的基础上，通过方法创新，建立一套与国际接轨，并符合我国国情的工程咨询分析评价方法体系，力求在项目评价及管理的关键路径和方法层面进行创新。所提出的关键技术方法路径，应能满足工程咨询业务操作的实际需要，体现工程咨询理念创新的鲜明特征，与国际工程咨询所采用的分析评价方法接轨，并能对各领域不同环节开展工程咨询工作所采用的分析评价方法起到规范的作用。

本次纳入《工程咨询专业分析评价方法及应用丛书》范围内的各部专著，都是中咨公司过去多年开展工程咨询实践的经验总结，以及相关研究成果的积累和结晶。公司各部门及所属企业的众多专家，包括在职的和已经离退休的各位资深专家，都以不同的方式为这套丛书的编写和出版做出了重要贡献。

在丛书编写和出版过程中，我们邀请了清华大学经管学院蔚林巍教授、北京大学工业工程与管理系张宏亮教授、同济大学管理学院黄瑜祥教授、天津大学管理学院孙慧教授、中国农业大学人文学院靳乐山教授、哈尔滨工程大学管理学院郭韬教授、中央财经大学管理科学与工程学院张小利教授、河海大学中国移民研究中心陈绍军教授、国家环境保护部环境规划院大气环境规划部宁淼博士、中国科学院大学工程教育学院詹伟博士等众多国内知名专家参与相关专著的编写和修改工作，并邀请美国斯坦福大学可持续发展与全球竞争力研究中心主任、美国国家工程院 James O. Leckie 院士、执行主任王捷教授等国内外知名专家学者对丛书的修改完善提出意见和建议。

本次结集出版的《工程咨询专业分析评价方法及应用丛书》，是《中咨研究系列丛书》中的一个系列，是针对工程咨询专业分析评价方法的研究成果。中咨公司出版《中咨研究系列丛书》的目的，一是与我国工程咨询业同行交流中咨公司在工程咨询理论方法研究方面取得的成果，搭建学术交流的平台；二是推动工程咨询理论方法的创新研究，探索构建我国咨询业知识体系的基础架构；三是针对我国咨询业发展的新趋势及新经验，出版公司重大课题研究成果，推动中咨公司实现成为我国"工程咨询行业领先者"的战略目标。

纳入《工程咨询专业分析评价方法及应用丛书》中的《工程项目风险分析评价理论方法及应用》，是专门针对工程项目风险分析评价理论方法及应用案例的研究专著。工程项目的可行性研究与分析评价，目的在于通过对项目周期不同阶段所面临的各种风险及不确定性因素进行识别、分析和评价，寻找具有可行性的项目方案，通过多方案比较进行方案优化，确保拟建项目具有可行性。因此，风险分析和评价贯穿于可行性研究与项目评价的各个阶段及整个过程。随着投融资体制改革的不断深化，投资决策的责任约束机制将更加健全和完善，风险分析在项目评价中的地位将更加重要。

中咨公司非常重视工程项目风险分析评价理论方法的研究及实际应用工作。研究成果《建设投资项目风险分析方法与案例研究报告》曾获得国家发展改革委 2003 年度优秀研究成果一等奖。相关研究成果在杭州湾跨海大桥、上海洋山港国际航运中心等国家重大基础设施建设项目中得到成功应用。本书是中咨公司工程咨询专业分析评价方法研究的重要成果，是在我国过去 30 年来开展工程项目风险分析理论方法研究及实践经验的基础上，借鉴国际经验，结合我国关于工程项目风险分析咨询工作的实际需要，对工程项目风险分析相关领域的咨询工作提出的专业性建议。本书编写得到了北京大学工业工程与管理系张宏亮教授的大力支持，中国国际工程咨询公司社会事业发展部尤伯军副主任，研究中心杨凯越等同志为本书出版做出了重要贡献。

本书系统地阐述了工程项目风险分析评价的理论框架、操作方法及在工程咨询实践中的具体应用，内容包括工程项目风险分析的内涵及其理论基础，项目集成风险管理体系、风险分析方法及风险管理信息系统的构建，风险成本及效益度量，风险来源及主要识别方法，项目周期不同阶段的风险评估方法，风险应对措施、分担机制、监测预警及应急预案的制订策略，以及不同行业风险分析评价方法的具体应用案例研究。

本套丛书的编写出版工作，由研究中心具体负责。研究中心是中咨公司专门从事工程咨询基础性、专业性理论方法及行业标准制定相关研究工作的内设机构。其中，开展工程咨询理论方法研究，编写出版《中咨研究系列丛书》，是中咨公司研究中心的一项核心任务。

我们希望，工程咨询专业分析评价方法及应用系列丛书的出版，能够对推动我国工程咨询专业分析评价方法创新，推动我国工程咨询业的健康发展发挥积极的引领和带动作用。

编　者

二〇一六年八月一日

目　录

第一章

概　　述

工程项目是一个开放的微观系统，系统内外存在能量、物质和信息的交换。系统内部构成要素以及外部环境均具有不确定性，造成系统运行状态及其结果具有不确定性，这种不确定性即为工程项目所面临的风险。通过有效的风险管理，可以降低不确定事件发生的概率或者转移风险，从而减轻风险可能造成的损失、减少风险对工程项目带来的潜在影响。

第一节　风险及其度量

一、风险的基本内涵

（一）风险的概念

研究工程项目风险及其管理，应首先界定风险的概念。国内外学者对此均做出了努力，有关风险定义的版本多达数十种，然而由于风险本身比较抽象，兼具不确定性、模糊性和笼统性，涵盖的范围、涉及的领域又非常广泛，因而对风险概念的定义至今仍有争议，尚未统一。

风险源于法语 risque¢，最早应用于 18 世纪中叶的保险交易。现在，风险已成为人类生活、生产、投资、经营、建设等决策的重要考虑因素之一。然而，当许多人将风险与危险划等号时，忽略了风险的本质，即风险的未来性、不确定性及损益性。事实上，风险是基于未来事件的不确定，未来可能出现偏离于预期的变化，出现损失或受益的概率。当然，大多数情况下，风险是下行的，即风险的结果是损失。

钱伯曼给出了一个较为全面且被多数风险分析专业人员所接受的定义："风险是因采取特定的活动涉及的不确定导致的经济、财务损失或收益、身体损害或伤亡等的可能性。"（Chapman & Cooper，1987）

姜青舫等人指出，如果在以特定利益为目标的行为过程中，存在与目标相悖的潜在损失，则由该潜在损失所引致的行为主体造成的危害的事态，即为该项活动所面对的风险（姜青舫，陈方正，2000）。从风险形成机理角度看，风险因素、外部环境和决策行为相互作用，诱发风险事件，从而导致一定的风险结果。风险的输入因素主要包括两个方面：一是未来外部环境的状态；二是针对未来所采取的决策方案。也就是说，结果的不确定（动态状态），是由针对未来所做出的决策和不可预知的多变的外部环境因素共同造成的。

在定义项目管理风险时，应至少考虑以下四个方面：第一，在项目运营全周期中可能发生哪些风险事件；第二，这些风险事件可能由何种风险因素引起；第三，风险事件的发生概率有多大；第四，风险事件可能导致怎样的后果，如经济损失、社会影响、声誉损失及生态环境影响等。

（二）风险与不确定性

除了风险概念本身存在多种定义外，一些与风险相关的概念也存在分歧，如不确定性与风险的关系。最常见的争议是：风险与不确定性是否等同，或是否存在因果关联？

研究者的观点大致可分为三类：①风险便是不确定性；②不确定性导致了风险；③应该严格区分风险与不确定性。

弗兰克 H.奈特（Knight，1927）最早对两者做出了区分，认为风险与不确定性存在四个方面的差别：

（1）可否量化。风险是可以量化的，而不确定性则不可。

（2）可否保险。不确定性是不可保险的，风险是可保险的。

（3）概率获得性。不确定性描述那些不可能给出发生概率的事件，而风险可以用概率分布来度量。

（4）影响。不确定性代表不可知事件，影响更大。而同样事件若可以量化风险，则可防范该事件的发生并降低其影响。

在实践中，有些风险分析应用人士认为没有必要区分风险和不确定性，对于风险与不确定性做出区分在实际的风险估计和分析中无任何价值，甚至反对进行区分。例如，世界银行风险分析专家普利康（Pouliquen，1970）和儒特林杰（Reutlinger，1970）干脆把二者视为一体。著名风险分析专家赫兹和托马斯（Hertz & Thomas，1983）更是把风险定义为不确定性及不确定性的后果。

本书认为，风险和不确定性密切相关，但二者是有差别的：

（1）不确定性是风险内涵的一部分，也是风险的起因。信息的局限、主观认识的偏差、外部因素的影响、未来事件本身的不同可能性，构成了不确定性，而该不确定性则导致了风险。

（2）不确定性涵盖了风险，但并不全属于风险。事物发展本身具有不确定性，无论是时间、过程、状态还是结果都有诸多可能性，但这些不确定并不一定会引发风险，甚至可能与风险毫无关联。

（3）风险是特殊的不确定性。不确定性具有时空的普适性和存在的客观性，大多难以用定量的方法来衡量。而风险较为特殊，其符合客观事物的内在运动规律，虽然不确定性使得完全消除风险十分困难，但风险在一定程度上是可量化、可预知和可控的。

对于工程投资项目而言，项目一般具有投资规模大、过程复杂、工期长、不可预见性因素众多等特点，因而工程项目目标的实现存在很大的不确定性，这种不确定性主要体现在以下四个方面：

（1）主观不确定性。人们对项目的认识和情况描述都是存在局限性的，即一般情况下，人们很难完全客观、正确、清楚地认识并说明项目的目的、内容、范围、性质、环境影响等。这种认识和表述形成的偏差造成了主观的不确定性。

（2）计量不确定性。项目相关的信息数据资料以及计量时所采用的尺度与准则是存在局限性的，因而造成了项目参数（如项目成本、工期、功能、安全和环境等）计量的不确定性。

（3）外部不确定性。项目只是在相对封闭的环境进行，但实际上无法割裂与外部的联系。外部因素（如国际形势、天灾人祸等）的变化，造成了外部不确定性。

（4）事件结果不确定性。事件的发生概率如何，以及事件的预期后果怎样，都是人们无法提前准确预知的，因此，造成了事件后果的不确定性。上述不确定性构成了工程项目的风险。

（三）风险与损失可能性

决策理论学家认为，风险的关键是损失的不确定性。从美国项目管理学会（Project Management Institute，PMI）将风险定义为"项目实施过程中存在的不确定事件对项目目标产生的不利影响结果"，即可看出损失及其可能性对于项目风险管理的重要性。

实际研究中，风险大小一般根据损益程度来确定，学术上将其定义为实际结果与预期结果的偏离程度。威廉姆斯和海因斯亦认为风险是预期结果与实际结果的差异，差异越大则风险越大（Williams & Heins，1989）。然而，这种偏离的方向有正有负，概率、大小及易变性也往往是不确定的，由时间、条件、环境、决策等各种不确定因素互相影响、共同作用来决定。当偏离为正时，为上行风险；当偏离为负时，为下行风险。

传统意义的风险研究一般强调下行风险，即负偏离或损失。但效益型风险也应受到重视，须知风险是客观存在的，同时也是相对的、具有主观认知性和能动性的，甚至从某种角度来看，可能意味着机会。此外需要引起关注的是，损失可能是有形的也可能是无形的，衡量风险时，应当将无形损失包括在内，否则可能扭曲计算结果，导致低估风险。

二、风险的分类

风险按照不同分类标准，有多种划分形式。例如，按总体效果，可分为费用风险、质量风险和进度风险；按建设主体，可分为业主方风险、监理方风险和承包商风险。

本书只列举其中与项目风险分析最为相关的三种划分方法。

（一）纯粹风险和投机风险

根据风险的性质，风险可分为纯粹风险和投机风险。

纯粹风险即下行风险，毫无获利机会，只会造成损害，是风险管理的主要对象。投机风险可能上行，也可能下行，即可能有三种结果：没有损失、有损失或盈利，其强调了获利的可能性和损失的不确定性。由于环境、人力、技术、组织等变动而产生的风险，如科学技术的突破、新产品的研发、管理的创新等，从结果看，也属于投机风险。因而部分投机风险也被列入风险管理内容。

（二）可控风险和不可控风险

根据风险的可控制性，风险可分为可控风险和不可控风险。

风险可控性是指风险事件在发生前能被预测以及发生时可被控制的程度，尤指对其发生的概率和损失进行某种程度的控制。风险是否可控取决于多种因素，如信息、数据等资料的及时性、客观性，相关科技的发达程度等都会对风险的应对能力和可控程度造成影响。值得一提的是，对于自然风险的划分，一般情况下，普通自然灾害如干旱、暴雨等属于可控风险，而严重自然灾害如特人地震、海啸等为不可控风险。项目风险管理主要研究可控风险，对于不可控风险，如国际政治环境剧烈变革等，有时也被列入风险管理范围，制订紧急预案等应对措施。

（三）技术性风险和非技术性风险

根据风险的来源，风险可分为技术性风险和非技术性风险两类，其中，非技术性风险又可分为自然风险、社会风险、经济风险、政治风险、组织管理风险、环境风险等。

技术风险，是因技术性因素而导致的风险，主要从先进性、可靠性、经济性和适用性四个方面考察，包括设计风险、施工风险、试运行风险、运营风险等，如缺陷设计、设计方案不合理、建设方案变化、设备性能存在问题、外部配套设施跟不上，遭遇技术的更新换代、生产成本提高，产品质量达不到预期要求、项目投产后达不到生产能力等。

自然风险，指因物理客观因素而导致损失的风险，主要包括地理环境风险、气候风险、生态风险及其他自然不可抗拒力而引发的风险等，如干旱、洪涝、冻灾、地震、山崩、雪崩、火山爆发、飓风、台风、龙卷风、海啸、雷电、暴雨、冰雹、水资源勘察不明、地面下沉、气候不正常、土壤水利环境变化、生物濒危灭绝等。

社会风险，指因个人或团体的特殊行为（缺乏经验、疏忽、工艺不善等造成的过失以及恶意行为等）而导致的风险，包括人为风险、群体性事件风险等，如火灾、爆炸、偷盗、抢劫、故意破坏、罢工、骚乱、暴力事件等。

经济风险，是因市场、资金变化或预算估计错误等而导致的风险，主要包括市场风险、投资风险、财务风险等，如原材料价格上涨、供求失衡、通货膨胀、恶性竞争、资源短缺、资源开采成本过高、资金链断裂、利率汇率变化等。

政治风险，是因国内外政治环境、规章制度等变换而导致的风险，包括国别风险、法规政策风险、战争风险等，如税收、金融、环保、产业政策的调整等。例如，跨国项目需要考虑项目所在国政治条件改变、项目信用结构以及项目偿还能力变化等可能对工程造成的影响。

组织管理风险，是因项目管理人员组织不当、决策失误、管理混乱等行为而导致的风险，可能原因包括管理人员能力不足、人格缺陷、考虑不周、思想狭隘、无法适应市场竞争等。

环境风险，是因项目开发、实施、运营等行为而导致的环境问题，包括对人类健康、生态系统（生物多样性、气候、土壤）等所造成的风险。由于社会经济文化的发展、科学知识的普及、民主参与的提倡、公众环保意识的增强，人们越来越关注赖以生存的自然生态环境。因此，环境风险不仅体现在生产成本增加而使投资效益减少，甚至可能使项目迫于舆论压力而中途下马。例如，项目选址不当，或社区影响、环境生态影响估计不足，项目建设与运营后对社区和生态可能造成严重影响，则有可能导致社区居民和社会大众的反对。

三、风险的度量

风险的度量就是综合考虑风险发生的频率、潜在的后果等来衡量风险大小，对风险进行排序，同时帮助识别风险因素间的关系以及风险转化的条件，以便制订针对性的风险管理策略。该步骤是风险分析需要解决的重要问题。概括来说，风险度量方式的区分，可分为外生变量随机性引致的不确定性和内生变量模糊性引致的不确定性两类。前者强调随机性，验前结果已知，验后结果未知，可用统计学的方法来表征，即用频率或概率来表示风险；后者强调模糊性，指部分信息未知，主观认知模糊（概念的内涵或外延不清楚），可用模糊数学的方法来度量。这里只介绍概率表征方法。

（一）风险的计量标度

对风险进行计量是为了取得有关数值或排列顺序。计量使用标识、序数、基数和比率四种标度。

1. 标识标度

标识对象或事件，用来区分不同的风险，但不涉及数量。例如，用红色、黄色、绿色分别表示严重、中等、不严重等。不同的颜色和符号都可以作为标识标度。在尚未充分掌握风险的所有方面或同其他已知风险的关系时，使用标识标度。

2. 序数标度

事先确定一个基准，然后按照与这个基准的差距大小将风险排出先后顺序，使之彼此区别开来。例如，将风险分为极大、较大、中等、较小、极小或者第一、第二、第三。再如，将风险分为已知风险、可预测风险和不可预测风险。利用序数标度还能判断一个风险是大于、等于还是小于另一个风险。但是，序数标度无法判断各风险之间的具体差别大小。

3. 基数标度

基数标度通过具体的数值来表示事件的风险大小。例如，A 事件的风险大小是 50，B 事件的风险是 100，C 事件的风险是 300。使用基数标度不但可以把各个风险彼此区别开来，而且还可以确定风险之间具体的差别大小。

4. 比率标度

比率标度是指通过一定的比率，确定事件的风险大小。例如，用风险概率表示风险发生可能性的大小。A 事件的风险概率是 0.2，B 事件的风险概率是 0.7。通过比率标度可以确定风险之间的具体差别，还可以确定一个计量起点。

（二）风险概率的量化

风险的大小由风险发生的概率和风险后果的严重性二者共同决定。因此，风险大小与概率密切相关，建立风险概率分布是量化风险的一个重要步骤。根据概率分布函数给出的分布形式、期望值、方差、标准差等信息，可以直接或间接判断项目的风险。通过某一风险事件的概率分布，也可以推断同类事件的风险大小。

1. 专家评分法

专家评分法是由项目专家对工程项目各阶段的风险因素的发生概率和后果进行打分，从而使风险概率量化的一种定性方法。本书后续内容将对该方法予以详细介绍。

2. 模糊风险量化方法

模糊风险量化方法是借助于模糊数学理论将不同类型的风险用统一的模糊语言来进行量化，并通过模糊集的运算来进行项目总风险的估计和评价。模糊事故树模型、模糊影响图模型等都是以模糊语言为基础的风险定量分析方法。本书后续章节将对该方法予以详细介绍。

3. 以概率论为基础的风险量化方法

衡量风险大小较为传统的方法是研究风险的概率分布，它能够得到较为准确的风险量化值，因而以此为基础发展了多种有效的风险分析方法，如蒙特卡罗模拟、CIM 模型、贝叶斯概率决策法等。概率分布通常反映某一事件发生结果的可能性，如果知道了风险事件的概率分布，就不难据此推断同类事件的风险大小。因此，建立概率分布是风险量化的一种主要方法。

（1）客观概率和主观概率分析。风险概率分析可以分为客观概率分析和主观概率分析。前者利用历史统计资料确定风险概率分布，后者则根据专家经验判断风险概率。

1）客观概率分析法。客观概率分析法的本质是利用样本的分布代替总体的分布，因此该方法立足于大量数据和试验，需要用统计的方法进行计算。客观概率分析所得数值是客观存在的，不以人的意志为转移。当工程项目某类风险事件或风险因素有较多历史数据资料可查时，即可根据数据资料制作频率直方图，并根据直方图画出风险密度函数曲线，找出数据分布的规律性，进而找到风险发生的规律，推断出风险因素或风险事件的概率分布❶类型，如正态分布、三角形分布等。数据量越大，所估计的密度曲线越接近实际的密度曲线。

由于部分风险因素或风险事件在工程项目实践中较常发生，历史上已经总结出了该类风险因素或事件的分布概率。在此情形下，可利用已知的理论概率分布，并结合工程具体情况，确定风险因素或风险事件发生的概率。例如，工程项目质量风险、地质地基风险、施工工期风险等均近似服从正态分布，因此，可利用正态分布分析以上风险。

2）主观概率分析法。由于不同工程项目面临的时间、条件、环境不同，即便是同类项目，也可能存在根本性差别，因此，历史数据资料可能并不具有可参照性，或者根本没有可供参考的资料。而在工程项目的可行性研究中，进行风险分析也往往并不能针对风险事件做试验。因此，进行客观概率分析一般较为困难。但由于决策的需要，必须对风险事件或因素的发生概率进行估计，在这种情况下，就只能应用主观概率分析法估计风险概率，即由专家根据当时能收集到的有限信息，凭借过去长期积累的经验对风险事件发生的概率分布或概率做出一个合理的估计。

（2）概率分布的类型。随机变量可能的取值范围和取这些值相应的概率称为随机变量的概率分布。在风险分析中，概率分布用来描述损失原因所致各种损失发生可能性的分布情况，是显示各种风险事件发生概率的函数。根据随机变量取值的不同，概率分布可分为连续型和离散型两大类。当随机变量取值为有限个值或所有取值都可以逐个列举出来时，该种随机变量称为离散型随机变量，其概率称为离散概率。当随机变量的取值充满一个区间，无法逐个列举时，该种随机变量称为连续随机变量，其概率称为连续概率。工程项目风险管理常用的连续型概率分布包括正态分布、指数分布、三角形分布、梯形分布、极值分布等；离散型概率分布包括伯努利二项分布、泊松分布等。可以根据实际情况进行概率分布类型的选择。

1）正态分布（Normal Distribution）。正态分布是一种最常用的概率分布，其概率密度函数为

$$f(x) = \frac{1}{\delta\sqrt{2\pi}} \mathrm{e}^{-\frac{1}{2}\left(\frac{x-\mu}{\delta}\right)^2} \qquad (-\infty < x < +\infty, \delta > 0) \tag{1-1}$$

该分布特点是密度函数以均值为中心对称分布，如图 1-1 所示。

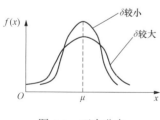

图 1-1　正态分布

其均值为 $\bar{X}$，方差为 σ^2，用 $N(\bar{X}, \sigma)$ 表示，当 $\bar{X}=0$，$\sigma=1$ 时，称这种分布为标准正态分布，用 $N(0, 1)$ 表示。如果根据客观数据和专家经验估计得出的风险变量变化在一个区间，均值出现的机会最大，大于或小于均值的数值出现机会均等，则可以用正态分布来描述。例如，工程施工质量管理方法的"6δ"法，就是以正态分布为基础对风险概率进行估计。

2）泊松分布（Possion Distribution）。泊松分布是用于建立某种度量单位内发生次数模型的一种离散分布。其概率密度函数为

---

❶概率分布用来描述损失原因所致各种损失发生可能性的分布情况，是显示各种风险事件发生概率的函数。

$$f(x) = \begin{cases} \dfrac{e^{-\lambda} \lambda^x}{x!} & \text{若} x = 0, 1, 2 \cdots \\ 0 & \text{其他} \end{cases} \tag{1-2}$$

泊松分布的均值为 λ，而且方差也为 λ。工程项目中，很多随机现象都近似服从泊松分布，可以用该分布来进行概率估计，如图 1-2 所示。例如，单位时间内到达的工程索赔的次数、机械设备在单位时间内出现故障的次数、单位时间内质量事故次数等。

3）三角形分布（Triangular Distribution）。三角形分布是将各种复杂的分布，简化成了由最小值、最可能值和最大值三组数据构成的对称或不对称的三角形分布，极大地减少了数据量，如图 1-3 所示。该分布适用于描述工期、投资等不对称分布的输入变量，也可用于描述产量、成本等对称分布的输入变量。

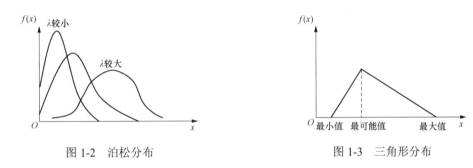

图 1-2　泊松分布　　　　　　　　　　图 1-3　三角形分布

4）均匀分布（Uniform Distribution）。描述每一区间分布的概率时，可用均匀分布描述。均匀分布的概率密度函数为

$$f(x) = \frac{1}{b-a} \quad (a \leqslant x \leqslant b) \tag{1-3}$$

其概率密度曲线如图 1-4 所示。利用均匀分布可以估计工程项目中每发生一次人身伤亡时的索赔额、每次事故的损失额等。如果 $a=0$，$b=1$，则此时的均匀分布称为 ［0，1］ 分布。

5）梯形分布（Trapezium Distribution）。梯形分布概率分布密度函数为

$$f(x) = \begin{cases} \dfrac{h}{c-a}(x-a), & a \leqslant x \leqslant c \\[2mm] \dfrac{2}{b+d-c-a}, & c \leqslant x \leqslant d \\[2mm] -\dfrac{h}{b-d}(x-b), & d \leqslant x \leqslant b \\[2mm] 0, & x < a \text{或} x > b \end{cases} \tag{1-4}$$

其中

$$h = \frac{2}{b+d-c-a}$$

梯形分布又称四点分布，该分布是三角形分布的特例，在确定风险变量的最大值和最小值后，对最可能值却难以判定，只能确定最可能值在某一区间 ［c，d］ 内变动，这时可用梯形分布，如图 1-5 所示。

梯形分布通常被用作其他分布的粗略近似，使用起来非常灵活。但其缺点是限于有界性，排除了出现极端偏离值的可能性。

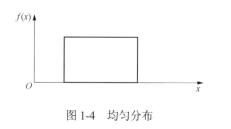

图1-4 均匀分布

图1-5 梯形分布

6）β分布（Beta Distribution）。β分布是密度函数在最大值两边不对称分布的一种概率分布，适用于描述工期等不对称分布的输入变量，如图1-6所示。β分布的概率密度函数为

$$f(x) = \frac{1}{B(p,\ q)} \times \frac{(x-a)^{p-1}(b-x)^{q-1}}{(b-a)^{p-c-1}} \quad (a \leqslant x \leqslant b;\ p,q>0) \tag{1-5}$$

当$p<q$时，为正偏斜；当$p=q$时，分布为对称型；当$p>q$时，为负偏斜。

它较易从有限的数据中识别，还能在分析过程中取得额外数据时予以更新，可以包含多种形状的曲线，如对称形、左偏斜、右偏斜等。

7）指数分布（Exponential Distribution）。指数分布适用于在时间上随机重现的风险事件的概率估计。其密度函数为

$$f(x) = \lambda e^{-\lambda x}, \quad x \geqslant 0 \tag{1-6}$$

指数分布的均值为$\frac{1}{\lambda}$，方差为$\left(\frac{1}{\lambda}\right)^2$，其概率密度曲线如图1-7所示，随着$x$的增加，概率密度逐渐减小。指数分布具有无记忆性的特征，即当前时间对未来结果没有影响，故广泛应用于设备故障风险及工程结构可靠性的监测中。

8）经验分布。当没有充分依据或无法找到适合风险变量的理论分布时，常用到经验分布。该种分布利用德尔菲专家调查法对风险变量的数值范围及相应的概率进行估计，来得到变量的分布，一般将取值范围分为几个区间，将专家的判断统计分析后绘制成直方图，如图1-8所示。

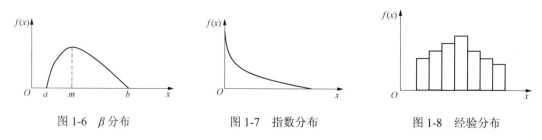

图1-6 β分布   图1-7 指数分布   图1-8 经验分布

（三）单一性风险和关联性风险的度量

1. 单一性风险的度量

根据维度的不同，单一性风险数量表征可分为一维、二维和多维三类。

（1）一维数量表征。从一维的角度来度量风险，如VaR方法。VaR方法采用单一指标，简单直观地度量市场下行风险，测度在一定的时间和置信水平下目标资产或收益的最大潜在损失，非常贴近投资者对风险的真实感受。

（2）二维数量表征。从二维的角度来度量风险。最为常见的是选取损失的大小与发生的

概率两个指标来表征，即 $R=F(P_c, C)$，其中 R 为项目风险程度，C 为损失，P_c 为损失发生的可能性，$F(.)$ 表示三者的函数关系。

（3）三维或多维数量表征。从三维或多维的角度来度量风险，该方法最为全面、系统。例如，约翰·加里克和斯坦·凯普兰提出以 $R=\{<S_i, L_i, X_i>\}$ 来表征风险，式中，R 为风险程度，S_i 为第 i 个风险幕景，L_i 为 S_i 发生的概率，X_i 为 S_i 的后果。根据风险的形成机理，也可用 $R=F(H_i, P_i, C_i)$ 来进行风险度量，其中，i 表示时期，R 为该时期的风险，H_i、P_i、C_i 分别表示风险因素、风险事件、风险结果，$F(.)$ 表示四者间函数关系。另外一种风险矢量度量法将风险记为 $R=R_1\times R_2\times R_3$，其中，$R_1$ 表示风险事件的价值（位置风险），也即风险事件造成的收益或损失，R_2 表示风险概率（形状风险），R_3 表示风险可控性（趋势风险）。假设项目在未来的环境状态下可能损失的密度函数、分布函数、期望值和方差分别为 $f(x)$、$F(x)$、$E(x)$、σ_x^2。则 R_1、R_2、R_3 的表达式如下：

$$R_1(x)=\begin{cases} 0, m>E(x)-k\sigma_x \\ \dfrac{1+k\sigma_1-E(x)}{1-m+2k\sigma_1}, m\leqslant E(x)-k\sigma_x \end{cases} \quad (m\leqslant 损失目标\leqslant 1) \qquad (1-7)$$

式中，k 为分布百分位点 $Z\alpha$，α 为置信度水平。

$$R_2(x)=\int_{-\infty}^{+\infty} f(x)\mathrm{d}F(x) \quad (x 是连续性变量) \qquad (1-8)$$

$$R_2(x)=\int_{-\infty}^{\infty} P(x)\cdot x \quad (x 是离散型变量) \qquad (1-9)$$

$$R_3(x)=1-\frac{1}{2}[(2x-1)^\alpha+1], \alpha\in(0,1) \qquad (1-10)$$

此外，$R=(r_1, r_2, r_3, r_4, r_5)$ 也是较为常用的风险表征方法，式中 r_1、r_2、r_3、r_4、r_5 分别为风险的概率、损失、可预测性、可控制性和可转移性。针对行业、目标等不同，可加入其他指标来细化数量表征，如毛风险（无风险防范措施的最大潜在损失）、净风险（采取风险防范措施后的潜在损失）、风险水平变化速度、风险水平加速度、统计风险度、生存风险度等。

2. 关联性风险事件组的度量

（1）串联型。若风险事件 $X_i(i=1、2、\cdots、n、n>1)$ 中的任一事件发生均可导致风险事件 R，则 X_i 为串联型风险事件组，如单体工程工期延误、投资金额减少、安全隐患、质量问题等风险中的任意一项，都可能导致整个项目的完工风险。定义 X_i 的风险概率值为 P_i，则 R 的发生概率值为 $P(R)=\prod_{i=1}^n P_i$。

（2）并联型。若风险事件 $X_i(i=1、2、\cdots、n、n>1)$ 中所有事件共同发生，风险事件 R 才会发生，则 X_i 为并联型风险事件组。定义 X_i 的风险概率值为 P_i，则 R 的发生概率值为 $P(R)=1-\prod_{i=1}^n(1-P_i)$。

（3）复合型。在实际的项目当中，很多风险事件之间是一种串并联型的复合关系，可以将之进行结构分解，再采用以上方法来确定风险事件的发生概率。

（四）风险结果的量化

项目风险结果，也即损失或收益的量化，可根据风险对项目目标的影响来进行：

（1）投资风险，其结果可用货币或者偏差的百分比来表示。

（2）进度风险，其结果可用工期变化量表示或以货币形式（包括提前或延误带来的收益或损失、资金的时间价值、补偿工期所需的额外费用）来反映。

（3）质量风险，其结果一般用货币衡量，包括质量偏差引起的直接经济损失（收益）和间接损失/第三者责任损失（修复和补救等措施发生的费用）。

（4）安全风险，其结果以货币形式表示，包括财产、人员损失及补偿费用、工期提前或延误带来的奖励或损失、安全施工或事故恢复所带来的节约收益或超额费用、第三者责任损失或安全施工所带来的企业无形资产的收益等。

（5）环境风险，其结果可用货币来表示，包括环境问题引起当地政府的处罚损失、居民的索赔损失、停工损失等。

（6）经济（财务）风险，其结果一般用内部收益率（IRR）或经济净现值（NPV）的变化百分比来表示。

第二节 工程项目风险分析

一、分类与作用

本书认为项目风险分析是一个完整的过程，这个过程包括：①识别项目规划、实施、运营各阶段的潜在风险因素；②估计风险事故和损失发生的可能性/概率；③评价风险对项目的影响；④根据分析结果提出相应的风险应对措施，防止或减少不利影响。

（一）分类

风险分析基本可分为三类，即因素分析、专项分析、综合分析。

其中，因素分析顾名思义，是针对风险因素的测度，一般先利用专家经验或历史统计概率等进行定性分析，再运用数学模型计算各个层次风险因素的概率分布、数学期望值及标准差等。

专项分析则是结合因素分析结果，综合运用各种风险分析方法，计算财务风险（如财务内部收益率、净现值及投资回收期变化等）、经济风险（如市场、物价、利率变化等）、投资风险、工程风险等专项风险的概率分布、数学期望值及标准差等。

综合分析是在专项分析的基础上，通过层次分析模型或其他统筹类风险分析模型，计算项目综合风险的概率分布、数学期望值及标准差等。

（二）作用

风险是客观存在且无法完全消除的，且通常具有隐蔽性、复杂性、多变性等特征。人们易受表面现象迷惑或被私利蒙蔽，而忽略或夸大项目中的风险，从而导致项目风险分析与应对发生差错，给项目造成不必要的损失。如果忽视风险的存在，仅仅依据基本方案的预期结果，如某项经济评价指标达到可接受水平来简单决策，就有可能蒙受损失，多年来项目建设的历史经验客观上证明了这一点。而风险分析旨在为有效的风险应对提供基于证据的信息和分析。

风险分析和决策可以有效地增强项目各方的风险意识，起到项目风险预警、预报的作用，进而对风险加以防范和控制，在有限的空间和时间内，改变可能引发风险的条件，在一定程度上回避风险、降低风险、减少损失。因此，风险分析是投资项目决策过程中的重要环节，它有助于通过信息反馈，帮助决策者更理性地思考、分析和评价风险，实现科学决策。

此外，由于项目利益相关者（指所有可能受到项目影响的个人或组织）众多，包括政府、业主、承包方、行业协会、咨询公司、监理公司、社会公众、社区等，而不同相关者对项目目标有不同的要求，如财务部门更重视控制成本，设计部门更关注技术与可行性，投资方与项目承建方更强调项目收益。如果没有与项目主要利益相关者建立沟通并充分了解其需求，则容易对项目的顺利实施造成严重影响，而风险分析具有完整性、均衡性和动态性，可以帮助完整反映各方面的需求，更好地进行风险管理乃至项目管理。

概括而言，风险分析的主要作用包括：①认识风险及其对目标的潜在影响；②为决策者提供相关信息；③增进对风险的理解，以利于风险应对策略的正确选择；④识别那些导致风险的主要因素，以及系统和组织的薄弱环节；⑤沟通风险和不确定性；⑥有助于建立优先顺序；⑦帮助确定风险是否可接受；⑧有助于通过事后调查来进行事故预防；⑨选择风险应对的不同方式；⑩满足监管要求；⑪有助于更好地进行风险管理乃至项目管理。

二、风险分析的阶段划分

美国项目管理学会（PMI）将项目风险管理过程划分为风险管理计划、风险识别、定性风险分析、定量风险分析、风险应对计划、风险监测与控制等六个阶段。中国项目管理研究会（PMRC）则提出风险管理规划、风险识别、风险评估、风险量化、风险应对计划、风险监控等六个阶段。

本书将工程项目风险分析分为风险管理体系构建、风险识别、风险估计、风险评价、风险应对五个基本阶段，基本流程和各阶段对应步骤、方法如表 1-1 所示。

表 1-1　　　　　　　　　　　　　　　**风险分析过程与方法**

阶段	步　骤	方　法
风险管理体系构建	建立时间体系、文化体系和四大子系统（风险因素体系、方法体系、支持体系、管理组织体系）	头脑风暴法、德尔菲法、问卷调查法、幕景分析法等
风险识别	找出可能的风险因素	头脑风暴法、德尔菲法、故障树法、问卷调查法、幕景分析法等
	列出风险清单	设计风险清单的格式
风险估计	风险度量	专家估计法、概率分析法等
	应用风险分析方法进行分析	层次分析法、蒙特卡罗模拟、控制区间和记忆模型等
风险评价	评估风险管理成本	敏感性分析、盈亏平衡法等
	评估风险综合影响	模糊综合评价法等
风险应对	确定风险应对方案，制订实施风险管理计划	为什么制订这个计划？（why） 在何处执行？（where） 何时完成？（when） 由谁来完成？（who） 如何完成？（how）

风险分析的前三个阶段的流程可用图 1-9 简单表示。

（一）风险管理系统的构建

工程项目在不同阶段往往均存在许多不同层次、不同类型却又相互关联、相互影响的风险因素。传统的风险分析一般针对工程项目某个具体阶段或某个风险管理目标而进行，参与项目建设的各方都站在各自的立场独立地进行风险管理。这种单一的、孤立的、分散化的风险分析系统，使整个项目的风险管理处于分割与分散化状态，显然难以胜任对项目的综合风险评价，也不能适应当今新型项目建设的要求。因而，有必要从项目整体角度，利用系统思维的方法构建一个完整的投资项目风险分析与风险管理资源集成体系（Risk Management System）来对项目风险进行全面剖析。

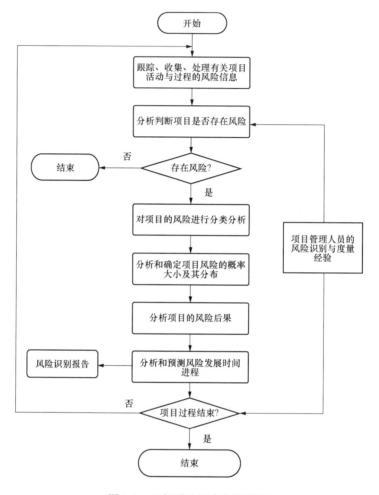

图 1-9 工程项目风险分析流程

（二）风险识别

风险识别（Risk Identification），核心是通过对项目的全面考察和综合分析，辨别出需要考虑的风险，寻找风险的主要根源或潜在风险因素，为进一步的风险评估奠定基础。

在风险识别时，需要注意的是，①风险本身具有不确定性和可变性，同一项目不同阶段、不同时期风险有所不同，同一风险的质和量在项目不同阶段也有所变化。应在参考历史数据和类似项目资料的同时，用发展的眼光来看待风险，力求做到系统、科学、全面；②风险具有相对性，同一项目风险对于不同行业和不同风险管理主体的影响有所不同，应针对不同行业、管理主体的特点，分辨其主要风险、关键因素；③风险本身具有阶段性和层次性，应采用分析和分解原则，深入剖析风险事件，适当时可运用"逆向思维"来审视项目风险，明确风险根源所在。例如，新技术的出现可能导致现有技术落后，进而使项目受到影响；新竞争对手的加入可能导致市场格局和走势的改变，进而影响项目预期收益；国际政治环境的变化，可能导致项目延后甚至无法实施。

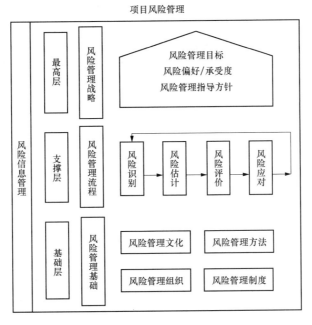

图 1-10　项目投资风险管理模型

图 1-11 将市场风险问题分解为四个层次，可在风险因素识别时作为参考。

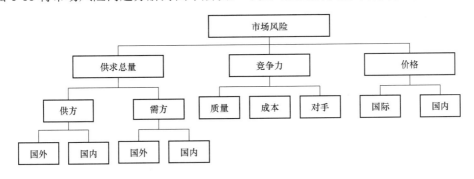

图 1-11　市场风险因素的分解

（三）风险估计

项目寿命周期内，在其预定目标实现的过程中，随时随处都可能面临各种直接或间接的风险。这些风险对项目的影响程度各不相同，没有必要也不可能将所有风险都列为研究对象。因此，风险估计（Risk Estimation）旨在预判风险发生的可能性及其对项目可能造成的影响与后果，以便在下一步的风险评价时筛选出影响项目成败的关键风险因素。

风险估计分为定性估计和定量估计，通常二者结合使用，先定性、再定量。其中，定量估计根据信息数据的丰富与否又可分为主观估计和客观估计。例如，当资料匮乏时，采用的德尔菲法即为主观估计方法，它是由专家基于经验进行推断，并多次求证从而得出较为一致的结论的方法；而当数据、资料较为齐全时，运用统计学、数学建模等方法进行概率估计的方法为客观估计。

（四）风险评价

风险评价（Risk Evaluation）是在风险估计的基础上，选定评价指标、建立评价标准体系，来揭示对项目潜在影响最严重的关键风险。风险评价方法有层次分析法（AHP）、控制区间和记忆模型（CIM）和蒙特卡罗模拟（Monte-Carlo）等。

根据风险因素对工程项目的影响程度，可以将风险评价标准划分为较小风险、一般风险、较大风险和严重风险四个等级（或数字等级1～9级）：

（1）较小风险（1～2级）：风险发生的可能性较小，或者发生后造成的损失较小，不影响项目的可行性。

（2）一般风险（3～5级）：风险发生的可能性不大，或者发生后造成的损失较小，一般不影响项目的可行性，但应采取一定防范措施。

（3）较大风险（6～7级）：风险发生的可能性较大，或者发生后造成的损失较大，但造成的损失是项目可以承受的，必须采取一定的防范措施。

（4）严重风险（8～9级）：风险发生的可能性大，风险造成的损失大，将使项目由可行转变为不可行，需要采取积极有效的防范措施。

根据风险评价结果可制订相应的评估表，用作分类和警示，方便下一步有针对性地制订风险对策，如表1-2所示。

表1-2　　　　　　　　　　　　　　风险因素和风险程度评估表

序号	风险因素名称		风险程度说明			
			严重	较大	一般	较小
1	市场方面	市场需求量				
		竞争能力				
		价格				
2	原材料供应方面					
3	技术方面	可靠性				
		适用性				
		匹配性				
4	资源方面	资源储量				
		开采成本				
		水资源				
5	工程地质方面					
6	投融资方面	汇率				
		利率				
		投资额				
		工期				
7	配套条件	水、电、气配套条件				
		交通运输配套条件				
		其他配套工程				

续表

序号	风险因素名称		风险程度说明			
			严重	较大	一般	较小
8	外部环境	经济环境				
		自然环境				
		社会环境				
9	其他					

（五）风险应对

风险应对（Risk Countermeasure）或风险对策是指工程项目决策阶段，根据项目风险评估结果，更改、完善项目方案，并针对项目决策、实施和运营各阶段，提出相应的风险预防、控制举措，防止风险发生、减少风险损失，并在项目决策执行中建立有效的监管、责任机制。对于不确定性较大或可控性较低的风险领域，应留有充分的风险余地，同时做好应急方案，以防患于未然。例如，市场价格、汇率、利率等不可控因素的变化，可能对工程项目的投资、工期和效益等造成较大影响，在编制投资预算、制订项目实施计划和分析财务效益时应预留风险损失。

风险应对主要有风险回避、风险转移、风险分担、风险自担和风险修正五类，常被结合使用。在研究风险应对时，常常需要对技术、信息、工程、管理、市场、经济等各潜在风险因素开展课题调研，以增强对风险的认知，解决模糊问题，更全面、系统、准确地提出风险应对措施。

但需注意的是，风险应对须结合项目的实际情况，强调技术可行性和经济适用性，即针对行业、项目、风险管理主体的特点，提出必要举措，以较低的风险成本将关键风险及其损失控制在可承受范围内，否则该风险应对将成为一纸空谈，失去原本的意义。风险与对策汇总如表 1-3 所示。

表 1-3   风险与对策汇总表

主要风险	风险起因	风险程度	后果与影响	主要对策
A				
B				
……				

三、风险分析的理论基础

工程项目风险分析是风险分析理论在工程项目上的具体应用，包括风险分析、系统工程和项目管理三个方面。其中，风险分析属经济学和管理学研究分支；系统工程涉及系统学和运筹学；项目管理隶属于管理科学与工程下的学科。从这个意义上说，本书研究对象横跨了经济学、系统工程学和管理学三个学科。

风险分析有七大理论作为基础，分别是不确定性理论、概率论、投资组合论、系统动力学、效用理论、信息博弈论和信息熵理论。

（一）项目风险分析相关理论

1. 不确定性理论（Uncertainty Theory）

不确定性理论源于量子力学的不确定性原理，后被引申至其他学科。项目风险不确定性理论认为，风险管理主体只能选择和控制自身的决策行为，而无法预知未来的收益和损失，亦无法控制后果。即使在项目前期已全面分析研究了市场、财务、技术、人员、硬件条件和软环境，未来的项目状况和实际结果依然可能会偏离预期，潜在风险仍然存在。

2. 概率论（Probability Theory）

概率论起源于机会游戏——赌博，它以随机事件为研究和处理对象，试图分析随机不确定性现象所隐含的必然规律，并用数学统计等方法研究并表征该现象及其结果出现的可能性，简而言之，即量化所预测的不确定性程度。运用至工程项目风险管理之中，则可以帮助风险管理者推演风险的形成机理，预测风险事件发生的可能性。

3. 投资组合论（Portfolio Theory）

马柯维茨于 1952 年提出均值-方差投资组合模型，即以期望投资收益为均值，收益方差为投资风险，来确定有效投资组合。理想的投资组合应是均值大、方差小，但在实际操作中，最优选择并不容易把握。研究表明，绝大多数投资者的选择甚至与该原理完全相悖（姜青舫，2006）。但投资组合理论在工程项目风险管理的应用中仍有一定的指导和借鉴意义。

4. 系统动力学（System Dynamics）

系统动力学横跨自然科学和社会科学，是一门包含系统论、结构论、信息论、控制论、协同论、功能论、历史论等的综合性学科。系统动力学以系统行为为基础，依据内在机制的相互关系，采用定性和定量相结合的系统分析、综合推理、结构功能模拟等方法来收集、反馈信息，研究并处理复杂系统问题，并寻求最优方案。由于项目实施过程是项目内部诸多要素以及项目与外部环境作用的动态过程，采用封闭、静态的处理方法往往不能取得很好的效果。系统动力学理论能很好地弥补这个空缺，利用系统动力学可以对 R&D 项目动态管理、业主与项目各参与方的关系、设计与工作范围变更等多个领域的问题进行广泛深入的研究。

（二）项目风险控制相关理论

1. 效用理论（Utility Theory）

效用理论反映投资者对收益和损失的敏感程度，即决策者对风险的偏好（如风险回避、风险爱好或风险中性等），可用来解决投资者对风险收益和风险水平的选择问题。效用是一个经济学概念。在经济学中，效用被定义为精神满足感和财富之间的关系，是衡量投资给投资者带来的精神收益（Psychic Gain）或满足程度的尺度，其大小取决于个人的效用函数。个人效用函数可以以一定收益水平上个人投资效用的公式或曲线加以反映。需要注意的是，效用理论在有限理性的条件下，有相当的局限性。此外，不同决策者的风险偏好不同、效用函数有异，而同一决策者，在不同的时间、情形下，对待同一问题的效用曲线也可能有所变化。因此，在实际操作中，建立决策者效用函数往往较为困难。

2. 信息博弈论（Game Theory）

项目决策时，对手的存在常常会增加不确定性，这时不但要考虑策略因素，也需要考虑竞争对手的心理因素。博弈论是研究在相互依存或影响的条件下，具有不同利益的决策主体，如何进行决策，及有关这种决策的均衡问题的理论。博弈论模型则旨在为决策者提供在竞争条件下最优或最稳妥的决策方案，使回报最大化而风险最小化。当决策各方互相掌握其他参与者的全部信息时，称其为完全信息博弈，否则为不完全信息博弈。

3. 信息熵理论（Entropy Theory）

信息的传递可以降低不确定性，当某一信息出现频率较高时，说明其被引用次数多、被传播的范围广，意味着较高的价值。熵是一个系统的状态函数，是对系统无序程度或混乱程度的度量和对不确定性的最佳测度，同时又间接反映了时空量测信据特征，是现代动力系统和遍历理论的重要概念。

香农于 1948 年提出，所有信息均存在冗余，信息中每个字符出现的不确定性决定了冗余大小，信息熵即是信息出现的概率，可以反映信息的价值。若将熵看作概率分布的泛函，则当信息熵取最大值时，概率分布最优，因此，可用最大熵原则确定相应的满足约束条件（已知信息）的最小偏差的概率分布，从而避免风险分析对先验概率分布人为假定的不足。

上述理论只是工程项目风险分析理论的一部分。统计学理论、心理预期理论（Prospect）、决策理论、随机模拟、混沌论和基于以上一些理论综合运用而产生的方法或模型，都对工程项目风险分析起到理论支撑的作用，为解决项目风险分析中的实际问题提供了丰富的方法。

第二章

工程项目风险管理体系的构建

工程项目风险分析的目的是为风险管理提供依据。本章阐述如何构建工程项目风险管理体系，包括项目集成风险管理目标的确定、基于项目周期全过程的风险管理体系应包括的主要内容，风险分析的各种定性、定量方法及其选择，风险管理信息系统的建立，以及风险成本及其管理收益的评价等。

第一节　工程项目集成风险管理体系

一、项目集成风险管理的定义与目标

（一）定义

工程项目集成风险管理，即从整个系统的角度出发，充分考虑项目本身的特点以及项目各要素、各利益相关者间的动态影响关系，整合项目有限的人力、物力、财力等资源，运用适当的风险分析理论和模型，分析、识别和评价项目全寿命周期中面临的各种风险因素，并通过科学的风险管理技术与高效的信息管理系统对风险进行预防、监督和控制，争取用最低的风险管理成本，达到最佳的风险管理效果。

（二）目标

工程项目集成风险管理是项目管理的一个组成部分，应服务于项目管理，以实现项目管理总目标为最终目的。风险管理本身是为了在保证建设过程安全的前提下，实现投资、进度和质量等的控制要求，其具体目标包括费用目标、时间目标、质量目标、安全目标和环境目标等。

费用目标也即效益目标，包括投资成本、收益等；时间目标包括项目全寿命周期与服务寿命期各项时间指标；质量目标主要着眼于工程质量和最终项目功能质量，涉及工程设计、施工、技术系统、服务功能、安全性能等；安全目标包括项目施工和运营人员安全、实施阶段项目设备安全和项目建成后的安全保障能力；环境目标旨在使项目与生态环境和谐共存，建设资源集约型、可持续发展型项目。

在管理目标时需注意的是：①项目整体目标和具体目标是一个有机整体，是不可分割的。然而，整体目标并不等于具体目标的简单相加，而是具体目标有机结合、相互均衡的升华和深化。②具体目标不是孤立存在的，而是相互作用、相互影响的。例如，由于费用、时间与质量目标存在相互制约的关系，三者无法同时实现最优，如图 2-1 所示。然而，如果片面地追求某个具体目标而忽视或牺牲其他目标，则可能会给风险以可乘之机，对项目造成不必要的损失。③目标是动态变化的。随着项目进行，目标侧重可能不同。④在风险管理时，需要处理好项目管理目标与风险管理目标间的关系，同时对具体目标做好动态管理，力求在项目

多个目标同时协调优化的基础上，建立一个稳定、均衡、高效的目标体系。

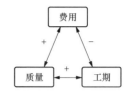

图 2-1 工期、费用、质量关系图

二、体系构成

构建集成体系，不是简单地把两个或多个要素相加，而是将各要素有机结合、主动优化，组成紧密联系的、功能互补的、目标一致的新系统的过程。构建工程项目风险分析与管理集成体系时，应考虑其主要职能，即为了满足项目投资者的需求，跟踪、研究、探索项目全寿命周期中项目风险在内外环境作用下的变化和发展，并进行全方位多层次的分析、评价、控制与管理，确保项目在预计工期和预算费用内，保质保量建成完工并投入使用。集成管理体系可以弥补分工而带来的效益缺失，并通过对各种资源要素的能动整合，促进效益非线性增长。

该集成管理体系由时间体系和五大子系统（风险因素体系、风险分析方法体系、信息系统、管理组织体系、文化体系）共同组成。

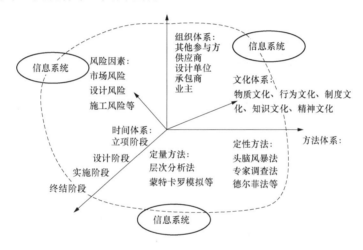

图 2-2 工程项目集成风险管理体系

（一）全寿命周期

项目的单件性决定其具有明确的起点和终点，这个由始（项目立项）到终（交付使用）的总过程从工程项目管理的角度称为工程项目全寿命周期。

项目风险是动态变化的。由于环境、政策、利益相关者等因素的变化，项目在不同时期不同阶段可能遭遇的风险不同，所受影响也不一样，相适应的风险管理方法自然有所差别。项目风险管理实际上是对项目的纠偏过程，这个过程应一直持续到项目完成。因此，项目风险管理应贯穿整个项目的全寿命周期。

项目全寿命周期可分为若干阶段，每个阶段由数个可交付成果的完成作为结束标志。美国项目管理协会（PMI）将工程项目的全寿命周期分为四个阶段，分别以项目决策、主要合同发包、安装实质性完成和满负荷运行作为各阶段终结标志，如图 2-3 所示。而我国的项目周期主要可分为立项、设计、实施、终结四个阶段，如图 2-4 所示。

1. 立项阶段

立项阶段是项目团队经过反复构思，形成项目概念和初步目标，并通过可行性研究，对项目方案进行科学论证和比较，做出投资决策的关键阶段。可行性研究中，需收集经济、政治、社会、环境等信息，并结合已有同类项目的建设和生产情况，对项目风险进行定性和定量分析，预测风险的可能性和规律性，评价风险对项目目标的影响程度，确认风险的可控性，确保采取合适的风险应对措施。决策者可根据风险大小是否在可承受范围，决定是否立项。

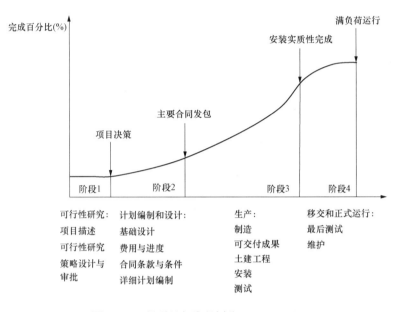

图 2-3　工程项目各阶段划分（PMBOK）

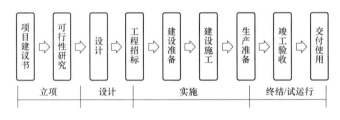

图 2-4　我国工程项目全寿命周期

该阶段的结果直接关系到项目是继续还是中途停止。在立项阶段对项目进行变更，所付出的代价最小。因此，在这一阶段进行风险分析十分重要，且要通盘考虑整个项目生命期内的所有风险因素，以避免将风险转移到项目全寿命周期的下一阶段，对项目造成更大的影响。

2. 设计阶段

设计阶段需要业主、承包商等项目参与方对已决定上马的项目进行协同设计，进一步论证项目的可行性，而后筹划项目具体实施，并考虑项目全寿命周期的优化，主要是完成项目设计规划、项目计划编制（包括费用与进度）、合同编写、工程发包、招聘项目工作人员等工作。项目设计应逐步深化，由概念设计、基础设计为初始，而后进行项目方案的优选，之后逐步细化方案、进行详细设计。在该阶段，风险分析也应增加深度，应细化各项目结构基本单元的风险因素，并有针对性地策划风险防范、应对措施，如风险准备金、备选方案、应急预案等。

3. 实施阶段

实施阶段是项目具体实现（由蓝图转变为实物）、完成投资决策意图的过程，又可分为招投标阶段、采购阶段和施工阶段，具体包括项目报建、招投标、施工合同签订、资源采购与优化配置、项目参与者任务分配、施工准备、基础施工、设备安装、运行基础测试等工作内容。在该阶段前期，需通过编制招标文件，吸引潜在的投标人；阶段中后期，需建设并完善风险实时监控系统，密切关注工程项目各项指标状况及周边信息，包括项目的进度、质量、成本信息等，争取尽早发现风险并采取相应的措施进行控制。

4. 终结阶段

终结阶段也即项目竣工验收与试运行阶段，主要工作包括工程验收、合同收尾、项目交接、后评价、费用决算与审计等。一般认为，若项目进入试运行，则标志项目管理权移交给业主方，项目实施即告结束。但项目方在项目维修期与合同约定范围内，仍要对项目管理负责，或向业主方提供一定的指导和服务。试运行阶段相对其他阶段来说较为漫长，随着外界环境的变化，项目本身的结构、功能都可能发生较大的变化，应比对项目前几个阶段的指标信息，对这些变化进行详细记录和反馈。简而言之，在该阶段应在继续做好风险管理的同时总结管理全过程，做好风险信息与应对情况记录，为本项目后续风险管理和其他项目风险管理积累资料、提供经验借鉴。

在同一项目不同阶段，整个项目风险分析过程将不断循环进行。在这个循环过程中，业主及项目各参与方的风险管理经验会逐渐积累、管理水平将逐步提高，如图 2-5 所示。

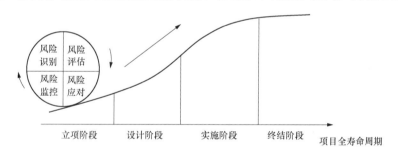

图 2-5　项目全寿命周期风险管理水平上升过程

（二）风险子系统

1. 风险因素体系

风险因素体系包括项目的各专项风险（包括市场风险、设计风险、施工风险等）及专项风险子因素。例如，交通建设项目专项风险包括交通量、设计方案、施工方案、建设工期、项目投资、财务可持续性、项目运营效益、社会影响、环境影响等方面。

2. 分析方法体系

风险分析方法体系即风险分析与风险管理的理论方法集，是实施风险管理的手段和工具。从定量和定性的角度划分，风险分析方法包括定性分析方法，如头脑风暴法、专家调查法、德尔菲法等；以及定量分析方法，如层次分析法、蒙特卡罗模拟等。从风险分析不同阶段的角度划分，风险分析方法包括风险识别方法、风险估计方法、风险评价方法、风险应对方法、风险监控方法以及指导这些方法的方法论。

3. 管理信息系统

风险管理信息系统，主要负责风险信息收集、处理及发送，确保信息得以有效的传递和共享。

项目风险信息主要源自以下几个方面：①风险分析专家库，包括土木工程、建筑学、结构学、材料学、金融、经济、管理等各个方面的专家，也包括有丰富经验的项目管理人员、风险咨询及保险公司专家；②风险信息数据库，包括项目设计施工方案（各分项工程的设计图、参数和技术指标）、项目经济可行性报告、技术可行性报告、环境影响评价、管理模式和组织结构、招投标文件方面的报告等；③风险管理案例及措施方案库，包括国内外相似背景项目资料，如项目建设经验汇编，大型项目的投资分析报告、施工组织设计与工艺规程，以及典型案例分析等；④风险评价指标及准则库，包括行业标准等，如国家建设工程监理规范、建筑工程安全生产管理条例、市政道路质量检验标准等；⑤风险管理政策信息库等。

为避免信息不完全带来的隐患，提高信息传递效率，增强信息即时性、对称性和有效性，该支持体系应与工程项目信息系统紧密联结，形成全方位立体性的项目动态信息网络，如图2-6所示。

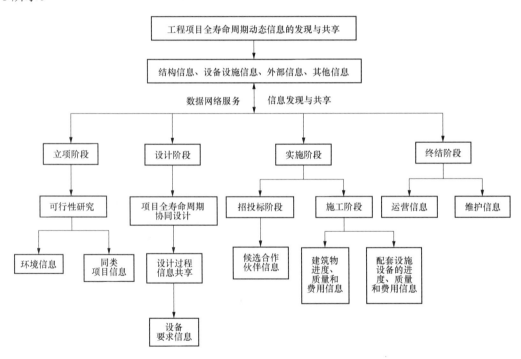

图 2-6 工程项目管理全寿命周期动态信息网络

工程项目各阶段的信息都会进入信息平台，使得不同项目参与方之间实现信息发现与共享。例如，在项目设计阶段，为实现项目全寿命周期的设计优化，可共享项目设备信息、设计要求、主要合作者信息等；在项目实施阶段招投标时，为深入分析、高效选拔候选者，可共享候选者业绩等信息。

4. 管理组织体系

（1）管理组织体系构成。风险管理组织体系由项目全寿命周期的所有项目参与方组成，包括业主、项目管理公司、投资方、贷款方、融资机构、施工承包商、分包商、供货商、设备制造商、设计方、监理方、咨询公司、保险公司、政府、公众、专家等。风险管理体系的顶层为项目风险管理机构，应当向项目管理层直接负责，并为其提供风险管理的政策、方法和应对策略等建议，同时指导、协调和监督整个项目风险管理。项目风险管理机构与项目各参与组织内的风险管理部门是指导和监督的关系。

工程项目参与方众多，且在项目全寿命周期，项目参与方随着项目的实施而不断变化。例如，政府、企业等投资方组织立项；投资公司、银行、融资机构保障资金来源；供货商、设备制造商提供物质资源；供电、供水、通信等单位提供动力资源；监察、纪检、工商、卫生等机构负责行政监督检查；工程监理公司、项目施工单位、专家等负责技术指导与监督。

（2）项目参与方的合作。项目参与方之间往往是两两以合同协议等方式，建立相对独立的合作或管理关系，项目各方缺乏交流，容易出现追求局部优化的现象。唐文哲等对我国工程建设行业进行了调研，发现 32 种工程风险中，"28 种风险的重要性对于业主和承包商而言是相似的。以最重要的 3 种风险——工程质量、现场事故和安全为例，其中任何一种风险的发生，所有工程参与方都要承担责任"，而缺乏共同管理风险的机制是影响风险管理的最为主要的因素之一。"（唐文哲等，2006）

风险管理机构需站在全局的角度，协调好项目各参与方之间的关系，促进项目参与方确立共同目标、建立有效信息共享机制、沟通渠道、冲突处理程序和激励性机制，共同合作管理风险，真正形成"利益共享，风险共担"的管理组织体系。该体系的构建，可以加快信息传递，鼓励项目参与方分享经验和对问题的看法，降低不确定性，改善决策的效率和科学性，减少风险管理的费用，提高工程实施效率。

（3）项目参与方合作策略的演化博弈。工程项目各参与方之间的合作有助于项目成功实施，而任何一方的不合作行为都有可能增加项目的风险，导致项目损失甚至失败。然而，由于各参与方所掌握的信息一般是不完全的，决策主体也很难保证完全理性。因此，参与方在合作、博弈的过程中，往往欠缺做出最优决策的能力。通过非对称演化博弈理论可以有效促进各参与方之间合作策略选择问题的解决。为简化模型，参与方仅简化为业主与承包商两方，以业主及承包商的合作博弈为例。

1）合作策略的演化博弈模型假设。

假设 1：业主、承包商各自隶属于业主群体和承包商群体，业主与承包商合作的结果能够被各自群体内部所熟知，从而影响群体中其他个体的行为。

假设 2：预期业主与承包商的正常收益在 $R \sim R_z$。若在项目实施中，业主与承包商能够合作进行风险管理，则可达成项目预期目标，业主与承包商可取得正常收益。而双方任一方不合作都会给项目带来损失，且损失由业主和承包商按 $\beta : (1-\beta)$ 的比例共担，即业主承担的损失为 $\beta \Delta L$，承包商承担的损失为 $(1-\beta) \Delta L$。

假设 3：无论最终是否合作，业主与承包商未决定是否合作，各自都将投入一定的成本，包括进行信息收集、风险预控、协调管理等产生的费用。假定业主为选择合作所投入的成本为 $C_1 \geq 0$，同理，承包商为选择合作所投入的成本为 $C_2 \geq 0$。

根据以上假定，得到业主及承包商采取合作及非合作策略时的支付矩阵，如表 2-1 所示。业主采取合作策略的概率为 p，采取非合作策略的概率为 $(1-p)$；承包商采取合作策略的概率为 q，采取非合作策略的概率为 $(1-q)$。

表 2-1   业主及承包商采取不同策略的支付矩阵

业主 　　　　承包商	合作 B_1（q）	非合作 B_2（$1-q$）
合作 A_1（p）	R_1-C_1；R_2-C_2	$R_1-C_1-\beta\Delta L$；$R_2-(1-\beta)\Delta L$
非合作 A_2（$1-p$）	$R_1-\beta\Delta L$；$R_2-C_2-(1-\beta)\Delta L$	$R_1-\beta\Delta L$；$R_2-(1-\beta)\Delta L$

2）演化博弈的模型分析。

业主采用合作策略的平均收益为

$$E(A_1)=q(R_1-C_1)+(1-q)(R_1-C_1-\beta\Delta L) \tag{2-1}$$

业主采用不合作策略的平均收益为

$$E(A_2)=q(R_1-\beta\Delta L)+(1-q)(R_1-\beta\Delta L) \tag{2-2}$$

则业主采用不同策略得到的总平均收益为

$$\begin{aligned}\overline{E}(A) &= pE(A_1)+(1-p)E(A_2) \\ &= p[q(R_1-C_1)+(1-q)(R_1-C_1-\beta\Delta L)] \\ &\quad + (1-p)[q(R_1-\beta\Delta L)+(1-q)(R_1-\beta\Delta L)]\end{aligned} \tag{2-3}$$

因此，业主采用合作策略的模仿者动态方程为

$$\frac{\mathrm{d}p}{\mathrm{d}t}=p[E(A_1)-\overline{E}(A)]=p(1-p)(q\beta\Delta L-C_1) \tag{2-4}$$

同理，承包商采取合作策略的平均收益为

$$E(B_1)=p(R_2-C_2)+(1-p)[R_2-C_2-(1-\beta)\Delta L] \tag{2-5}$$

承包商采取不合作策略的平均收益为

$$E(B_2)=p[R_2-(1-\beta)\Delta L]+(1-p)[R_2-(1-\beta)\Delta L] \tag{2-6}$$

承包商采取不同策略的总平均收益为

$$\begin{aligned}\overline{E}(B) &= qE(B_1)+(1-q)E(B_2) \\ &= q\{p(R_2-C_2)+(1-p)[R_2-C_2-(1-\beta)\Delta L]\} \\ &\quad + (1-q)\{p[R_2-(1-\beta)\Delta L]+(1-p)[R_2-(1-\beta)\Delta L]\}\end{aligned} \tag{2-7}$$

承包商采用合作策略的模仿者动态方程为

$$\frac{\mathrm{d}p}{\mathrm{d}t}=p[E(B_1)-\overline{E}(B)]=q(1-q)(p(1-\beta)\Delta L-C_2) \tag{2-8}$$

对业主和承包商的模仿者动态方程，由雅可比矩阵计算可知，在平面 $S=\{(p,q);0\leqslant p,q\leqslant 1\}$ 时，还存在平衡点 $E_5\left(\dfrac{c_2}{(1-\beta)\Delta L},\dfrac{c_1}{\beta\Delta L}\right)$，对这五个平衡点进行分析可知，仅有 E_1（0，0）、E_4（1,1）是渐进稳定点，E_2（1,0）、E_3（0,1）是不稳定点，$E_5\left(\dfrac{c_2}{(1-\beta)\Delta L},\dfrac{c_1}{\beta\Delta L}\right)$ 是鞍点。

从该模型可以看出，业主和承包商或者都采取合作策略共同管理风险，或者都采取不合作策略，各自为政。业主及承包商博弈动态过程的相位图如图 2-7 所示。在相位图中，点 E_s 与任意顶点的连线是由顶点到鞍点的路径，因为路径不可知，所以以直线代替。

在相位图中，平面 S 被分为 I、II、III、IV 四个区域，当初始状态 $(p,q)\in$ I、III 时，系统将收敛到 $E_1(0,0)$ 点，即业主和承包商在风险管理上将选择不合作策略；当初始状态为

$(p, q) \in$ Ⅱ、Ⅳ时，系统将收敛到 $E_4(1, 1)$点，即业主和承包商将选择合作策略。因此，Ⅰ、Ⅲ为非合作区域；Ⅱ、Ⅳ为合作区域。

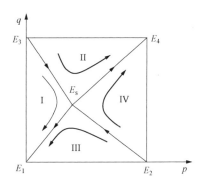

图 2-7　业主及承包商博弈动态过程的相位图

3）参数分析。根据以上演化博弈模型可知，业主和承包商究竟会向哪种均衡状态进化取决于(p, q)点落在哪个区域。同时，合作区域和非合作区域面积的大小表示业主和承包商选择合作策略和非合作策略的概率大小。

业主和承包商是否能够合作，与合作所需的成本投入存在很大的联系。当 $0 \leqslant \dfrac{C_1}{\beta \Delta L} \leqslant 1$ ，$0 \leqslant \dfrac{C_2}{(1-\beta) \Delta L} \leqslant 1$ 时，

$\beta \Delta L - C_1 \geqslant 0$ ，$(1-\beta) \Delta L - C_2 \geqslant 0$ ，也即业主及承包商选择合作的投入小于不合作的风险给各方带来的损失，在这种情况下，双方才有合作的必要。在损失确定的情况下，合作进行风险管理的成本 C_1、C_2 减少，使得投入较小的风险管理成本，就能避免较大的风险损失，$E_5 \left[\dfrac{c_2}{(1-\beta) \Delta L} , \dfrac{c_1}{\beta \Delta L} \right]$点趋近左下方，合作区域面积增大，业主及承包商更愿意通过合作以避免己方发生更大的风险损失。同时，当一方对合作持积极态度时，会对另一方产生积极的影响。例如，当业主的风险管理成本 C_1 降低时，业主将倾向于合作进行风险管理，并积极改善与承包商的合作关系。这种态度会影响承包商，促使承包商也积极配合选择合作策略，系统将演化到 E_4（1,1）点。

当风险损失的分配比例系数 $\beta \to 0$ 时，风险发生的损失均由承包商负担；当 $\beta \to 1$ 时，则损失均由业主负担。当 $\beta \in$（0,1）时，业主及承包商对 β 的确定通过讨价还价来确定。假定 δ_1、δ_2 分别为业主及承包商的贴现因子，且 $0 \leqslant \delta_1$，$\delta_2 \leqslant 1$，假定业主先出价，则业主和承包商讨价还价的结果是：

$$\beta = \frac{1-\delta_1}{1-\delta_1 \delta_2} , 1-\beta = \frac{\delta_1(1-\delta_2)}{1-\delta_1 \delta_2}$$　　　　　（2-9）

如果将 δ_1、δ_2 理解为业主及承包商对合作效果的期望，则贴现因子 δ_1、δ_2 越大，良好的合作给双方带来的效用水平就越高，从相位图上看，合作区域的面积将增大，而非合作区域的面积将变小，系统将向合作方向演化的概率较大；而贴现因子 δ_1、δ_2 越小，说明业主及承包商各自为政，缺少风险管理合作的意识，同时合作区域的面积将变小，非合作区域的面积将变大，系统向不合作方向演化的概率较大。$\beta \to 0$、$\beta \to 1$ 两种情况下，业主及承包商合作策略演化动态相位图如图 2-8 所示。

5．文化体系

风险管理文化体系在风险管理体系中扮演了十分重要的角色，甚至可以说是整个体系的灵魂与核心。由于项目系统具有开放性、动态性，管理组织体系和基层员工具有多样性、流动性，要使这个复杂的项目体系有条不紊地运行，避免风险或降低风险带来的危害，则必须将组织风险管理政策、风险管理流程、权限、责任规范化、书面化，并建立起包括物质文化、行为文化、制度文化、知识文化、精神文化的有内涵的风险管理文化体系，将风险管理意识深入扎根在所有参与方的管理者和员工心中，使大家认同并自觉遵守"关心风险、把握风险、控制风险、防范风险人人有责"的行为准则。

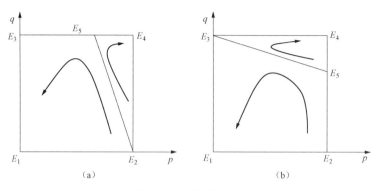

图 2-8　业主及承包商合作策略演化动态相位图

(a) $\beta \to 0$；(b) $\beta \to 1$

第二节　风险分析方法体系

一、风险分析方法概述

（一）风险分析方法的类型

工程项目风险分析方法有很多种，如德尔菲法、层次分析法、蒙特卡罗模拟等，大致可以分为定性分析和定量分析两种形式，而依据原理的不同又大致可分为基于结构化图形、基于数理统计、基于模糊数学、基于管理模型四类。这些方法有的以全面、系统、精确为分析目标，有的以简洁、易用为理念，其主要的应用方向也各不相同。例如，故障树分析法（FTA）只适合小型项目分析，否则易产生疏漏和错误；盈亏平衡分析法可用于项目的费用或收益分析，而不适用于分析项目建设风险；敏感性分析法主要研究项目经济效益指标对相关不确定因素的敏感程度，但无法表征该不确定性因素对经济效益指标发生影响的可能性和影响程度。

因此，必须从相关性和适用性角度选择合适的风险分析方法，以便于及时高效地获取准确的风险分析结果。当风险分析的目标和范围已经明确后，可以根据以下因素，选择具体的风险分析方法：①风险评估的目标；②决策者的需要；③所分析风险的类型及范围；④后果的潜在严重程度；⑤专业知识、人员以及所需资源的程度；⑥信息、数据及其他资源的可获得性，现有信息、数据的不确定性；⑦应用的复杂性；⑧法律法规及合同要求等。

实践中，单一使用某种风险分析方法往往无法达到理想效果，应结合项目背景，根据项目特点和需求，交叉、综合运用不同风险分析方法，使风险分析结果更为科学可靠。例如，投资决策者较为关心信息反馈、经济可行性和技术风险评估，此时可选择具备信息管理功能的分析工具，使信息与工程项目管理无缝衔接，同时利用经济指标和可靠性工程理论来量化风险、分析风险。又如，在定性、定量评估风险时，可以将层次分析法（AHP）和遗传学算法、人工神经网络、熵权理论等结合使用，建立具体的风险分析模型，扩展该方法的使用空间。

（二）风险分析方法的特征

一般来说，合适的风险分析方法应该具备以下特征：①适应项目组织的相关情况；②得出的结果应加深对风险性质及如何应对风险的认识；③能按可追溯、可重复及可验证的方式使用；④在综合不同研究的结果时，所采用的技术及结果是可比较的。

需注意的是，尽管理论上风险分析和评估具有一般性的、通用的过程，但是不存在放之四海而皆准的"正确"的风险评估方法，方法和工具的好坏很大程度上取决于项目独特的性质和要求。因而，在兼顾项目分析个性化需求的同时，仍有必要加强评价模型的通用性研究。

本节将简要介绍风险定性、定量分析的常见方法，之后几章将分类详细说明风险识别、估计、评价、应对所使用的方法。在应用定性与定量方法进行风险分析时，应注意的是：①工程项目具有单一性，不同项目所面对的风险因素必然有所不同；②项目在全寿命周期不同阶段面临的风险是变化的；③项目风险分析具有全程性，贯穿整个项目全寿命周期；④风险分析方法在适应范围、条件、过程、结果等方面，分别有各自的侧重点和优缺点。因此，在项目风险分析时，应根据项目特点与风险性质，结合项目所处阶段特征，在定性和定量分析相结合的理念基础上，选择适当的风险分析方法。

二、定性分析方法

定性分析方法可帮助风险管理者明确风险的来源、性质，估计风险对项目的影响程度，判断主要风险可能产生的后果是否可以接受，从宏观上把握项目可行性，具有便捷、低成本等优点。定性方法通常较为主观，一般与定量方法结合使用。定性分析既可为定量分析奠定基础，也可与定量分析互为补充。

常见的工程项目风险定性分析方法有以下几种：

（一）头脑风暴法

头脑风暴法（Brain Storming）也被称为智暴法、智力激励法，其原理是通过无限制的自由讨论，营造敢想敢说的热烈氛围、刺激竞争意识、引发联想反应，从而最大限度地激发创造性、产生新思想。头脑风暴法的环节主要包括：①讨论会之前，主持人准备好与讨论内容相关的一系列问题及思考提示。②确定讨论会的目标并解释规则。③引导员首先介绍一系列想法，然后大家探讨各种观点，尽量多发现问题。此时无需讨论是否应该将某些事情记在清单上或是某句话究竟是什么意思，因为这样做会妨碍思绪的自由流动。一切输入都要接受，不要对任何观点加以批评；同时，小组思路快速推进，使这些观点激发出大家的横向思维。④当某一方向的思想已经充分挖掘或是讨论偏离主题过远，那么引导员可以引导与会人员进入新的方向。其目的在于收集尽可能多的不同观点，以便进行后续分析。

在应用本方法时，进行有效的引导非常重要，其中包括：在开始阶段创造自由讨论的氛围；会议期间对讨论进程进行有效控制和调节，使讨论不断进入新的阶段；筛选和捕捉讨论中产生的新设想和新议题。其中需要注意的是，本方法最主要的规则之一是不干扰他人发言、不发表判断性评论、不质疑任何观点。

头脑风暴法的特点较为明显，①充分发挥集体智慧，对会议的领导者组织能力要求较高。②注重信息数量，而非质量；③适用于问题明确、目标单一的情形。讨论复杂问题则需要先将其分解，再进行讨论。④所得信息、意见、建议等需要进行筛选和详尽分析。在大多数情况下，只有少部分结论具有实际意义。但有时，一个想法、一条建议就可能带来巨大的社会经济效益。即便头脑风暴得出的所有建议都不具有可操作性，其作为对原有分析结果的一种论证，也是有助于领导决策的。其特点决定了该方法的局限性：①参与者可能缺乏必要的技术及知识，无法提出有效的建议；②由于头脑风暴法相对松散，因此较难保证过程及结果的全面性；③可能会出现特殊的小组状况，导致某些有重要观点的人保持沉默而其他人成为讨论的主角。

一般而言，头脑风暴法可以与其他风险评估方法一起使用，也可以单独使用来激发风险管理过程任何阶段的想象力。头脑风暴法可以用作旨在发现问题的高层次讨论，也可以用作更细致的评审或是特殊问题的细节讨论。

（二）专家个人判断法

专家个人判断法（Individual Judgement）也称为主观评分法，是风险分析方法中较为常用的一种，一般运用于决策前期或数据资料匮乏的情形。操作时，首先，调研者需识别工程项目所有的风险因素并将之设计成风险调查表；之后专家根据个人经验，估计各风险因素的重要性，并用权重表示，同时根据各风险因素的影响程度划分风险等级（如 0～10 的分值，"0"表示最小，10 表示最大）；最后调研者将风险因素的权重和等级相乘并加总，得到项目总的风险程度，数值越高表示风险越大。专家个人判断法本质上是定性评估，只不过其表现结果为数值形式。风险因素评分如表 2-2 所示。

表 2-2 风 险 因 素 评 分

可能发生的风险因素	风险因素发生的可能性					风险值 $P \times C$
	较小（2）	不大（4）	中等（6）	比较大（8）	很大（10）	
政局不稳			√		♦	60
物价上涨	√			♦		32
业主支付能力	√			♦		32
技术难度				♦	√	80
工期紧迫			√♦			36
材料供应	√	♦				24
汇率浮动			√		♦	60
无后续项目	♦			√		32

注 √——风险因素发生可能性评分；♦——风险因素发生的后果评分。

专家个人判断法的优点是参与人员少，流程简单，花费较少，且不受外界干预，可以较为有效率地得到调研结果；缺点是专家的知识深度和广度是有限的，仅仅依靠专家的个人经验，难免有片面性，且专家的个人偏好、兴趣等也有可能干扰调研结果的客观性和公正性，因而只适用于历史资料不多的情况下对风险的初步衡量或描述一些难以精确度量的风险（如项目质量风险）。

（三）德尔菲法

德尔菲法（Delphi Method），又称调查和专家打分法或专家规定程序调查法，是专家个人判断法的延伸，其本质是一种反馈匿名函询法。

具体操作时，德尔菲法要求调研者：①组建专家团队，拟定风险调查表；②函询征求专家意见，对可能的风险因素的重要性进行评价，要求专家在一定期限内反馈；③将意见归纳整理，并进行统计处理，如计算出风险发生概率的平均值和标准差等，保证处理后的意见客观、准确、清晰；④将整理后的意见匿名反馈给各位专家，再次征询意见；⑤重复该过程，直至所得专家意见基本一致；⑥将最后结果作为进一步评价项目整体风险的依据。

德尔菲法的特点是：①集中多位专家意见。②函询征求意见，匿名反馈。一定程度上减轻了公开发表对专家可能造成的心理负担，避免了专家横向讨论对观点的客观性的影响。③在信息、数据、资料受限条件下，对未来事件做出风险预估。④主要依靠专家经验，其得到的结论只是一种大致的风险程度，而非风险的具体数值。德尔菲法的重要意义在于，其为决策者和风险管理者提供了可供参考的依据和多方案选择的可能性，开阔了决策思路。其局限性在于，该方法耗时、耗力，并对参与者的理解能力、专业知识和书面表达等有较高要求。

（四）流程图法

流程图法（Flow Charts），即用图表的方式来表示项目运动方向、方式和路线，帮助发现和识别项目风险可能发生的具体项目环节、项目各个环节之间存在的风险以及项目风险的起因和影响，是项目风险识别时常用的一种分析工具。

绘制流程图时，通常运用不同的图形来表示不同阶段的具体行为，最常见的流程图符号如图2-9所示。

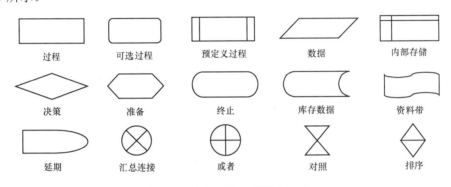

图 2-9　流程图的常见图形符号

（五）故障树分析法

故障树是一种逻辑演绎的图形分析工具，既可作定性分析，也可作定量分析，本书暂将其分类至定性分析方法。

故障树分析法（Fault Tree Analysis，FTA）是一种倒立树形的图表分析法，类似于可靠性工程的失效树。项目风险管理人员运用该方法将复杂故障（顶事件）逐一分解为小的故障，或针对故障分析各层次的原因，直至分解到最基本的单元（底事件）。故障树由节点、节点间的连线及逻辑符号组成。其中，每个节点表示某一具体事件，连线与逻辑符号表示事件间的相互关系。故障树分析的常用图形符号如表2-3所示。该方法运用布尔代数原理计算出事件发生的可能性（概率），并求出事件所造成的影响（重要程度）。

运用该方法的步骤如下：①预测未来项目可能的风险事件和结果，将该事件作为故障树的顶事件；②逻辑推理出各层次风险原因及风险因素，直至分析到底事件为止；③追寻风险产生路径、分析因果关系，计算得出风险发生的概率和导致主事件发生的各子事件的最小组合数；④根据最小组合数，找出对主事件的影响最大，或最有可能发生的子事件；⑤根据风险事件发生概率的大小，提出控制风险因素的方案。

故障树分析法具有全面性、系统性、逻辑性、直观性等特点，应用范围广阔，最早用于航空、核能、武器等系统工程可靠性分析，现在也常运用于直接经验较少、技术性较强或较为复杂的大型工程项目的风险分析。其优点在于：①它提供了一种系统、规范的方法，同时有足够的灵活性，可以对各种因素进行分析，包括人际交往和客观现象等；②运用简单的"自上而下"方法，可以关注那些与顶事件直接相关故障的影响；③对具有许多界面相互作用的分析系统特别有用；④图形化表示有助于理解系统行为及所包含的因素；⑤对故障树的逻辑分析和对分割集合的识别有利于识别高度复杂系统中的简单故障路径。其缺点在于：①在处理较大的系统风险问题时，容易发生遗漏和错误；②如果基础事件的概率有较高的不确定性，则计算出的顶事件的概率的不确定性也较高；③有时很难确定顶事件的所有重要途径是否都包括在内；④静态模型，无法处理时序上的相互关系；⑤只能处理二进制状态（有故障/无故障）。故障树分析常用符号如表 2-3 所示。

表 2-3　　　　　　　　　　　　　　　　故障树分析常用符号

分类		符号	名 词 术 语
事件	底事件	基本事件	基本事件是在特定的故障树分析中无须探明其发生原因的底事件
		未探明事件	未探明事件是原则上应进一步探明其原因但暂时不必，或暂时不能探明其原因的底事件
	结果事件		结果事件是故障树分析中由事件或事件组合所导致的事件，分为顶事件（故障树分析中所关心的结果）和中间事件（顶事件和底事件之间的结果事件）
	特殊事件	开关事件	开关事件是在正常工作条件下必然发生或必然不发生的特殊事件
		条件事件	条件事件是描述逻辑门起作用的具体限制的特殊条件
逻辑门	与门		与门表示仅当所有输入事件发生时，输出事件才发生
	或门		或门表示至少有一个输入事件发生时，输出事件就发生
	非门		非门表示输出事件是输入事件的对立事件

（六）工作分解结构法

工作分解结构法（Work Breakdown Structure，WBS）的原理类似于故障树分析法，通常以树形结构呈现，都是化整为零，按照系统原理和要求将大型的复杂事件分解转化为互相独立、互相影响、互相关联的小的单元事件，并据此管理项目计划、实施、控制等一系列工作。运用该方法的一般步骤如下：①将工程项目按原则或目标分解为实施项目的主要任务；②将主要任务按项目技术系统分解为单元工作；③将单元工作分解为项目参与人员的日常活动，并做出详细的说明和定义。在工程项目风险分析中，工作分解结构法是按工作级别将项目整体风险逐级分解，形成不同级别、类型的风险单元，并予以识别、估计，而后将风险单元由低级到高级逐层加总，得到总的项目风险。下文定量分析方法中即将介绍的控制区间和记忆模型也是运用了工作分解结构方法的原理。

由于工作分解结构法不仅可以用于风险分析，也可有效地应用于项目管理（如项目进度、项目成本等），因而作为现成的工具，不会为项目工作者增加过多额外的工作，可以较低成本、有效帮助项目决策者理清项目结构，分辨各组成部分间的关系，较为全面地识别项目风险因素，估计项目总体风险。但需注意的是，工作分解结构法依赖于大型工程项目经验的积累、总结与升华，同时需要顾及项目自身的特点，因而有一定局限性。同时，大型工程项目的分解非常复杂、烦琐，运用该方法来进行分析，效果并不一定非常理想。

（七）列表排序法

列表排序法（Listing Method）实施起来较为简易。研究人员识别出项目各项风险后，根据事先制订的评分标准，逐项对各条风险的可能性（概率）、严重性（影响程度）、可控性评分，并将三个分值相乘，由所得数值判断该项风险的风险级别，从而达到量化项目总体风险程度的目的。该方法方便、快捷，但需要有相当的数据支撑和较科学的评分标准，否则预测结果只能做大概趋势的预判，而很难具有实际意义。

（八）皮尤矩阵法

皮尤矩阵（Pugh Matrix）又称为皮尤分析（Pugh Analysis）、决策矩阵（Decision Matrix）或选择矩阵（Selection Matrix），是一种 L 形矩阵图表，操作简单，所需信息较少，比较适宜在项目风险初期评价中使用。在图表中，行向量为不同风险对应同一指标的状态值，纵向量为同一风险对应不同指标的状态值，分别为各指标取一期望值作为评价基准，并为每个指标分配一个权重，将各状态值分别与指标期望值相比较。当状态值高于期望值时，标注"+1"；当状态值低于期望值时，标注"–1"；相同则标注"0"。将结果分别乘以权重并相加，分数最多项为风险程度最大，如表 2-4 所示。

表 2-4　　　　　　　　　　皮　尤　矩　阵

评价指标	评价基准	权重	风险 A	风险 B	风险 C	风险 D
1. 概率	0.6	α	+1	−1	−1	+1
2. 影响	0.6	β	+1	−1	0	0
3. 可控性	0.6	γ	−1	−1	0	−1
...	...					

（九）概率影响矩阵法

风险概率影响矩阵（Probability and Impact Matrix）广义来讲，是用 L 型矩阵分析成对因素关系的方法，该方法综合考虑了风险影响和风险概率两个方面的因素，是国际通行的一种基本风险分析方法。在工程项目风险分析中，一般指以风险概率为行向量，以风险影响为纵向量的矩阵图形定性分析，其中概率和影响程度均介于0~1，可采用三档、五档、七档和九档等多个分档办法。比较常见的是采用五档分类。

1. 风险概率评判标准

如果风险概率均匀分为五档，可划分为很高（$1.0 \geq p > 0.8$）、较高（$0.8 \geq p > 0.6$）、中等（$0.6 \geq p > 0.4$）、较低（$0.4 \geq p > 0.2$）和很低（$0.2 \geq p > 0$）五个档次。各档次评判标准如表2-5所示。

表2-5　　　　　风险概率评判参考标准

档次	定量评判标准	定性评判标准	表示
很高	81%~100%	极有可能发生，几乎可以确定	S
较高	61%~80%	发生的可能性很大	H
中等	41%~60%	有可能发生	M
较低	21%~40%	发生的可能性很小	L
很低	0%~20%	发生的可能性很小，几乎不可能	N

有些项目的风险档次不一定均匀分布在0~1。例如，大型水电工程项目的溃坝风险可接受概率应是很低的，超过1%的概率可能会被定义为"较高"或"很高"档次。

2. 风险影响评判标准

风险影响等级是指一旦发生风险事件，对项目目标所产生影响的大小，常见的可划分为严重（$1.0 \geq q > 0.8$）、较大（$0.8 \geq q > 0.6$）、中等（$0.6 \geq q > 0.4$）、较小（$0.4 \geq q > 0.2$）和可忽略（$0.2 \geq q > 0$）五个等级。风险影响评判标准可参考表2-6。

表2-6　　　　　风险影响评判参考标准

等级	影响程度	表示
严重影响	一旦风险发生，将导致整个项目失败	S
较大影响	一旦风险发生，将导致项目的目标指标严重下降	H
中等影响	一旦风险发生，项目受到中度影响，但项目目标能部分达到	M
较小影响	一旦风险发生，项目受到轻度影响，但项目目标仍能达到	L
可忽略影响	一旦风险发生，对项目计划没有影响，项目目标能完全达到	N

3. 风险程度评判标准

风险程度等级是评价风险大小的指标。风险程度包括单个风险因素的风险程度和项目整体初始风险程度。风险程度可分为重大风险（$p \times q > 0.64$）、较大风险（$0.64 \geq p \times q > 0.36$）、一般风险（$0.36 \geq p \times q > 0.16$）、较小风险（$0.16 \geq p \times q > 0.04$）和微小风险（$p \times q \leq 0.04$）五个档次。风险程度评判标准可参考表2-7。

表 2-7 风险程度评判参考标准

风险等级	发生的可能性和后果	表示
重大风险	可能性大，影响和损失大，影响和损失不可接受，必须采取积极有效的防范化解措施	S
较大风险	可能性较大，或影响和损失较大，影响和损失是可以接受的，需采取一定的防范化解措施	H
一般风险	可能性不大，或影响和损失不大，一般不影响项目的可行性，应采取一定的防范化解措施	M
较小风险	可能性较小，或影响和损失较小，不影响项目的可行性	L
微小风险	可能性很小，且影响和损失很小，对项目影响很小	N

在概率影响矩阵示意图中，发生概率大且负面影响也大的风险因素位于矩阵右上角，发生概率小且影响也小的风险因素位于矩阵左下角，如图 2-10 所示。

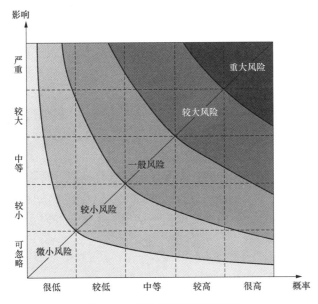

图 2-10　概率影响矩阵示意图

风险管理者应着重关注和处理概率、影响程度"双高"的风险。

在使用概率影响矩阵法时，由于资料的局限性，测定风险概率往往较为困难。此时可以用相对概率代替实际概率，得出大致结果。对于影响程度的测度也可用相对值表达。但需要注意标准的界定和影响尺度的选择，否则可能造成结果过丁偏离实际，而失去参考意义。

（十）核对表法

核对表法（Check List）的原理，可以用成语"前车之鉴"来概括。它是一种基于此前同类项目的风险信息，以表格形式列出该类项目的风险源、风险事件等，供风险管理人员逐一核查，并以"是/否"进行回答的方法。除了风险源和风险事件，详细的核查表还会列出诸如项目成功或失败的经验与原因、风险事件的后果与响应等事项。

核对表法可用来识别潜在危险、风险或暂评估控制效果，适用于项目全生命周期的任何阶段，也可以作为其他风险评估技术的组成部分进行使用。具体步骤包括：①组成检查表编制组，确定活动范围；②依据有关标准、规范、法律条款及过去经验，选择设计一个能充分涵盖整个范围的检查表；③使用检查表的人员或团队应熟悉过程或系统的各个因素，同时审查检查表上的项目是否有缺失；④按此表对系统进行检查。

该方法的作用在于可以有效地帮助工程项目风险管理人员识别风险，也可以起到查遗补漏、举一反三、开阔思路的作用。在使用该方法时，应充分考虑项目本身的特点，包括资金资源、自然环境、社会环境、管理现状等，核对表毕竟主要依赖于专家和历史经验，无法涵盖所有的风险，项目也总有自己的特殊之处，即使是定期更新的核对表，依然会有所不足，因此不能完全依赖核对表，而应更多地把它当作一个借鉴。

（十一）幕景分析法

幕景，顾名思义，和场景类似，是对某一时刻人、组织、环境、项目的状态的描述。幕景分析法（Scenarios Analysis），是通过对比分析原始幕景、当前幕景、将来幕景（无拟议行动）、将来幕景（有拟议行动）等系列幕景，识别风险的关键因素及其影响，并采用图表或曲线等形式来表示该因素变化对项目的影响的一种分析方法。主要需要分析的变化可能包括：①外部情况的变化（如技术变化）；②不久将要做出的决定，而这些决定可能会产生各种不同的后果；③利益相关方的需求以及需求可能的变化；④宏观环境的变化（如政府监管及人口构成等），有些变化是必然的，而有些是不确定的。

该方法可用来预测风险可能发生的方式，并且适用于各类长期或短期风险的分析，在周期较短及数据充分的情况下，可以从现有情景中推断出可能出现的情景。对于周期较长或数据不充分的情况，幕景分析的有效性则更依赖于合乎情理的想象力。当积极后果和消极后果的分布存在比较大的差异时，幕景分析的应用效果会更为显著。

该方法的优点是可以帮助目标冲突或结果矛盾时选择幕景，适合研究某些关键性因素或措施对项目的影响，有助于筛选需要重点监视的风险。但是该方法也有较大缺陷，正如从井底看天是无法窥全貌的，幕景分析由于是根据现状推测未来，局限于信息水平以及研究者的思维和价值观，易发生偏差。

（十二）网络计划技术法

网络计划技术（Networking Planning Technology）是用有向网络图表示项目中各事件或任务工作的先后顺序与相互关系，在图中标注各事件完成所需时间和资源，进而计算找出项目计划的关键工作线路，并对之进行优化，得出最合理方案的分析方法。网络计划技术的基本形式如图 2-11，其中①→③→④→⑥为关键路线。根据各事件的参数是否为随机变量，如预估持续时间、费用等是否确定，网络计划技术可分为确定型和非确定型两类，前者包括关键路线法（Critical Path Method，CPM），后者包括计划评审技术（Program/Project Evaluation and Review Technique，PERT）和图示评审技术（Graphical Evaluation and Review Technique，GERT）。

其中，PERT 默认事件实现是确定的，因而排除了各项事件发生与否的随机性概率分布。假定活动时间呈 β 分布，采用"三点估计"的方法来确定每一活动的持续时间分布，并假定关键线路的总工期呈正态分布，然后据此计算关键线路上的工期的期望值和方差，最后得到完工概率的估计。

GERT 则建立在 PERT 的基础上，不仅允许事件参数为随机变量，也允许事件实现与否，以及各个活动及相互之间的影响关系具有随机性。在网络图的表现形式上，增加了决策节点，并且节点之间具有回路和自环存在，该方法通过解析方法及蒙特卡罗模拟方法最终求出项目成本和工期的概率分布曲线。网络计划技术的基本形式如图 2-11 所示。

（十三）影响图法

影响图法（Influence Diagram），也称关联图法（Relevance Diagram）、决策图法（Decision Diagram）或决策网络图法（Decision Network），是运用有向图构成的网络，表达不确定性变量、决策和项目风险之间的作用关系及影响的一种图形分析方法，本质是多元联合分布函数模型的图解表达。工程项目风险分析影响图由风险节点（包括决策节点、机会节点、确定节点、不确定性节点、价值节点等）和风险作用关系有向弧（包括关联弧、功能弧、条件弧、信息弧、影响弧、莫忘弧等）组成，表示风险概率联合分布函数。

风险管理者不仅可以运用影响图法从图形上分析风险事件的相关情况，还可以通过运算，求出风险事件发生的概率及对项目的影响程度，并求出项目整体目标在各个风险事件作用下的风险状况。因而影响图既能用于风险识别，又能用于风险估计和评价。一般在风险识别阶段，运用关系级影响图，只需要大概说明某几个变量之间有关系即可，如总成本是由劳务成本、生产成本等共同决定的。在风险估计和评价阶段，运用函数级和数量级影响图，前者用函数具体表达变量间是怎样的条件关系，如总成本=劳务成本+生产成本+…；后者将变量的取值代入函数表达式中，得出确切的数值，同时可表示出所有相关变量的边际分布和变量的联合概率分布。

影响图用于风险识别、风险估计、风险评价的三个阶段的关系如图2-12所示。

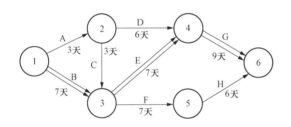

图 2-11　网络计划技术的基本形式

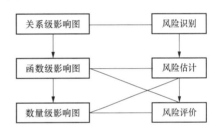

图 2-12　风险分析三个阶段的影响图运用

然而，该方法有一定局限性，其计算规模会随着不确定因素个数的增加呈线性增长，仍有待改进完善。

（十四）因果图法

因果图法（Cause and Effect Diagram），也称为鱼骨图法（Fishbone Diagram），是一种类似鱼骨的有向图，用于分析引起问题的根本原因及各因素间的关系。其根本原理是输入因（输入条件），得出果（输出条件或程序状态的改变），尤其适用于分析多种输入条件组合的情况。其最终结果可以转换为判定表❶来表示。

因果图法可分为三类：①整理问题型，旨在对问题进行结构化整理，而非分析因果关系；②原因型，旨在分析因果关系，关键词为"为什么……"，③对策型，旨在分析问题的解决方法，关键词为"如何提高/改善……"。

因果图的基本结构如图2-13所示。

三、定量分析方法

风险定量分析是用数学模型等工具，量化风险发生的时间、起因、损失概率、损失程

---

❶判定表是一个表格，分为四个部分，其左部是条件或数组元素的名称，右上部是所有条件的组合，左下部是处理中活动的名称，右下部标明条件组合和相应的活动的对应关系。

度、可控性等，求出项目目标在总体风险事件作用下的概率分布，以判定风险级别及其可能对项目造成的影响。风险事件对项目的影响，一般用损失金额或拖延工期来衡量，但最终都体现在投资的增加上，即用货币衡量风险的损失值，以便各个风险事件严重程度的互相比较。

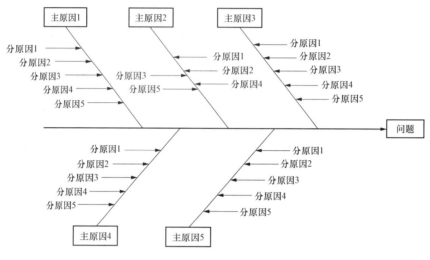

图 2-13　因果图基本结构

具体的工程项目风险定量分析方法如下：

（一）敏感性分析

敏感性分析（Sensitive Analysis）是在项目可行性研究阶段，通过分析工程目标经济效益指标（如投资收益率、投资回收期、利润、净现值等）对相关风险因素（如建设期、投资额、成本等）的敏感程度，将各风险因素按敏感性排序，以便分析项目总体风险及承受能力的一种方法。

敏感性分析可帮助决策者找出最敏感因素，即对项目潜在影响最大的风险因素，并确定其可承受的变动幅度，从而对其采取措施，以增强工程项目抗风险能力；也可帮助决策者分析不同项目方案的风险敏感性，从而挑选出较不敏感的方案予以实施。

需注意的是，敏感性分析一般只说明不确定因素对经济效益的大致影响程度，而并没有考虑该不确定性因素发生的可能性，即便是敏感因素，其未来发生不利变化的概率也可能很小，而即便是不敏感因素，其未来发生不利变动的概率也可能很大。同时，该方法偏重经济影响的考量而非对项目总目标影响的衡量，无法评估项目总体风险水平。因此，在实际项目风险分析中，还需要辅以其他方法弥补其概率分析的不足。

（二）盈亏平衡分析

盈亏平衡分析（Break-Even Analysis）又称本量利分析（Cost-Volume-Profit Analysis，CVP）、保本点分析或损益两平点分析，是研究项目成本（包括固定成本和变动成本）、产量（或销售量）与利润等要素间的关系，尤其是费用与收益的平衡关系，并进行预测分析的方法。简单来说，是通过寻找销售收入等于总成本费用时的保本点，即盈亏平衡点（Break Even Point，BEP），考察项目对市场的适应能力和抗风险能力。该方法通常应用于项目费用分析、收益分析或经济安全性分析。

盈亏平衡点可由产量、产品售价、单位可变成本、年总固定成本、生产能力利用率等表示。其中，产量和生产能力利用率最为常用，用二者表示的盈亏平衡点越低，表明项目的市场适应能力和抗风险能力越强。

盈亏平衡法按照各要素函数关系，可分为线性和非线性两类；按照考虑货币的时间价值与否，可分为静态分析和动态分析。图 2-14 为非线性盈亏平衡的基本形式。

当盈亏平衡法原理应用于工程项目风险分析时，可将风险量化为各种不确定性因素（投资、成本、项目寿命等）对于工程项目的经济影响，判断在各种不确定因素的作用下，项目适应能力和对风险的承受能力。当不确定性因素的数值达到盈亏平衡点时，会使方案决策的结果达到临界标准，影响方案的取舍。但需注意的是，盈亏平衡法对于信息资料的要求较高，数据必须精确、可靠，否则无法运用。

（三）雷达图分析

雷达图分析（Radar Chart），又称为蛛网图评价，是将分析对象的各项指标状况用二维图形表示的一种综合评价方法。运用该方法时，首先应选取适当的评价指标，并将之进行标准化处理，以消除各指标间的数量差别；之后可采用特定综合评价函数计算风险对应各指标的数值，并将结果标于雷达图上，从而实现对风险的综合评价，如图 2-15 所示。

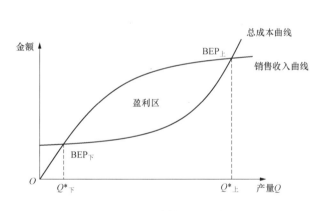

图 2-14　非线性盈亏平衡

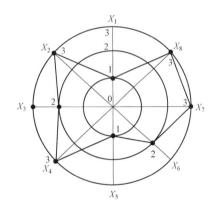

图 2-15　雷达图的基本形

雷达图法的优点是直观、条理分明，从图中即可判断项目风险的大致情况；其缺点是，绘制图形时，各指标的标准化具有较高的主观性，由此可能造成不同版本的雷达图分析法得到的综合评价结果不同，甚至完全相反。

（四）层次分析

工程项目的综合风险是由技术风险、工程风险、财务风险等子项风险共同作用而产生的，不同子项的风险又可逐层追溯到下一层子项直至具体的风险因素。层次分析（Analytic Hierarchy Process，AHP）是运用系统分析和运筹学方法，将复杂的工程项目决策/风险问题分解为综合风险层（或目标层）、专项层（或准则层）、子项层（或子准则层）、风险因素层（或方案层）四个有序的递阶层次结构，并逐层予以评价的权重决策分析法，适用于综合分析多目标、多因素、多准则、多方案，或无结构特性等复杂的决策问题，为决策提供定量依据，多与其他方法联合使用。其基本形式如图 2-16 所示。

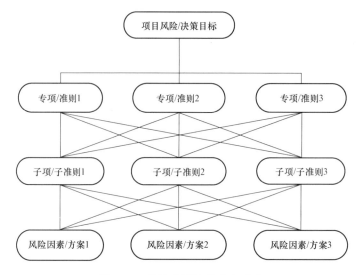

图 2-16　层次分析法的基本形式

层次分析法一般分为四个步骤：①建立所研究问题的递阶层次结构；②构造两两比较判断矩阵；③由判断矩阵计算被比较元素的相对权重；④计算各层元素的组合权重。在进行综合风险分析时，按照层次分析法的思路，将各子项的权重与子项的风险概率分布加权叠加，即得出项目的综合风险概率分布。

层次分析法的突出优点是：①可分析定性与定量相结合的问题；②可将定性因素定量化，能够将无法量化的风险按照大小排序，也可将决策者的思维、主观判断和政策经验程序化、模型化；③可全面、系统、深层次分析工程项目风险。其缺点为：①只分析现存方案，对比存在一定局限性；②依赖专家制订指标体系，有一定主观性；③具体操作时，一致性比较、矩阵特征值求取等，对层次分析法限制较多，有时亦可能产生系统误差。

（五）外推法

外推法（Extrapolation Methods），是运用简单平均法、移动平均法、加权移动平均法、趋势平均法、季节变动分析法、指数平滑法、生长曲线法等数理方法，由已知推测未知的一种综合推断法。外推法可分为三种类型：前推、后推和旁推。前推法是由历史数据和经验，推断未来风险事件的发生概率及后果；后推法是在没有现成数据时，假想未来风险事件的发生，并将其与有数据可查的起始事件相联系，以推测其概率及后果；旁推法是根据类似项目的风险事件的数据资料推测本项目的未来风险。

（六）蒙特卡罗模拟方法

实际工作中，经常遇到无法用数学模型明确表达或没有条件实际介入等问题，模拟仿真技术是解决该类问题行之有效的方法。蒙特卡罗模拟方法（Monte Carlo Simulation），是常用模拟方法的一种，又称统计模拟方法（Statistic Simulation Method）或随机模拟方法（Random Simulation），是为了解决问题，而以概率和统计理论为基础，运用随机数模拟事件发生，构造一个与原来问题没有直接关系的概率过程，并加以统计处理，得到目标事件近似概率分布的一种不确定性算法。该方法常用于分析项目经济风险和工程风险（包括财务预测、投资效益、项目成本及进度预测、业务过程中断、人员需求等风险），并适用于质量检验、社会应急系统和传染病蔓延等其他随机型问题的解决。在工程项目风险分析中，该方法以概率分布的形式表征各风险因素对项目目标的影响，可用于分析各种可能结果的分布及取值的频率。

进行蒙特卡罗模拟分析时，需要构建一个可以很好地描述系统特性的模型。模型中各变量的输入数据需要依据其分布随机产生。为此，均匀分布、三角分布、正态分布和对数正态分布经常被使用。蒙特卡罗模拟方法的大致步骤是：①确定事件总体，简化问题、建立概率统计模型；②建立随机变量的抽样方法，从总体中抽取若干要素组成随机样本（这组随机值与实际总体具有相同的分布特征）；③通过样本参数模拟或估计总体参数，对所研究的问题进行分析。

其优点是：①计算机处理模拟算法，过程简单方便，可随时更新、补充数据，时间成本、财务成本、人力成本较低；②可处理多元风险因素的变化及其不确定性，不受维度限制，且模拟结果的精度和模型的维数无关；③较适合在大中型项目中应用。

其局限性是：①要求变量间相互独立，而风险因素往往相互关联；②各个变量都需要模拟概率曲线，所需数据信息量大，而在工程项目可行性研究阶段，往往无法满足该需求；③模拟所得概率分布是针对现有数据推断的历史发展规律，可能无法反映未来的变化。

（七）决策树分析法

决策树分析法（Decision Tree Analysis，DTA）与故障树分析法类似，也是一种树形图分析法，不同之处在于，它是在给定系统起始事件的情况下，分析此事件可能导致的各事件的所有结果，或描述各备选方案可能导致的一系列结果，逐项计算其概率和期望值，以选择最佳方案的定量分析方法。在决策树图形中，以四方形表示决策点，代表决策问题；圆形表示机会点；三角形表示效益值；以方案分支连接决策点和机会点，代表可供选择的方案；以概率分支连接机会点和效益值，代表方案可能出现的各种结果；并在图形下方标注时间轴，以便考虑时间价值的因素（如利率、年限等），如图2-17所示。该方法具有直观、清晰、动态等特点，便于项目管理人员思考和集体探讨。然而，由于计算事件发生的概率需要大量统计数据支持，而实际工作中往往只能参照相关资料进行估计，因而对于最后的结果应持谨慎态度。

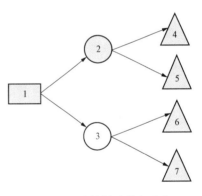

图2-17 决策树法基本形式

（八）模糊综合评价法

模糊综合评价法（Fuzzy Comprehensive Evaluation Method）是一种基于模糊数学理论的化定性为定量，化二值逻辑为连续逻辑，化绝对的"是与非"为相对限域的"是与非"的分析方法。在工程项目风险分析中运用该方法时，步骤如下：①构建项目风险递阶层次；②确定各风险因素的相对权重；③以模糊子集的方式来表达项目风险大小的隶属程度，并对其进行排序；④给出定量的评价结果。

模糊综合评价法的优势在于，其突破了精确数学的局限性，可以较好地以模糊数学方法处理评价因素的不确定性、数据本身的模糊性、评价标准的模糊性、评价影响因素的不确定性、主观认识的局限性等问题，而该特点极适合分析评价工程项目的不确定性风险，适用范围极广。此外，风险分析时须综合考虑不同层次的风险因素及各因素之间的内在关系，需对风险因素分类进行评价，再将评价结果进行综合，最后得到项目总体风险评价。而模糊综合评价法可以胜任此项工作。而且，对于技术方面的风险损失评估，采用集值统计理论将风险损益区间化，更加接近人们对风险的感知和认同。模糊综合评价法的局限是，在实际项目中，隶属度可能是变动的，要确定则比较困难，且计算较为复杂。

（九）控制区间和记忆模型

控制区间和记忆模型（Controlled Interval and Memory Models）通常运用于历史资料缺乏的情形，用专家调查法估计风险变量（因素）及其影响，直方图表示风险变量的概率分布，用和代替概率函数的积分，通过计算将不同风险变量的概率曲线自上至下进行叠加，从而形成项目总的风险概率曲线。

应用该模型时，首先应利用风险核查表等方法请专家识别项目风险源以及风险变量的相关性。若风险变量相互独立，则可将模型分为"串联响应"和"并联响应"两种，即分别对变量（如投资、成本、销售收入、税金等）的概率分布进行"串联"或"并联"的叠加；否则需对相关性进行考虑。若变量超过两个，则先将前两个变量的概率分布相叠加并记忆结果，再将叠加后的概率曲线（即组合概率分布）与下一个变量的概率分布相叠加，之后重复该步骤直到所有变量的概率分布叠加完毕，并计算得到评价指标的风险值。

该方法的优点是能够简单处理变量相关性影响，计算方法相对简洁直观，过程相对清晰简便，且所得结果包含的信息量丰富实用；缺点是如果区间过大，则运算可能会使最终结果失去意义，而缩小叠加变量区间在提高结果精度的同时却带来了计算量无限增大的负担——在 4 个变量 5 个区间的情况下，运用 CIM 方法时组合概率计算次数就已达 625（即 5 的四次方）次，而实际工作中大型工程项目的风险变量个数甚至可能多达上百个。

（十）贝叶斯概率决策法

贝叶斯概率决策法（Bayesian Probability Decision Methods），是基于贝叶斯定理的一种投资风险概率分析方法，即在信息不完全的条件下，决策者依靠历史数据和经验，对于项目在不同方案、状态下的风险做出主观预测，之后运用贝叶斯公式修正主观概率（即先验概率），得出修正后的概率（后验概率），并求出期望值，从而选择最优方案。其中，贝叶斯公式为：

$$P(A|B) = \frac{P(A)P(B|A)}{\sum P(B|E_i)P(E_i)} \qquad (2\text{-}10)$$

其中，事件 A 的概率表示为 $P(A)$；在事件 B 发生的情况下，A 的条件概率表示为 $P(A|B)$；E_i 代表第 i 个事项。该式可简化为

$$P(A|B) = \frac{P(A)P(B|A)}{P(B)} \qquad (2\text{-}11)$$

不同于大多数风险分析方法采用历史资料的客观概率，或者是采取专家的经验值（即主观概率）等方法，贝叶斯方法首先确定事件自然状态的先验概率，然后根据先验概率进行初步决策。随着项目的运行成长，不断地通过科学试验、调查、统计分析等方法获得较为准确的补充信息，根据这些补充信息，重新修正对原有事件概率分布的估计。经过多次修正以后，对事件的概率分布估计会越来越准确，越来越符合实际情况。

概括而言，贝叶斯方法具有如下优点：①对调查结果的可能性加以数量化评价，而不像其他方法，对调查结果完全相信，或完全不相信；②由于任何调查结果都不可能是完全准确的，而先验概率也不是完全可以相信的，而贝叶斯方法巧妙地将这两种信息有机地结

合起来；③它可以在风险分析中根据具体情况不断使用，使得风险分析逐步贴近实际，更加准确。

然而该方法也有其缺点，在项目风险分析时，很多数据都可能欠缺，而不得不使用主观概率，可信度会有所降低。

（十一）风险调整贴现率法

风险调整贴现率法（Risk-Adjusted Discount Rate，RADR），又称风险报酬分析法（Risk and Reward Approach），其核心是在经济评价时，除考虑资金的时间价值外，还考虑资金的风险价值，即在计算净现值时，依据项目风险程度的高低，调高或调低标准贴现率。该方法的优点是可以使不同项目方案具有不同的贴现率标准，更符合逻辑、贴近现实，用较为直观的净现值来衡量、比较不同项目方案所产生的风险对项目投资的影响，帮助决策者规避风险，优化决策；缺点是在折现过程中，由于考虑了风险的时间价值，因此远期风险可能被夸大。

（十二）肯定当量法

肯定当量法（Surely-Balanced Method），将 RADA 中对贴现率的调整转化为对现金收支（流入量）的调整，即该方法将含有风险的各年现金流量，通过肯定当量系数转化为等价的无风险现金流量，然后用标准贴现率计算净现值。其基本公式为

$$NPV = \sum_{t=1}^{n}[(\alpha_t \cdot A_t)/(1+i)^t] - C \qquad (2-12)$$

其中，NPV 为投资项目净现值；α_t 为肯定当量系数；A_t 为第 t 年的税后现金流入量；i 为预定的无风险贴现率；C 为投资现值。肯定当量法的关键在于确定肯定当量系数 α_t，也即剔除不确定性风险对于现金流入量的影响。α_t 的确定方法大致有理论系数法、经验系数法、换算系数法三种，在实际应用中，应慎重选择，避免不当系数影响结果的应用价值。

（十三）因子分析法

因子分析法（Factor Analysis Method）的原理是将由多因素构成的问题用少数主因子（公共因子）的线性函数和特殊因子之和来表示。具体来说，该方法将众多交叉相关的因素指标归类、简化为少数几个无相关性的综合因素指标，即提取主因子，以建立新的指标体系，从而消除指标体系中变量间的信息重叠与相关性（包含关系、因果关系等）的影响，并起到降维的作用。其模型可简化为

$$X_i = a_{i1}F_1 + a_{i2}F_2 + \cdots + a_{im}F_m + \varepsilon_i, \quad i = 1, 2, \cdots, n \qquad (2-13)$$

其中，X_i 代表第 i 个原指标；F_m 代表第 m 个主因子；ε_i 代表第 i 个特殊因子（指标 X_i 所特有的因子）；a_{ij} 代表因子负荷。

需强调的是：①F_m 之间、ε_i 之间，以及 ε_i 与 F_m 之间均是相互独立的。②a_{ij} 有两层含义：首先可表示 X_i 与 F_m 的相关程度，a_{ij} 越大，相关程度越高。其次可表示 X_i 对 F_1，F_2，$\cdots$，F_m 的共同依赖程度，若接近于 X_i 的方差，则可忽略特殊因子 ε，直接用 F_1，F_2，$\cdots$，F_m 的线性组合来表示 X_i。③在转换主因子前，需要首先将不同量纲、不同数量级的原始数据进行标准化处理，以保证评价指标有合理的经济解释。

该方法消除了风险因素之间的相关性影响，过滤了风险因素并对之进行分类、提取公共因子，可帮助识别关键变量并提高风险评估的准确性，提高变量对总体风险水平的解释能力，为风险估计、风险评价以及后续的风险应对创造前提条件，因而是一种较好的风险识别方法。但是该方法也具有一定的缺点：①如果原变量间的相关性很弱，则无法使用该方法；②主要

用于多目标评价，对样本数据量要求较高，一般至少需大于 50，否则可能出现计算结果无法与实际现象吻合的现象。

（十四）神经网络模型

神经网络（Neural Networks，NNs），也称为人工神经网络（Artificial Neural Networks，ANNs）或连接模型（Connectionist Model），是一种运用数学方法模拟生物自然神经系统的人工智能技术，其以大量简单的处理单元（模拟神经元）为基础，并将处理单元广泛地互相连接，从而形成高度复杂的非线性动力网络学习系统。该系统以样本数据为学习对象，可自动逼近与样本数据规律最相近的函数，揭示样本数据所蕴含的非线性关系。神经网络模型种类很多，有 MP 神经元模型、感知器神经网络、自适应线性元件模型、BP 神经网络（Back-Propagation Network）、Hopfield 网络、自组织竞争网络等多种模型。

神经网络模型具有六大优点：①可大规模并行分布式处理；②具有联想存储与反馈功能；③具有高度强健性（Robust）和容错能力；④具有自组织、自适应和自学能力；⑤可充分模拟非线性关系；⑥具有高速寻优化解能力。该模型尤其适合多因素、多条件，或模糊信息等问题的处理。目前，该模型理论在风险管理中的应用还较少，但风险分析实际上也是研究不确定性系统的控制问题，因而神经网络模型在风险分析的领域是有相当广阔的应用前景的。

第三节　风险管理信息系统

有效的风险管理是项目成功的重要保障，而正如前文所提到的，充分、准确、迅速的信息是风险管理的依据。无论是项目管理还是风险管理，从计划的制订与执行，到计划的调整与改善，都离不开信息的支持。换句话说，信息管理是项目管理和项目风险管理的基础。为避免信息不完全带来的隐患，提高信息传递效率、增强信息的即时性、对称性和有效性，帮助决策者做出恰当的决定，帮助项目各参与方及时了解和发现项目运行的风险并进行应对，保证项目风险分析与管理的质量，保障项目顺利运行，建立一个高效完整的信息系统是十分必要的。本节将对此做系统介绍。

一、管理与项目风险管理信息系统

（一）决策与信息处理

现代工程项目管理的核心是科学决策。决策方案从研制到评估与选择，都依赖于专业的研究支撑，而研究的过程实际就是信息处理的过程，包括信息收集、筛选、加工、分析、评估、利用、预测、新信息再形成等整个流程。决策的质量取决于信息的质量。决策者只有准确地获得信息，充分有效地利用信息，才能把握决策时机，提高决策效益。然而，由于信息本身具有滞后性，也即反映事物属性的数据只有在事物发生之后才能获得，需要经过人们加工处理后才能产生对决策有支持作用的信息。因此，在进行决策时，管理者往往是根据过去发生的事件和其主观经验和认识做出的判断。而由于人们获取数据和信息能力的有限性和客观事物发展变化的无限性之间的矛盾，使得决策过程具有一定的风险性。

（二）信息管理模型概述

信息管理过程包括四大步骤：信息的收集、加工、存储和传递，如图 2-18 所示。信息收集是信息使用的前提和信息处理的基础，信息收集应当遵循及时、全面系统、考虑经济性的原则。信息加工对收集的信息进行去伪存真、去粗取精、由表及里、由此及彼的加工过程，要实事求是地对信息进行加工整理，主要内容包括信息的筛选和判别、信息的分类和排序、信息的分析和研究。信息资料的存储可以在空间和时间上延续信息的寿命，采用先进的技术存储可以保证投资者高效率地使用信息。信息的传递是指信息的发送、传递、接受，跨越空间和时间把信息从一方传到另一方的过程，信息传递要遵循快速、低耗、量大、质高的原则。信息反馈

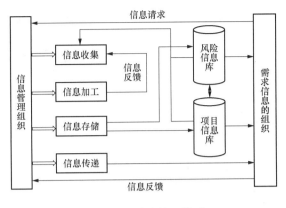

图 2-18　信息管理模型

是特定信息传递的最后一道环节，是对前次信息传递是否有效及有效程度的检验，也是为下次信息有效传递提供依据和条件。信息管理组织和需求信息组织之间存在信息请求和信息反馈的活动。

信息管理部门主要负责以下工作：①日常信息管理，即收集与项目相关的政治、经济、技术等信息，并进行加工处理，为项目决策提供支持；②专项信息管理，如接受投资人委托收集合作单位的信息或者进行某项决策所需求的信息等。项目各参与方的信息管理机构签订相关的协议，就信息沟通的内容、权限、责任和义务达成协议，尽可能共享与项目相关的信息，尽可能降低由于信息沟通不畅带来的风险，使项目的总体收益最大化。

（三）工程项目管理信息系统

工程项目管理信息系统规模庞大，由各个子系统组合而成。业界现在进行项目信息管理常用的软件有 P3（Primavera Project Planner）、WorkBench、OpenPlan、Microsoft Project 2000 等，这些软件已经比较成熟，功能也比较强大，但其更多地关注项目的计划进度、资源管理和成本控制等几个方面，而忽略了项目整体、各流程的细节以及项目各参与方信息的交流，无法达到集成管理的要求。何清华等人提出了"工程项目全寿命周期集成化管理信息系统"（Lifecycle Integrated Management Information System，LMIS）的概念。该系统以项目各参与方的各个层次的管理者为用户对象，以完成工程项目全寿命周期目标为目的，利用计算机网络通信技术，建立中央数据库，对项目各阶段各环节的信息进行收集、储存、传输、加工、更新和维护，集成不同工程模块数据，促进各参与方沟通与合作，辅助管理者进行有效决策，如图 2-19 所示（何清华，陈发标，2001）。

（四）工程项目风险管理信息系统

项目风险管理信息系统是工程项目信息系统的一个分支，与其他子系统紧密联结，以便风险管理时得到相关系统实时的各项数据信息支持。风险管理信息系统本身又由许多子系统紧密协调组合而成，是一个以项目全寿命周期目标为最终目标，以项目风险管理目标为核心目标，对各类风险因素进行系统地识别、估计和评价，提出相应的风险应对方案，并实施风险监测的开放性的动态系统。

孙成双、王要武于 2005 年提出了基于多代理（Agent）技术的工程项目风险管理系统框架，如图 2-20 所示。该系统中，各 Agent 相互协作，共同完成项目风险管理工作。图 2-20 中，DM Agent（Data Management Agent），即数据管理代理；CM Agent（Case Management

Agent），即案例管理代理；MM Agent（Model Management Agent），即模型管理代理；KM Agent（Knowledge Management Agent），即知识库管理代理；MC Agent（Management Control Agent），即管理控制代理；RA Agent（Risk Analysis Agent），即风险分析代理；RW Agent（Risk Warning Agent），即风险预警代理；RC Agent（Risk Control Agent），即风险控制代理；RE Agent（Risk Evaluation Agent），即风险管理效果评价代理；CO Agent（Communications Agent），即通信代理；Web Agent，即网络搜索与监控代理；UI Agent（User Interface Agent），即用户界面代理。

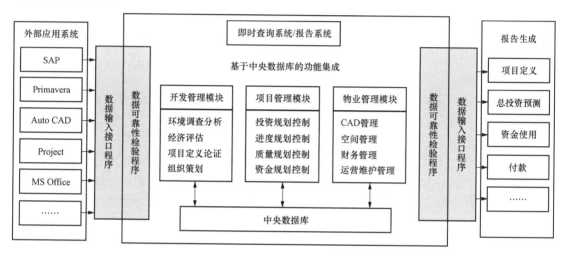

图 2-19　工程项目全寿命周期管理信息系统

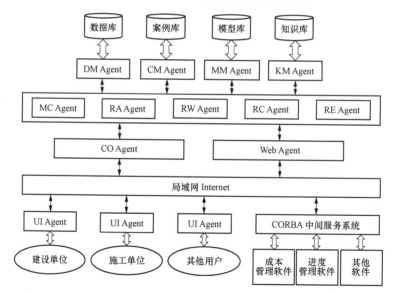

图 2-20　基于多 Agent 技术的工程项目风险管理系统框架

二、项目风险管理信息系统框架

（一）工程项目风险管理信息系统的构成

项目风险管理信息系统可划分为三大模块——风险管理系统、风险管理数据库和风险管理外部支持系统。其中，风险管理系统包括风险识别、风险评估（即风险估计和风险评价）、风险应对和风险监控四个子模块；风险管理数据库包括风险分析方法库、风险数据库和风险措施方案数据库；风险管理外部支持系统包括风险管理知识库、风险管理模型库和风险管理案例库。它们之间的关系如图 2-21 所示。

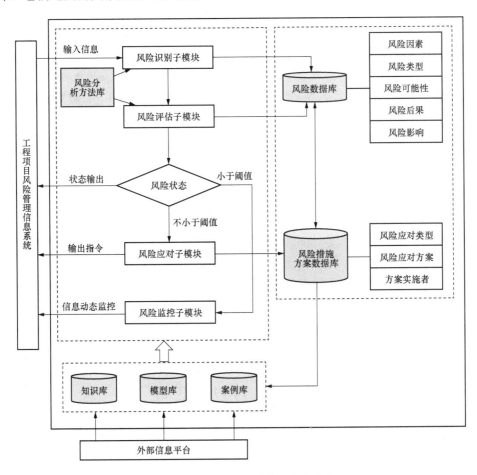

图 2-21　工程项目风险管理信息系统

（二）工程项目集成风险管理信息系统的功能

1. 风险管理系统

（1）风险识别子系统：主要任务是辅助风险分析识别阶段对项目潜在风险因素甄别和筛选的工作，帮助预测风险。

（2）风险评估子系统：主要任务是辅助风险分析估计与评价两个阶段对风险发生的可能性与影响的测度工作，帮助系统评价项目的整体风险水平，确定风险的可接受水平及风险的触发值。

（3）风险应对子系统：主要任务是辅助风险分析对策阶段对风险应对措施方案的选择与执行等任务。当风险状态大于风险触发值（阈值）时，启动风险应对子系统。

（4）风险监控子系统：主要任务是实时监控项目风险信息动态、监督项目风险管理全过程。当出现信息异常时，及时启动风险识别子系统和评估子系统；当风险状态大于风险触发值时，及时进行风险预警，同时启动风险应对子系统，并监察应对方案实施成效，以便随时进行调整。

2. 风险管理数据库

（1）风险数据库：接收并储存风险识别子系统与风险评估子系统输出的信息，包括风险因素、风险类型、风险发生可能性/概率、风险后果与影响等。信息来源包括项目经济可行性报告、技术可行性报告、管理模式和组织结构、招投标文件方面的报告、工程设计图、参数和技术指标等。

（2）风险措施方案数据库：接收并储存风险应对子系统输出的信息，包括风险应对类型、应对方案及措施实施者等。风险措施方案库与数据库相互对应，即一种风险对应一种应对方案。

为方便项目风险资料的收集，统一项目各参与方对风险的认识、理解与交流，风险管理数据库一律采用标准术语对风险进行描述，同时规范风险分析工具及评分办法等的运用，使风险管理的过程趋于标准化。样表如表 2-8 和表 2-9 所示。

表 2-8　　　　　　　　　　　风险数据库字段及编码方式

代码　　　　　风险源字段	风险因素	风险类型	发生可能性	发生后果	风险影响	影响目标	发生时间	风险描述
R.1.1.1.1								
R.1.1.1.2								
……								
R.1.1.2.1								
……								

表 2-9　　　　　　　　　风险措施方案数据库字段及编码方式

代码　　　　　风险措施方案	风险因素	风险类型	风险状态	应对方案	方案成本	方案实施者	实施效果	应对方案描述
RM.1.1.1.1								
RM.1.1.1.2								
……								
RM.1.1.2.1								
……								

3. 风险管理外部支持系统

（1）知识库：包括专家库和国家工程建设管理政策信息库等。专家库是通过收集不同领域（土木工程、建筑学、金融学、经济管理等）专家的资料，建立起的专家知识库。国家工程建设管理政策信息库，则包括国家建设工程监理规范、建筑工程安全生产管理条例、市政道路质量检验标准等。

（2）模型库：包括风险评价指标及准则库、风险分析技术与工具库、风险分析方法和模型库等。

（3）案例库：包括类似项目风险识别、评估、应对和监控的历史数据信息，如工程项目建设经验汇编、大型项目投资分析报告、典型案例分析等。

4. 系统内部的关系

风险管理系统是项目风险管理信息系统的核心，风险管理外部支持系统提供专业知识与方法来支持风险管理系统的运行，风险管理数据库则主要是存储风险管理过程中产生的各种信息，并在项目结束后将其作为历史数据保留下来，转入案例库中，作为今后项目风险管理的参考。

5. 系统与外部的联系

项目风险管理信息系统是建立在工程项目管理信息系统基础上的，工程项目信息系统为风险管理信息系统提供必要的外部信息支持，风险管理信息系统则为项目信息系统提供动态信息反馈，供项目各参与方查询，并执行项目信息系统发来的各项行动计划指令，采取相应的应对措施。

风险管理外部支持系统中，不论是知识库、模型库还是案例库，都需要不断充实和更新，以适应风险管理的发展。外部信息平台则为其提供最新的信息技术、方法理论、工具模型等，使风险管理过程的适应性和准确性增强。

第四节　风险成本及风险管理效益

风险管理，不论是风险识别、风险评估、风险应对、风险监控，还是加强风险文化培训、提高员工风险意识，都必须要投入一定的人力、物力、财力和技术。换言之，风险管理会增加项目管理成本支出。而由于风险管理并不直接参与企业生产过程，该笔增加的支出从表象看并没有确定性收益。但实际上，合理有效的风险管理是项目成功的必要条件，其不仅可以降低项目中存在的不确定性，减少项目建设经营成本，甚至还可以为项目带来巨大的回报。然而，什么程度的风险管理才是"合理有效"的呢？如果风险管理带来的效益无法弥补风险管理的投入，则显然不能称之为合理有效。因此，从投入产出的角度研究如何在风险管理时合理有效地配置和利用资源，以提高项目风险管理的经济效益，是项目决策者和风险管理者尤为关心的问题。

一、风险成本

项目风险的成本包括风险造成的损失、减少的收益，以及风险识别、估计、评价、应对、监控等风险管理的费用，可归类为风险损失成本与风险管理成本两个部分。其中，风险损失成本包括有形成本和无形成本。

（一）风险损失成本

1. 有形成本

风险损失的有形成本可分为直接损失和间接损失两部分。直接损失也称为实质损失，指风险造成的财产本身损毁和人员伤亡等。间接损失指由直接损失造成的其他损失，包括实物损失、责任损失、费用损失以及由此引起的收益损失等，包括修理或重置损毁财产的费用，赔偿受伤或死亡人员的费用，法律诉讼辩护费用，风险损失过大造成公司重组和破产清算时相关的法律费用等。

2. 无形成本

风险损失的无形成本可分为社会成本和不确定性造成的损失两部分。社会成本指风险对社会资源配置、经济、生产率、再生产、民生、福利等造成的损害。不确定性造成的损失指由于风险的不确定，使得项目主体不得不付出的代价，包括主动或被动自留的风险损失成本，由于应对不确知风险的资金或资源占用而造成的机会成本，风险损失过大造成企业面临更高融资成本等。

（二）风险管理成本

风险管理成本包括风险管理（团队建设、制度建设、文化建设、风险识别、风险估计、风险评价、风险应对、风险监控等）所需相关费用以及风险管理占用资金资源造成的机会成本，包括风险管理软件程序的购买或开发以及后续更新费用，用于风险预防和减损的设备的购置成本及其折旧费，信息数据收集和分析成本，管理人员的薪酬和行政费用，定期和不定期的检测费、人员维持费、设备维修费、咨询费、培训费，专用基金、投保、套期保值等风险转移策略的交易成本等。

二、风险管理效益

风险损失成本和风险管理成本二者其实在某种程度上是此消彼长的关系。研究风险管理的效益，实质就是比较风险管理成本与风险损失成本的关系。只有当风险损失成本高于风险管理成本，风险管理所获取的回报大于风险管理成本时，风险管理才是有必要的。

（一）风险管理的投入及衡量

如果决策者和管理者持有谨慎的态度，认真对待风险管理，则风险管理不存在"零成本"的可能性。相反，若抱有侥幸心理，仅仅把风险管理视为额外的零成本的可选项，这种管理永远不会有效。因而，项目预算必须将风险管理的成本包含在内。

风险管理的成本主要由以下几个部分组成：①入门风险管理成本 R_1=入门风险成本/分摊年数×项目的寿命期限；②项目风险管理的运营成本 R_2=项目全寿命周期内的风险管理的实际运营和维护成本；③项目风险管理的监控成本 R_3=项目全寿命周期内的风险管理实际发生的监察、转移、控制和处置成本；④机会成本 R_4=项目风险管理活动所用资源的机会成本。因而，风险管理成本 $R=R_1+R_2+R_3+R_4$。

其中，入门风险成本为风险损失对策预算，其数值应当小于或等于风险损失期望值。例如，假设 A 项目仅面临 B 事故一种风险，且发生 B 事故的概率为 0.6%，一旦发生 B 事故，A 项目将损失 100 万元，则 B 事故导致的期望损失为 $100×0.006+0×（1-0.006）=0.6$（万元）。而购买 C 设备可使 B 事故发生的概率降低为 0.01%，购买 C 设备的花销为 0.4 万元，则采用 C 设备应对 B 事故的总费用为 $100×0.0001+0×（1-0.0001）+0.4=0.41$（万元）。显然 B 事故风险的对策预算 0.41 万元小于风险损失期望 0.6 万元。因而，A 项目的入门风险成本为 0.41 万元。

（二）风险管理效益及其衡量

风险管理的效益来源于风险管理措施减少的项目风险损失以及其可能为项目带来的其他价值，可分为组织收益和经济收益两部分。组织收益主要包括风险管理可以减少不利因素的影响，降低风险损失可能性，提高投资动机，使项目公司可以有余力进行其他投资行为等。经济收益主要包括优化资源配置，减少资源浪费，降低风险损失成本，增强经济生产力等。毋庸置疑，风险管理的效益目标是在最小化成本的同时最大化收益。但如何衡量上述风险管理的收益水平却是较为困难的问题。

假设采用风险管理时项目收益为 TR，不采用风险管理时项目收益为 R，项目风险管理收益为 RR，则 $RR=TR-R$。这种衡量方法从逻辑来说没有问题，但由于 R 的实际数值只能凭借预测进行推断，得到的结果相对欠缺说服力。

在风险管理的有效成果应当大于管理消耗这个大前提下，衡量风险管理经济效益比较稳妥的方法有两个，一是采用风险管理效益比值；二是采用风险管理的边际效益指标进行测度。其中：

　　风险管理效益比值=风险管理减少的损失/（风险管理费用+机会成本）

　　边际效益 $RMME=\Delta RRM/\Delta C$

当前者所得结果大于 1 或者后者所得结果大于 0 时，风险管理才是有必要的，或者风险管理方法才是合理的。

在实践中，我们也可采用风险总成本极值的方法，也即求使得项目风险管理成本曲线和风险成本曲线之和最小的极值。如图 2-22 所示，取得最好经济效益的风险管理投入量为 M。

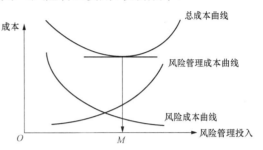

图 2-22　风险管理活动投入优化模型示意

第三章

工程项目风险的识别

工程项目风险因素的识别，是进行风险分析评价、制订风险应对策略及开展风险监测管理的重要基础。本章阐述风险的来源及其分类，风险的影响后果，项目周期不同阶段风险因素的识别内容，以及主要风险识别方法。

第一节 风险来源及其影响后果

一、风险来源及分类

（一）风险来源

1. 概念

风险源（Sources of Risk）即风险因素（Risk Factor），是风险事件发生的潜在原因。风险的主要来源一是未来外部环境的状态；二是针对未来所采取的决策方案。二者又可归纳为以下三类：①不可控因素，即完全不可人为控制的因素，如地理条件、气候、法规政策等。②不好控因素，此类因素一定程度上可控，但需要付出巨大代价或具备某种优势和条件。例如，若想影响市场价格，则必须首先占据市场垄断地位。③缺乏信息（包括各类数据、历史资料、同类项目信息、参与方信息等）或资源（包括资金、人员、时间、技术、能力、知识、设施等）。如由于经费的限制，而无法保证全面的工程地质勘探工作，则可能引发风险。

2. 工程项目风险来源

对工程投资项目来说，其风险产生于政策、市场、技术、资源、工程、资金、组织管理和环境等各个方面。

（1）一个项目是一项未来建设的投资计划，未来存在诸多不确定的因素，如技术升级、市场变化、人事变动、资源开发等，尤其是项目的经济、社会环境易于变化，将影响项目的建设、经营及财务、经济和社会效果。

（2）许多无形成本和效益的度量是分析专家个人价值判断，非量化或无形的、外部的或间接的效果的定性判断完全是主观的。

（3）由于数据的失真、时间或资金的缺乏，分析专家掌握的信息是有限的，甚至是不适当的。首先基于有限的数据，评估人员需要进行大量的假设、预测以推断出结论；其次，收集必要信息的时间可能不够；再者可得的用于收集数据的财力、人力资源是有限的。在这样的情况下，粗略的估计加上分析人员的猜测导致更大的不确定性。

（4）尽管评价方法、指标计算、定性分析是分析人员做出的，但项目评价的多数政策目标、参数、标准是计划人员或行政管理人员决定的，评价指标的加权、求和需通过主观判断，以上主观判断容易带来误差。

（5）分析人员的失误或低效行为。

上述因素经常是相互关联的，有时也难以分清。为寻找风险根源，有必要区分事件、后果和根源，如建设工期延误的可能原因和后果如表 3-1 所示。

表 3-1　　　　　　　　　　　　建设工期延误的可能原因和后果

可能原因	事件	可能后果
资金短缺 建筑材料供应延误 熟练劳动力不足 极度恶劣的天气 设计变更 罢工 管理或协调不力 ……	建设延误	投资超支 投产推迟 推迟建设 还款推迟 市场机会延误 项目破产

（二）风险源的分类

比较传统的分类方法认为，风险源可分为技术性及非技术性两大类，其中技术性风险源包括设计风险、采购风险、施工风险、生产工艺风险、试运行风险、运营风险、项目集成风险等；非技术性风险源涉及自然、环境、国别（政治、法律、经济、商务、社会）、组织协调、合同、人员、材料、设备、市场、财务、信用等（余志峰，1993；雷胜强，1996；Jaafari，2001；陆惠民、苏振民，2002）；

美国项目管理协会（Project Management Institute，PMI）将项目风险源分为范围风险、质量风险、计划风险和费用风险。英国 Tah 教授等人则提出风险结构分解的方法（Hierarchical Risk Breakdown Structure，HRBS），将风险源逐层细分（J.H.M.Tah，V.Carr，2001），如图 3-1 所示。

此外，风险源还可分为项目内风险和项目外风险。项目外风险包括自然风险、市场风险、政治风险等，项目参与方很难控制这些风险，因而其对项目造成的损失的可能性与规模都较大；项目内风险主要指技术、管理、资金等方面的风险，来自项目业主、投资方、承包商、设计方、监理公司等参与方，相比外部风险，项目内风险更易控制和管理。

还有一种分类标准是从项目全寿命周期的角度分阶段对风险源进行分解的方法，如图 3-2 所示。

图 3-2 只是简化表示了按阶段划分风险源的概念。实际项目在不同阶段的二级风险源必然是有所区别的，且同一风险源在不同阶段对项目的影响也是不同的，因此，当进行风险源划分时，应当以动态的发展的眼光看待风险、识别风险源。

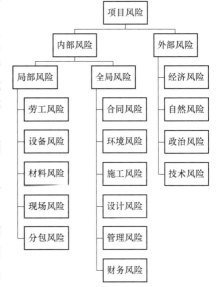

图 3-1　项目风险源分解结构

二、风险影响后果

（一）风险事件

风险事件（Risk Event），是风险因素的实质表现，也是导致风险后果的直接原因和条件。

由于项目内外部因素是不断变化的，且人们对未来事件的预测能力是有限的，因而风险事件的发生是不确定的，其后果也是不确定的，当风险事件的后果为损失时，则称其为风险事故。不论损益，风险事件都会直接影响工程项目的目标。例如，工程项目实际工程量与合同工程量不符是一个风险事件，若实际工程量少于合同量，则承包商一般要受损；但如果实际多于合同量，则承包商会受益。

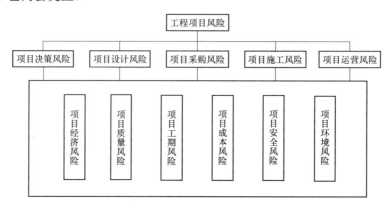

图 3-2　工程项目风险的二维分解结构

（二）风险后果

传统工程项目风险研究更多针对的是后果为损失的风险事件。这里损失是指非故意、非计划和非预期的目标价值减少，通常将损失的定性问题转换为货币、时间等定量指标来衡量。损失可分为直接损失和间接损失两种情况。其中，直接损失指风险事件造成的实质损失，如财物损毁、人员伤亡、现金流失、工期延误、质量下降等。间接损失是直接损失造成的其他损失，包括额外物质损失、收入损失、责任损失等。例如，泥石流将正在施工的道路阻断，直接损失是泥石流破坏的路基和道路施工设备本身的价值，以及造成的道路施工人员伤亡。额外物质损失是清理和恢复施工的费用。收入损失是施工方因为工期延误而招致业主的索赔，人员就医费用，补招施工人员费用，延期工资费用等。责任损失是指由于过失造成他方人身或财产受损的侵权行为而依法应当负担的赔偿责任，这里由于泥石流属于不可抗力范畴，因此不用承担责任损失赔偿。

风险因素与风险事件、风险后果（Risk Consequence）共同构成了风险三要素。针对三要素间的关系，目前有两种理论：一是海因里希（H.W.heinrich）提出的多米诺骨牌理论，又称事故因果连锁理论或事故致因理论，认为风险因素引发风险事故，而风险事故导致损失，强调人的不安全行为和物的不安全状态是导致事故发生的直接原因，原理如图 3-3 所示；二是哈同（W.Haddon）的能量释放论，认为风险之所以造成损失，是因为事物所承受的能量超过其所能容纳之能量所致，即物理因素起主要作用。

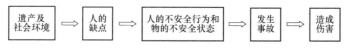

图 3-3　多米诺骨牌理论

本书认为风险因素是导致风险事件发生的根源，转化条件和触发条件是风险事件发生的催化剂，风险后果是风险因素和风险事件最终所造成的影响。三要素间的关系可用如下公式简单表示：

风险因素+转化条件=有可能发生风险事件

风险因素+转化条件+触发条件=发生风险事件

风险因素+风险事件=可能造成风险后果

风险因素+风险事件+风险后果=项目风险

由风险三要素的关系来看，风险分析就是从风险源的识别出发，逐步发展到风险事件及其后果的识别以及风险反应及其对策的制订。

这里用一个简单的例子说明：仓库中存放了一罐汽油，很不巧的是，汽油罐漏了。仓库管理员小张没有察觉，还偷偷地在仓库中点了一根烟，结果仓库起火，造成了严重的人员伤亡和财产损失。此处，汽油本身是一个风险因素，汽油罐泄漏、管理方对员工的约束力不强、员工工作态度不认真等是转化条件，最后点的那根烟是触发条件，仓库起火是风险事件，人员伤亡与财产损失是风险后果。从本例可以看出，转化条件和触发条件有时也可归类于风险因素。

一个风险因素可能引发一个或多个风险事件，而一个风险事件也可能由一个或多个风险因素引起。例如，在工程项目设计阶段，项目设计规划是一个风险因素，在转化条件和触发条件下，可能造成缺陷设计、规划不完整、差误和遗漏、规范不恰当、可操作性低等风险事件；而工期拖延这一风险事件则可能由自然、人力、技术、资金、设计等多种风险因素造成。

一般情况下，在分析项目整体风险时，以分析风险因素为主，从而避开互相关联的各类风险事件；而当分析单个风险因素时，或在风险应对和风险监控阶段，则以分析具体的风险事件为主。

第二节　工程项目风险因素的识别

一、工程项目风险因素及其识别流程

（一）工程项目风险因素

所有项目在不同阶段均会受到各种风险源的影响与制约，面临诸多风险的威胁。例如，在立项阶段，选址不当，项目则可能遭受地理环境制约、易受地质灾害影响，项目管理方则不得不加大投资对建筑地基和基础结构等进行加固处理或改造；在设计阶段，荷载计算错误、结构模型选择不当，项目建筑物结构则可能不稳固，无法保障建筑安全；在实施阶段，建筑物荷载承受能力最低，任何不当的操作和预料之外的荷载，都可能给建筑物造成不利影响和不同程度的损坏，导致质量安全隐患、财产损失和人员伤亡。

建筑高楼，最关键的第一步是打好地基，而管理项目风险，首要工作就是准确地识别潜在的风险，该工作的质量是之后风险估计与评价是否成功的决定性因素之一。风险识别的主要任务就是分析和处理工程项目数据与信息，建立一份科学、全面的项目潜在风险事件清单，即在财产、责任和人身伤亡等风险事故出现前，依据项目规划与设计、风险管理计划、历史资料及其他数据资料等，捋清项目过程中所有影响项目的风险因素，并分辨转换条件与触发条件是什么。

如果项目风险管理者忽视了风险识别的环节，则将无意识地被动地自留风险，错失处理

风险的最佳时机，所以风险识别是风险管理的基础，其结果将直接影响风险管理的决策质量，进而影响项目风险管理的最终结果。

在进行风险因素识别时，应由不确定性和可能造成损失的特点着手，注意借鉴历史经验特别是后评价的经验，层层深剖，尽量深入到风险因素的最基本单元，明确风险的根本来源，将所有不确定因素罗列出来，确保关键因素不被遗漏。例如，凡是影响经济效益的不确定性因素都可以作为概率分析的因素。但真正分析时，应根据项目的具体需要和特点，重点关注那些投资者难以人为决定、在项目寿命周期内最可能发生变化，且对项目收益有较大影响的因素。

（二）项目风险识别流程

1. 风险识别时需要回答的问题

（1）项目潜在风险因素有哪几类？具体有哪些？

（2）风险因素可能引发的风险有哪些？

2. 风险识别可分为七个基本步骤

（1）明确项目目标以及项目风险管理目标。

（2）确定项目主要参与方。

（3）列出项目主要流程。

（4）收集数据信息与资料，包括项目可动用资源和可控资源有多少。

（5）明确项目的前提和假设。

（6）对可能引起风险的相关事件、活动、现象等进行观测、记录和分析。

（7）识别项目潜在风险。

二、项目周期各阶段的风险识别

（一）立项阶段的风险识别

立项阶段的风险识别任务是从项目概念和初步目标出发，考虑项目全寿命期内的所有潜在风险，尽可能识别所有风险因素，为项目估计和评价打好基础。由于在立项阶段，项目的具体设计、工程技术、实施进度等情况的信息相对匮乏，风险识别具有一定难度，需要更多地依赖于专家以及项目参与人员的经验来识别风险，常用方法有德尔菲法、流程图分析法、故障树分析法、核查表法、影响图法、因果图法等。注意，安全风险在本阶段一般不作分析。

（二）设计阶段的风险识别

设计阶段的风险识别任务是在立项阶段风险识别的基础上，进一步识别项目各项活动中的风险因素。该阶段项目设计与计划以及项目实施前期准备如征地和拆迁等活动使资金投入加大，投资方风险骤升，风险识别也愈加重要。

设计阶段的风险源主要有以下五种：①项目中止/终止风险；②资源风险；③进度风险；④可行性风险（设计方案与技术支持可靠性）；⑤成本风险（设计变更、设计成本超出预算）。模糊事件树分析法常用来分析第①类风险源；工作分解结构法常用于第②、③类风险源识别；模糊故障树分析法常用于第④类风险源识别；核查表、神经网络或因子分析法常用于第⑤类风险源识别（模糊事件树分析法与模糊故障树分析法将在下一节中具体解释）。

（三）实施阶段的风险识别

实施阶段的风险识别任务是在漫长的工期中，识别各种不可预见性风险因素，同时注意项目参与者间的风险分担。本阶段的风险源主要来自两个方面：合同和施工。

其中，合同风险的表现形式有以下几种：①合同文件不完备、条件不明晰、技术规范约定不明确，致使合同存在漏洞或出现误解；②合同类型不恰当、合同分解不恰当；③合同不合理、各方风险分配过于失衡、界面和沟通出现问题、合同一方破产等原因，致使合同履行困难或项目无法顺利进行等。

施工风险的表现形式有以下几种：①自然社会环境影响、组织管理不力、项目人员与项目类型不适宜、设计缺陷、施工效率低下、沟通障碍等原因，致使工程进度拖延；②施工环境、材料、机械、操作、管理、工艺或方案等原因，引起工程质量风险；③方案不合理、变更频繁或处理不当，投资、管理水平低，通货膨胀，政治影响，不可抗力等原因，引起的投资膨胀风险；④自然环境限制，自然灾害等不可抗力影响，施工条件、安全措施简陋，操作不当，人员素质不过关，管理混乱，建筑与设计不相符等原因，引起的安全风险；⑤危害人类、生态健康，资源浪费等原因，导致的施工环境风险。

该阶段可以采用核查表法、网络计划技术法、因果图法、故障树分析法、决策树分析法、流程图法、工作分解结构法、神经网络法、因子分析法等进行风险识别。

（四）终结阶段的风险识别

随着项目进入竣工与试运行阶段，项目实施过程的不确定性因素导致的风险对于项目的影响逐渐减弱，但是未来项目市场风险（产品价格和销售量与预期不符）、质量风险、决算中的合同履行风险（项目执行与测算不符，费用超支造成合同履行争议）、运营后的环境风险（项目运营对生态环境造成破坏）等都仍可能对项目造成威胁。因此，在该阶段仍需要进行风险识别，以便防患于未然。常用的方法有核对表法、德尔菲法、因子分析法、影响图法等。

第三节　风险识别的主要方法

识别风险力求全面，但项目的资源毕竟是有限的。因此，在识别关键风险因素和问题时，把资源用在刀刃上，以最小的代价使风险得到最大程度的降低，显得尤为重要。在选择风险识别方法时，应当注意平衡成本和效率、精确和全面。

第一章中，已经介绍了风险分析的几种常见的定性和定量分析方法，其中，定性分析方法大多数可用于风险识别与估计。为了使之具有可操作性和针对性，这里对几种风险识别方法的应用作一深入探讨。

一、专家调查法

专家调查法（Expert Investigation Method），通俗来讲，就是以专家为调查对象的调查方法，专家根据多年积累的专业理论知识与实践经验为调研小组提供相关信息资料与主观判断，帮助找出项目潜在风险并对后果做出估计。该方法十分适用于项目初期以及数据资料缺乏的情形，但是其优点也是其最大的缺点，即调查结果易受专家的主观影响。第一章中提及的头脑风暴法、专家个人判断法、德尔菲法、核对表法都属于专家调查法，皆可用于风险识别，此处不再赘述，仅对核对表的 3 类表格作一简介。

（一）核对表法

1. 项目综合风险核查表

该表分为两栏，内容分别为成功项目的经验和失败项目的教训，如表 3-2 所示。

表 3-2   **核对表：项目成功与失败的原因**

风险项	成功的原因	失败的原因
项目管理	(1) 项目目标定义明确，风险措施得力； (2) 项目各方责任和承担的风险分配明确； (3) ……	(1) 项目决策未进行可行性研究和论证； (2) 项目程序紊乱，业主缺乏动力； (3) ……
项目融资	(1) 项目融资只与贷款风险有关，与资本金无关； (2) 可行性研究切实可行，财务数据偏差较小； (3) ……	(1) 工期延误，利息增加，收益推迟； (2) 成本费用超支； (3) ……
项目招标	(1) 资格条件设置恰当，投标者水平相当； (2) 合同公平，具有吸引力； (3) ……	(1) 组织不力，资格条件设置有误； (2) 招标文件有漏洞，程序不严谨； (3) ……
……	……	……

2. 风险—响应—对策识别表格

该表横栏为一级风险项，第一竖列为二级风险项，最后一列为风险对策项，表格内划"√"表示有风险存在，如表 3-3 所示。

表 3-3   **项目各阶段风险识别核查示例表**

风险项	立项	设计	实施	运营	风 险 对 策
政治（法律、法规、条文、政策）	√	√	√	√	
市场（产量、价格）			√	√	通过专家评估，市场竞争战略计划，与客户和供应商建立伙伴关系，签订合同/协议，购买保险等
技术（专利、技术发明）		√	√	√	
资金（汇率、利率、来源）		√	√	√	通过项目融资，建立伙伴关系，现金流量分析等
设计（参数错误、忽略、人员）		√			通过招标，购买专业责任保险，设计监理等
采购（货源、运输、信用）			√		通过招标，购买保险，监理，建管等
施工（信用、现场、设备）			√		通过招标，购买保险，监理，建管等
试运行（开车、能力不足）				√	通过招标，购买保险，担保等
运营（成本、产品）				√	通过全寿命周期风险管理，定期评估等
自然（水文、地质、气象）		√	√	√	购买保险，风险预防措施
项目组织（体系、规范）	√	√	√	√	项目（联营体）协议，建立统一目标下的组织体系
……					……

3. 多维风险概率及后果核查表

该表可以衡量多个相关风险源对目标风险的影响概率和后果，如表 3-4 所示。从该例表中可以看出，当主体结构因素对目标风险的影响概率/后果较小时，基础因素对该风险的影响概率/后果较大，装饰因素对该风险的影响概率/后果较小。

表 3-4 目标风险（成本风险）（概率/后果）风险核查

概率/后果	因素	主体结构	基础	装饰	……
很小		√		√	
小					
一般					
大					
很大			√		

（二）影响图法

影响图法在第一章中已经介绍过，此处只列举该方法用于移民工程风险识别时的例图，如图 3-4 所示。

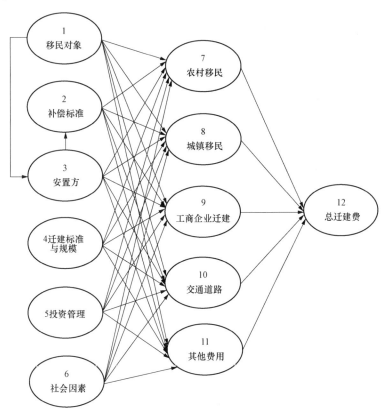

图 3-4 移民工程影响图

二、工作结构分解法及因子分析法

（一）工作结构分解法

在运用工作结构分解法识别工程项目风险时：①逐级将工程项目分解为单项工程、单位工程、分部工程、分项工程、具体工序等；②从分解的最小单元开始识别风险，并对最小单元也即最低级别的元素进行详细的说明；③由低级到高级逆推计算，最终得到项目总风险。

分解时应当注意，任务分解与时间顺序无关，分解的最小工作单元的工作量应当可以较为明确的估计。此外，为了使研究时更为清晰，可将各层级的任务、工作单元用代码表示，代码一般由四位数组成。第1位数是处于0级的整个项目的代码；第2位数是处于1级的子项目的代码；第3位数是处于2级的任务的代码；第4位数是处于3级的具体工作单元的代码。

用工作分解结构法进行风险识别的图解模型如表3-5所示。

表 3-5   工程总费用（工期）风险分解结构

项目分解	风险分类	风险发生可能性					风险发生对项目投资（工期）的影响程度				
		极小	较小	中等	较大	极大	极小	较小	中等	较大	极大
总项目	项目总风险										
子项目1	自然风险										
	设计风险										
	环境风险										
	施工技术										
	……										
子项目2	设计风险										
	环境风险										
	……										
子项目n	设计风险										
	环境风险										
	……										

（二）因子分析法

运用因子分析法进行风险识别的步骤如下：

（1）初步识别影响项目目标的风险变量，列出所有可能的风险因素，将风险变量按影响程度1～5排序（1表示影响程度最大，5表示影响程度最小）。

（2）运用主成分分析法求解因子模型中的因子载荷系数。主成分分析法的步骤如下：①对原始数据进行标准化处理，根据标准化指标求相关系数矩阵（相关系数反映因素间信息重叠的程度，相关系数的数值越大，则信息重叠的程度越高）。②求出相关系数矩阵的特征值、特征向量、特征值贡献率和特征值累积贡献率。③根据特征值贡献率和特征值累积贡献率确定主因子的个数。一般情况下，当累积贡献率大于85%，某一主因子贡献率小于5%时，不再累积。④根据 $A=U \cdot \lambda^{1/2}$，计算因子载荷系数矩阵 A（其中 U 为特征向量矩阵，λ 为特征值对角矩阵）。⑤对因子载荷系数矩阵进行正交变换，使主因子的意义更加明确。

（3）根据步骤（2）所得主因子的载荷系数和对应的原始指标，判断原指标对主因子的相关性影响；命名主因子变量并对其经济含义做出解释。

（4）进行风险因素影响综合评价。确定主因子后，将主因子的特征值贡献率进行归一化处理，并以此为权数进行加权平均，得到项目的目标偏离值，也即风险程度。

评价模型如下：

$$\Delta y=b_1F_{m1}+b_2F_{m2}+\cdots+b_nF_{mn} \tag{3-1}$$

其中，Δy 即目标偏离值；b_1，b_2，$\cdots$，b_n 即主因子特征值贡献率经归一化处理后所得的权数；F_{m1}，F_{m2}，$\cdots$，F_{mn} 为 n 个主因子。

三、模糊故障树与模糊事件树分析法

故障树分析法和决策树分析法被广泛应用于大型工程项目风险分析识别系统之中，此处将介绍二者的升级版本，模糊故障树和模糊事件树分析法。这两种方法吸取了模糊理论和故障树分析法、决策树分析法的优点，具有直观、形象等特点，且非常适用于直接经验较少、不确定性因素较多的风险事件及风险因素的识别与估计。但其也具有模糊评价方法的局限性，当应用于大型工程的风险识别与估计时，计算复杂，计算量也很大，容易产生遗漏和错误。

（一）模糊故障树分析法

模糊故障树分析法（Fuzzy Fault Tree Analysis，FFTA），又称为模糊事故树技术，是模糊集理论和故障树分析法（FTA）的结合与升级，其摒弃了故障树分析法运用具体数值和概率推理方法表示与计算事件发生概率与影响的方式，转而运用模糊集描述事件发生的概率，用模糊交，即逻辑与门（AND GATE）和模糊并，即逻辑或门（OR GATE）来表示风险因素间的关系，并推理得到顶端事件发生概率的模糊描述。

模糊推理原理及步骤如下：

（1）定义风险事件发生概率的模糊语言描述等级为极不可能、不可能、可能、很可能、确定等五个级别，其模糊子集的函数如图 3-5 所示。

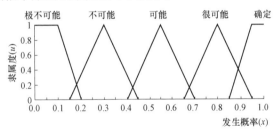

图 3-5　概率的模糊隶属函数

图 3-5 中，风险发生概率为 X，其模糊子集 A 由函数 $\mu_{\bar{A}}:X\to[0,1]$ 来表示。对于 $x\in X$，$\mu_{\bar{A}}(x)$ 称为 x 对于 $\bar{A}$ 的隶属度，而 $\mu_{\bar{A}}$ 称为 $\bar{A}$ 的隶属函数，$\mu_{\bar{A}}$ 可以是连续函数，也可以由一个离散点集来表示，即 $\bar{A}=\{(x,\mu_{\bar{A}}(x))\}$，$x\in X$。

例如，图 3-5 中，"很可能"发生的风险事件的概率的隶属函数为

$$\mu_{\bar{A}}(x)=\begin{cases} \dfrac{x-0.65}{0.15}, & 0.65\leqslant x<0.8 \\ 1, & x=0.8 \\ \dfrac{0.95-x}{0.15}, & 0.8<x\leqslant 0.95 \end{cases} \tag{3-2}$$

隶属函数有多种形式，常用的有三角形隶属函数、梯形隶属函数以及高斯隶属函数等，上式就是一个三角形隶属函数。

（2）定义模糊推理表达式，即模糊并/逻辑或门、模糊交/逻辑与门：

模糊并/逻辑或门：$\mu_{\bar{C}}(x) = \max(\mu_{\bar{A}}(x), \mu_{\bar{B}}(x), \cdots)$

模糊交/逻辑与门：$\mu_{\bar{C}}(x) = \min(\mu_{\bar{A}}(x), \mu_{\bar{B}}(x), \cdots)$

（3）运用层次推理，逐级运算，最终得到顶事件发生概率的模糊集。

（4）运用解模糊方法，包括：①简单平均法；②最大隶属度法；③重力中心法（Centroid）；④α 水平重力中心法等，求得最终的隶属度。其中，方法②和③较为常用，方法③输出的曲面最为光滑，其表达式为

$$y(\xi) = \frac{\int_Y \mu_{\bar{C}}(y) y \mathrm{d}y}{\int_Y \mu_{\bar{C}}(y) \mathrm{d}y} \tag{3-3}$$

（二）模糊事件树分析法

模糊事件树分析法（Fuzzy Event Tree Analysis，FETA），也即模糊决策树分析法（Fuzzy Decision Tree Analysis，FDTA），其将模糊集理论引入决策树分析，突破了精确数学对决策树分析法的局限。该方法通过系统描述项目中可能发生的风险事件，寻找风险源，并将事件的发生概率模糊量化，帮助项目风险管理者做出有效决策。

模糊事件树分析法的应用步骤如下：

（1）建立决策树分析法的逻辑图。图 3-6 为海上平台安全评估项目的决策树分析模型例图。

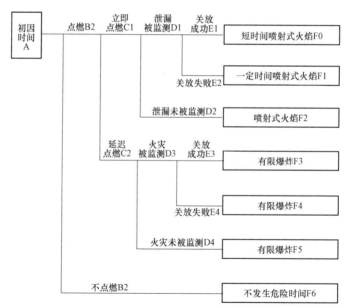

图 3-6　海上平台决策树分析模型

（2）将事件分为三类：①人为失误等原因为主导致的风险事件；②设备故障等原因为主导致的风险事件；③二者原因兼有而导致的风险事件。定义人为失误为过错率，设备故障为故障率。

（3）将第二类事件（即设备故障为主原因的风险事件），以及第三类事件中设备故障部分的故障率转换为恰当的三角形模糊树（可查询相关手册，利用"事故因子"概念估计得到）。

（4）请不同专家对第一类事件，以及第三类事件中人为过错部分，用模糊语言集进行评价，评语分为7档：很低、低、较低、一般、较高、高、很高。

（5）用以下公式将步骤（4）中专家评语汇总转换为模糊过错的可能性。

评语和模糊数的转换公式如下：

$$\text{"很低"（VL）}=（0，0.1，0.2）$$
$$\text{"低"（L）}=（0.1，0.2，0.3）$$
$$\text{"较低"（FL）}=（0.2，0.3，0.4，0.5）$$
$$\text{"一般"（M）}=（0.4，0.5，0.6）$$
$$\text{"较高"（FH）}=（0.5，0.6，0.7，0.8）$$
$$\text{"高"（H）}=（0.7，0.8，0.9）$$
$$\text{"很高"（VH）}=（0.8，0.9，1）$$

设第 j 个专家对事件 i 的评价为 E_{ij}（$j=1，2，\cdots，n$），则将其转化为模糊过程可能性的公式为

$$A_i=\left(\frac{1}{n}\right)\otimes(E_{i1}\oplus E_{i2}\oplus\cdots\oplus E_{in}) \tag{3-4}$$

（6）将模糊过错的可能性转换为模糊过错率。公式如下：

$$E_r=\begin{cases}\dfrac{1}{10^M}，& E_p\neq0\\0，& E_p=0\end{cases} \tag{3-5}$$

其中，$M=(1/E_p-1)^{1/3}\times2.301$，$E_r$ 表示过错率，E_P 表示过错的可能性。

（7）将所有模糊故障率和模糊过错率集成至决策树模型中。

采用 α 截集运算来进行模糊概率的区间计算，并引入决策者态度权值——β 系数计算模糊集的单点值输出（即解模糊算法）。

定义 $\overline{A}$ 为一个模糊子集，A_α 表示 $\overline{A}$ 的 α 截集，即

$$A_\alpha=\{x\in R，\mu_{\overline{A}}(x)\geqslant\partial\} \tag{3-6}$$

令 $I_i(\overline{A})$ 表示 $\overline{A}$ 的 α 截集的下限值，$I_U(\overline{A})$ 表示 $\overline{A}$ 的 α 截集的上限值。

$\overline{A}$ 的解模糊值表示为

$$D^\beta(\overline{A})=(1-\beta)I_U(\overline{A})+\beta I_i(\overline{A}) \tag{3-7}$$

其中，$I_i(\overline{A})=\frac{1}{2}\{U_i(\overline{A})+L_i(\overline{A})\}$；$U_i(\overline{A})=\sum_{\partial=0.1}^1\partial_i(\overline{A})\Delta\partial$，$L_i(\overline{A})=\sum_{\partial=0}^{0.9}\partial_i(\overline{A})\Delta\partial$；$i=L$，$U$；$\Delta\partial=0$；$\beta$ 可取任意值。

（8）对步骤（7）的模糊输出结果进行评价和解释。主要评价指标有两个：①模糊重要性指数（Fuzzy Importance Index，FII），用于判别事件的相对重要性；②模糊不确定性指数（Fuzzy Uncertainty Index，FUI），用于判别事件的不确定性程度。

①FII 公式如下：

$$\text{FII}=P_T-P_{Ti}=\sum_{\partial=0.1}^1\left|P_T^\partial-P_{Ti}^\partial\right|=\sum_{\partial=0.1}^1\left[\left|P_T^U-P_{Ti}^U\right|+\left|P_T^L-P_{Ti}^L\right|\right]\partial \tag{3-8}$$

其中，$P_T^\partial=[P_T^U,P_T^L]$，表示系统失败的模糊故障率的 α 截集；

61

$P_{Ti}^{\partial} = [P_{Ti}^{U}, P_{Ti}^{L}]$，表示消除顶端事件 i 后系统失败的模糊故障率的 α 截集。

②FUI 公式如下：

$$\text{FUI} = P_T - P_{Ti} = \sum_{\partial=0.1}^{1} \left| P_T^{\partial} - P_{Ti}^{\partial} \right| = \sum_{\partial=0.1}^{1} \left[\left| P_T^{U} - P_{Ti}^{U} \right| + \left| P_T^{L} - P_{Ti}^{L} \right| \right] \partial \tag{3-9}$$

其中，$P_T^{\partial} = [P_T^{U}, P_T^{L}]$，表示系统失败的模糊故障率的 α 截集；

$P_{Ti}^{\partial} = [P_{Ti}^{U}, P_{Ti}^{L}]$，表示事件 i 的发生率确定后系统失败的模糊故障率的 α 截集。

当不确定性程度高时，表示需要收集更多的数据来降低不确定性，即降低风险事件发生的可能性。

四、神经网络模型

神经网络模型种类较多，其中较典型的有 MP 神经元结构模型、感知器神经网络、自适应线性元件模型、BP 网络模型、Hopfield 反馈网络、自组织映射神经网络等，此处将对这几种模型的原理分别进行讲解。

（一）MP 神经元结构模型

MP 神经元结构模型是神经网络模型最基本的模型，感知器神经网络、自适应线性元件模型、BP 网络模型、Hopfield 反馈网络都是在其基础上发展起来的。该模型的基本运行原理如图 3-7 所示。该模型假定每个神经元都是一个多输入单输出的信息处理单元，具有空间整合特性和阈值特性。

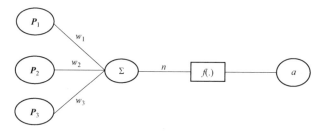

图 3-7　MP 神经元结构模型

图 3-7 中，p_j 为输入矢量分量；w_j 为权值分量（输入矢量的影响比例）；$\sum$ 为神经元输入矢量的加权和（即 $\sum_{j=1}^{r} w_j p_j$）。其中，j=1，2，…，r。

$f(.)$ 为二值型阈值激活函数，是神经元网络模型的核心，其与网络结构共同决定了神经元网络模型解决问题的能力。激活函数输出状态的取值为 1 或 0，其数学表达式如下：

$$a = f(.) = \begin{cases} 1, & \sum_{j=1}^{r} w_j p_j \geq 0 \\ 0, & \sum_{j=1}^{r} w_j p_j < 0 \end{cases} \tag{3-10}$$

（二）感知器神经网络

感知器神经网络在 MP 神经元结构模型的基础上引入了自由变量——偏差 B（也即阈值/门限值），使激活函数可以左右移动。感知器模型能且只能对输入矢量进行线性分类。

（三）自适应线性元件模型

自适应线性元件模型在感知器模型的基础上，采用线性激活函数，改变了输出值局限于

0 或 1 的单一状况。此外，自适应性元件模型采用最小均方差（Least Mean Square，LMS）规则、伍德沃德-霍夫曼（Woodward-Hoffmann，W-H）规则等来对权值进行训练，使收敛速度更快、精度更高。该模型既可对输入矢量进行线性分类，也可以进行线性逼近和预测。

（四）BP 网络模型

1. 原理

BP 网络模型，也称为反向传播网络模型，是采用 W-H 规则对权值进行训练，并采用处处可微的 S 型对数或正切函数和线性函数作为激活函数，由输入层、隐含层和输出层组成的多层网络模型。它的结构如图 3-8 所示。

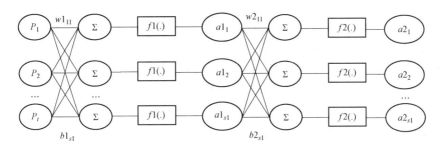

图 3-8　BP 网络模型

BP 模型的特点是信息的正向传递与误差的反向传播，即信息由输入层经隐含层逐层计算传向输出层，若输出结果没有达到期望目标，则计算输出层的误差变化值，而后将误差信号沿原来的通路反向传播，以修改各神经元的权值，直至达到期望目标。

隐含层第 i 个神经元的输出为 $a1_i$，输出层第 k 个神经元的输出为 $a2_k$，W 为权值，B 为偏差，误差函数为 $E（W，B）$，则 BP 模型的数学表达式如下：

$$h_i = \sum_{j=1}^{r} w1_{ij}\, \boldsymbol{p}_j + b1_i \,，\quad i=1，2，\cdots，s1 \tag{3-11}$$

$$a1_i = f1(hi) = \frac{1 - e^{-hi}}{1 + e^{-hi}} \tag{3-12}$$

$$a2_k = f2\left(\sum_{i=1}^{s1} w2_{ki}\, a1_i + b2_k\right)，\quad k=1，2，\cdots，s2 \tag{3-13}$$

$$E(W,B) = \frac{1}{2}\sum_{k=1}^{s2} (t_k - a2_k)^2 \tag{3-14}$$

反向传播的算法，可采用梯度下降法、附加动量法、自适应学习速率法、弹性算法、数值优化法等，这里不再详细论述。

2. 基于 BP 网络的风险识别

风险分析时，风险变量的选择非常重要。此时可以通过 BP 模型比较各风险变量对总风险输出的大小，删除多余变量，确定影响项目的主要风险变量。

此处以识别投资（成本）风险为例。

首先，建立一个多输入、单隐层、单输出的 BP 网络模型。假设初步识别出风险变量为 r 个，记隐层节点个数为 $s1$，隐层神经元的激活函数 $f1(.)$ 为双曲正切函数（Tan-Sigmoid），输出层神经元的激活函数 $f2(.)$ 为线性函数（参照上文公式）。

假设输入值风险变量 $\boldsymbol{P}_j \in \{1，2，3，4，5\}$（其中 1 表示影响最小，5 表示影响最大），

代表第 j 个风险变量对投资（成本）风险的影响程度；输出值 $a2$，代表投资（成本）的总风险（即目标偏差的百分比）。将样本输入模型进行训练，直至权值达到规定的目标误差后结束训练，将权值固定，则这些权值可以认为是风险变量在网络中占有的信息量的大小。此外，P_j 与隐层结点输入值 h_i 之间以及 $a2$ 与隐层节点输出值 $a1_i$ 之间的相关程度也可反映各输入变量对输出的影响程度。$s1$ 个隐层节点之和则反映了模型对输出变量的解释程度。

$$a_{ij} = \frac{\mathrm{cov}(n_i, p_j)w1_{ij}}{\mathrm{var}(n_i)}, \beta_i = \frac{\mathrm{cov}(a1_i, a_2)w2_i}{\mathrm{var}(y)} \tag{3-15}$$

$$k_j = \sum_{i=1}^{s1} \beta_i \alpha_{ij}, \ k_0 = 1 - \sum_{j=1}^{r} k_j \tag{3-16}$$

其中，$i=1，2，\cdots，s1$；$j=1，2，\cdots，r$。α_{ij} 表示第 j 个输入变量对第 i 个隐层节点的贡献；β_{ij} 表示第 i 个隐层节点对输出的贡献；k_j 为第 j 个输入变量对总体输出的贡献；k_0 为未引入因素对总体输出的贡献，若 k_0 数值偏大，则说明漏判了一些原始风险变量。如果有 m 个风险变量的贡献之和接近于 1（一般取大于 0.85 或大于 0.95），就选取这 m 个变量为重要变量，而删掉那些贡献比较小的变量，得到新的变量子集，然后重复刚才的过程，对新的变量子集继续进行训练，消除贡献较小的变量，直到无变量可以消除为止，余下的可认为是对总风险有重要影响的风险变量。

（五）Hopfield 反馈网络

Hopfield 反馈网络，也称为联想记忆网络，其特点就是输入层神经元与输出层神经元的数目相等，每个神经元的输出都与其他神经元的输入相连接，以反馈信息。其基本结构如图 3-9 所示。

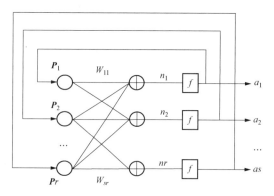

图 3-9　Hopfield 反馈网络结构模型

Hopfield 反馈网络依据激活函数的特性分为离散型反馈网络和连续型反馈网络，前者主要用于联想记忆，后者偏重优化计算，均可应用于图像处理、语音处理、信号处理、数据查询、容错计算、模式识别和分类。

（六）自组织竞争神经网络

自组织竞争神经网络（Self-Organizing Competitive Network），是一种基于无监督（无导师）学习方式的神经网络，可分为三类：自组织特征映射网络（Self-Organizing Feature Mapping）、自适应共振理论（Adapative Resonance Theory）和对偶传播神经网络（Counter Propagation Network）。此处着重介绍自组织特征映射网络。

1. 自组织特征映射网络原理

特征是对某一特定领域信息的描述，特征映射是运用映射理论将某个应用领域的信息转换到另一个应用领域，实质是特征分解、识别和转换的过程。在自组织特征映射网络中，输入层为一维，竞争层可以多维，不包括隐含层，所以最简单的网络结构可仅由一个输入层和一个竞争层组成。图 3-10 中，左侧为一维竞争层，右侧为二维竞争层。

输入层负责接收并传递外界信息，竞争层负责对接收的样本数据进行检测，并反复学习，自动分析样本的内在规律以及样本间的关系并正确归类，学习输入样本的分布情况和拓扑结构，自适应地调整网络参数与结构，以将输入样本的特征"溶解"到各个连接权上。自组织特征映射网络与其他神经网络结构的区别在于，映射网络是用若干神经元同时反映分类结果，而非仅用一个神经元反映。

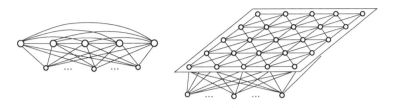

图 3-10 一维竞争层（左）和二维竞争层（右）

2. 特征映射的理论基础

特征映射是以特征具有多视域特性为存在前提的。从集合论和线性代数的角度可定义为：设 A 和 B 是两个非空集，若存在一个对应规律 f，使得对于每一个 $x \in A$，有唯一 $y \in B$ 与之对应，则称 f 为从 A 到 B 的映射（或算子），记作 $f:A \to B$ 或者 $f:x \to y$，$(x \in A)$，称为 X 在映射 f 下的像，记作 $y=f(x)$，集 A 称为映射 f 的定义域。集 $f(A)=\{f(x)|x \in A\}$ 称为映射 f 的值域。若 $A_1 \subset A$，则称 $f(A_1)=\{f(x)|x \in A_1\}$ 为 A_1 在映射 f 下的像；若 $B_1 \subset B$，则称 $f^{-1}(B_1)=\{x \in A|f(x) \in B_1\}$ 为 B_1 在映射 f 下的逆像或原像。$f^{-1}(y)$ 是 A 中的集合，可能包含不止一个元素，但其中每个元素的像却是 y。

F_d 和 F_m 分别为风险分析目标特征集和风险因素特征集，风险分析目标特征 $f_d \in F_d$，风险因素特征 $f_m \in F_m$。从风险分析目标特征到风险因素特征之间的映射可以表示为 $M:F_d \to F_m$。

映射方法可分为以下几类：①直接映射（Direct Mapping）：从原像特征转换成像特征时，两特征之间一一对应，记作：$M_d(f_d)=f_m$，$f_d=f_m$，直接映射为（1:1）映射；②投影映射（Project Mapping）：原像特征经投影变换，提取有用信息后得到像特征，记作：$M_d(f_p)=f_m$，$f_p=f_m$，投影映射为（1:1）映射；③分解映射（Discrete Decomposition Mapping）：将原像特征分解成多个像特征，记作 $M_d(f_d)=\{f_{m1}, f_{m2}, \cdots, f_{mn}\}$，分解映射为（1:n）映射；④组合映射（Group Mapping）：将一些相关原像特征组合构成像特征，记作：$M_d(f_{d1}, f_{d2}, \cdots, f_{nm})=f_m$，其中，$f_{d1}, f_{d2}, \cdots, f_{nm} \in F_d$，组合映射为（n:1）映射。

3. 各特征域间的映射转换

自组织特征映射网络应用于风险分析，实质上是将工程项目风险视为一种目标管理，将风险分析目标特征域映射到其他特征域（风险因素特征域和风险损失特征域、风险评价特征域等）的过程，如图 3-11 所示。

（1）风险分析目标特征域。目标特征域由项目风险分析目标构成，是指项目立项时所确定要达到的境地或标准，可分为操作、战术、战略三个层面，这三个层面又可划分为三个等级。一级目标可分为功能性指标、经济性指标、时间性指标、绩效指标、社会/生态指标几个类别，如

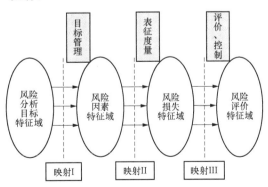

图 3-11 项目风险分析广义映射模型

表 3-6 所示。

表 3-6   项目风险分析目标特征域

操 作 层 面		
一级目标	二级目标	三级指标
功能性指标（质量效能）	设计/施工质量	设计标准，施工工艺成熟度，材料质量的合格率
	运行/维护质量	一次竣工备案率，分部工程质量合格率，返修率
经济性指标（经济效益）	成本	总投资，运行成本，维护成本，单位生产能力投资，社会环境成本，损失成本
	收益	运营收益，年净收益，总净收益
	投资回报率	投资回报率，成本/收益率
时间性指标（寿命周期）	项目基本时间	建设期，投资回收期，维修改造周期
	项目寿命	工程设计寿命，物理服务寿命，经济服务寿命
	市场周期	市场发展期，市场高峰期，市场衰退期
战 术 层 面		
绩效性指标	内部提升	核心竞争力，优良工作时间指数，项目运作递级改进
		组织绩效改造，各种相关运作模式的经验总结，风险抵御能力的提升
	外部满意	外部顾客满意度，对顾客的反馈、投诉、事故、生态环保的关注，对市场、政策法律及周边环境的适应能力和协调能力的加强
		项目形象，品牌效应
战 略 层 面		
社会/生态指标（可持续发展）	长期适应性	质量稳定，项目的可维护性，可持续性，并能低成本运行，防灾能力，不可抗风险的能力
	功能更新性	功能、结构、物质可更新性，地区经济的一体化性，谋求可持续发展

（2）风险因素特征域。因素特征域是项目风险因素（时间要素、活动要素、人员要素/相关者要素、质量要素）特征的集合。

（3）风险损失特征域。损失特征域是用风险损失的概率分布（包括位置和形状）对风险进行度量和表现的特征集合。

（4）风险评价特征域。评价特征域是用于反映风险评价指标（期待值、离散程度等）的特征集合。

第四章

工程项目风险估计与评价

为了加深对项目本身和环境的理解、明确不确定性对项目各方面的影响，需要估计风险的性质、估算风险事件发生的概率及其后果，以减少项目预定目标完成的不确定性。风险评价是对项目风险进行综合分析，并依据风险对项目目标的影响程度进行项目分级排序。应依据风险因素及风险条件排序表、历史资料、专家判断、风险管理计划及其他计划结果，利用敏感性分析、盈亏平衡分析、可拓工程法、模糊综合评价法等方法和技术进行风险量化分析。

第一节　项目全寿命周期各阶段的风险评估内容

一、项目立项和设计阶段的风险评估

（一）项目立项阶段风险评估

立项阶段风险评估（估计与评价简称评估）主要考虑项目财务风险、环境风险、质量风险以及总进度风险等。《投资项目可行性研究指南》一书中提出应采用概率分析和敏感性分析等方法来进行项目风险分析，以辅助决策。项目风险估计和评价过程如图4-1所示。

针对环境风险，我国规定新上项目必须通过环境影响评价（简称环评），否则不予立项。亚洲开发银行建议将环评分为"危害甄别与框定→环境途径评价→风险表征→风险管理"四个阶段进行。第一阶段：识别潜在风险，诸如火灾、爆炸、垮坝、有毒物质的释放等。估计风险等级、范围、时间跨度、受害人群等。第二、三阶段：计算某给定群体的致死率或有害效应的发生率，评价危害程度。第四阶段：根据评估结果，遵照相关法律规定，确定可承受的损害水平，采取恰当的风险措施。以有害物质为例，首先识别"有害物质的释放"这一风险，而后估计释放物质的组成/化学成分、释放方式、释

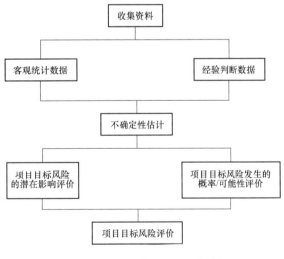

图4-1　项目风险估计和评价过程

放量、释放时间、频率等，估算有毒有害物在环境中的迁移、扩散、浓度分布及人员受到的照射与剂量，计算致死率或致病率。

（二）项目设计阶段风险评估

设计阶段风险评估的主要内容包括项目投资/成本风险、进度风险、设计质量（功能）风

险和资源风险（资金、劳动力、材料设备）等。进行投资膨胀风险的估计的主要方法有蒙特卡罗模拟、控制区间和记忆模型法、多元回归与神经网络法等。进行进度风险评估的主要方法有改进的网络计划技术、控制区间和记忆模型法等。

项目设计质量直接体现了项目的实体属性，同时也决定了项目的最终价值。在设计阶段对设计质量进行风险评估的重点在于度量设计参数、技术经济指标等的可靠性和适用性等，并确认其满足项目总体规划与建设实施的程度。评估时可将设计质量风险细分为项目整体质量和单体质量风险（如工艺流程的可靠性评估，建筑结构的安全性评估等）。适用评估方法有层次分析法、模糊事故树法、工作分解法、综合评分法、可拓工程法等。设计总体质量风险分解结构如图 4-2 所示。

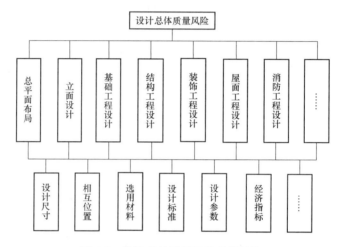

图 4-2　设计总体质量风险分解结构

二、项目实施阶段风险评估

项目实施阶段的风险评估内容与设计阶段大体一致，除了质量、成本、进度风险外，还需考虑项目施工安全风险和合同履约风险等，同时还需负责评估、监测风险管理计划的应用与实现的可能性，总体来讲遵循"辨识→评估→控制"的步骤且不断循环该过程。

（一）合同风险评估

工程项目参与方众多，签订的合同条款有时多达上百个。项目实施阶段是合同签订的高峰期，合同风险评估尤为关键，这关系到控制策略的选择、合同的履约率，以及项目目标的最终实现。若能尽早辨识合同风险源，并及时采取应对措施，则可以有效减少因合同而发生的争端，促进项目的顺利实施。

合同风险评估包括以下三个方面：合同类型、合同主体、合同内容。

（1）签订不同类型的合同，业主所承担的风险大小有极大差别。例如，EPC（Engineer，Procure，Construct）合同的大部分风险由承包商承担，业主的风险较少；而单价合同由业主承担主要风险。由此看来，业主的风险往往是承包商的机会，反之亦然。风险评估有助于综合衡量所选用的合同类型，合理分配风险。合同类型风险评估可采用列表排序法、层次分析法、模糊综合评价法等。

（2）签订合同前，对合同主体的风险评估必不可少。评估首先应考察对方的法律资格和信用等级，其次是注册地点、资金状况、技术实力、行业经验、承担工程的资质与能力、同业信誉等。

（3）合同的条款与内容，需要聘请有经验的工程法律和合同管理方面的专家逐项仔细审查，以最大程度地降低风险。合同内容大致可能引起两种风险：一是条款不完善导致双方承担责任不公而导致争议；二是合同条款不符合法律规定而导致合同部分或全部无效。评估时若发现风险，应对合同内容及时予以修正，已生效合同则可通过双方协商签订补充协议的方式进行变更。

（二）施工风险评估

1. 施工成本风险评估

（1）概述。项目实施阶段风险因素（如设计变更、物价上涨、汇率变动、不可抗力等）可能引起项目成本偏离预算目标。评估方法与立项阶段相同，可采用控制区间和记忆模型、蒙特卡罗法、多元回归模型以及神经网络模型等。

需注意的是，该阶段由于现场变更而造成的成本超支情形颇多，为了保证模型的精度使之能准确地估计施工成本风险并及时进行变更控制，对于该阶段的成本风险评估应比立项阶段更为详细、对风险的分解更为深层、对现场的关注与监督更为密切。

（2）基于 Possion 分布的现场变更成本风险评估模型。假设项目施工成本变更是随机的，变更次数 X 服从泊松（Possion）分布，变更成本间互相独立。如果 X 足够大（大于 10），则认为项目全部变更成本之和服从正态分布，可据此估算项目的变更成本。

定义变更次数 X 的 Possion 分布为

$$P[X=n]=P[C_S=N(n\mu_c,n\sigma_c^2)]=\frac{e^{-\lambda}\lambda^n}{n!} \tag{4-1}$$

式中　C_s——全部变更的成本之和；

　　n——变更次数（n=1，2，…，∞）；

　　μ_c——变更成本的均值；

　　σ_c^2——变更成本的方差；

$N(n\mu_c,\ n\sigma_c^2)$表示 $C_s|x=n$ 服从均值为 $n\mu_c$，方差为 $n\sigma_c^2$ 的正态分布。

这样，做以下变换，令 R_i 表示每次变更成本占总成本的比例，$R_i=C_i/C$，则当变更次数足够多时，全部变更的百分数 R_c 服从均值为 $n\mu_C/C$，方差为 $nf_c^2\mu_c^2/C$ 的正态分布，即

$$R_c|x=n\sim N\left(\frac{n\mu_c}{C},\frac{nf_c^2\mu_c^2}{C^2}\right) \tag{4-2}$$

于是，我们可以计算变更成本的百分比小于预备费率的概率

$$P(R_c\leqslant\eta)=\sum_{x=0}^{\infty}P[R_c\leqslant\eta|X=x]P[X=x]=\sum_{x=0}^{\infty}\oslash\left[\frac{\eta-x\mu_c/c}{\sqrt{\frac{xf_c^2\mu_c^2}{C^2}}}\right]\frac{e^{-\lambda}\lambda^x}{x!}\geqslant p \tag{4-3}$$

式中　η——预备费的费率，即预备费占总成本的比例；

　　f_c——变更成本的变异系数，$f_c=\sigma_c/\mu_c$。

若给定项目的总工期 T 和样本的变更平均发生率 α，就可以确定 λ（$\lambda=\alpha T$），于是通过事先确定一定的置信度水平 p，就可以反算预备费的提取比例，我们就可以知道累计变更百分

比控制在 η 范围内的概率为 P。

2. 施工质量风险评估

项目实施阶段质量风险评估非常关键，包括总体质量以及单体、分项质量风险评估。

评估总体施工质量风险首先需在风险识别的基础上确定其评价指标，而后根据该项目质量风险的复杂程度、数据可得性，以及评估期望达到的精确度确定评估方法。常用方法有专家评分法、层次分析法、模糊事故树法、模糊决策树法、模糊综合评价法等。

评估单体、分项工程施工质量风险的方法与总体质量风险类似，此外还可结合施工工序特点，采用失效模式和后果分析方法（Failure Mode Effects Analysis，FMEA）以及可拓工程法等。

3. 施工进度风险评估

项目实施阶段的进度风险评估也很重要，与设计阶段进度风险评估类似，可采用网络计划技术、控制区间和记忆模型法等，但是应尽可能具体到每一个单体、分项工程的每道工序持续时间的可能性，从而提高项目完工概率的评估精确度。

三、项目终结阶段风险评估

如前所述，项目终结阶段的风险主要包括未来市场风险、竣工质量风险、决算时合同履行风险、运营后的环境风险等。

（一）项目市场风险评估

由于市场风险是经济风险的重要组成部分，评估项目市场风险时，常常需要将之与经济风险一起考虑，即将项目的经营成本因素和市场因素结合评估。常用方法包括控制区间和记忆模型、模糊事故树法、模糊决策树法等。某工业项目市场风险决策树如图4-3所示。

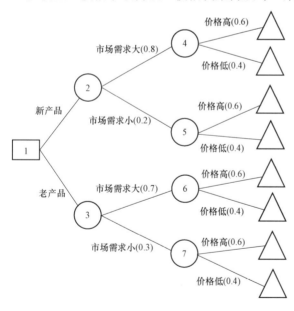

图 4-3 某工业项目市场风险决策树

（二）项目质量风险评估

本阶段主要按照质量验收评定标准，通过竣工资料及实体查勘对项目实体完工质量风险进行评估。该阶段进行质量风险评估的目的有以下两点：①帮助决策是否投保质量责任险；②确定项目运营后需重点维护的部分，更加合理地运用该项目的各项功能，延长项目的使用寿命。评估常用方法包括层次分析法、模糊故障树模型、模糊综合评价法、概率统计法等。

（三）项目合同履行风险评估

本阶段由于可能发生项目进度和质量偏离目标、成本超支等风险，而造成项目决算双方产生合同纠纷。因而，业主需在决算前评估可能产生的合同履行风险，以便及时有效地应对该风险。通常根据现场变更单、签证、施工记录及补充协议和文档等资料，以及相似工程项目的记录，运用定性评估方法或概率估计模型、神经网络方法等估计可能引起承包商索赔的风险（包括进度和费用的补偿等）。

（四）项目环境风险评估

由于项目运营本身可能给项目所处地区甚至辐射地区带来一定的负面生态环境影响，在该阶段的风险评估中，也应当将环境评估纳入重要考量部分。若无法得到相关准确的数据资料，则可以参照类似工程项目，运用定性方法、概率估计模型、模糊评价方法等来进行估计与评价。

第二节 风险评估的主要方法

一、专家调查法

专家调查法已经在风险识别阶段中进行了阐述，此处将着重举例介绍在风险评估时，将专家调查法与概率分析方法相结合的应用。

（一）离散型随机变量概率分布的专家调查法

[**例**] 若要调查某项目的销售量，项目评价中采用的市场销售量为100t，请了15位专家对该种产品销售量可能出现的状态及其概率进行专家预测，专家们的书面意见整理如表4-1所示。

表 4-1　　　　　　　　　　　　专家调查意见汇总表

概率 销量 专家号	80	90	100	110	120	期望值	方差
1	10	15	50	15	10	100	0.16
2	15	25	40	15	5	97	6.76
3	10	15	60	10	5	98.5	1.12
4	5	12.5	65	12.5	5	100	0.16
5	10	15	55	15	5	99	0.36
6	10	15	50	15	10	100	0.16
7	5	15	55	15	10	101	1.00
8	5	10	60	15	10	106	40.96
9	5	15	50	20	10	101.5	3.61
10		15	70	15		100	0.16
11	10	15	75			96.5	9.61
12	10	25	60	5		96	12.96
13	10	20	60	10		97	6.76
14		10	60	20	10	103	11.56
15	5	20	60	15		98.5	1.21
合 计	110	242.5	870	197.5	80	1494	96.64
平 均	7.3	16.2	58	13.2	5.3	99.60	6.903

均方差 $= \dfrac{1}{n-1}\sum_{i=1}^{n}(x_i - \bar{x})^2$ ，其中，$n=15$，$\sum_{i=1}^{n}(x_i - \bar{x})^2 \approx 96.64$。

因此，均方差为6.903，标准差为 $\sqrt{6.903} \approx 2.627$。

$$意见分歧系数 = \frac{2.627}{99.6} \approx 2.64\%$$

从表 4-1 可以看出,专家意见比较集中。若专家意见分歧程度在 10%以上,需进行第二轮甚至第三轮讨论,消除因误解而产生的分歧。以最终调查的结果作为被调查变量(销售量)的概率分布。

（二）连续型随机变量概率分布的专家调查法

在项目评价中,较常用的是正态分布和三角形分布,下面分别举例讨论。

[例]若某项目产品售价服从正态分布,请了 10 位专家对价格的范围及在该范围内的概率进行估计,调查结果如表 4-2 所示。

表 4-2　　　　　　　　　　　　专 家 调 查 结 果 表

专家号	期望值	方差	范围	范围内概率(%)	σ	σ 的方差
1	100	0	80～120	90	12.2	0.0625
2	100	0	80～120	95	10.2	5.0625
3	100	0	80～120	85	13.9	2.1025
4	95	25	75～115	90	12.2	0.0625
5	95	25	75～115	95	10.2	5.0625
6	95	25	75～115	85	13.9	2.1025
7	105	25	85～125	90	12.2	0.0625
8	105	25	85～125	95	10.2	5.0625
9	105	25	85～125	85	13.9	2.1025
10	100	0	80～120	80	15.6	9.9225
合计	1000	150			124.5	31.605
平均值	100	16.7			12.45	3.5117

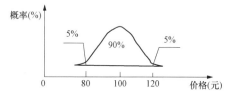

图 4-4　正态分布概率估计图

第 1 位专家认为价格在 80～120 元内的概率为 90%,即在 80～120 元外的概率为 10%,小于 80 元的概率为 5%,大于 120 元的概率为 5%,如图 4-4 所示。

查标准正态分布概率表,比期望值减少 20 元的概率为 5%,相当于-1.64σ,

$$\sigma=20/1.64=12.20（元）$$

2 号专家认为比期望值减少 20 元的概率为 2.5%,相当于-1.96σ,

$$\sigma=20/1.96=10.2（元）$$

3 号专家认为比期望值减少 20 元的概率为 7.5%,相当于-1.44σ,

$$\sigma=20/1.44=13.9（元）$$

依此类推,可计算 10 位专家对产品价格的期望值与标准差的估计值。

同样可以估计各位专家对期望值估计的分歧系数为$\sqrt{16.7}/100$,即 4.09%,则与标准差估计的分歧系数为$\sqrt{3.5117}/12.45$,为 15%,对价格标准差的估计分歧系数大于 10%,从调查资料可知，主要是第 10 位专家对落在范围内的概率估计过低，经第二轮调查，若 10 位专家对落在范围内的概率估计如表 3-3 所示，则 σ 的均值为 11.3，其方差为 0.784。

表 4-3　　　　　　　　　　　概 率 分 析 指 标 计 算

专家号	期望值	方差	范围	范围内概率	σ	σ 的方差
1	100	0	80～120	90	12.2	0.81
2	100	0	80～120	93	10.2	1.21
3	100	0	80～120	88	11.05	0.0625
4	95	25	75～115	90	12.2	0.81
5	95	58	75～115	93	10.2	1.21
6	95	25	75～115	88	11.05	0.0625
7	105	25	85～125	90	12.2	0.81
8	105	25	85～125	93	10.2	1.21
9	105	25	85～125	88	11.05	0.0625
10	100	0	80～100	90	12.2	0.81
合计	1000	150			112.55	7.06
平均值	100	16.7			11.3	0.784

意见分歧系数为 $\dfrac{\sqrt{0.784}}{11.3}$，即 7.8%，满足要求，不再进行第三轮调查。

故产品价格服从 N（100，11.3）的概率分布。

[例] 若项目静态投资服从三角形分布，对三角形分布，需要向专家调查的内容：投资额的最乐观值、最大可能值、最悲观值。请 10 位专家对投资额进行预测，结果如表 4-4 所示。

表 4-4　　　　　　　　　　　专家对投资额进行预测

专家号	最乐观值	方差	最大可能值	方差	最悲观值	方差
1	950	3600	1000	3600	1150	2601
2	950	3600	1000	3600	1160	1681
3	1000	100	1050	100	1180	441
4	1000	100	10580	100	1000	1
5	1050	1600	1100	1600	1230	841
6	1050	1600	1100	1600	1230	841
7	1100	8100	1150	8100	1250	2401
8	1100	8100	1150	8100	1250	2401
9	950	3600	1000	3600	1180	441
10	950	3600	1000	3600	1180	441

专家号	最乐观值	方差	最大可能值	方差	最悲观值	方差
合计	10100	34000	10600	34000	12010	12090
平均值	1010	3778	1060	3778	1201	1343

最乐观值的标准差 $=\sqrt{3778}\approx61.47$ ，意见分歧系数$=61.47/1010\approx6.1\%$；

最大可能值的标准差$=61.47$，意见分歧系数$=64.47/1060\approx6.1\%$；

最悲观值的标准差 $=\sqrt{1343}\approx36.65\%$ ，意见分歧系数$=36.65/1201\approx3.1\%$。

都满足专家调查一致性要求，不再进行第二、第三轮调查。

因此，根据调查投资服从最乐观估计为 1010 万元，最大可能值是 1060 万元，最悲观值为 1201 万元的三角形分布。

二、敏感性分析

敏感性分析法已在第一章中提及，是通过分析工程目标经济评价指标（如内部收益率、投资回收期、利润、净现值等）对相关风险因素（如建设期、投资额、成本等）的敏感程度，也即通过计算当某个风险因素变化时，工程项目目标经济评价指标变化的幅度，来判断该因素的影响程度，根据结果绘制敏感性分析表或分析图，将各风险因素按敏感性排序，并计算敏感度系数和临界点，以便分析项目总体风险及承受能力，并决策如何控制风险的一种方法，在投资项目财务评价中应用十分广泛。

（一）敏感性分析的类型

1. 单因素敏感性分析

单因素敏感性分析即单变量敏感性分析，每次计算时，只改变一个风险因素的数值，估算该因素的变化对项目经济效益产生的影响。

单因素敏感性分析所采用的逐项替换法的步骤如下：

（1）找出风险因素（x）。

（2）假设某因素发生变动而其他因素不变，计算经济效益指标的变动范围。

（3）逐步替换风险因素，继续计算它们对经济效益指标的影响。

（4）分析各风险因素允许变化的最大幅度，即当经济效益指标达到临界值（如 $NPV(x)=0$，或 $IRR(x)=i_0$，或 $BCR(x)=1$）时，某种风险因素允许变化的最大值。

（5）综合分析，找出敏感性因素，提出相应的措施。

2. 多因素敏感性分析

多因素敏感性分析即多变量敏感性分析，每次计算时，同时改变两个或两个以上风险因素的数值，估算多个因素同时变化对项目经济效益产生的影响。注意，多因素分析的前提是几个风险因素是互相独立的，且发生变化的概率相同。

多因素敏感性分析的步骤如下：

（1）在单因素敏感性分析的基础上，确定两个主要的最敏感因素或最可能发生较大变化的因素（x_1，x_2）。

（2）分析这两个风险因素允许变化的最大范围，即当经济效益指标达到临界值（如 $NPV(x_1，x_2)=0$、$IRR(x_1，x_2)=i_0$ 或 $BCR(x_1，x_2)=1$）时，这两项因素允许变化的各种组合关系。

（3）估计这两项因素可能发生变化的范围，并与其允许的最大范围进行对比分析，据此分析判断投资项目的可行性。

通常情况下，多采用单因素敏感性分析方法，以便于找出关键性敏感性因素。

（二）敏感性分析的要点

1. 风险因素的选取

限于人力、财力、物力、效率等，在进行敏感性分析时，通常根据项目特点和以往项目经验等，优先选取那些可能对项目经济效益产生较大影响的重要风险因素。项目投资额、产出物价格、生产负荷、产量、销量、主要投入物价格、固定成本、可变成本、寿命期、汇率等因素都应列入考察范围，同时可视项目具体情形补充选择其他因素。

（1）项目投资额包括固定资产投资和流动资金投资。建设期内的固定资产投资主要包括设备购置费、安装费、土地费用、工程基建费等。若遇到通货膨胀等特殊情况，则将导致固定资产投资支出增加，影响投资项目的经济效益。

流动资金主要包括现金、存款、短期投资、应收及预付款、存货等流动资产，是用于购买原材料、燃料、备品备件、支付工资和其他费用以及被在产品、半成品和其他存货占用的周转资金。若遇到原材料涨价、产品滞销等情况，则可能导致预付款增加、存货占用资金增加等风险。

（2）产品产量、销售量及销售价格。产出品的产量、销售量、销售价格将直接决定项目收益率。产出品质量、营销方式、市场供求情况、企业竞争、国家经济政策与宏观经济形势等直接或间接地影响着产品的销量。市场供求、企业经营管理水平、生产技术水平、产品的质量特色等则影响着产出品价格。

（3）企业生产的经营成本包括固定成本、可变成本。单位可变成本是指生产单位产品的可变成本。可变成本指产品成本中随产量的增减而成比例增减的费用，如直接原材料费、直接燃料和动力费、产品包装费、计件的直接工资等。产品单位可变成本因受企业技术水平、工艺条件、原材料、燃料等价格的变化的影响具有较强的随机性，且不与产品销量有相关性，所以一般将单位可变成本作为风险因素来进行敏感性分析。

（4）投资项目寿命期。此处的投资项目寿命期与之前第二章所提到的项目全寿命周期的含义有所不同，是指项目从投产到报废所经历的时间，主要指物质生命周期。通常，项目寿命期越长，项目的经济效益越好。但科学技术的进步与产品市场生命周期，导致了项目不确定性的增加。项目可能须改造和更新换代来适应市场，有时甚至可能不得不提前终止。

（5）期末回收的固定资产残值。固定资产净残值是指投资项目终结时出售残存固定资产的收入。根据项目规模大小的不同，该残值构成的现金净流入量可大可小，一定程度上影响到投资项目的经济效益。

（6）折现率、利率和税率。随着时间的推移，折现率、利率和税率会根据宏观经济政策、产品市场需求、资本结构等的变化而有所改变。

2. 风险因素变化程度的确定

为绘制敏感性分析图，分析时可同时考虑风险因素的不利变化和有利变化，通常上下变化 10 个百分点。对于不适合用百分数变化考察的因素，如建设期，可采用延长一段时间考察，一般延长一年。

实际上，百分数的取值或延长期的长度本身并不重要。敏感性分析的目的并非计算某因素百分变化导致项目经济效益变化的具体数值，而仅是借助其求得敏感性分析指标，即敏感度系数和临界点。

3. 项目评价指标的选取

敏感性分析所针对的评价指标可从项目决策评价指标中选择，如财务内部收益率、净现值、投资收益率、投资回收期、息税前利润等，必要时可同时对多个指标进行敏感性分析。

4. 敏感性分析的计算指标

（1）敏感度系数。敏感度系数是项目效益指标变化的百分率与风险因素变化的百分率之比。敏感度系数越高，项目经济效益指标对该不确定因素的敏感程度越高。计算公式为

$$E=\Delta A/\Delta F \tag{4-4}$$

式中　ΔF——风险因素 F 的变化率，%；

　　　ΔA——风险因素 F 发生 ΔF 变化率时，评价指标 A 的相应变化率，%；

　　　E——评价指标 A 对于风险因素 F 的敏感系数。

（2）临界点。临界点是指风险因素的极限变化，即该风险因素使评价指标等于基准值或零时（如内部收益率等于基准收益率或净现值为零时）的变化百分率。临界点也可用该百分率对应的具体数值表示。当风险因素的变化超过临界点时，项目不可行。

临界点的高低与所设定的基准值有关。以内部收益率为例，临界点随着设定基准收益率的提高而降低。临界点越低，则该因素对项目经济效益指标影响越大，项目对该因素越敏感。

敏感性分析图可帮助得到临界点的近似值，但最好采用专用函数求解临界点，以避免误差。

5. 敏感性分析结果的应用

可将分析结果进行汇总，编制敏感性分析表或绘制敏感性分析图。

敏感性分析表应同时给出基本方案的指标数值、风险因素及其变化、经济效益指标的计算数值以及各风险因素的敏感度系数和临界点。当无法计算某种风险因素的敏感性指标时，可采用文字描述的形式说明该风险因素的影响。敏感性分析表与分析图分别如表 4-5 和图 4-5 所示。

表 4-5　　　　　　　　　　　敏 感 性 分 析 表

序号	不确定因素	不确定因素变化率（%）	财务内部收益率	敏感度系数	临界点
1	建设投资变化	+10%			
		−10%			
2	销售价格变化	+10%			
		−10%			
3	原材料价格变化	+10%			
		−10%			
4	汇率变化	+10%			
		−10%			
5	负荷变化	+10%			
		−10%			

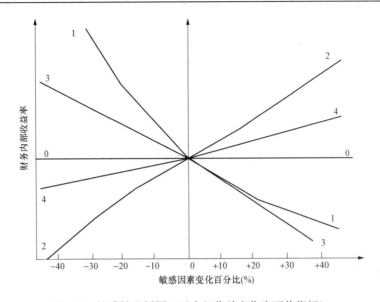

图 4-5　敏感性分析图（以内部收益率作为评价指标）

0——基本方案；1——建设投资；2——市场价格；3——原材料成本；4——生产负荷

三、盈亏平衡分析

（一）盈亏平衡分析的前提条件

进行线性盈亏平衡分析有以下四个假定条件：①产量等于销售量，即当年生产的产品当年销售出去；②产量变化，单位可变成本不变，从而总成本费用是产量的线性函数；③产量变化，产品售价不变，从而销售收入是销售量的线性函数；④只生产单一产品，或者生产多种产品，但可以换算为单一产品计算，也即不同产品负荷率的变化是一致的。

（二）盈亏平衡点的求取方法

盈亏平衡点可以采用公式计算法求取，也可以采用图解法求取。

1. 公式计算法

盈亏平衡点最常用的两种表示方式为生产能力利用率和产量，用这二者表示时的盈亏平衡点计算公式如下：

$$BEP（生产能力利用率）=[年总固定成本/（年销售收入$$
$$-年总可变成本-年销售税金与附加）]×100\%$$
$$BEP（产量）=年总固定成本/（单位产品价格-单位产品可变成本$$
$$-单位产品销售税金与附加）$$
$$=BEP（生产能力利用率）$$
$$×设计生产能力（如采用含税价格计算，应再减去增值税）$$

2. 图解法

盈亏平衡点图解法如图 4-6 所示。

图中销售收入线（如果销售收入和成本费用都是按含税价格计算的，还应减去增值税）与总成本费用线的交点即为盈亏平衡点，这一点所对应的产量即为 BEP（产量/生产能力利用率）。

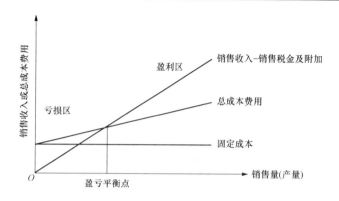

图 4-6　盈亏平衡分析图

（三）盈亏平衡分析的要点

（1）盈亏平衡点表示的是在相对于设计能力下，达到多少产量或负荷率为多少才能达到盈亏平衡，应按项目达产年份的销售收入和成本费用数据计算，不可用计算期内的平均值。

（2）达产后各年成本费用可能由于当年固定成本利息、折旧费和摊销费不同而改变，因此，最好按还款期间的第一个达产年和还完借款以后的年份分别计算盈亏平衡点，以便分别得出最高 BEP 和最低 BEP。具体按哪一年的数值计算，可以根据项目情况进行选择。

（四）盈亏平衡点的计算举例

假设某项目达产第一年的销售收入为 31389 万元，销售税金与附加为 392 万元，固定成本为 10542 万元。可变成本为 9450 万元，销售收入与成本费用均采用不含税价格表示，该项目设计生产能力为 100 吨，求解盈亏平衡点。

BEP（生产能力利用率）=[10542/（31389−9450−392）]×100%≈48.9%

BEP（产量）=BEP（生产能力利用率）×设计生产能力

=48.9%×100=48.9（吨）

达产第一年时，一般项目债务负担较重，固定成本较高。该盈亏平衡点实为项目计算期内各年的较高值。计算结果表明，在生产负荷达到设计能力的 48.9%时即可盈亏平衡，说明项目对市场的适应能力较强，风险不大。

四、模糊综合评价

（一）评语集与因素集

在模糊评价中，假设评语集为 U，因素集为 V。U 可用"一级风险"、"二级风险"、"三级风险"等模糊语言来表达，也可用一定的数字语言来标度。例如，取各专家评价值的平均值作为综合评价结果，则每个专家对某个指标所作的评判可看作是一次试验，试验的结果是一个子集或区间。这个子集相当于一个评价者对某一指标的一个区间估计值。

（二）风险因素的综合评价

设对任一风险因素子集 v_i 的任一评语 u_i 的评价，相应的评价范围记为 ξ_i，第 k（$k=1,2,\cdots,n$）个专家给出的评价区间记为 $[R_{i1}^{(k)}, R_{i2}^{(k)}]$，且 $[R_{i1}^{(k)}, R_{i2}^{(k)}] \subseteq \xi_i$，将这 n 个区间进行叠加，则形成覆盖在评价值轴上的分布，表达式如下：

$$X_{\xi i}(r) = \frac{1}{n}\sum_{k=1}^{n} X_{[R_{i1}^{(k)}, R_{i2}^{(k)}]}(r) \tag{4-5}$$

其中，$X_{[R_{i1}^{(k)},\,R_{i2}^{(k)}]}(r)=\begin{cases}1, R_{i1}^{(k)}\leqslant R\leqslant R_{i2}^{(k)}\\0, \text{其他}\end{cases}$，$X_{[R_{i1}^{(k)},\,R_{i2}^{(k)}]}(r)$ 为落影函数，$X_{\xi i}(r)$ 为模糊覆盖率。

指标 i 的综合评价值为

$$R_i=\frac{\displaystyle\int_{R'}^{R''}rX_{\xi i}(r)\mathrm{d}r}{\displaystyle\int_{R'}^{R''}X_{\xi i}(r)\mathrm{d}r}\tag{4-6}$$

其中，$R'=\min(R_{i1}^{(1)},\ R_{i1}^{(2)},\ \cdots,\ R_{i1}^{(n)})$，$R''=\min(R_{i2}^{(1)},\ R_{i2}^{(2)},\ \cdots,\ R_{i2}^{(n)})$。由上式可以推证：

$$\int_{R'}^{R''}X_{\xi i}(r)\mathrm{d}r=\frac{1}{n}\sum_{k=1}^{n}[R_{i2}^{(k)}-R_{i1}^{(k)}]\tag{4-7}$$

$$\int_{R'}^{R''}rX_{\xi i}(r)\mathrm{d}r=\frac{1}{2n}\sum_{k=1}^{n}[(R_{i2}^{(k)})^2-(R_{i1}^{(k)})^2]\tag{4-8}$$

因而 $R_i=\dfrac{1}{2}\dfrac{\sum_{k=1}^{n}[(R_{i2}^{(k)})^2-(R_{i1}^{(k)})^2]}{\sum_{k=1}^{n}[R_{i2}^{(k)}-R_{i1}^{(k)}]}$，可得综合评价矩阵 $R'=(R_1,\ R_2,\ \cdots,\ R_n)$。

（三）项目风险综合评价

为求得项目风险综合评价值，还应考虑权重问题。此处采取权重熵的方法来进行计算。

设有 m 个评价指标，n 个参评专家，第 i 个评价指标的熵定义为

$$E_i=-k\sum_{j=1}^{n}f_{ij}\ln f_{ij}\tag{4-9}$$

其中，$f_{ij}=\dfrac{R_{ij}}{\sum_{i=1}^{n}R_{ij}}$，$k=1/\ln n$。

第 i 个评价指标的熵权定义为

$$\lambda_i=\frac{1-E_i}{m-\sum_{i=1}^{m}E_i},\ (i=1,\ 2,\ \cdots,\ m)\tag{4-10}$$

其中，$0\leqslant\lambda_i\leqslant1,\sum_{i=1}^{m}\lambda_i=1$。

第 i 个评价指标的综合权重定义为 $\omega_i=\dfrac{a_i\lambda_i}{\sum_{i=1}^{m}a_i\lambda_i}$。

通过模糊综合评价得到定量评价值，表示项目风险隶属于最优指标集所组成的最大风险程度，根据最大隶属原则，给出风险排序。

五、层次分析法

（一）层次分析法的步骤

（1）分解风险因素，构建项目风险递阶层次结构模型。

（2）根据确定的风险因素，构造因素权重值和两两比较判断矩阵。

工程项目不同风险因素的重要程度有所区别，因而需要对各因素进行赋权，以表明权重。赋权是层次分析法的关键步骤。

从层次结构模型的第 2 层开始，对于从属于同一个上层的每个因素，请专家按照"1~9"

比较规则（见表 4-6）对各层的因素两两比较并赋值，构成判断矩阵，直到最下层。判断矩阵表如表 4-7 所示。

表 4-6　　　　　　　　　　　　　　1～9 标度方法表

序号	重要性等级	b_{ij} 赋值	序号	重要性等级	b_{ij} 赋值
1	i、j 两元素同等重要	1	6	i 元素比 j 元素稍不重要	1/3
2	i 元素比 j 元素稍重要	3	7	i 元素比 j 元素明显不重要	1/5
3	i 元素比 j 元素明显重要	5	8	i 元素比 j 元素强烈不重要	1/7
4	i 元素比 j 元素强烈重要	7	9	i 元素比 j 元素极端不重要	1/9
5	i 元素比 j 元素极端重要	9			

注　$b_{ij}=\{2,\ 4,\ 6,\ 8,\ 1/2,\ 1/4,\ 1/6,\ 1/8\}$表示重要性等级介于 $b_{ij}=\{1,\ 3,\ 5,\ 7,\ 9,\ 1/3,\ 1/5,\ 1/7,\ 1/9\}$。

例如，比较生态效益、政治效益两个因素，假设判断生态效益比政治效益明显重要，则生态效益对政治效益的标度为 5，而政治效益对生态效益的标度为 1/5。

表 4-7　　　　　　　　　　　　　　判 断 矩 阵 表

A	风险因素 B_1	风险因素 B_2	……	风险因素 B_n
风险因素 B_1	b_{11}	b_{12}	……	b_{1n}
风险因素 B_2	b_{21}	b_{22}	……	b_{2n}
……	……	……	……	……
风险因素 B_n	b_{n1}	b_{n2}	……	b_{nn}

判断矩阵具有如下性质：$b_{ij}>0$；$b_{ij}=1/b_{ji}$；$b_{ii}=1$

（3）计算判断矩阵的最大特征根 $\lambda_{\max}$ 及对应的特征向量 $\omega=(\omega_1,\ \omega_2,\ \cdots,\ \omega_n)^T$。

1）计算 B 每一行元素的乘积 N_i。

$$N_i = \prod_{j=1}^{n} b_{ij}\ (i=1,\ 2,\cdots,\ n) \tag{4-11}$$

2）由 N_i 的 n 次方根得 $\overline{\omega}=(\overline{\omega}_1,\ \overline{\omega}_2,\cdots,\ \overline{\omega}_n)^T$。

$$\overline{\omega}_i = \sqrt[n]{N_i} \tag{4-12}$$

3）对 $\overline{\omega}=(\overline{\omega}_1,\ \overline{\omega}_2,\cdots,\ \overline{\omega}_n)^T$ 进行归一化处理。

$$\omega_i = \overline{\omega}_i / \sum_{i=1}^{n} \overline{\omega}_i \tag{4-13}$$

即可得特征向量 $\omega=(\omega_1,\ \omega_2,\ \cdots,\ \omega_n)^T$。

4）通过特征向量计算最大特征根 $\lambda_{\max}$。

$$\lambda_{\max} = \sum_{i=1}^{n} (B\omega)_i / n\omega_i \tag{4-14}$$

其中，$(B\omega)_i$ 为 $B\omega$ 第 i 个元素。

（4）进行一致性检验。

由于专家赋权时主观影响较重，可能出现某些结果矛盾或不一致的情况。例如，判断时 B_1 比 B_2 重要，B_2 比 B_3 重要，然而发现 B_3 又比 B_1 重要。因而，在运用层次分析法时，需对赋权结果做一致性检验。若检验通过，则特征向量即为权向量，否则需重新调整判断矩阵。

1）判断矩阵偏离一致性的指标记作：$CI=(\lambda_{\max}-n)/(n-1)$。其含义为判断矩阵最大特征根以外的其余特征根的平均值。其中，n 为判断矩阵的阶数；$\lambda_{\max}$ 为判断矩阵的最大特征根。

2）同阶平均随机一致性指标记作 RI，取值如表 4-8 所示。

表 4-8　　　　　　　　　　　　　随机性指标 RI 取值表

n	1	2	3	4	5	6	7	8	9	10	11
RI	0	0	0.58	0.9	1.12	1.24	1.32	1.41	1.45	1.49	1.51

3）计算 CI/RI，其比值称为随机一致性比率。

4）当 $n=1$ 或 2 时，判断矩阵具有完全一致性。

5）当 $n>2$ 时，若 $CI/RI<0.1$，则认为判断矩阵通过一致性检验，否则需重新调整判断矩阵。

注意，若 $CI/RI=0$，则完全满足一致性；且 $\lambda_{\max}-n$ 越小，则 CI 值越小，判断矩阵的一致性越好。

（5）进行层次总排序。

统一各层对应的风险水平，即可得出项目总体风险程度。设 A 层为上层，B 层为下层，B 层有 n 个因素 B_1，B_2，…，B_n，对应上层的单层排序值分别为 ω_i，ω_{ij}，ω_{ijk}，ω_{ijkl}，…，则层次总排序权值为 $W=\omega_i\omega_{ij}\omega_{ijk}\omega_{ijkl}\cdots\cdots$

表 4-9　　　　　　　　　　　　　层次总排序计算表

层次 ω	B_1			B_2			B_3		
	ω_1			ω_2			ω_3		
CI_1/RI_1	<0.1								
C	C_1	C_2	C_3	C_4	C_5	C_6	C_7	C_8	C_9
ω	ω_{11}	ω_{12}	ω_{13}	ω_{14}	ω_{15}	ω_{16}	ω_{17}	ω_{18}	ω_{19}
CI_2/RI_2	<0.1								
总排序	$\omega_1\omega_{11}$	$\omega_2\omega_{12}$	…	…	…	…	…	…	$\omega_9\omega_{19}$
风险级别	高	中	低	高	中	低	高	中	低

计算最下层对目标的组合权向量，并根据公式做组合一致性检验：

$$CI_2/RI_2=\sum_{i=1}^{n}\omega_i CI_i/\omega_i RI_i \qquad (4-15)$$

同样要求 $CI_2/RI_2<0.1$，若检验通过，则可确定层次的总排序权重值，可以根据风险级别乘上相应的总排序权重值求和，即可得到项目的风险评价得分，进行决策。

（二）简单例举

为使得此处层次分析法的步骤更贴合实际且具有可操作性，本书以某高速铁路为例，列举如何拟定判断矩阵。

该高速铁路的主要风险因素为政策风险、市场风险和工程风险三类，并进一步细分为技术引进与国产化、工程设计方案、国铁改革、项目管理、工期、投资估算、资金筹措、财务评价和经济评价 9 个方面的子风险，再沿这 9 个方面，进一步细分风险因素，直到最基本的风险单元，如施工风险，进一步分为施工组织设计和施工技术等若干风险因素，施工组织与管理又分为建设单位管理、施工单位管理风险等。

通过专家判断，请有关专家对各专项风险的重要性程度进行比较，形成判断矩阵，如表 4-10 和表 4-11 所示。通过计算处理，最后得出专项风险的权重。

表 4-10 　　　　　　　　　三类风险因素权重判断矩阵

专项风险	政策风险	市场风险	工程风险
政策风险	×		
市场风险	×	×	
工程风险	×	×	×

表 4-11 　　　　　　　　　子风险因素权重判断矩阵

子项风险	技术引进与国产化	工程设计方案	国铁改革	项目管理	施工管理	工期	投资估算	资金筹措	财务评价	经济评价
技术引进与国产化	×									
工程设计方案	×	×								
国铁改革	×	×	×							
项目管理	×	×	×	×						
施工管理	×	×	×	×	×					
工期	×	×	×	×	×	×				
投资估算	×	×	×	×	×	×	×			
资金筹措	×	×	×	×	×	×	×	×		
财务评价	×	×	×	×	×	×	×	×	×	
经济评价	×	×	×	×	×	×	×	×	×	×

六、控制区间和记忆模型法

（一）控制区间和记忆模型法的主要原理

（1）"控制区间"，即在计算中将原概率区间再分解，使概率区间缩小，以减少叠加误差，得出更精确的结果。反映在直方图上的效果如图 4-7 所示。

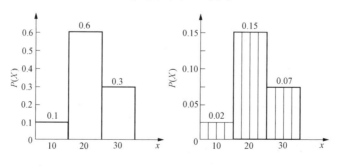

图 4-7 　"控制区间"示意

（2）"记忆"，即当多个随机变量的概率分布相叠加时，记忆前两个变量的概率分布叠加结果，再将该结果与之后变量的概率分布叠加，并重复该步骤直至所有变量叠加完毕。

（二）CIM 模型及示例

1. 变量独立的 CIM 模型

现实中，工程项目风险因素的出现具有较大的随机性，各风险因素出现与否、出现时机和出现顺序都存在不确定性。假设各变量相互独立，则可以利用并联响应和串联响应模型对随机变量概率分布进行组合或叠加。

（1）并联响应模型。如图 4-8，假设影响项目 S 的风险因素包括 X_1，X_2，…，X_n，其中任一风险出现，都会影响项目 S，这种情形正如同并联电路——所有支路中，任一支路接通，则该电路通。风险因素 X_1，X_2，…，X_n 的概率分布组合模型即为"并联响应模型"，该模型并联概率曲线的叠加称为"概率乘法"。

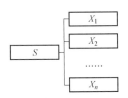

图 4-8 并联响应模型

概率乘法，实际是由一系列的两概率分布连乘组成的，即先将两个风险因素的概率曲线相乘，然后与第三者相乘，如此下去，确定活动全过程的概率曲线，如图 4-9 所示。

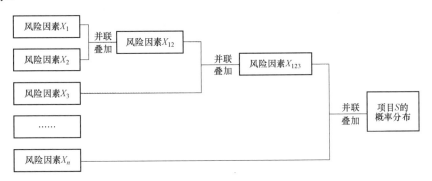

图 4-9 风险因素并联叠加图

1）将风险因素 X_1 与 X_2 并联叠加，其组合影响概率公式为

$$P(X_{12}=d_a) = \sum_{i=1}^{n} P(X_1=d_a, X_2 \leqslant d_a) + \sum_{i=1}^{n} P(X_1<d_a, X_2 \leqslant d_a) \tag{4-16}$$

式中　d_a——风险被划分的区间，如-5%、0、5%、10%、15%。

2）将 X_{12} 与 X_3 进行概率叠加，并依此类推，直至将 n 个风险因素叠加完毕，即可得到项目 S 的风险概率分布。

例如，某项目投资风险因素为 X_1、X_2，两个因素对投资影响的独立概率分布通过专家调查的方法得到如表 4-12 所示，其组合影响概率分布计算后如表 4-13 所示。

表 4-12　　　　　　　　　　　　风险因素对投资影响的独立概率分布

d_a	$P(X_1)$	$P(X_2)$	d_a	$P(X_1)$	$P(X_2)$
–5%	0.067	0	10%	0.133	0.433
0	0.167	0.267	15%	0.233	0.133
5%	0.40	0.167			

83

表 4-13 两个风险因素对投资影响的组合概率分布

d_a	$P(X_1)$	$P(X_2)$	$P(X_1, X_2)$
−5%	0.067	0	0.067×0=0
0	0.167	0.267	0.167×（0+0.267）+0.267×0.067≈0.062
5%	0.40	0.167	0.40×（0+0.267+0.167）+0.167×（0.067+0.167）≈0.213
10%	0.133	0.433	0.133×（0+0.267+0.167+0.433）+0.433×（0.067+0.167+0.4）≈0.390
15%	0.233	0.133	0.233×（0+0.267+0.167+0.433+0.133）+0.133×（0.067+0.167+0.4+0.133）≈0.335

（2）串联响应模型。

如图 4-10 所示，假设影响项目 S 的风险因素包括 X_1, X_2, $\cdots$, X_n，只有当其中所有风险都出现时，才会影响项目 S，这种情形如同串联电路。风险因素 X_1, X_2, $\cdots$, X_n 的概率分布组合模型成为"串联响应模型"。概率曲线的串联叠加也称为"概率加法"。

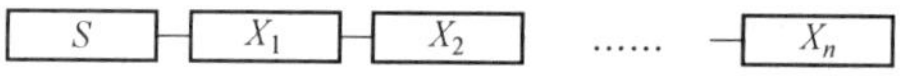

$$\boxed{S} - \boxed{X_1} - \boxed{X_2} \quad \cdots\cdots \quad - \boxed{X_n}$$

图 4-10 串联响应模型

假设项目 T 的风险因素为 T_1 和 T_2，则项目 T 的风险概率公式如下：

$$P(T=t) = \sum_{i=1}^{k}\sum_{j=1}^{l} p(T_1=t_{1i}, T_2=t_{2j}) = \sum_{i=1}^{k} T(T_1=t_{1i}) \sum_{j=1}^{l} P(T_2=t_{2j}) \tag{4-17}$$

其中 $t=t_{1i}+t_{2j}$，$i=1, 2, \cdots, k$；$j=1, 2, \cdots, l$。k、l 分别为投资 t_1、t_2 的估计区间个数。当风险因素大于两个时，用前两个风险因素组合后的概率分布叠加得到一个新的概率分布后记忆下来，再与下一个概率分布叠加，并依此类推。

2. 变量相关的 CIM 模型

当变量相关时，假设影响项目 S 的风险因素包括 X_1, X_2, $\cdots$, X_n，设其中一个变量 X_1 独立，可以利用具有条件概率的调查表得到与其相关的变量的条件概率分布，计算风险因素 X_2 的概率分布，公式如下：

$$P(X_2) = \sum_{t_1} P(X_1)P(X_2 / X_1) \tag{4-18}$$

之后，可将 X_2 与 X_1 的概率分布进行叠加，得到项目风险的概率分布。其中，二维相关变量条件概率的调查表格式如表 4-14 所示。

表 4-14 二维相关变量条件概率调查

X_2 ＼ X_1	−5%～0%	0～5%	5%～10%	10%～15%	其他
−5%～0%					
0～5%					
5%～10%					
10%～15%					
其他					

七、蒙特卡罗模拟

（一）原理

风险分析中，若风险因素（即输入的随机变量）多于三个，且每个因素可能出现的状态多于三种（如连续随机变量），就必须采用蒙特卡罗法对投资、财务效益和项目经济效益等指标进行模拟分析。蒙特卡罗模拟法的基本原理是利用各种不同分布的随机变量❶（如项目总投资、建设工期、工程量等）的抽样序列模拟实际系统的概率统计模拟模型，给出问题（即评价指标，如内部收益率、财务净现值、投资回收期、经济内部收益率和经济净现值等）数值解的渐进统计估计值，包括概率分布及累计概率分布、期望值、方差、标准差等，而后计算项目由可行转变为不可行的概率，以估计项目风险。

随机变量的抽样过程需要依赖计算机生成随机数来完成。需注意的是，抽样序列也即随机数，应满足以下特征：①尽可能地服从原随机变量分布❷；②序列中的数互不相关；③该随机数序列有一个长周期（即某数重复出现之前随机数序列的长度）。

假定计算项目风险、经济或其他指标的函数如下：

$$Y=f\left(X_1, X_2, \cdots, X_i, \cdots, X_n\right)$$

式中，已知变量 X_i 的概率分布，则可利用随机数发生器抽取一组变量 $(X_1, X_2, \cdots, X_n)$ 的值 $(x_{1i}, x_{2i}, \cdots, x_{ni})$，然后按照 Y 与 X 的关系式确定函数 Y 的值 y_i，反复独立抽样（模拟），便可得到函数 Y 的一批抽样数据 $y_1, y_2, \cdots y_n$，当模拟次数足够多时（200～500 次）❸，便可给出与实际情况相近的函数 Y 的概率分布及其数字特征，据此可以估计项目的总体风险水平。当变量 X 的概率分布未知时，通常可用专家调查的方法得到主观概率分布。

蒙特卡罗模拟要求各随机变量相互独立，否则会影响结果的可信度。然而在现实情况中，项目投资、实施、运营等都会受多种风险因素的影响，且这些因素之间往往具有不同程度的相关性。此时，需要引入相关系数 ρ 对风险因素的相关性进行处理。需注意的是，模拟时假设风险因素相互独立或假设具有相关性，二者的结果有很大不同，前者模拟的结果方差大，后者方差小。在实际应用中，由于处理相关性相对复杂和困难，因此常用简化的手法忽略相关因素的影响，尽管此举降低了评价结论的精确性。

（二）应用步骤

（1）确定风险分析所采用的评价指标，如净现值、内部收益率、偿债准备率等。

（2）确定对风险分析指标有重要影响的输入变量。

（3）经调查确定输入变量的概率分布。

（4）为各输入变量独立抽取随机数。

（5）由抽得的随机数转化为各输入变量的抽样值。

（6）根据抽得的各输入随机变量的抽样值组成一组项目评价基础数据。

---

❶应用蒙特卡罗模拟时，需注意限制随机变量个数，模拟中只选取对评价指标有重大影响的关键变量。除关键变量外，其他变量认为保持在期望值上。

❷确定输入变量的分布及相关分布参数，是进行蒙特卡罗模拟的基础和关键。如果历史数据不存在，可以使用德尔菲法，让一组科学家或者工程师来负责估计每个变量的行为；如果可以得到可靠的历史数据，则可以直接进行分布拟合。假设历史模式不变且历史趋向自我重复，那么历史数据就可用来拟合最佳分布，其变量也可以用来更好地定义模拟变量。

❸模拟的次数影响着结果的质量。模拟次数过少，随机数的分布就不均匀。模拟次数越多，对输出分布的特性刻画及参数估计（如均值估计）就越精确。但由于输入变量分布本身并不精确，且计算超量将耗费过多金钱和精力，也无必要模拟过多次数。因此，模拟一般应在 200～500 次为宜。

（7）根据抽样值组成基础数据计算出评价指标值。

（8）重复第4～7步，直至预定模拟次数。

（9）整理模拟结果所得评价指标的期望值、方差、标准差和它的概率分布累积概率，绘制累计概率图。

（10）计算项目由可行转变为不可行的概率。

项目风险评价蒙特卡罗模拟程序如图4-11所示。

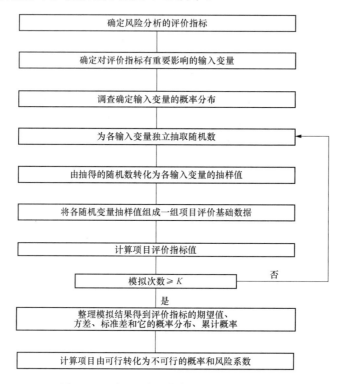

图4-11　项目风险评价蒙特卡罗模拟程序图

注意：随机抽样时，可按照以下几种类别进行：

1. 均匀分布抽样

风险变量概率分布：

$$P(x) = \begin{cases} \dfrac{1}{b-a}, & a \leqslant x \leqslant b \\ 0, & \text{其他} \end{cases} \tag{4-19}$$

则随机值：

$$u = a + (b-a)r \tag{4-20}$$

其中，r 为随机数，以下同理。

2. 正态分布抽样

风险变量概率分布：

$$P(x) = \frac{1}{\sqrt{2\pi}} e^{-(x-\mu)^2/(2\sigma^2)} \tag{4-21}$$

则随机值：

$$u_1^* = \sqrt{-2\ln r_1}\cos 2\pi r_2, \quad u_2^* = \sqrt{-2\ln r_1}\sin 2\pi r_2 \tag{4-22}$$

3. 三角形分布抽样

风险变量概率分布：

$$P(x) = \begin{cases} \dfrac{2(x-a)}{(b-a)(c-a)}, & a \leqslant x < b \\[3mm] \dfrac{2(c-x)}{(c-b)(c-a)}, & b \leqslant x < c \\[3mm] 0, & \text{其他} \end{cases} \tag{4-23}$$

则随机值：

$$u = \begin{cases} a + \sqrt{(b-a)(c-a)r}, & 0 \leqslant r \leqslant \dfrac{c-a}{b-a} \\[3mm] b - \sqrt{(b-a)(b-c)(1-r)}, & \dfrac{c-a}{b-a} \leqslant r \leqslant 1 \end{cases} \tag{4-24}$$

（三）应用案例

设某项目计划固定资产投资 10000 万元，流动资金 1000 万元，项目两年建成，第三年投产，当年达产。预计每年不含增值税的收入为 5000 万元，经营成本 2000 万元，附加税及营业外支出每年 50 万元，项目周期 12 年。若该类固定资产投资服从最悲观值为 13000 万元，最可能值为 10000 万元，最乐观值为 9000 万元的三角形分布❶年销售收入服从期望值为 μ=5000 万元、σ=300 万元的正态分布，年经营成本服从期望值为 μ=2000 万元、σ=100 万元的正态分布，项目要求达到的内部收益率为 15%，计算收益率低于 15%的概率。

本例以全投资税前内部收益率 IRR 为项目风险分析的评价指标，以固定资产投资、产品销售收入、经营成本为影响全投资税前内部收益率的关键风险变量。

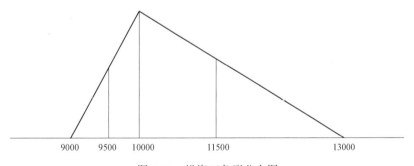

图 4-12　投资三角形分布图

固定资产投资服从三角形分布，如图 4-12，并可计算得出累积概率表，如表 4-15 所示。

---

❶悲观——乐观估计，若推测两变量之间存在某种相关程序，但不能确切肯定这种相关性对评价指标的影响，若评价结果的初步结论可以采纳，可假设所推测的相关性悲观估计。如果这个项目仍是可以采纳的，就会肯定这个项目确实较有把握可采纳。反之，如果一个项目初步确定是不可取的，可假设这种相关性作乐观估计。如果这个项目仍是不可取的，就可确定项目是不可取的。如果项目初步分析可取，经悲观相关性估计后不可取，或项目初步确定不可取，经乐观的相关性估计可取了，这时就必须通过其他因素分析，决定项目取舍。

表 4-15   三角形分布的累积概率表

投资额	小于预定投资额的面积	累积概率
	三角形面积=4000H×0.5=2000H	
9000	0	0
9250	250×0.25H×0.5	0.0156
9500	500×0.5H×0.5	0.0625
9750	750×0.75H×0.5	0.1406
10000	1000×H×0.5	0.25
10300	1000×0.5H+300×(H+0.9H)/2	0.3925
10600	500H+600×(H+0.8H)/2	0.52
10900	500H+900×(H+0.7H)/2	0.6325
11200	500H+1200×(H+0.6H)/2	0.73
11500	500H+1500×(H+0.5H)/2	0.8125
11800	500H+1800×(H+0.4H)/2	0.88
12100	500H+2100×(H+0.3H)/2	0.9325
12400	500H+2400×(H+0.2H)/2	0.97
12700	500H+2700×(H+0.1H)/2	0.9925
13000	500H+3000×H/2	1.000

设定模拟次数为 20 次，对投资、销售收入、经营成本分别抽取随机数（表示累计概率值），根据抽得的随机数转化为各随机变量的抽样值，得到结果如表 4-16 所示。

表 4-16   随 机 数 表 抽 样

模拟顺序	投 资		销售收入		经营成本	
	随机数	投资取值	随机数	收入取值	随机数	成本取值
1	48867	10526	06242	4540	66903	2043
2	32267	10153	84601	5306	31484	1952
3	27345	10049	51345	5010	61290	2029
4	55753	10700	09115	4600	72534	2057
5	93124	12093	65079	5116	39507	1973
6	98658	12621	88493	5360	66162	2042
7	68216	11053	04903	4503	63090	2033
8	17901	9838	26015	4910	48192	1995
9	88124	11807	65799	5122	42039	1980
10	83464	11598	04090	4478	36293	1965
11	91310	11989	27684	4822	56420	2016
12	32739	10162	39791	4922	92710	2145
13	07751	9548	79836	5251	47929	1995
14	55228	10686	63448	5103	43793	1982

续表

模拟顺序	投　资		销售收入		经营成本	
	随机数	投资取值	随机数	收入取值	随机数	成本取值
15	89013	11858	43011	4947	09746	1870
16	51828	10596	09063	4599	18988	1912
17	59783	10808	21433	4762	09549	1869
18	80267	11464	04407	4489	56646	2017
19	82919	11574	38960	4916	17226	1905
20	77017	11346	19619	4744	68855	2049

注　1. 服从三角形分布或经验分布的随机变量产生方法

　　　投资的第一个随机数为48867,在累积概率表中查找累积概率0.48867所对应的投资额,查得投资额在10300～10600,通过线性插值,第一个投资抽样值为10300+300×(48867−39250)/(52000−39250)≈10526(万元)。

　　2. 服从正态分布的随机变量产生方法

　　　销售收入第一个随机数06242,查标准正态分布表得销售收入的随机离差在−1.54～−1.53,经线性插值得−1.5348。第一个销售收入抽样值为5000−1.5348×300≈4540(万元)。同样,经营成本第一个随机数66903相应的随机变量离差为0.4328,第一个经营成本的抽样值为2000+100×0.4328≈2043(万元)。

　　之后,可根据投资、销售收入、经营成本的各20个抽样值组成20组项目评价基础数据,并根据20组项目评价基础数据,编制20个计算全投资税前内部收益率的全投资现金流量,从而计算项目评价指标值。整理模拟结果,按内部收益率从小到大的次序排列,并计算累积概率,可知内部收益率低于15%的概率为15%,内部收益率高于15%的概率为85%。

八、基于蒙特卡罗模拟的影响图法

（一）定义影响图结构中的两种价值结点

　　一种是超价值结点,它表现为和结点或积结点,并且只能以价值结点作为它的直接前序结点;另一种是非超价值结点,它只能以随机结点和决策结点作为它的直接前序结点。可以根据影响图价值函数的上述性质进行财务净现值的动态风险评价,其公式如下:

$$Y = \sum_{i=1}^{q} g(x_i), \quad (i=1,2,\cdots,q) \tag{4-25}$$

$$\text{NPV}(t) = \sum_{t=0}^{n} CF_t \times DF_t, \quad (t=0,1,2,\cdots,n) \tag{4-26}$$

式中　CF_t, DF_t——净年值和折现系数。

（二）设计模拟影响图评价

　　设计模拟影响图评价算法来"激活"影响图的每一个结点,得到变量的新值。对于图4-13所示的风险影响图,定义下述变量:

　　Y 的紧前[1]结点集: $X_Y = (x_1, x_2, \cdots, x_n)$;

　　Y 的紧后[2]结点集: $Z_Y = (z_1, z_2, \cdots, z_m)$;

　　F_j: Z_j 的紧前结点集 $F=(M, Y)$;

---

[1] 紧前工序,紧接某项工序的先行(前道)工序。

[2] 紧后工序,紧接某项工序的后续工序。

W_y：除变量集 Y 外的所有变量集 $W_y=W-Y$。

则影响图中每一变量的概率分布以所有其他变量的状态为条件进行乘积运算就可得到，它是一个联合分布函数，可表示为

$$P\left\{\frac{Y}{W_y}\right\}=\alpha P\left\{\frac{Y}{X_y}\right\}\prod_j P\left\{\frac{Z_j}{F_j(Y)}\right\} \tag{4-27}$$

式中　α——独立于 Y 的标准化常数。

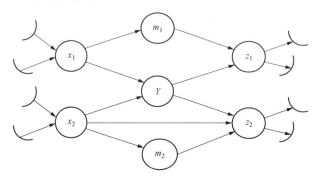

图 4-13　风险影响

（三）计算样本分布

对于变量 Y，在其条件分布下，当所有相邻变量的状态都已确定下来之后，可以利用蒙特卡罗模拟方法随机抽取计算中所需的样本分布，由抽样来例示 Y 所选定的值，重复上述循环可以扫描系统中所有的变量，得到项目在风险因素影响下的状态。

以某水电项目经济风险变量关系的影响图为例，如图 4-14 所示。该项目建设周期为 12

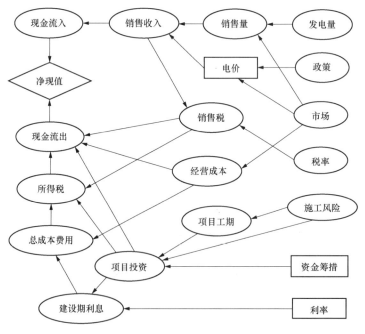

图 4-14　某水电项目经济风险影响图模型

年，运营期为 30 年，通过对价值结点现金流入和现金流出不同年份的数值进行模拟运算得到该项目的经济风险评价结论，如图 4-15 所示。

由图 4-15 可见，净现值变动在-5%以下的累积概率为 31%，在-10%～+10%的累积概率为 65%，超过 10%的累积概率为 17%。

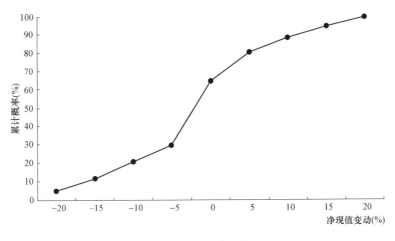

图 4-15　净现值变化累计概率分布

运用影响图方法进行工程项目风险评估的优势在于能够实现与技术经济评价方法的有效结合。对于变量较多、结构复杂和需要处理变量相关性的大型工程建设项目特别适用，它还可以集成项目分析人员、决策者和专家的知识清楚地表示风险因素间的影响关系，具有辨识风险、评价风险的双重功能，是一种具有广阔应用前景的风险分析方法，但是还需要在应用软件的开发上有所突破，因为目前使用的大多数影响图算法采用的是结点删除的方法来进行影响图的概率推理，这势必增加评价概率值的存储量，对于结点众多的复杂系统，其运算速度面临考验，需要编制更有效的评价算法软件。

第五章

工程项目的风险应对

工程项目在其寿命期内将耗费大量资源，也将面临各种各样的风险，任何一次决策失误都可能造成无法挽救的损失。如何有效应对风险，避免风险的发生或将风险损失控制在最小范围内，成为风险识别、估计、评价之后，项目决策者最为关心的问题。

第一节 风险应对的主要内容及决策方法

一、风险应对决策及关注事项

风险应对是根据风险管理的目标和宗旨，在科学地风险识别、估计、评价的基础上，合理地选择风险对策，并制订风险应对总体方案的活动。在工程项目风险分析时，对于不属于"低风险"的项目主要风险，应逐一提出风险应对处理方案，直至项目所有风险的风险程度都转化为"低风险"且其影响因素均处于可控状态。任何一个风险在采取应对措施后，风险程度仍然不能有效降低，或者应对措施的代价超出项目单位和地方政府的可接受能力，该项目应予以否决。

（一）风险应对决策的主要内容

进行风险应对决策前，决策者需要思考以下问题：①风险的触发条件或者风险因素是什么，这些条件或因素是否可控？②如果触发条件或者风险因素能为决策者所控制，需要做到什么，是增加风险保证金，改善管理方法，还是需要采取其他应对方式？提前做好应对方案，并估计应对方案的成本。③如果触发条件或者风险因素不为决策者所控制，那么是否能接受该种风险发生后产生的后果和影响？如果能够接受，需要准备多少应急储备金等应急资源？④如果决策者控制不了风险的发生，也无法承担风险发生的后果，决策者是否能找到愿意且能承担的单位或个人？转移这些风险的成本是多大？是否放弃项目是更好的选择？

了解需要思考的问题之后，决策者可根据以下的流程进行风险应对决策：①梳理项目信息并分析风险识别、估计和评价结果，包括项目进度计划和成本、风险清单、风险因素和风险事件的关系、风险等级、风险承受度、风险的最大损失值和项目风险发展趋势等。②确定风险应对目标。针对具体风险，选择风险应对措施，编制风险防范和化解措施汇总表（见表5-1），拟定一个或多个风险应对方案。③根据风险管理经济效益分析，选择最佳应对方案或某几个方案的最佳组合。④依据实际情况，对方案随时进行修正。

表 5-1   风险防范和化解措施汇总表

序号	风险发生阶段	风险因素	主要防范、化解措施	责任主体	协助单位
1					

续表

序号	风险发生阶段	风险因素	主要防范、化解措施	责任主体	协助单位
2					
3					
……					

（二）风险应对的态度和原则

风险应对是在不确定情况下进行的决策，其客观依据是风险的概率分布，主观依据是决策者和风险管理者对待风险的态度。决策者的认知能力不尽相同，目标不尽相同，风险态度也不尽相同，做出的决策结果也不相同。

根据人们面对风险时态度的不同，一般可将人群分为以下三种：

（1）风险爱好者，秉承"高风险、高回报"的理念，不畏风险，甚至爱好风险，敢冒风险行事。

（2）风险规避者，宁愿丧失获取高回报的机会，也不愿做有风险的事，一般选择"低风险、低收益"的经济活动。

（3）风险中立者，不盲目挑战风险，也不一味逃避风险，能够客观地分析风险、面对风险，并采取措施规避、防范或降低风险。

项目参与方对于承担风险的态度取决于其自身认知风险的情况（包括风险因素、风险概率、可能导致的后果、可以采取的风险应对措施等）、承担风险的代价、管理风险的能力和承担风险可获得的收益。显然，不同的项目参与者对风险的认知和管理能力是不同的，而这种区别会造成其对同一个风险的估值有所差别。对风险值的高估则会损害业主的利益。

无论决策者属于三者中的哪一类，在风险应对时，我们期望决策者能够做出理性、正确、科学的决策，这也对决策者提升自身认知水平和决策水平提出了很高的要求，需要决策者在工作经历中认真思考、积累经验，并锻炼自己决策的客观性。一般而言，在工程项目实施前决策者都应根据拟建项目的特点，针对主要的、关键的风险因素，研究并采用适当的综合性和专项性风险防范、化解措施，明确风险防范、化解的目标，提出落实措施的责任主体、协助单位、防范责任和具体工作内容，明确风险控制的节点和时间，最大限度化解和降低工程项目风险。

总体而言，风险应对需秉承以下五个原则：

一是风险应对应涵括项目全寿命周期，并保持目标与项目风险管理总目标以及企业经营管理目标相一致，确保系统性和完整性。在识别风险因素的基础上，针对风险程度，从规范审批流程、方案设计、施工组织等各环节采取预防、化解风险的措施，同时从组织保障措施和预案等角度提出风险防范措施。关注项目实施过程中的风险监测和评估，以及项目实施后的风险后评价。

二是风险应对应将预防、化解风险的措施所付出的代价与该风险可能造成的危害进行权衡，寻求以最少的费用获取最大的风险效益，确保经济性和适用性。

三是风险对策应根据客观现实与项目特点"量身定做"，针对项目主要的或关键的风险因素提出相应的措施，充分考虑措施在技术、财力、人力和物力上是否可行，明确承担人和协助人以及可达到的直接效果和最终效果，确保科学性和可行性。

四是风险应对应根据情况变化适时予以调整，确保灵活性和及时性。

五是风险应对是项目有关各方的共同任务，应明确项目各方责任、权利与义务，确保公平性和公正性。项目发起人和投资者应积极参与和协助进行风险防范措施研究，并真正重视风险防范措施研究的结果，风险预防、化解和处置等管理措施应当明确责任主体、职责分工以及时间进度安排，以利于任务分解落实。

（三）风险应对重点关注事项

（1）规划选线（选址）。强化规划选线（选址）研究，优化规划选线（选址）方案等措施。

（2）项目合法合规性。强化规范审批流程等措施，确保合法合规。

（3）土地房屋征收征用。强化规范土地房屋征收征用手续，优化相关方案，实行阳光动迁以及加大正面宣传力度等措施。

（4）工程方案。强化设计、技术方案研究，优化方案，选用先进的工艺技术和设备等措施。

（5）生态环境。强化加大环保投入、落实环保措施等方面的措施。

（6）文明施工、质量安全管理。强化地质勘察、技术方案研究、施工管理等方面的措施。

（7）交通组织。强化交通影响评价、交通设施研究和建设、优化交通组织等方面的措施。

（8）项目组织管理。强化项目设计、施工、运行组织方案的优化，各项组织管理措施的落实，预防、化解风险。

（9）建设资金落实。制订项目建设资金保障方案等方面的措施，预防、化解风险。

（10）项目与社会的互适性。强化对项目的正面宣传，开展政策解答和科普宣传；强化利益相关者的参与，开展项目与社区共建，搭建居民沟通平台，确保公正合理补偿等方面的措施。

（11）历史矛盾。强化综合分析协调，加大化解历史既有矛盾力度等方面的措施。

（12）综合管理。强化发挥项目单位与政府相关职能部门的作用，建立风险管理分工、协作、联动的工作机制及相应的组织，按各自工作职责落实到位等措施。

二、风险应对的决策方法

针对工程项目遭遇的不同风险，风险管理者应在认真研究各种可行的应对策略的基础上，做出正确的决策。决策方法可分为定性和定量两种。

（一）定性决策方法

为有效应对风险，风险管理者应首先将项目风险进行分类排列，之后可根据专家判断法等定性方法选择相应的对策。在国际工程实施中，会遇到一些强制性保险，包括建筑工程一切险、安装工程一切险、社会保险、机动车辆险等。购买这些强制性保险，也可归为定性决策方法。值得一提的是，由于购买保险的费用可计入成本，所以增加保险费开支则可增加企业成本，也即增加纳税扣除额。因而，购买保险有时为保险人提供了避税或减轻税负的机会。如何权衡代价和收益，则需要进一步的定量分析。

（二）定量决策方法

由于定性决策方法只能从原则上判断适用的风险对策，而无法准确权衡各种对策的利弊，此时可辅之以定量决策方法。期望值决策法是较为常用的定量方法，该方法以损益期望值为衡量标准，选择期望收益值最大或期望损失值最小的方案为最优方案。

例如，某项工程面临 A 风险，不采取任何措施的情况下，A 风险发生的概率为 3%。风险管理者拟定了三种风险应对方案：①自留风险，发生 A 风险的概率为 3%；②自留风险，同时采取必要的安全措施，发生 A 风险的概率降为 1%；③购买保险，发生 A 风险的概率为 3%。损失期望值如表 5-2 所示。从该表可以看出，方案③购买保险的损失期望值最小，为最佳方案。

在真实的工程项目实践中，面临的情况往往更为复杂，需要综合考虑的因素更多，可供选择的方案也更多，但无论情况如何变化，定量决策分析的基本方法和原理都是一样的。

表 5-2　　　　　　　　　　　　某工程遭遇 A 风险的损失模型

方案	A 风险的损失结果				损失期望值 $\Sigma x_i p_i$
	A 风险发生时的损失结果 x_1（元）	A 风险发生的概率 p_1	A 风险不发生时的损失结果 x_2（元）	A 风险不发生的概率 p_2	
自留风险	可保损失 500000 不可保损失 30000 忧虑价值 20000	0.03	忧虑价值 20000	0.97	35900
自留风险并采取安全措施	可保损失 500000 不可保损失 30000 安全措施 10000 忧虑价值 20000	0.01	安全措施 10000 忧虑价值 20000	0.99	35300
购买保险	不可保损失 30000 保险费 25000	0.03	保险费 25000	0.97	25900

第二节　主要风险的应对策略

风险应对，是通过对工程项目风险的识别、估计和评价，明确各种风险发生的可能性及危害程度并确定项目的风险等级之后，提出相应的应对策略和措施。风险的主要应对策略包括风险回避、风险控制、风险自留、风险转移、风险利用和风险的防范。针对工程项目中存在的各种不同风险可分别采取不同的应对策略。在综合运用各种应对策略处理工程项目风险时，需要注意分析是否符合经济效益。一般而言，损失大、概率大的风险，可采取风险避免策略；损失小、概率大的风险，可采取风险控制策略；损失大、概率小的风险，可采取风险转移策略；损失小、概率小的风险，可采取风险自留策略。

一、风险回避

（一）风险回避的内涵

风险回避（Risk Aversion），也称为风险规避（Risk Avoidance）。当工程项目发生风险的概率很高且造成的损失很严重，或者采取其他应对手段完全不具有经济效益时，决策者可能会做出风险回避的决定，也即变更项目计划，直接断绝风险的来源或消除产生风险的条件，彻底杜绝风险的发生。在可行性研究中表现为做出推迟项目、彻底更改原方案，或否决项目等决策。

风险回避一般可分为以下两种情形：①回避风险发生的条件或发生概率。主要指消除导致风险事件的风险因素。例如，当地分包商技术、资金、信誉不够，构成较大的分包风险，则应放弃分包计划或选择其他的分包商；如果拟采用的最新施工方法还不成熟，则需要选择成熟的施工方法。②回避风险事件发生后的可能损失。例如，高空作业设置安全网，可以规避风险带来的损失。

（二）风险回避的应用

风险回避是一种最彻底的风险控制措施，却也是相对消极的风险应对手段，有很大局限性。其在规避风险的同时，也放弃了实施项目获利的机会。例如，放弃投标在避免损失可能性的同时也失去了收益的可能，且丧失了人员锻炼、增加公司业绩的机会；再如，对新技术的规避，避免了新技术不成熟等问题所带来的风险，却同时阻碍了项目公司技术水平的创新和提高。因此，选用该对策时需要尤其慎重。需注意的是，风险回避的决策应该在工程立项阶段确定，以尽量减小项目搁置、放弃或中途更改方案造成的损失。例如，某工程不慎选址在地震带上，而保险公司不愿为其承保，当决策者意识到在该处实施项目将不可避免地遭受地震威胁，且又没有其他防范措施时，只好放弃了这个工程。由于立项阶段没有及时做出风险回避的决定，造成该项目耗费了不少投资。当然，和工程建成后被地震损毁可能造成的巨大的人员伤亡和财务损失相比，此时做出风险回避、另谋合适的地点进行工程建设的决定，显然也还是明智的。

二、风险控制

风险控制（Risk Control），也称为损失控制，是针对可控性风险的一种积极的应对方法，该方法通过事前预防和事后处理尽可能地消除或减少风险损失。风险控制包括两个方面的内容：①预防损失，即在损失发生前，尽量扫除发生损失的根源，降低致损事故发生概率；②减轻损失，即在损失发生后，采取措施遏制损失加剧，最小化损失。

风险控制措施是绝大多数项目选取的主要风险应对手段。在可行性研究中，应根据项目具体情况，针对识别出的关键风险，提出技术上可行、经济上合理的预控方案、应急方案和挽救方案。

（一）预控方案

预控方案的目的是通过辨识风险产生的原因、条件、环境、后果，主动控制风险发生的条件，使风险不发生。主要包括以下方法：①隔离法，减少已存在的风险因素，将风险因素同人、财、物在时间和空间上进行隔离；②教育法，通过知识技能培训、规章制度学习、文化教育和思想宣传等，提高员工的技能，增强员工的风险意识，进而达到做好风险防控的目的，将风险消灭在萌芽中；③分散法，运用成熟的预防策略分散风险，如采用多种货币支付贷款以规避汇率波动风险；④程序法，通过加强制度管理、流程监控，减少不必要的损失。例如，通过实时关注项目进度，适时调整项目施工节奏（如压缩关键工序的时长）并调动员工积极性（如加班），可以减小项目进度风险。进度风险预警表如表5-3所示。

表5-3　　　　　　　　　　　进度风险预警

编号	BCWP[①]	BCWS[②]	进度偏差	进度绩效指数	风险级别	预警信号
项目整体	16400	15000	1400	0.91	较低风险	蓝色信号
子项目1	8900	8600	300	0.97	低风险	绿色信号

续表

编号	BCWP[①]	BCWS[②]	进度偏差	进度绩效指数	风险级别	预警信号
子项目2	7500	6400	1100	0.85	中度风险	黄色信号

①BCWP，全称为 Budgeted Cost for Work Performed，意为已完成工作的预算费用。

②BCWS，全称为 Budgeted Cost for Work Scheduled，意为计划工作的预算费用或计划工程投资额。

（二）应急方案

应急方案的目的是在风险发生时迅速有效地应对，尽量减少项目损失。其中，费用、进度和技术三者是应急方案规划的重点。考虑到经济效益等因素，只针对关键风险以及可分类的风险制订应急方案，如火灾应急方案、人员伤亡事故应急方案、坍塌事故应急方案等。

（三）挽救方案

挽救方案是应急方案的从属方案，其目的是在风险发生后，修复损坏的财物，降低风险对工程项目企业的影响。由于在风险发生前，损失的具体情况是无法预知的，因而无须在事前制订详细的挽救方案，而只需在应急方案中明确挽救方案的人员配备和工作程序等。

三、风险自留

（一）风险自留的内涵

风险自留（Risk Retention），也称风险接受（Risk Acceptance），是在风险损失发生后，由项目组通过资金融通（包括专项基金、非基金类准备金、自保公司等形式）自行承担风险事故所致损失的一种风险应对措施。风险自留可分为主动自留和被动自留两种情况。主动自留风险，是指风险管理者在分析项目风险并明确风险后果后，发现其他措施无法实施，或认为自留风险优于其他措施，因而有目的地筹措资金作为弥补损失的财政保障。被动自留风险，是风险管理者未能准确识别风险而无意识自留，或低估风险而侥幸自留，最终不得不自己承担后果的情况，由于没有预先做好资金等安排，而往往导致项目遭受重大损失。事实上，虽然风险自留可以一定程度地降低工程成本，但是如果自留不当却可能导致项目承担非常大的风险，甚至于危及工程项目主体的生存和发展。因此，风险管理者应当全面考虑费用、期望损失与风险概率、机会成本、服务质量、税收等因素，在理智分析研究后决定是否采用风险自留的对策。

（二）风险自留的应用

一般而言，以下情况适宜风险自留：①自留费用低于保险公司所收取的费用；②项目的期望损失低于保险人的估计；③项目有较多的风险单位❶；④项目的最大潜在损失或最大期望损失较小；⑤短期内企业有承受最大潜在损失或最大期望损失的经济能力；⑥风险管理目标可以承受年度损失的重大差异；⑦费用和损失支付分布于很长的时间里，因而导致很大的机会成本；⑧投资机会很好；⑨内部服务或非保险人服务优良。

四、风险转移

（一）风险转移的概念

当风险较大，而项目的资源有限，投资人无法独自承担该风险且无法实行控制和预防策略时，通常会采用风险转移或风险分担的措施。风险转移（Risk Transfer）是将项目业主或投资人借用合同或协议将可能面临的风险结果及应对的权利与义务转移给他方的一种风险对

❶风险单位，指风险事故可能造成保险标的损失的范围。

策,如出售、发包、技术转让、保险与担保等都是风险转移的常见手法。风险分担是风险转移的一种特殊形式,其侧重于强调与其他企业合资或合作,共担风险、共享收益,该方法的实质是通过增加风险单位以减轻总体风险的压力,达到分摊风险的目的。例如,与当地企业合作,可降低地区环境风险;与高技术企业合作,可降低技术风险;与金融机构合作,可降低资金风险。本书此处将其纳入风险转移一并阐述。

(二)风险转移的方式

风险转移可分为非保险转移和保险转移两种方式。

1. 非保险转移

出售、发包、合同责任条款、工程担保等都属于非保险转移。

(1)出售。通过买卖契约将风险转移给其他单位。这种方法在将项目所有权出售给别人的同时,也将风险转移出去。例如,现在比较流行的 BOT 项目就是国家将工程项目所有权和经营权转让给有实力的公司;公司出售股权也是通过出售方式将风险利益共同承担。

(2)发包。发包就是从项目执行组织以外获得货物、工程或服务而把风险转移出去。发包需要选择不同合同形式来转移风险。建设项目按照合同计价形式可以分为总价合同、单价合同和成本加酬金合同。总价合同分为固定总价合同、调价总价合同、固定工程量总价合同、管理费总价合同等;单价合同分为估计工程量单价合同和纯单价合同;成本补偿合同包括成本加固定费用合同、成本加定比费用合同、成本加酬金合同、成本加保证最大酬金合同、最大成本加费用合同、工时及材料补偿合同。采用总价合同时,承包商承担的费用风险很大,业主承担风险相对较小;采用成本加酬金合同时,业主承担的费用风险很大,承包商承担风险较小;采用单价合同时,承包商和业主承担的风险相当。

(3)合同责任条款。合同责任条款规定了业主和承包商的责任和义务,即风险由谁承担。例如,合同规定合同单价不予调整,就是将价格上涨风险、汇率风险由承包商承担。在国际通用的 FIDIC 条款中,明确规定了业主和承包商的一般风险承担方式,但对于有些风险,如通货膨胀、汇率等风险,则需要在合同特殊条款中具体规定。业主在制订合同责任条款时处于有利地位,如果业主一味地要求风险由承包商承担,承包商往往会采取提高不可预见费、设计和施工采取保守方法、努力索赔等对策,反而使业主得不偿失。

(4)工程担保。这主要是指业主在招标阶段、合同缔约阶段、施工阶段、保证期阶段,为避免承包商不履行责任或不能偿还预付款,要求承包商提交由担保公司、保险公司、银行或其他机构开具的保证书或保函,如投标保函、履约保函、预付款保函、保留金保函、设备临时进口保函等,以转移工程风险。同理,如果承包商认为业主的支付有风险,也可以要求业主开具资金证明或支付担保等。当被担保人不能履行合同时,由担保人代为履行或做出赔偿。

由于工程担保能运用信用手段,加强工程各方之间的责任关系,因此能够有效地转移工程风险,保障工程建设的顺利完成。国际上已经建立起非常健全完备的工程保险和工程担保体系。工程相关的险种极其丰富,几乎涵盖了所有的工程风险。工程担保也已经成为工程社会保障体系的一个非常重要的部分。许多国家都相继在法律中对工程担保做出了规定,不少国际组织和一些国家的行业组织在标准合同条件中,如《世界银行贷款项目招标文件范本》、国际咨询工程师联合会《土木工程施工合同条件》、英国土木工程师协会《新工程合同条件》、美国建筑师协会《建筑工程标准合同》等,也制订了有关工程担保的条款。但我国目前对工程项目风险的转移方式主要还停留在以工程发包和分包为主的阶段,工程保险和担保的发展还很不完善，相关规定也较为薄弱。尽快建立起符合国际惯例、适应本土国情的工程保险和担保法律体制，对于控制工程风险具有重要意义。

2. 保险转移

保险转移是投保人通过购买保险将自己本应承担的项目风险（可保风险）的损失和责任转嫁给保险公司，将不确定损失转化为确定的费用。通过风险评估可以确定工程可保风险范围以及相应的保险费率。

工程全寿命周期风险转移的保险方式包括建筑安装工程一切险及第三者责任险，雇主责任险，设计师、监理工程师、咨询工程师职业责任险，质量责任险，质量保修保险和工程综合保险（伞险、综合险）等。其中，我国目前大部分保险公司只提供前三种保险形式，后几种保险方式在外资保险公司中有销售，下面对各种保险风险转移的特点予以阐述。

（1）工程前期阶段的保险风险转移。咨询工程师、设计师职业责任险是本阶段两种主要的保险风险转移方式。咨询工程师职业责任保险是针对咨询工程师在承担咨询业务的过程中，由于不当行为而引起的应由咨询方依法承担的赔偿责任提供的一种保险保障，可以把那些因咨询失误而给业主造成的损失部分或全部转嫁给保险公司。设计师职业责任保险则是对设计人员由于疏忽或过失而引发的工程质量事故造成的业主方面的工程损失或费用，转嫁给保险公司的一种专业责任保险。

（2）工程实施阶段的保险风险转移。包括建筑安装工程一切险及第三者责任险，监理工程师职业责任保险，雇员伤害险。建筑安装工程保险起源于 20 世纪 30 年代的英国。早在 1929 年，英国对在泰晤士河上兴建的拉姆贝斯桥提供了一切保险，开创了工程保险的先例。第二次世界大战后，欧洲进行了大规模的恢复生产、重建家园的活动，使工程保险业务得到了迅速发展。一些国际组织在援助发展中国家兴建水利、公路、桥梁以及工业、民用建筑的过程中，也要求通过工程保险来提供风险保障。特别是国际咨询工程师联合会（FIDIC）将其列入施工合同条件后，工程保险制度在许多国家都迅速发展起来，但我国目前还没有对建安工程保险做出强制性的规定。

1）建筑工程一切险（Contractor's All Risks）及第三者责任险。它是对工程项目施工提供全面保障的险种，既对施工期间的工程本身、施工机械、建筑设备所遭受的损失予以保险，也对因施工给第三者（Third Party）造成的人身、财产伤害承担赔偿责任（第三者责任险是建筑工程一切险的附加险）。被保险人包括业主、承包商、分包商、咨询工程师以及贷款的银行等。如果被保险人不止一家，则各家接受赔偿的权利以不超过对保险标的可保利益为限。

建筑工程一切险适用于所有的房屋工程和公共工程。其承保范围包括自然灾害、意外事故以及人为过失，但被保险人因违章建造或故意破坏、设计错误、战争原因所造成的损失，以及保单中规定应由被保险人自行承担的免赔额等除外。保险期自工程开工或首批投保项目运至工程现场之日起生效，到工程竣工验收合格或报单开列的终止日期结束。

建筑工程一切险的保险费率视工程风险程度而定，一般为合同总价的 0.2%～0.45%。在确定保险率时，应考虑承保责任的范围、工程本身的危险程度、承包商资信水平、保险公司承保同类业务的损失记录、免赔额高低以及特种危险的赔偿限额等风险因素。

2）安装工程一切险（Erection All Risks）及第三者责任保险。安装工程一切险适用于以安装工程为主体的工程项目（土建部分不足总价 20%的，按安装工程一切险投保；超过 50%的，按建筑工程一切险投保；在 20%～50%的，按附带安装工程险的建筑工程一切险投保），亦附加第三者责任险。其保险期自工程开工或首批投保项目运至工程之日起生效，到安装完毕通过验收或保单开列的终止日期结束。安装工程一切险的费率也要根据工程性质、地区条件、风险大小等因素而定，一般为合同总价的 0.3%～0.5%。

建筑工程一切险和安装工程一切险，实质上都是对业主的财产进行保险，保险费均计入工程成本，最终由业主承担。

3）雇员伤害险。分为雇主责任险（Employer's Liability Insurance）和意外伤害险（Personal Accident Insurance）。雇主责任险是雇主为其雇员办理的保险，以保障雇员在受雇期间因工作而遭受意外，导致伤亡或患有职业病后，将获得医疗费用、伤亡赔偿、工伤假期工资、康复费用以及必要的诉讼费用等。

人身意外伤害险与雇主责任险的保险标的相同，但两者之间又有区别：雇主责任险为雇员投保，保费由雇主承担；人身意外伤害险的投保人可以是雇主，也可以是雇员本人。

4）监理工程师职业责任保险。同设计师职业责任保险一样，属于职业责任保险的范畴，是将执行施工监理任务的监理工程师在工作中由于疏忽或过失、技术过错、指令错误等而未履行监理合同所规定的监理义务，给业主方的项目实施造成的经济损失转嫁给保险公司的一种保险方式。

（3）工程竣工及使用阶段的保险风险转移。包括质量责任保险和保修保险两种形式。

1）质量责任保险。主要是针对工程建成后使用周期长、承包商流动性大的特点而设立，为合理使用年限内工程本身及其他有关人身财产提供保障的保险。在国外又分为十年责任险和两年责任险（Liability For Ten/Two Years）。其中，法国的《建筑职责与保险》中规定，工程项目竣工后，承包商应对工程主体部分在十年内承担缺陷保证责任，对设备在两年内承担功能保证责任。鉴于工程的质量责任期较长，一旦出现大的赔偿，必然遭受巨大的损失，因而法国规定承包商必须投保，否则不能承包相应的工程。在承包商向保险公司投保后，如果工程交付使用后第一年发生质量问题，虽然仍由承包商负责维修，但维修费用由保险公司承担。保险费率是根据工程风险程度、承包商声誉、质量检查深度等综合测定的，一般为工程总造价的 1.5%～4%。保险公司为了不承担或少承担维修费用，将在施工阶段积极协助或监督承包商进行全面质量控制，以保证工程质量不出问题；承包商则为了声誉和少付保险费，也要加强质量管理，努力提高工程质量。在德国的《民法》中，也规定对一般工程必须办理为期十年的保险，对水、暖、电、卫等设备要办理不低于两年的保险。

2）工程保修保险。是将业主工程维修期间出现的质量维修责任转嫁给保险公司的一种保险方式，对于实际维修费用高于扣留的保修金的费用及其责任将由保险公司来承担。

（4）工程综合保险。包括综合保险和伞险。在早期，国外的投保人多为承包商，现在则普遍推行由业主向保险公司统一担保。因为业主是工程风险转移的最终受益人，且统一投保可获保费折扣，并避免出现漏保的现象。例如，在美国，业主多采用两种方式统一投保：一是综合险（Wrap-up），即业主将原由承包商、分包商、设计商等自行投保的险种集合起来，统一向保险公司投保（适用于特大型工程项目）；二是伞险（Umbrella），通常包括一般责任险、雇主责任险、职业责任险、机动车辆险、航运险、海运险等，是一个提供超出保单限额的险种。伞险的承包范围较广，但要求也更为严格。

（三）风险转移的原则

风险转移并非损失转嫁，并非损人利己有损商业道德的行为。因为各方优劣势不一样，所以对风险的承受能力也不一样。有的风险可能会对一些人造成损失，但转移后并不一定同样给他人造成损失；有的风险可能会对一些人影响特别大，但转移后并不一定会对他人造成那么大的影响。因而，在某些情形下，风险转移者和接受风险者可以取得双赢。例如，一个单位对某些工程不熟悉，构成很大的风险，但如果让专业公司来实施就没有风险。

实行风险转移对策时，应遵循以下原则：①谁能更有效地防止或控制某种风险或减少该风险引起的损失，就由谁承担该风险；②风险转移应有助于调动承担方的积极性，认真做好风险管理；③风险转移应有利于降低成本、节约投资，有利于履行合同。

五、风险利用及应对措施

（一）风险利用

风险利用（Risk Utilization）就是充分利用能够给项目带来积极影响的风险，目的是提升实现项目目标的机会。从风险的分类来看，风险可以分为纯风险和投机风险。投机风险的影响后果有三种情况：有损失、无损失和有收益，因此，投机风险就是我们要利用的可能带来收益的风险。风险利用的要点包括：

（1）分析风险利用的可能性和利用价值。在风险识别阶段就要识别出投机风险。分析者应进一步分析投机风险利用的可能性和价值，利用可能性不大或利用价值不大的风险均不作为利用的对象。该内容主要包括：存在的风险因素及其可能导致的结果；风险事件最后可能导致的结果；由各风险因素的特点，探求改变或利用这些因素的可能性；风险可能利用的结果等。

（2）分析风险利用的代价、评估承载风险的能力。风险利用的代价包括多方面，不仅包括直接影响，还包括隐性影响。例如，为了开拓市场，要承揽风险较大的项目，项目风险带来的影响可能是本项目的损失，隐性的影响是该项目占用了企业大量的资源，减少了其他赢利的机会，项目失败也给企业的信誉和市场占有率带来影响，这都要计算为风险利用的代价。此时还要考虑企业承担风险的能力，如果企业承担的能力小于风险有可能带来的损失，则还是不能冒险。

（3）注意风险利用的策略。决定利用某一风险后，风险决策人员和风险管理人员应该制订相应的策略或行动方案。一般风险利用要注意以下几点：风险利用的决策要当机立断，风险利用就是要利用机会，而机会往往一闪即逝；要量力而行，每个组织或项目经理承受的风险程度不同，他所能够利用的风险也不同；要灵活处理；风险利用本身具有不确定性，不能希望每个投机风险都能利用上。总之，风险应对的策略多种多样，编制风险应对计划时就要相应地多制订几个方案，因为每个应对方案本身并不能保证十全十美，最优只是相对的，有时只要求有效就行，风险的不确定性，也要求制订多种应对措施，这样才能准备充分，进退自如，最终获得管理上的成功。

（二）常见风险应对措施

常见风险应对措施如表 5-4 所示。

表 5-4　　　　　　　　　　　　　　常见风险应对措施

风险源	风险应对策略	实施措施
工程设计风险		
设计深度不够	风险自留	索赔
设计缺陷或忽视	风险自留	索赔

风险源	风险应对策略	实施措施
地质条件复杂	风险转移	合同条件中分清责任
自然环境风险		
对永久结构的损坏	风险转移	购买保险
对材料、设备的损坏	风险控制	加强保护措施
造成人员伤亡	风险转移	购买保险
火灾	风险转移	购买保险
洪灾	风险转移	购买保险
地震	风险转移	购买保险
泥石流	风险转移	购买保险
塌方	风险控制	预防措施
社会环境风险		
法律法规变化	风险自留	索赔
战争和内乱	风险转移	购买保险
没收	风险自留	运用合同条件
禁运	风险控制	降低损失
宗教节日影响施工	风险自留	预留损失费
社会风气腐败	风险自留	预留损失费
污染及安全规则约束	风险自留	制订保护和安全计划
经济风险		
通货膨胀	风险自留	价格调整公示或预留损失费
汇率浮动	风险转移	投保汇率险，套汇交易
	风险自留	合同中规定固定汇率
	风险利用	市场调汇
分包商或供应商违约	风险转移	履约保函
	风险回避	进行资格预审
业主违约	风险自留	索赔
	风险转移	严格合同条件
项目资金无保证	风险回避	放弃承包
标价过低	风险分散	分包
工程施工过程风险		
恶劣的自然条件	风险自留	索赔，预防措施
劳务争端或内部罢工	风险自留	预防措施
施工现场条件恶劣	风险自留	改善现场条件
	风险转移	投保第三者险

风险源	风险应对策略	实施措施
工作失误	风险控制	严格规章制度
	风险转移	投保工程全险
设备损毁	风险转移	购买保险
工伤事故	风险转移	购买保险

第三节　工程项目风险分担机制的建立

工程项目各参与方既是项目的合作者，也是项目收益的共享者。工程项目能否顺利完工并取得预期收益在很大程度上取决于项目参与方对风险的分析和控制能力。工程项目必须建立相应的风险分担机制和责任约束机制以保障各方收益与所承担的风险相协调，保证项目活动一致有序，最大化项目收益，降低项目风险。

一、影响参与方收益和风险的因素分析

（一）项目参与方

项目参与方按工作责任分类，可分为业主单位及其代理、伙伴投资者、建设单位、设计单位、施工单位、运营单位、工程造价咨询单位、项目管理单位、教育单位以及与这些单位产生业务关系的各方；按各参与方特性分类，可分为政府、金融机构、企业，以及其他社会组织和个人。其中，政府是重要的投资主体和业主单位，包括中央政府投资主体和地方政府投资主体。总体而言，我国的工程项目参与方主要是政府主体和各类所有制企业。

1. 政府和企业参与项目动机的区别

政府和企业参与项目的目的是有所区别的。政府参与项目，是为了促进国民经济发展，满足社会生活文化需要，保障政治军事需求，维护国家安全和矫正"市场失灵"。归根结底，政府的目的是最大化公共利益和社会效益。企业参与项目，是为了有效地利用企业资金，获取项目的承建权或经营权，推动企业的发展，提升企业的核心竞争力。归根结底，企业的目的是最大化盈利和收益。

2. 政府和企业资金来源及资金成本的区别

资金成本包括资金的获取成本和使用成本，依据资金来源可分为内源资金和外源资金。内源资金是来自于投资主体自有的资金，外源资金是来自于社会筹集的资金。中央政府的内源资金源于财政收入，包括中央级税收和国有资产收入，这部分资金依靠国家政权和国家资产获取，资金成本相对较低；外源资金主要包括世界银行、亚洲开发银行等国际金融组织和外国政府的贷款、赠款，以及中央政府发行公债筹集的资金，这部分资金的成本亦低于商业贷款。故此，较低的资金成本为投资较低收益的项目提供了基础。地方政府的内源资金主要是地方级财政收入、中央的专项拨款及投资补助，这部分资金的成本极低；外源资金主要是从其他金融机构获取的贷款，资金成本较高。企业的内源资金是公司经营活动产生的资金，外源资金是通过股票、债券、贷款等形式从资本市场或金融机构获取的资金。由于企业内源和外源资金成本往往受到企业资产、信誉和经营状况等诸多方面的影响，因此资金成本较高。政府以及企业的内源、外源资金内容如表5-5所示。

表 5-5 各类投资主体的资金来源

项目投资主体	内源资金	外源资金
中央政府	预算内投资、各类专项建设基金等	统借国外贷款、发行公债等
地方政府	地方级财政收入、中央的专项拨款、中央政府的投资补助等	获得授权使用的外国政府贷款，世界银行贷款和亚洲开发银行贷款；商业贷款等
企业	属于股东但未以股利形式发放而保留在企业的资金，包括盈余公积金、公益金和未分配利润等	银行借款、发行公司债券、融资租赁、利用商业信用和杠杆收购等

（二）影响项目参与方风险分担的客观因素

一般而言，项目参与方承担风险的比重与其在项目中的投入、收益、地位、拥有的资源和获取信息的能力息息相关。

1. 投入和收益的大小

项目参与方在项目中投入越多，则对项目进展和前景越关心，对项目管理和决策活动越积极；项目参与方在项目中所能获取的收益越多，则项目失败给其造成的危害越大，对项目风险越忌惮。通常，项目投资中占比越大，决策权越大，对项目建设和运营的影响力也越大，对承担的风险也越敏感。一般工程项目风险分担秉承"谁投资、谁决策、谁收益、谁承担风险"的原则。

2. 项目活动主体的地位和拥有的资源

项目活动主体在社会经济中的地位越高，拥有的资源越多，其风险承受能力就越大。政府掌握全国的公共资源、公共信息和审核审批等公权力，在与企业合作中处于相对强势和主动的地位；而企业常常是真正承担建设、运营和管理项目的一方，掌握工程项目的第一手情况和信息，其在工程、商业、管理等方面的专业性是政府无法比拟的。政企地位的不平衡、双方信息的不对称，可能会引起权责分配和风险分担的不均衡，削弱决策能力和执行力，导致相对弱势一方的利益受损。

二、项目风险分担机制的设计及应用

（一）项目风险分担机制的设计

1. 风险分担的原则

风险贯穿于工程项目的全寿命周期，只有当所有项目参与方都正视风险并及时做出正确的应对措施，才可能有效地避免和减轻风险损失。实践证明，只有在各参与方之间建立合理的风险分担机制，才能使各方都具有并明晰己方的风险责任，充分发挥各方进行风险管理的积极性和主动性，保障项目的顺利实施。

（1）公平原则。"合同公正"是当代合同法的主旨。虽然合同自由的理念在合同法领域依然占据着不可动摇的基础性地位，但由于市场信息分布不均、合同主体缔约能力强弱失衡等原因导致合同不能体现公平，从而影响合同的顺利履行。合同自由以公正为前提条件，以实现合同权利义务从形式到实质、从内容到结果的全面公正。公平原则是合同法基本原则，贯穿于合同法的全部内容之中，以保证合同内容本身以及因合同而产生的法律后果之全面公正。PPP 项目的风险分担主要通过合同的方式来进行分配，因此，在风险分担时应体现公平原则。公平原则主要体现在：既强调合同条款本身对于风险的权利义务的均衡，也强调合同所派生的风险权利义务的均衡；既关注合同主体由于风险事件引起的收益，也同时关注合同主体面临的风险损失。

（2）风险收益对等原则。该原则涉及的是"责利"对等的思想。所谓风险收益对等原则是指：如果一方是管理某项风险所获得的经济利益的最大受益者，则该风险应由该方承担（张水波，何伯森，2003）。也就是说，当一个主体在有义务承担风险损失的同时，也应该有权利享有风险变化所带来的收益，并且该主体承担的风险程度与所得回报相匹配。Arndt 提出风险分担的策略就是承担风险的主体在承担风险损失的同时，有权利享有风险收益（Arndt，1998）。如果风险接受的成本大于风险收益，风险转移不可能在自愿的情况下发生，若风险强加给一方，且该方恰当处理了该风险，应存在回报该方的机会（Nadel，1979）。只有参与各方从风险分担中都能得到好处，风险分担才有意义，这需要双方的风险信息也要对称，否则风险分担不能达到优化。在实际中，风险分担很难达到完全对称状态，因此也有学者主张不必要达到风险分担的完全对称（Humphreys，2003）。

（3）有效控制原则。有效控制原则是指风险应分摊给处于最有利控制该风险地位并以较小代价控制风险的一方（Nadel，1979），或者说，风险的分担应与参与各方的控制能力相对称（王晓刚，2004），将风险分配至能够最佳管理风险和减少该风险的一方（World Bank，2006），这意味着项目各参与方要有能力控制分配给自己的风险。当一方对某一风险能更好地预见并且最有控制力时，意味着他处在最有利的位置，能减少风险发生的概率和风险发生时的损失，从而保证了控制风险的一方用于控制风险所花费的成本是最小的。同时，由于风险在某一方的控制力之内，使其有动力为管理风险而努力。这条原则与 FIDIC 的《施工合同条件》中的"近因易控"原则，即"谁能最有效地防止和谁能最方便地处理风险就由谁来承担该风险"是一致的。但是，该原则在运用时并不容易实现（Boeuf，2003），因为该原则仅限于容易判断出哪一方更有控制力的风险，而工程项目中还存在一些双方都不具有控制力的风险，如不可抗力风险等。对于双方都不具有控制力的风险，则应综合考虑风险发生的可能性、自留风险的成本，减少风险发生后所导致的损失和按照公私部门承担风险的意愿进行合理分担。

（4）风险成本最低原则。风险成本最低原则是指风险分担应使参与各方承担风险的总成本最小（Prederick，2002）。风险分担对项目总体成本的影响可以归结为三个效应：生产成本效应、交易成本效应、风险承担成本效应（Michel，2005）。生产成本效应是指风险分担可以激励承担者有效控制风险，降低风险的发生概率，减少项目的生产成本。交易成本效应是指如果具有明确的风险分担准则和格局，会避免双方在这个问题上的复杂谈判，减少谈判时间和成本。风险承担成本效应是指承担风险的一方会要求相应的风险贴补，导致项目成本的增加，风险由超级承担者（低成本者）来承担，则可以将风险承担成本降低到最低水平。

（5）风险上限原则。在实际项目中，某些风险可能会出现双方意料之外的变化或风险带来的损害比之前估计的要大得多。当出现这种情况时，不能让某一方单独承担这些接近于无限大的风险，否则必将影响这些风险的承担者管理项目的积极性，因此，应该遵从承担的风险要有上限的原则。如果让一方承担其无法承担的风险，一旦风险发生，又缺乏控制能力，必然会降低提供公共设施或服务的效率和增加控制风险的总成本（刘新平，王守清，2006）。项目参与方所能承担风险的上限与其承担该风险的财务能力、承担项目的技术能力、管理能力等因素相关。

（6）直接损失承担原则。直接损失承担原则是指：如果某风险发生后，一方为直接受害者，则该风险应划分给该方承担（朱冰，李启明，2005）。这是因为当人们的自身利益可能受到损害时，更能主动地采取措施去避免这种风险。直接受害者防范、控制此类风险的内在动力和积极性，可以提高风险管理的效率，从而提高风险管理效率。英国上院批准在 Production 诉 Securicor Transport 1980（Furmston，2000）一案中的判决，由直接承担损失的人员去做比另一方办理责任保险更经济，意味着赞成此类风险分担原理。

（7）风险分担的动态原则。风险分担的动态性是指风险分配是一个动态的过程，随着项目的发展，当内外部条件发生变化时，需要重新确定风险分担格局，尤其当项目的寿命周期较长时，项目各参与方的目标可能相互冲突，从而导致风险再分配。Arndt 提出风险分担应该是一个动态的过程，能够随着外部条件和合同各方情况的变化而改变，各方要主动制订应对风险的措施，协同解决风险，实现项目双赢的目的，并且动态风险管理只有在项目利益相关者认为风险得到合理分担的情况下才能实现。Lin 认为风险分担的动态性主要是来自合同关系的动态变化（Lin，2000），对风险分担的研究不能单从某一个项目利益相关者的角度出发，必须从项目整体利益考虑。同时，风险分担还应该从项目的全寿命周期的角度出发通盘考虑。Hurst 则提出对于政府和企业共同承担的风险应每三年重新进行谈判，以调整双方的风险承担量（Hurst，2004）。

（8）风险偏好原则。风险偏好原则是指风险应由对该风险偏好系数最大的项目参与方承担，达到项目整体满意度最大的目的。如果项目参与方对某种风险的偏好系数最大，就意味着该项目参与方最适合承担该风险。但实际中，要准确地确定项目参与方对某一风险的偏好系数是很困难的。

总体而言，风险的分担应遵循责、权、利相均衡（风险分担、收益共享）的原则，获利大的一方应承担较大的风险，接受风险转移的一方应获取相应的利益。同时，风险分配时应将风险分配给最有能力管控风险的承担者，并以可能的最低成本管理风险。若风险可以转移给保险公司，则保费是风险的等效投资额；若无法转移给保险公司，项目业主在对潜在风险承担方进行评估后，通过谈判或协商的方法将风险和收益转移给合适的项目参与方。

2. 风险分担的相关规定

我国政府发布的 2013 年版《建设工程施工合同（示范文本）》以及国际咨询工程师联谊会（FIDIC）发布的《施工合同条件》都对风险分担做了相关的规定。例如，《建设工程施工合同（示范文本）》（GF-2013-0201）中规定的发包人应当承担的风险包括：第 1.13 款，发包人提供的工程量清单如有瑕疵，应当修正并相应调整合同价格；第 7.6 款，发包人应承担承包人在施工过程中遇到不利物质条件时所采取合理措施而增加的费用和（或）延误的工期；第 7.7 款，发包人应承担承包人在施工过程中遇到异常恶劣的气候条件时所采取合理措施而增加的费用和（或）延误的工期；第 11.1 款，因市场价格波动引起的合同价格调整，当进行价格调整的；第 11.2 款：基准日期后，因法律变化导致工程价款增加的，由发包人承担。

一般来讲，因国家法律法规、税收制度等变更所致的风险由发包方承担；因设计错误、工程师指令失误及拖延支付所致的损失由发包方承担；建筑设施的损坏、质量问题的返工、生产安全等风险由承包商承担；其他不可抗力风险和因责任造成的风险如市场风险、建设风险、生产风险等在参与者之间进行合理分担。

3. 风险分担框架的建立

为了帮助项目各参与方对工程项目风险进行合理的分配,本书在上述风险分配原则的基础上,提出了一个总体风险分配框架,并把项目风险分配划分为三个阶段,如图 5-1 和图 5-2所示。

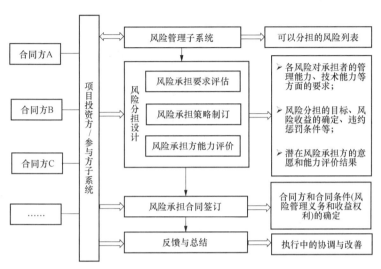

图 5-1 风险分担模型

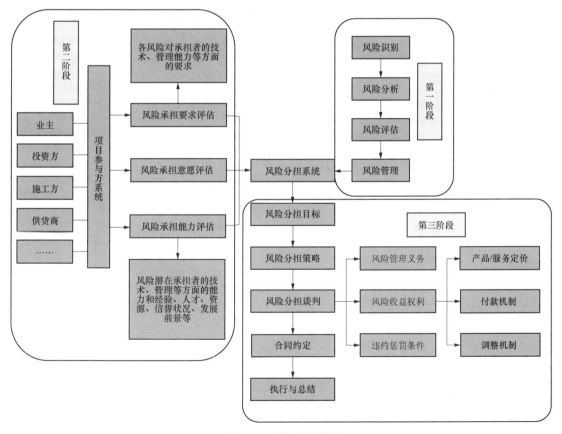

图 5-2 风险分担模型

（1）风险分析阶段。第一阶段为风险分析，一般在项目的可行性研究阶段，由项目业主主导，结合项目所在地经济发展情况全面识别出拟实施的项目存在的潜在风险，并进行分析。该过程应注意将可靠性放在重要位置来考虑，着重关注严重潜在风险，以免遗漏造成重大损失。其次，项目所处环境与内外条件是在不断变化的，风险也在不断变化，因此，风险分析并非是一劳永逸的一次性事件，而是需要在项目全寿命周期循环往复定期进行的工作。同时，由于客观条件或主观原因所限，识别出的风险可能与实际有所出入，因此，也需要对风险管理进行纠偏或者对其他工作做进一步的完善。这也意味着风险分担需要有动态调整的机制。

（2）风险承担主体评估阶段。结合第一阶段项目风险分析，通过对风险承担要求、项目参与方的风险承担意愿和自身能力（其拥有的技术、管理、经验、人才、资源、信誉等）进行评估，初步判断哪些风险是在项目参与方控制力之内的，哪些是在双方风险控制力之外的；项目各参与方对哪些风险最具有控制力等。

（3）风险分配策略制订阶段。针对在项目参与方控制力之内的风险，根据风险分担原则，初步判断其风险承担方。由风险拟承担方权衡风险价值并进行自我能力评估决定是否愿意承担风险，若不愿意，则进入谈判协商步骤。针对项目各参与方协商未达成一致的风险及各方控制力之外的风险，应以项目的总体收益最大化为出发点，考虑各方对待风险的态度和拥有的资源，通过谈判协商进行分配（也可借助数学模型确定出项目参与方风险分担的比例），并提出一定形式的风险补偿，在责、权、利对等的原则下直至达到各方可接受的程度为止。之后，用合同条款约定各自的权利义务、产品/服务定价、付款和调整机制。

调整机制主要针对具有较长生命周期的较为复杂的项目而设定。简言之，在签订合同时应该设置调整条款，一是根据项目跟踪监测情况，对实际过程中出现的未识别出的风险和发生意料之外变化的风险应重新谈判进行分配；二是由于情况变化而影响了协议各方的权利和义务平衡时，允许重新审定协议并调整部分条款，进行风险的再分配。

4. 风险分担的博弈

本质上在项目各参与方之间进行风险分配和分担是一个博弈的过程。本书假设这是一个完全静态博弈，任一参与者 i 的风险收益 R_i 与风险成本 C_i 都与风险 v 有关，$R_i=f(v)$，$C_i=g(v)$。为简单起见，假设收益和成本都与风险成线性关系，则 $R_i=\alpha v$，$C_i=\beta v$，其中 α、β 为常数。由上知，净收益 $P_i=(\alpha-\beta)v$。令 $\gamma_i=\alpha-\beta$，则 $P_i=\gamma_i v$，称 γ_i 为 i 的风险偏好系数。假定任一风险已不可再细分，即最多只有一个风险承担者。之所以这样考虑，是认为这样有利于明确各风险主体责任，提高风险控制效率。本书仅以两个风险主体之间的博弈分析为例，多方博弈可由此推导得出。

令项目参与方分别为 t、m，令"承担"和"不承担"表示风险主体是否承担该种类风险的行动选择，令 t 和 m 的风险偏好系数分别为 γ_t 和 γ_m，那么可得表5-6所示情形。按 γ_t 和 γ_m 的数值不同取向，分三种情况进行考虑。

表5-6　　　　　　　　　　　　　风险分担博弈分析表

t ＼ m	承担	不承担
承担	(0, 0)	($\gamma_t v$, 0)
不承担	(0, $\gamma_m v$)	(0, 0)

（1）当 $\gamma_t>0$，$\gamma_m>0$ 时，可得在 t 和 m 的博弈中存在两个纳什均衡，即（承担，不承担）、（不承担，承担）。

（2）当 $\gamma_t>0$，$\gamma_m<0$ 时，可得在 t 和 m 的博弈中存在唯一的纳什均衡，即（承担，不承担）。

（3）当 $\gamma_t<0$，$\gamma_m>0$ 时，可得在 t 和 m 的博弈中存在唯一的纳什均衡，即（不承担，承担）。

（4）当 $\gamma_t<0$，$\gamma_m<0$ 时，可得唯一的纳什均衡，即（不承担，不承担）。

在第（1）种情形下，存在两种风险承担方式，但考虑到项目整体满意度的最大化，当 $\gamma_t>\gamma_m$ 时，$\max(P_t，P_m)=\gamma_t v$，显然 t 和 m 选择（承担，不承担）是最合理的风险分配格局；当 $\gamma_t<\gamma_m$ 时，$\max(Pt，Pm)=\gamma_m v$，（不承担，承担）为最合理的方案。

第（2）种情形下，由于 m 期望净收益为负值，其没有积极性承担该类风险，而 t 则正好相反，故两者的博弈中，t 成为唯一的风险承担者。

第（3）种情形下，由于 t 期望净收益为负值，其没有积极性承担该类风险，而 m 则正好相反，故两者的博弈中，m 成为唯一的风险承担者。

第（4）种情形中，无论 t 还是 m，一旦承担该风险，则可能意味着损失的发生，故两者间无任一方有承担此类风险的积极性。

由上面的分析可以看出，根据博弈分析选择偏好系数最大的对应参与主体承担该种类项目风险，将是风险得以承担的前提，也是针对该种类风险获得整体满意度最大化的条件。而偏好系数最大也意味着该方最有能力承担该种类风险。因此，该对应主体是最合理的风险承担者。由于项目各参与方的目的不可能完全一致，各参与方之间必然会相互制约，最后相互妥协，达到纳什平衡。

（二）风险承担者和风险的匹配度测算模型

在第一章中，已经提到，从二维的角度来度量风险，最为常见的是选取损失的大小与发生的概率两个指标来表征，即 $R=F(P_c，C)$，其中 R 为项目风险程度，C 为损失，P_c 为损失发生的可能性，$F(.)$ 表示三者的函数关系。其中 P_c 和 C 的大小与风险承担者认知风险的水平、管控风险的能力、技术能力以及信用度直接相关。其中，认知风险的大小取决于个人的风险态度、风险发生的概率和预期结果，即 $E(R)=f$（风险发生概率，预期结果，风险态度），用 $V(R)$ 表示承担风险获取的收益，则当 $V(R)>E(R)$ 时，项目参与者才可能愿意承担风险；管控风险的能力是指企业应对风险的组织能力、应对措施和方法等；技术能力是指企业创造、适应、应用、改进技术的能力；信用度指企业对承诺的履行程度。风险承担者认知和管控风险的水准越高、技术能力越强、信用度越高，则风险发生概率越低，可能产生的损失也越小。换句话说，风险承担者与风险的匹配程度越高，则相应的风险概率和损失越小。

风险承担者和风险的匹配度测算模型的构建步骤如下：

1. 构建风险承担者和风险匹配度测算指标体系

匹配度测算指标体系，并非是固定的。即使是针对同一个评价对象，也可能由于不同的评价目的、认知、经验等，使得指标体系产生相当大的差异。一般而言，指标的设置应遵循以下原则：①紧扣主题，符合评价目的；②全面系统，符合逻辑和内在联系；③精简节约，避免冗余；④具有敏感性，可以敏感地反映实际状况和分析对象的变化；⑤具备可行性，有利于资料的取得。

风险承担者和风险匹配度测算指标体系的基本评价对象可包括技术能力、风险管理能力和信用度。技术能力评价指标可包括技术含量、技术状态、技术发展基础结构等。风险管理能力指标可包括风险管理组织、风险管理制度、体系认证情况等。信用度指标可包括企业信誉状况和发展前景等。风险承担者和风险匹配度测算指标体系如图5-3所示。

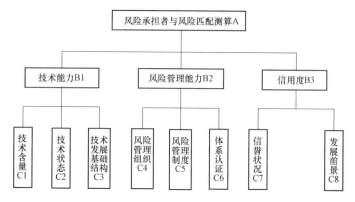

图 5-3　风险承担者和风险匹配度测算指标体系

2. 确定指标评价等级和标度分值

针对各指标设定评价依据和标准，确定各指标的评价等级、评语和标度分值。

3. 确定风险因素等级

根据风险特点，确定各风险因素的等级和分值。

4. 构建匹配度矩阵

构建匹配度矩阵 $H=(h_{ij})_{m \times n}$。其中，h_{ij} 表示每一单元匹配度，其中 i 表示指标因素，j 表示因素等级。匹配度 $h=1-|$风险承担者分值$-$风险分值$|$，$h \in [0,1]$。h 的数值越大，则匹配度越高。完全匹配，对应匹配度为1；完全不匹配，对应匹配度为0。

5. 利用层次分析法确定指标体系权重

运用层次分析法，分析指标体系的阶层，计算出各个指标的权重。

6. 模糊综合评价

（1）构建风险承担者候选人的因素集与评价集之间的模糊关系矩阵 K。矩阵 K 的元素 k_{ij} 表示因素集第 i 项元素隶属于评价集第 j 项元素的程度。此处约定 $\sum_{i=1}^{n} k_{ij} = 1$，$n$ 为评价集的元素个数。

（2）计算该候选人的测算指标因素匹配度向量 F。$F=HK^{\mathrm{T}}$。H 为所需匹配风险的匹配度矩阵。这里的模糊合成运算为普通矩阵的乘法运算。

（3）计算综合匹配度 $D=WF^{\mathrm{T}}$。W 为风险承担者与风险匹配度测算体系中基本指标因素权重向量。

（三）风险匹配度测算实例

某项目业主正在为某风险选择承担者，经过对风险的分析和评价，得到了风险的特点、触发条件和风险估计值，并构建了风险承担者和风险匹配度测算指标体系为{技术含量，技术状态，技术发展基础结构，风险管理组织，风险管理制度，体系认证，信誉状况，发展前景}，将各指标因素分为6个等级，$H=${优秀，良好，及格，差，较差，很差}；对应的分值为{1、0.8、0.6、0.4、0.2，0}。各因素评价依据表如表5-7所示。

表 5-7   各因素评价依据表

评价因素 \ 评价等级	优秀	良好	及格	差	较差	很差
技术含量	同类项目技术领先	同类项目技术先进	技术平均水平	接近平均	水平较低	水平极低
技术状态	行业领先	行业先进	行业平均	接近平均	水平较低	水平极低
技术发展基础结构	已经完善	比较完善	基本完善	尚在构建	构建尚未	尚未构建
风险管理组织	运行很好	运行顺利	运行较好	初步运行	构建之初	构建之初
风险管理制度	已经完善	比较完善	基本完善	具备制度	正在创建	尚未创建
体系认证	国际体系,国内体系双重认证	通过国内体系认证	认证申请中	认证申请准备中	认证条件建设中	认证条件不具备
信誉状况	信誉完好	信誉良好	信誉尚可	记录不良	记录很差	记录全差
发展前景	前景诱人	前景看好	前景明确	前景不明	前景黯淡	前景看差

对某种风险进行了分析,该风险要求的各指标因素的条件如表 5-8 所示。该风险的匹配度矩阵如表 5-9 所示。

表 5-8   某风险要求的承担者条件

技术含量	技术状态	技术发展基础结构	风险管理组织	风险管理制度	体系认证	信誉状况	发展前景
良好	良好	几个	几个	良好	良好	良好	几个

表 5-9   某风险的匹配度矩阵 H^T

	技术含量	技术状态	技术发展基础结构	风险管理组织	风险管理制度	体系认证	信誉状况	发展前景
优秀	0.8	0.8	0.6	0.6	0.8	0.8	0.8	0.6
良好	1	1	0.8	0.8	1	1	1	0.8
及格	0.8	0.8	1	1	0.8	0.8	0.8	1
差	0.6	0.6	0.8	0.8	0.6	0.6	0.6	0.8
较差	0.4	0.4	0.6	0.6	0.4	0.4	0.4	0.6
很差	0.2	0.2	0.4	0.4	0.2	0.2	0.2	0.4

1. 利用层次分析法确定权重系数,构造判断矩阵、层次单排序及其一致性检验

（1）构造判断矩阵。一级评价指标技术能力 $B1$、风险管理能力 $B2$、信用度 $B3$ 的判断矩阵,如表 5-10 所示。

表 5-10   一级评价指标的判断矩阵

	$B1$	$B2$	$B3$
$B1$	1	1/3	3
$B2$	3	1	5
$B3$	1/3	1/5	1

对表 5-10 判断矩阵求特征向量得：$w=[0.261，0.633，0.106]$，最大特征值 $\lambda_{max}=3.04$，随机一致性比率 $CR=CI/RI=0.034<0.10$，合理。则权重向量 $a=(a1，a2，a3)=[0.261，0.633，0.106]$。

二级评价指标技术含量 $C1$、技术状态 $C2$、技术发展基础结构 $C3$ 相对于一级指标"技术能力 $B1$"的判断矩阵如表 5-11 所示。二级评价指标风险管理组织 $C4$、风险管理制度 $C5$、体系认证 $C6$ 相对于一级指标"风险管理能力 $B2$"的判断矩阵如表 5-12 所示。二级评价指标信誉状况 $C7$、发展状况 $C8$ 相对于一级指标"信用度 $B3$"的判断矩阵如表 5-13 所示。

表 5-11　　　　　　　　　　　相对于"技术能力 $B1$"的判断矩阵

	$C1$	$C2$	$C3$
$C1$	1	1/5	3
$C2$	5	1	7
$C3$	1/3	1/7	1

对表 5-11 判断矩阵求特征向量得：$w=[0.193，0.724，0.083]$，最大特征值 $\lambda_{max}=3.063$，随机一致性比率 $CR=CI/RI=0.04<0.10$，合理。则权重向量 $b1=(b11，b12，b13)=[0.193，0.724，0.083]$。

表 5-12　　　　　　　　　　　相对于"风险管理能力 $B2$"的判断矩阵

	$C4$	$C5$	$C6$
$C4$	1	1/3	1/5
$C5$	3	1	1/3
$C6$	5	3	1

对表 5-12 判断矩阵求特征向量得：$w=[0.106，0.261，0.633]$，最大特征值 $\lambda_{max}=3.04$，随机一致性比率 $CR=CI/RI=0.034<0.10$，合理。则权重向量 $b2=(b21，b22，b23)=[0.106，0.261，0.633]$。

表 5-13　　　　　　　　　　　相对于"信用度 $B3$"的判断矩阵

	$C7$	$C8$
$C7$	1	1/3
$C8$	3	1

对表 5-13 判断矩阵求特征向量得：$w=[0.25，0.75]$，最大特征值 $\lambda_{max}=2$，随机一致性比率 $CR=CI/RI=0<0.10$，合理。则权重向量 $b3=(b31，b32)=[0.25，0.75]$。

（2）层次总排序。二级指标对总目标权重向量为 $E=[b1，b2，b3]a^T=[0.050，0.189，0.022，0.067，0.165，0.401，0.027，0.079]$，层次总排序检验 $CR=CI/RI=0.055<0.10$，合理。则对应总目标 A 的 C 层因素权重 $w=(w1，w2，\cdots，w8)=E$。

2．模糊综合评价

（1）构建候选风险承担者的因素集与评价集之间的模糊关系矩阵 K^T，这里以一个候选人为例，如表 5-14 所示。

（2）计算该候选人的测算指标因素匹配度向量 F。

$$F = HK^{T} = [0.92，0.94，0.78，0.62，0.94，1，0.76，0.7]$$

（3）计算综合匹配度 D。

$$D = WF^{T} = [0.050，0.189，0.022，0.067，0.165，0.401，0.027，0.079]$$

$$[0.92，0.94，0.78，0.62，0.94，1，0.76，0.7]^{T} = 0.915。$$

即该候选人对该风险的匹配度为 0.915。

表 5-14　　　　　　　　　　　　　模糊关系矩阵 K^{T}

评价等级	技术含量	技术状态	技术发展基础结构	风险管理组织	风险管理制度	体系认证	信誉状况	发展前景
优秀	0.1	0.2	0.4	0.9	0.7	0	0.5	0.6
良好	0.6	0.7	0.3	0.1	0.3	1	0.3	0.3
及格	0.3	0.1	0.3	0	0.1	0	0.2	0.1
差	0	0	0	0	0	0	0	0
较差	0	0	0	0	0	0	0	0
很差	0	0	0	0	0	0	0	0

第四节　工程项目风险监测与预警

一、工程项目风险监测

（一）风险监测依据

工程项目风险监测就是对风险进行跟踪，监视已识别的风险和残余风险、识别项目进程中新的风险，并在实施风险应对计划后评估风险应对措施对减轻风险的效果。风险监测的主要依据包括：

（1）风险管理规划。它规定了风险监控的方法和技术、指标、时间和工作安排，是风险监控的指导性计划。

（2）风险应对计划。它提供了关键风险、风险应对措施等风险监控的具体内容和对象。

（3）工程项目的变更。它包括工程项目外部环境的变化和项目本身的变更。项目出现大的变更要求进行新的风险分析和风险应对。

（4）在工程项目中新识别的风险。它包括原先风险不大的风险成为关键风险和原先不存在或没有识别出来的风险因素或风险事件。

（5）发生了的风险事件和已实施的风险应对计划。发生风险事件，要求实施风险控制，已实施的风险应对计划也要求进行风险监视。

（二）风险监控技术

风险监视目前还没有形成独立、公认的方法与技术，一般还是以项目管理中的控制方法和技术为主。具体可以分为以下几类：

（1）项目进度风险监控技术，包括因果分析图、关键线路法、横道图法、前锋线法、PERT 和 GERT、挣值分析方法等。

（2）项目成本风险监控技术，包括费用偏差分析、横道图法、帕累托图法等。

（3）项目质量风险控制技术，包括因果图法、直方图法、控制图法、帕累托图法等。

（4）项目全过程风险控制技术，包括审核检查方法、风险里程碑图、风险预警系统等。

（三）风险里程碑图

风险里程碑图也叫风险跟踪图，是由 Dorofee 教授于 1996 年提出来的一种风险监视技术，最开始主要用于软件开发项目的风险管理，之后逐渐运用至工程项目中。

图 5-4 就是一个软件开发项目的质量风险里程碑图，从中可以知道该方法的一般原理。风险里程碑图以时间为横坐标，风险暴露值作为纵坐标。风险暴露值可以是每个风险的发生概率和影响后果的乘积，也可以用一个风险指标来表示。例如，图 5-4 中用每千行程序中的 "bug" 数作为风险暴露值指标。阴影的高度表示风险暴露值的预测值，每一个竖线表示风险监控的里程碑，即随着项目的进展，项目所能接受的风险水平的改变，或者指由于原先数据不准确、发生重大变更或进入一个新阶段而对风险进行重新计划和控制。短粗的黑竖线代表风险的实测值。由于实测值一般都是通过抽样分析出来的在一定置信度下的置信区间，用风险暴露值的最大值、最小值和期望值三个数值来表示，图中短黑竖线的顶部表示最大值，底部表示最小值，中间的水平短线即为期望值。两条破折曲线将图形分为三部分。最下面的一部分是观察区域，表示风险的影响非常小，不值得花费成本去处理。最上面一部分是问题区域，如果风险实测值进入该领域，则表示风险水平是不能接受的，需要马上采取纠正措施。两条分隔线的中间便是控制区。如果实测值在控制区内，则说明风险水平在预期之内，不需要马上采取纠正措施，但还要加强风险管理，保证实测值不能进入问题区域。

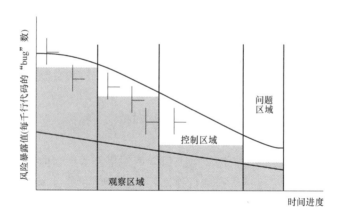

图 5-4　某软件开发项目的风险里程碑图（质量风险跟踪图）

该方法的关键是选择每个风险合适的风险暴露值指标。如果风险的影响后果是一个数值标度，例如，以成本损失值或者拖延时间来标度，则可以用风险发生概率和损失值的乘积作为风险暴露值，但如果风险的影响后果是一个顺序标度，那么风险发生概率和顺序标度的乘积作为风险暴露值容易出现偏差，有可能把影响后果非常严重的风险由于发生概率小而降低了该风险的风险程度。风险暴露值指标最好能够全面反映风险的信息。例如，洪水风险用水位高低来测量，不需要将洪水水位分为几个级别来跟踪，这样会人为地失去一些信息，改用实际值进行跟踪就比较好。

确定风险暴露值指标之后，需进一步确定该指标可接受的水平和期望水平，虽然在风险评价阶段可以得到某些指标的数据，但是本阶段还需要项目的主要管理人员和重要的项目利益相关方参与确定风险指标的可接受水平和期望水平。风险可接受水平不是一成不变的。在项目实施过程中，项目发生重大变化时就需要重新确定风险指标的可接受水平和期望水平，每一次变动都是一个风险里程碑。

在图 5-4 中，要监控的是软件质量风险，以每千行代码中的"bug"数量作为风险暴露值。首先要得到一般软件开发项目中该监控值的概率分布，该概率可以从历史数据中得到，也可以由专家给出，从概率分布中可以得到该变量的期望值和均方差。然后考虑风险的可接受水平，例如，将期望值再加上两倍或三倍的均方差作为可接受水平。根据学习曲线的理论，随着工作时间的增加，工作熟练程度逐步提高，项目能够接受的风险水平也在下降，这从图中风险里程碑的变化可以看出来。

工程项目风险水平的变化也充分说明风险全程管理的必要性，风险里程碑图理论上也可以在工程项目质量和进度风险中采用，可以将工程中的质量事故和成本超支的风险暴露值作为纵坐标，以工程项目全寿命周期的各阶段时间跨度作为横坐标，从类似工程项目监控值的概率分布中提取可以接受的风险水平值，作为控制标准，可以实现工程项目质量和成本风险的全程跟踪。

风险里程碑方法的特点是：①可以对项目每一个关键风险进行全程跟踪，并在图形上反映出变化情况；②可以反映风险标准的阶段性变化，表现为风险标准在里程碑前后的变化；③通过将实际风险水平和期望水平及可接受标准进行对比，可以确定风险事件是否需要采取风险控制措施或者加强项目项目管理或者不需要采取任何措施。

二、工程项目风险预警

（一）风险预警的内涵

工程项目风险预警是针对项目管理过程中有可能出现的风险，事先设置风险触发器（事件触发器、时间触发器、相对变化触发器和阈值触发器等），并通过触发器的响应来识别相应的风险征兆，一旦在监测中发现触发器被激活，就及时采取校正行动并发出预警信号，从而实现风险预警的目的。风险预警应包括风险预警系统的功能设计、风险征兆的识别以及相应的行动计划的制订。

以进度计划的风险预警系统为例，假设项目正面临不可控制的风险，这种偏差可能是积极的，也可能是消极的，这样系统就会对这种计划与实际的差别进行自动识别，如果是负偏差系统就会发出预警信号，提醒决策者注意采取相应的行动。另外一种计划的预警系统是浮动或静止不动，浮动是影响关键路径的前一项活动在计划表中可以延误的时期，项目中浮动越少，风险影响的可能性越大，浮动越低，该项活动就越重要，通过对浮动的控制就可以实现对进度风险的预警。

（二）风险预警的应用

图 5-5 是工程项目风险预警系统的一个简要框架。系统中核心的部分是从设定控制参数开始一直到输出控制方案与参数结束，系统设计体现了预测、纠偏、反馈相结合的事前控制风险的思想，能够满足风险预警的要求。

建立工程项目风险预警系统应注意以下问题：首先，在定量风险评估的同时，注重非量化、非项目指标在风险评价中的作用；其次，考虑到工程项目的复杂性和系统性，应要求项目各个部门都参与风险的预警，保证预警系统信息传递的畅通，是一种全员性风险管理体制，把被动的风险管理转变为主动的风险管理。

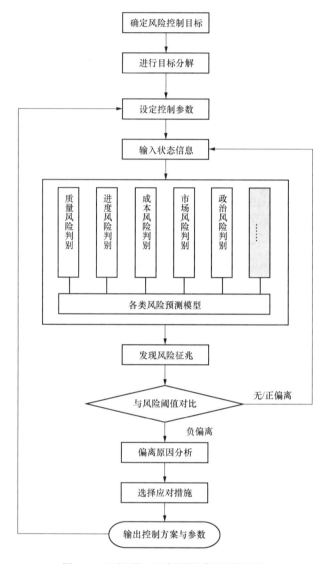

图 5-5　工程项目风险预警系统结构框图

第五节　工程项目风险应急预案的编制和演练

一、工程项目风险应急预案的编制

（一）工程项目风险应急预案的内容

国际劳工组织（International Labour Organization，ILO）《重大工业事故预防实用规程》中，定义应急救援预案为：①基于在某一处发现的潜在事故及其可能造成的影响所形成的一个正式的书面计划，该计划描述了在现场和场外如何处理事故及其影响；②重大危险设施的应急计划包括对紧急事件的处理；③应急计划包括现场计划和场外计划两个重要组成部分；④企业管理部门应确保遵守符合国家法律规定的标准要求，不应把应急计划作为在设施内维持良好标准的替代措施。

工程项目的风险应急预案是工程项目风险应急管理的文本体现，也是风险应急管理工作的指导性文件，与上述的应急救援预案有相似之处，也具有与其本身相适应的固有特点。工程项目的风险应急预案又可以称作应急计划，是政府或者施工单位为了降低工程风险事故❶后果的严重程度，依据对工程项目的危险源的评价和风险事故的预测结果，预先制订的风险事故控制（风险事故发生前的风险应急准备、事故发生过程中的风险应急响应、事故发生后的紧急恢复）和应急救援计划或方案。其总目标是控制工程项目风险事件的发展并尽可能地消除风险事故，将风险事故对施工人员、工程项目本身和环境所造成的损失减少到最低限度。

应急预案需要有系统完整的设计、标准化的文本文件、行之有效的操作程序和持续改进的运行机制。简言之，应急预案需要明确在风险事故发生之前、发生过程中、结束后，谁负责做什么，何时做，如何做，相应的策略和资源准备，以及方案的管理和更新等。其实质是一个透明和标准化的反映程序，使工程项目的风险应急救援活动能够按照预先制订的周密计划和最有效的实施步骤有条不紊地进行。

一般而言，工程项目风险应急预案的核心要素包括以下几个方面：

（1）方针与原则。

（2）风险应急策划，包括工程项目的风险分析、资源分析以及相关法律法规要求等。

（3）风险应急准备，明确所需的风险应急组织（如风险应急领导组、风险事故现场抢救组、风险事故医疗救治组、后勤服务组和保安组等）及其职责权限、风险应急队伍的建设和风险应急人员的培训、风险应急物资的准备、风险应急预案的演习、施工人员的风险应急知识培训、签订互助协议等。

（4）风险应急响应，包括接警与通知、指挥与控制、警报与紧急公告、通信、风险事故监测与评估、警戒与治安、施工人员与公众人群的疏散与安置、医疗与卫生、风险应急人员的安全等。

（5）施工现场的及时清理和恢复。

（6）风险应急预案管理、评审与改进，针对应急预案的制订、修改、更新、批准和发布做出明确的管理规定，并保证定期或在应急演练（或应急救援）后对应急预案进行评审，针对实际情况的变化（如风险认知程度的加深、救援技术的改进、风险源预防措施的完善、风险源数量和种类的变化等）以及应急预案中所暴露出的缺陷，不断更新、完善工程项目风险应急预案的文件体系。

需注意的是，项目预备费（不可预见费）计划和项目技术措施后备计划也是风险应急预案的重要组成部分。项目预备费计划，指在实施前难以估计而在实施中又有可能发生的、在规定范围之内的工程和费用，以及工程建设期间发生的价差。项目技术措施后备计划指专门应对技术类风险的一系列事先研究好的工程技术备用方案或备用设备，如工程质量保证措施、施工进度调整方案等。当预想的情况将出现而未出现，需要采取补救行动时，就

❶根据《工程建设重大事故报告和调查程序规定》，工程建设重大事故分为四个等级：①一级重大事故：死亡人数≥30，或直接经济损失≥300万元；②二级重大事故：10≤死亡人数≤29，或100万元≤直接经济损失≤300万元；③三级重大事故：3≤死亡人数≤9，或重伤人数≥20，或30万元≤直接经济损失<100万元；④四级重大事故：死亡人数≤2，3≤重伤人数≤19，10万元≤直接经济损失≤30万元。

可动用后备措施。尤其是当工程采用新结构、新技术、新工艺、新材料时，一般要预留技术后备措施，以备应急处理。例如，在火灾应急处理措施中，通常要启动几套应急方案，在火灾刚开始出现信号时，现场报警系统就会立刻启动，在明确火灾事故发生的情况下，就会启动自动灭火计划，否则就返回到初始状态，当自动灭火系统失效时，火灾开始蔓延，就会通过预设的防火墙和其他隔火装置使火势受阻，再执行预定的综合灭火计划，将火灾扑灭，如果火灾没有蔓延就没扑灭则返回初始状态，最后一步是执行预定的恢复计划。其流程图如图 5-6 所示。

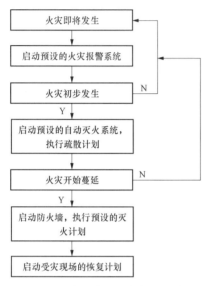

图 5-6 工程火灾事故的应急处理流程图

（二）工程项目风险应急预案的作用

编制工程项目的风险应急预案是工程项目风险控制和应急救援准备工作的核心内容，是及时、有序、准确、有效地开展风险应急救援工作的重要保障。工程项目风险应急预案在风险应急救援中的重要作用具体表现为以下几个方面：

（1）确定风险应急救援的范围和体系，使风险应急准备和风险应急管理有据可依、有章可循。

（2）明确风险应急各方的职责和响应程序，有利于做出及时的风险应急响应，减轻风险事故后果。风险应急行动的时间敏感性非常高，延误几分钟就可能造成更严重的损失，因而必须掌握时效性。应急预案在风险应急力量和风险应急资源等方面做了大量的准备，可以指导风险应急救援迅速、准确、有效地开展，将风险事故的人员伤亡、经济损失和环境污染破坏降到最低限度，也可以更全面到位地解决事故发生后须迅速应对的一些应急恢复问题。

（3）发生风险事故时，便于各单位、部门之间的协调，保证风险应急救援工作的顺利、快速、高效进行。

（4）有利于提高政府、企业、施工现场的风险防范意识。工程项目的风险应急预案的编制过程实际上包含一个风险辨识、风险评价和风险控制的过程，而且这个过程需要各方的参与。因此，工程项目的风险应急预案的编制、评审以及发布和宣传，有利于各方了解可能面临的风险以及相应的应急预案，提高风险防范意识和能力。

二、工程项目风险应急预案的演练

（一）工程项目风险应急预案培训

应急预案是行动指南，应急培训则是风险应急管理和应急救援行动成功的前提和保障。通过培训，可以发现应急预案的不足和缺陷，并在实践中加以补充和改进，也可以使应急人员和事故当事人等都能够了解一旦发生风险事故，各自应该做什么、能够做什么、如何去做，以及如何配合应急救援工作等。

风险应急预案培训应确定以下内容：①谁将是被培训者？②谁将进行培训？③将会采用哪些培训活动？④每一个会议将在什么时候什么地点召开？⑤如何评估该会议？如何记录该会议？

针对第一点，培训组织者应将施工人员、承包商、参观者、管理人员和其他在紧急事件中响应的人员都考虑在内。需要强调的是，由于风险事故发生时，也需要现场附近居民采取某些行动或遵从应急管理人员的指挥,因此,居民是应急管理培训的被培训者的一部分。而由于召集大型会议,对于业主和居民来说较难协调,可采取更为灵活的方式与居民交流,如发放书面材料、利用媒体宣传,以及召开报告会等。最终希望取得的效果是,居民了解可能发生的事故,明白针对该事故需要采取何种应急响应行动,且必须遵守命令。

（二）工程项目风险应急预案的演练基础

1. 演练的类型

（1）桌面演练。桌面演练适用于有限的应急响应和内部协调活动,一般在会议室内进行,由应急组织的代表或关键岗位人员参加,按照工程项目风险应急预案及标准工作程序讨论发生紧急情况时应采取的行动。演练目的是锻炼参演人员解决问题的能力,解决应急组织相互协作和职责划分的问题。演练完成后,采取口头评论形式收集参演人员的建议,提交一份简短的书面报告,总结演练活动和提出有关改进工程项目风险应急响应工作的建议,为功能演练和全面演练做准备。

（2）功能演练。功能演练是针对某项风险应急响应功能或其中某些应急响应行动而举行的演练活动,一般在风险应急指挥中心或施工现场指挥部举行,并可以同时开展现场演练,调用有限的风险应急设备。演练目的是针对应急响应功能,检验应急人员以及应急体系的策划和响应能力。演练完成后,除采取口头评论形式外,还应向地方提交有关演练活动的书面汇报,提出改进建议。

（3）全面演练。全面演练是针对工程项目风险应急预案中全部或大部分应急响应功能而举行的演练活动,一般持续几个小时,采取交互式方式进行,演练过程要求尽量真实,调用更多的风险应急人员和资源,并开展施工人员、机械设备和其他资源的实战性演练。演练的目的是检验、评价应急组织应急运行的能力和相互协调的能力。演练完成后,除了采取口头评论外,还应提交正式的书面报告。

2. 演练的基本任务

在工程项目风险事故真正发生前暴露预案和程序的缺陷;发现风险应急资源的不足;促进各风险应急部门、机构、施工人员之间的协调;增强公众应对突发重大风险事故救援的信心和应急意识;提高风险应急人员的熟练程度和技术水平;进一步明确各自的岗位与职责;提高各级预案之间的协调性;提高整体风险应急反应能力。

3. 演练的实施过程

应急演练一般可分为演练准备、演练实施和演练总结三个阶段,应分别针对三个阶段明确演练基本任务。大型工程项目风险应急演练实施过程如图5-7所示。

应急演练前应建立由不同专业人员组成的应急演练策划小组,在演练结束后对演练的效果做出评价,提交演练报告,并详细说明演练过程中发现的问题。需特别注意的是,参演人员不得参与策划小组,更不能参与演练方案的设计。在演练评价时,主要注意以下问题。

（1）不足项。不足项是指演练过程中观察或识别出的风险应急准备缺陷,可能导致在紧急事件发生时,不能确保应急救援体系有能力采取合理应急预案。应在规定的事件内给予纠正。策划小组负责人应对该不足项进行详细说明,并给出应采取的纠正措施和完成时限。

（2）整改项。整改项是指演练过程中观察或识别出的,单独不可能在应急救援中对公众的安全和健康造成不良影响的应急准备缺陷。整改项应在下次演练前予以纠正。以下两种情况的整改项可列为不足项:某个应急组织中存在两个以上整改项,共同作用可影响保护公众安全与健康能力；某个应急组织在多次演练过程中，反复出现前次演练发现的整改项。

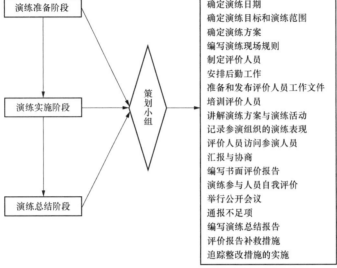

图 5-7　大型工程项目风险应急演练实施基本过程

（3）改进项。改进项是指工程项目在风险应急准备过程中应予以改善的问题，不会对施工人员的生命安全与健康产生严重的影响，视情况予以改进，不要求必须纠正。

（三）工程项目风险应急演练设计

应急演练是检验风险应急预案有效性最直观的方法。由于演练需耗费大量人力、物力和财力，因而编制演练方案、做好演练设计是相当关键的任务。演练方案应以情景设计为基础。情景设计就是针对假想风险事故的发展过程，设计出一系列的情景事件，包括重大事件和次级事件。在情景说明中必须对何时、何地、发生何种风险事故、被影响区域、气象条件等事项加以描述。情景事件的消息主要通过电话、无线通信、传真、手工传递或口头传递等方式传递给演练人员。

情景设计过程中，工程项目风险应急小组应注意以下项：①编写演练方案或设计演练情景时，应将演练参与人员、公众的安全放在首位；②负责编写演练方案或设计演练情景的人员，必须熟悉演练地点及周围各种有关情况；③设计演练情景时应尽可能结合实际情况，具有一定的真实性；④情景事件的时间尺度可以与真实风险事故的时间尺度相一致；⑤设计演练情景时应详细说明气象条件，如果有可能，应使用当时当地的气象条件，必要时也可以根据演练需要假设气象条件；⑥设计演练情景时应慎重考虑公众卷入的问题，避免引起公众恐慌；⑦设计演练情景时应考虑通信故障问题，以检测备用通信系统；⑧设计演练情景时应对演练顺利进行所需的支持条件加以说明；⑨演练情景中不得包含任何可降低系统或设备实际性能，影响真实紧急情况检测和评估结果，减损真实紧急情况响应能力的行动或情景。

在工程项目风险应急演练中，为了提高学习效果，应注意以下方面的问题：①演练过程中所有消息或沟通必须以"这是一次演练"作为开头或结束语，事先不通知开始日期的演练必须有足够的安全监督措施，以保证演练人员和可能受到其影响的人员都知道这是一次模拟紧急事件；②参与演练的所有人员不得采取降低保证本人或公众安全条件的行动，不得进入禁止进入的区域，不得接触不必要的危险，也不得使他人遭受危险，无安全管理人员陪同时不得穿越高速公路、铁路或其他危险区域；③演练过程中不得把假想的风险事故、情景事件或模拟条件错误当成真的，特别是在可能使用模拟方法来提高演练真实程度的那些地方，如使用烟雾发生器、虚构死亡事故和灭火地段等，当计划这种模拟行为时，事先必须考虑可能影响设施安全运行的所有问题；④演练不应要求承受极端的气候条件（不要达到可以称为自然灾害的水平）、高辐射或污染水平，不应为了演练需要的技巧而污染大气或造成类似危险；⑤参演的应急响应设施、人员不得预先启动、集结，所有演练人员在演练事件促使其做出响应行动前应处于正常的工作状态；⑥除演练方案或情景设计中列出的可模拟行动及控制人员的指令外，演练人员应将演练事件或信息当作真实事件或信息做出响应，应将模拟的危险条件当作真实情况采取应急行动；⑦所有演练人员应当遵守相关法律法规，服从指挥人员的指令；⑧演练人员没有启动演练方案中的关键行动时，控制人员可发布控制消息，指导演练人员采取相应行动，也可以提供现场培训活动，帮助演练人员完成关键行动。

三、工程项目风险应急预案优化完善

（一）工程项目风险应急预案的评价及修改

在工程项目风险应急预案的演练或实施过程中，及时根据反馈的信息调整预案是非常重要的。一方面，即使是微小环节的差错也可能导致整个应急预案在实践中的失败，因而必须认真对待演练时发现的任何一个问题。另一方面，由于工程项目的施工现场在各个时期不断发生变化，施工人员和管理人员也经常调整，因此，也需要根据现实情况的变更及时评定与修改应急预案。在此过程中，注意不要忽视管理系统缺陷的相关问题，如培训不足、管理者对人员及设施等方面的变化缺乏必要的调整等。

（二）工程项目风险应急预案的审核

为保证风险应急预案的有效性，应每年至少对预案进行一次正式审核，在审核中应考虑如下问题：①在评价和更新预案时，如何带动所有的管理部门进行参与？②在危险性分析中存在的问题和所确定的不足项是否已经被充分地改善？③应急预案是否体现了预案在培训中或现实中所接受的教训？④应急小组成员和响应小组成员是否了解各自职责，新成员是否经过培训？⑤预案是否反映了项目在自然布局上的改变，是否反映了新的施工流程？⑥培训是否客观？已存在的危险是否有改变？⑦预案中所包含的名字、主题和电话号码是否为最近的？⑧所实施的风险应急管理的方案与其他工程项目是否一致？

此外，除年审外应该在以下情况下对预案进行审核、评价和修改：①每年培训或演练之后；②每次风险事故之后；③当施工人员改变或是他们调换工作之后；④当政策或过程改变时。

第六章

工程项目风险分析案例

第一节　某跨海大桥项目风险分析

一、项目概述

（一）项目基本情况

项目名称：H 跨海大桥（公路桥梁）。

建设地址：H 市。

建设规模：长度约为 36km。

交通量预测：2008 年 44889 辆/日；2027 年 96490 辆/日。

技术标准：双向 6 车道高速公路标准，行车速度 100km/h。

工程方案：整个大桥由北通航孔桥、南通航孔桥和非通航孔桥组成。桥位推荐采用"乍浦方案"，北通航孔桥拟采用主跨为 448m 的钢箱梁斜拉桥，南通航孔桥拟采用主跨为 228m 的独塔钢箱梁斜拉桥，非通航孔桥拟采用 50～90m 的预应力混凝土连续箱梁。

工期：项目计划建设工期 5 年。

投资：总投资估算 107.7 亿元。

（二）项目特点

H 跨海大桥地处 Z 省 Q 江入海口，气象、水文和地质条件十分复杂，工程设计和施工难度大，不可预见因素多，具体体现在：地质条件复杂、水文气象条件恶劣、设计参数选择困难、施工限制因素多。

（三）项目建设目标

建设 H 跨海大桥，完善 Z 省地区及周边区域的路网结构，促进南北向快速便捷公路通道的形成。

H 跨海大桥建设的微观目标是用 5 年的时间，以约 108 亿元投资，建设完成大桥工程，以适应该地区交通量快速发展的需要，满足当地交通运输增长的要求，缓解 H 市过境交通压力。根据对 6 车道不同服务水平下的通行能力分析，到 2008 年实现平均日交通量 4.5 万辆/日，2027 年 9.7 万辆/日，在评价期末年其所提供的服务达到 C 级服务水平。

（四）风险分析的目标与方法

1. 分析的目标

对项目存在的风险因素进行分析，分析导致项目建设风险的各种潜在原因；分析风险因素可能造成的影响与后果，筛选出主要风险因素；针对风险因素对项目的影响，提出消除或减少风险影响的对策措施，并对有关工程技术风险提出下一步必要的研究和试验课题；对建设项目的财务和经济效益进行全面评价，模拟风险影响，从风险角度对有关建设方案进行评价，提出有关对策建议。

2. 分析的方法

重大投资项目风险分析与评价系统是一个以专项风险分析为基础，以综合风险分析与评价为目标，包括各种单因素风险分析在内的复杂系统。该系统应用现代应用数学、系统科学、信息科学、管理科学等多个学科、多个领域的知识，结合交通项目评估的特点，建立投资项目风险分析系统，研制开发计算机软件系统，研究重大投资项目决策可行性研究阶段风险分析的问题。该系统在北京至上海高速铁路工程、磁悬浮和轮轨技术比较项目等国家重大工程建设项目中得到了应用，对揭示项目风险、研究风险对策等富有成效。

（五）主要结论与风险对策

1. 主要结论

施工风险程度为较大风险，工期风险程度为一般风险，设计风险程度为一般风险，投资增加的风险程度为一般风险，交通量、环境影响、社会影响、财务可持续性及项目运营效益风险相对较小，为一般风险。项目综合风险为一般程度风险。表明项目总体风险水平不是很高，只要采取合理的措施，能够将风险影响控制在可以接受的范围内，保证项目预期目标的实现。

2. 主要风险对策

做好施工的总体规划和组织管理；完善施工技术措施；设计方面要加强防腐和浅气层桩基础等专题研究，在设计上对永久工程结构预留足够的安全储备，提高构筑物的耐久性和安全性；适当延长工期目标；按工程技术特征和结构形式划分施工标段；进行通航安全与防撞措施的专门研究；环境和生态保护措施；对运营管理模式进行专门研究，完善业主单位的组织机构建设。

二、项目风险分析采用的方法

（一）项目风险分析的基本原理

项目风险分析是认识项目可能存在的潜在风险因素，估计这些因素发生的可能性及由此造成的影响，分析为防止或减少不利影响而采取对策的一系列活动，包括风险识别、风险估计、风险评价三个基本阶段。风险分析所经历的三个阶段，实质上是从定性分析到定量分析，再从定量分析到定性分析的过程。

1. 风险识别

风险识别是风险分析的基础。风险识别要解决的主要问题是找出风险因素，定性判别风险的性质、发生的可能性以及对项目影响的程度。风险识别的关键是认知风险，运用系统论的观点对项目进行全面考察综合分析，找出潜在的各种风险因素。

风险是不以人的意志为转移并超越人们主观意识的客观存在。对于一个活动或事件，对于预定的目标，可能存在诸多的直接或间接的风险，它们具有各不相同的地位或影响。既不可能亦无必要研究所有的风险，以及它们对一事件或活动的影响。作为风险分析的第一步，风险识别旨在发现风险根源，进行风险分类，评价风险对项目的影响，并确定那些将会对项目产生严重影响的最关键风险。在风险识别阶段，需要考虑的主要问题是：①哪些风险需要考虑；②这些风险的主要根源及产生原因；③风险后果有哪些。

风险识别是最费时的阶段，主要方法包括解析法、专家调查、故障树、事件树、问卷调查和景幕分析等。识别内部和外部的风险需要分析者富有经验、创建性和系统观念，但由于个人知识、经验和视野的局限性，个人难以完成风险识别任务，通常的最佳方法是组成一个适当的小组来完成此任务，以弥补彼此的缺陷。

2. 风险估计

风险估计是估计风险发生的可能性及其对项目产生的后果。通常的步骤是先进行定性估计，再进行定量估计。定量的概率估计方法包括客观估计和主观估计。当信息缺乏时，基于经验、知识或类似事件比较的专家推断概率便是主观估计。主观估计有两种方法：直接法和间接法。为了降低主观概率的缺陷，对同一事件也应通过不同的方式，多方面求证，从中检验回答的一致性。为了集中专家的智慧，通常采用德尔菲法。客观估计是利用同一事件的历史数据，或是类似事件的数据资料，演绎出客观概率。运用概率统计等方法判别各种风险因素在一定时间内发生的可能性和可能造成损失的严重程度，即概率的大小。通过数学模型预测风险因素发生的可能性及其概率的区间（分布），概率分布对于准确衡量损失频率及损失后果具有重要的作用。该法的最大缺点是需要足够的信息，但通常是不可得的。

3. 风险评价

风险评价是在风险估计的基础上，通过相应的指标体系和评价标准，来揭示影响项目成败的关键风险因素，提出对项目风险的预警、预报和相应防范对策。风险评估方法包括 AHP、CIM 和 Monte-Carlo 模拟等。

风险具有可变性，在项目的实施过程中，各种风险在质和量上随着项目的进展不断变化，有些风险得到控制，有些风险开始出现，在项目的寿命周期内，风险无处不在、无时不有。对投资项目进行风险分析的目的是让投资者认识和控制风险，在有限的空间和时间内改变风险存在和发生的条件，降低其发生的频率和损失程度，但是不可能完全消除所有风险。在项目决策阶段针对风险分析揭示的影响成败的关键风险因素，其主要对策包括三个方面：一是通过多方案比较，选择最优方案；二是对有关工程技术风险提出必要研究与试验课题；三是对有关价格、汇率和利率等风险在投资估算和财务效益分析中留有充分的余地。

风险分析流程可以进一步细化为十步，如表 6-1 所示。

表 6-1　　　　　　　　　项目风险分析的简明流程

风险识别	1. 设立适宜的风险分析内容和目标	（1）保证有足够的信息以开展风险分析； （2）明确分析目标、条件和要求； （3）确定假设条件； （4）确定项目成功的关键判据
	2. 收集有关风险信息	（1）细分项目； （2）分析每个子项目涉及或包含的因素； （3）分析子项目之间的关系； （4）准备子项目产品清单； （5）列出可能的风险原因； （6）识别每个子项目的基本风险原因； （7）识别每个子项目的基本风险因素
	3. 风险分类	（1）根据基本风险原因对风险进行分类； （2）分析反映的效果
风险估计	4. 确定风险的可能性、后果	（1）定性分析风险发生的可能性； （2）定性分析风险发生的后果； （3）按照风险的影响程度对其进行排队

续表

风险估计	5. 改善估计	（1）确定是否需要进行定量估计； （2）风险量化估计； （3）敏感性分析、临界值分析； （4）确定累计可能性和后果
	6. 风险分类	
风险评价	7. 获得风险等级指数	（1）运用 AHP、CIM、Monte-Carlo 评价风险等级； （2）确定项目综合风险等级
	8. 根据风险等级指数衡量的可接受性	（1）确定每个风险或每组风险水平； （2）与风险等级指数进行比较
	9. 为不能接受的风险设计替换行动	（1）确定风险反应的类型； （2）确定控制或预备行动； （3）设计替代行动； （4）明确风险与可能反应之间的联系
	10. 根据风险的紧要秩序进行分类	（1）风险分类； （2）风险与行动的相互联动

（二）重大投资项目风险分析系统

重大投资项目存在多层次和多种类风险因素，并且许多风险因素之间存在错综复杂的关系，而一般的风险分析方法难以全面对这类项目可能出现的各种风险因素做出综合评价，为此，针对本项目特点，可应用重大投资项目风险分析系统。其结构如下：

1. 系统体系构成

重大投资项目风险分析评价系统由三大体系组成，这三大体系分别是风险因素体系、方法体系和支持体系。

（1）风险因素体系。本项目的各专项风险，包括交通量、设计方案、施工方案、建设工期、项目投资、财务可持续性、项目运营效益、社会影响、环境影响等九个方面的风险；以及由此展开的风险子因素体系——各专项风险的因素构成。

（2）方法体系。实现风险分析与评价的方法集，包括 AHP、CIM、Monte-Carlo 模拟、专家调查法等。

（3）支持体系。实现风险分析与评价的数据集，包括风险分析专家库、工程项目信息库和风险评价指标及准则库。

2. 系统主要功能

本系统主要有风险分析和风险评价两大功能。

（1）风险分析功能包括因素分析、专项分析和综合分析。

1）因素分析。根据专家对各风险因素的定性评判（或直接采用经验概率或统计概率），通过数学模型组合，计算各风险因素的概率分布、数学期望值及标准差等。

2）专项分析。根据各风险因素的概率分布，通过风险模型组合，计算工程风险、投资风险、财务风险、经济风险等专项的概率分布、数学期望值及标准差等。

3）综合分析。根据各专项风险的概率分布及各专项风险的相对重要性程度（权重），通过层次分析模型，计算项目综合风险的概率分布、数学期望值及标准差等。

（2）风险评价功能包括风险等级评价和风险程度评价。

1）风险等级。根据各风险因素、专项风险和综合风险的概率分布，将风险发生的可能性按 1~9 级加以划分，并评价出具体的风险等级值。

2）风险程度。根据风险等级的划分，将风险程度按较小风险、一般风险、较大风险和严重风险加以划分，并给出每项因素对应的风险程度。

根据风险因素对投资项目影响程度的大小，作为风险评价判别标准，将风险影响程度划分为 9 个风险等级，即 1~9 级，其中：

1）1~2 级风险归为较小风险。风险发生的可能性较小，或者发生后造成的损失较小，不影响项目的可行性。

2）3~5 级风险归为一般风险。风险发生的可能性不大，或者发生后造成的损失较小，一般不影响项目的可行性，但应采取一定的防范措施。

3）6~7 级风险归为较大风险。风险发生的可能性较大，或者发生后造成的损失较大，但造成的损失是项目可以承受的，应采取一定的防范措施。

4）8~9 级风险归为严重风险。风险发生的可能性大，风险造成的损失大，将使项目由可行转变为不可行，需要采取积极有效的防范措施。

3．系统模块的组成

重大投资项目风险分析与评价系统由四个模块组成，即综合、投资、财务和经济效益风险评价，根据四个模块各自的特点，分别选用不同的数学模型工具进行计算各种风险因素的概率分布及相应指标。

（1）综合风险分析模块，采用层次分析法等方法，分别计算各个层次风险因素变化的概率分布、期望值及标准差。

（2）投资风险分析模块，采用 CIM 模型计算投资增加与减少的概率分布、期望值及标准差。

（3）财务风险分析模块，采用蒙特卡罗模拟法计算财务内部收益率、净现值及投资回收期变化的概率分布、期望值及标准差。

（4）经济风险分析模块，采用蒙特卡罗模拟法计算经济内部收益率、净现值的概率分布、期望值及标准差。

风险分析系统工作流程如图 6-1 所示。

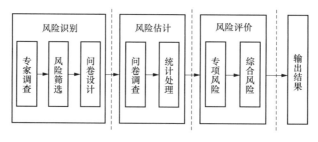

图 6-1　风险分析系统工作流程

（三）项目风险分析方法体系

1．专家调查法

对风险的识别和评价可采用专家调查法。专家调查法简单、易操作，它凭借分析者（包括可行性研究人员和决策者等）的经验对项目各类风险因素及其风险程度做出定性估计。专家调查法可以通过发函、开会或其他形式向专家进行调查，对项目风险因素及其风险程度进行评定，将多位专家的经验集中起来形成分析结论。由于它比一般的经验识别法更具客观性，因此应用更为广泛。当采用专家调查法时，专家应熟悉该行业和所评估的风险因素，并能做到客观公正。为减少主观性，专家应有一定数量，一般应有 10～20 位。在具体操作上，将项目可能出现的各类风险因素及其风险程度采取表格形式一一列出，请每位专家凭借经验独立对各类风险因素提出可能性和风险程度进行选择，最后将各位专家的意见归集起来。

结合本项目特点，专家调查表设计如表 6-2 所示。

表 6-2　　　　　　　　　　　　　　　风险因素量化统计表

风险因素	出现的可能性									出现后对项目影响程度								
	极小	非常小	小	较小	一般	较大	大	非常大	极大	极小	非常小	小	较小	一般	较大	大	非常大	极大
I																		
II-1																		
……																		
III-1																		
……																		
IV-1																		
……																		
V-1																		
……																		

表中风险因素出现的可能性及对项目的影响程度，用 1～9 个等级表示，即：1 表示可能性或影响极小；2 表示可能性或影响非常小；3 表示可能性或影响小；4 表示可能性或影响较小；5 表示可能性或影响一般；6 表示可能性或影响较大；7 表示可能性或影响大；8 表示可能性或影响非常大；9 表示可能性或影响极大。

财务分析和经济分析表中的风险因素主观概率的估计是通过各风险因素的变化区间，由专家判断风险在不同区间变化的可能性，并对专家意见统计而得出的。

2. 层次分析法

层次分析法（Analytic Hierarchy Process，AHP）是美国著名运筹学家、匹兹堡大学教授 T.L.Saaty 于 20 世纪 70 年代中期提出的一种定性与定量相结合的决策分析方法。AHP 是一种定性与定量相结合的多准则决策分析方法，它把一个复杂问题解析为有序的递阶层次结构，通过逐层计算每一层的组合权，并最终求得目标层（最上一层）的综合结果。AHP 一般包括四个步骤：一是建立所研究问题的递阶层次结构；二是构造两两比较判断矩阵；三是由判断矩阵计算被比较元素的相对权重；四是计算各层元素的组合权重。

根据投资项目风险因素的构成及其相互关系，按照 AHP 的原理，将风险分析与评价体系分为若干层次。第一层为综合评价层，即项目的总目标层；第二层为专项评价层，即项目的各专项风险；第三层为子项评价层；第四层及以下为风险因素层，即各专项或最终的风险因素。各专项风险层次的划分原则，是层层剖析分解到风险因素最基本单元，分解到不可再分解为止。各专项风险分解的层次各不相同，有些只分解到第二层，有些可能需要分解到第五层。在工程项目风险分析中，由于项目的综合风险是由影响整个项目的不同子项的风险共同作用而产生的，不同子项的风险又是由其下一层子项共同作用的，最后是追溯到各子项下具体的风险因素。在进行综合风险分析时，将各子项的权重与子项的风险概率分布加权叠加，即得出项目的综合风险概率分布。

风险评价体系层次结构如图 6-2 所示。

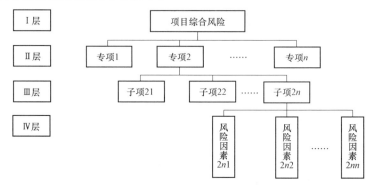

图 6-2　风险评价体系层次结构

各主项风险的权重，可以通过专家判断，请有关专家对各专项风险的重要性程度进行比较，形成判断矩阵，通过计算处理，最后得出专项风险的权重。二层风险因素权重判断矩阵如表 6-3 所示。

表 6-3　　　　　　　　　　　　　　二层风险因素权重判断矩阵

专项风险	设计风险	施工风险	工程风险	环境风险	社会风险	交通量风险	投资风险	财务风险	运营风险
设计风险									
施工风险									
工程风险									
环境风险									
社会风险									
交通量风险									
投资风险									
财务风险									
运营风险									

在本项目中，采用 AHP 法，将项目的风险分为设计、施工、工期、环境、社会、交通量、投资、财务和运营 9 个方面，通过两两比较，计算各方面的权重；再沿这 9 个方面，进一步细分风险因素，直到最基本的风险单元，如施工风险，进一步分为施工组织设计和施工技术等若干风险因素，施工组织与管理又分为建设单位管理、施工单位管理风险等。

3. CIM 方法

CIM（Controlled Interval and Memory Model）是现代风险分析通过概率分布叠加进行风险因素组合量化评价的一种有效方法，它是 Chapman C.B.和 Cooper D.F.在 1983 年提出的。CIM 模型包括串联响应模型和并联响应模型，它们分别按随机变量的物理关系分别进行随机变量概率分布的"串"或"并"联组合与叠加。

CIM 方法主要采用的是自上而下进行概率叠加，其特点是用直方图表示随机变量的概率分布，用和代替概率函数的积分，并按串联或并联响应模型进行概率叠加。

所谓"控制区间"是指为了减少叠加无偿，在计算中对叠加变量的直方图加以处理，即缩小其概率区间，将原概率区间分解得再小些，可以得出更加精确的结果。所谓"记忆"是指当有两个以上的随机变量需要进行概率分布叠加时，可用"记忆"的方式考虑前后随机变量的相互影响，即把前面概率分布叠加的结果记忆下来，应用"控制区间"的方式将其与后面随机变量的概率分布叠加，直至计算最后一个随机变量为止。

在本项目中，运用了 CIM 法对工程施工、设计、工期、环境影响、交通量、社会影响等单项风险进行计算。

4. 蒙特卡罗模拟法

蒙特卡罗模拟法（Monte-Carlo Simulation）又称随机模拟法或统计试验法，是一种通过对随机变量进行统计试验和随机模拟，求解数学、物理以及工程技术等有关问题的近似的数学求解方法。这种方法首先由美国数学家 Von Neumann 和 Ulam 提出，其特点是用数学方法在计算机上模拟实际事物发生的概率过程，然后对其进行统计处理并给出其概率统计分布。由于该方法可以随机模拟各变量之间复杂的、难以用数学方法求解的动态关系，而社会和经济问题中大量存在着随机变化的和不确定的现象，因此，广泛在社会和经济领域中应用。

设 $Y=F（X_1，X_2，\cdots，X_n）$是满足某一特定关系的函数表达式，式中 $X_1，X_2，\cdots，X_n$ 是相互独立的随机变量，且各自具有一定的概率分布（连续型和离散型）。当对 $X_1，X_2，\cdots，X_n$ 进行随机抽样时，可以根据函数 $Y=F（X_1，X_2，\cdots，X_n）$得到一个 Y_i，$i=1，2，\cdots，k$。当随机抽样次数不断增加时，所得到的函数结果 Y_i 就会相应增加。最后，所有计算结果构成了 Y 的概率分布。根据计算出的 Y 的概率分布，可以得出 Y 落在函数临界值以外的累积概率。应用蒙特卡罗模拟技术应注意，必须保证次数足够多，且每次试验是相互独立的。

蒙特卡罗模拟分析流程如图 6-3 所示。

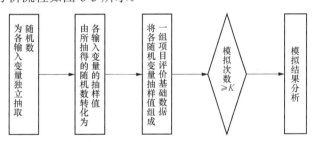

图 6-3 蒙特卡罗模拟流程

在本项目中，运用蒙特卡罗模拟法对投资、财务效益和项目经济效益进行了模拟，设定项目总投资、建设工期、工程量等相关风险变量，计算财务内部收益率、财务净现值、投资回收期、经济内部收益率和经济净现值等指标。

三、项目风险识别与估计

（一）过程简述

H 跨海大桥的风险识别与估计，主要采用了专家调查法，××公司组织了国内权威的工程设计、施工、交通量预测、财务与经济、环境与社会影响专家，在认真研究项目可行性研究报告等资料的基础上，对项目存在的主要风险因素进行系统的分析。

1. 风险因素识别

风险因素识别是风险分析的基础工作，按照风险分析的要求，围绕着 H 跨海大桥的建设目标，对项目风险进行了系统研究。首先进行专项风险分析，识别项目存在的主要风险因素，并分析项目产生风险的原因，判别对项目影响的程度。专家经过反复论证，认为影响项目总目标的主要风险因素共有九个方面。按层次分析法原理，分别剖析各个方面的下层风险因素，直至分解到最基本单元。本项目风险分析的框架结构分为五个层次，表 6-4 给出了项目风险结构的前三层。

表 6-4　　　　　　　　　　　　　项目风险结构层次表

H 跨海大桥风险	设计风险	技术标准	H 跨海大桥风险	社会影响	社会环境影响
		结构可靠性			社会个人影响
		工程建设规模			社会机构影响
		交通工程设施		交通量预测	基础数据的可靠性
		防腐蚀措施			经济发展速度的可能性
	施工风险	施工管理			预测方法的正确性
		施工组织设计		投资估算	建筑安装工程费
		施工技术			设备购置费
	建设工期	自然条件			其他费用
		总体施工组织		财务可持续性	投资增加
		前期工作			资本金出资
		开工准备			贷款来源
		资金来源			财务清偿与报酬能力
	环境影响	自然环境		项目运行效益	效益
		生态环境			费用
		景观环境			

2. 风险因素估计

在风险因素识别后，编制风险因素定量分析统计表，请专家对风险因素发生的可能性以及对项目的影响程度按照 1～9 个等级给予定量判别。将所有专家判断结果进行统计分析，计算出各种风险因素其风险等级的概率分布，判别出其最可能发生的风险等级，计算出期望值及标准差，做出各种风险因素的概率分布曲线及累计概率曲线图。以下详细论述主要风险产生的原因及定性与定量分析的结果。

（二）设计风险

1. 设计风险因素

针对《可行性研究报告》（以下简称《可研报告》）提出的推荐方案，专家组对设计中的风险因素进行了分析。

H 跨海大桥地处 H 海湾开阔海域，波浪、水流、气象、地质、地形等自然条件比较复杂，对基础结构的设计影响很大。桥梁基础结构不但需要承受桥梁自重和车辆等竖向荷载作用，还须直接承受较大的波浪、水流、风和可能的船舶偶然撞击等水平荷载的作用，基础结构设计需重视其影响。杭州湾属于海洋性环境，大桥结构的耐久性和防腐措施与江河上的大桥有较大不同。由于国内复杂自然条件下的跨海大桥设计经验不足，现行规范和标准在一定程度内还不能完全满足设计的要求。因此本项目在设计方面，潜在的不确定性较大，有可能影响大桥的使用寿命、行车安全、服务水平及大桥通航能力等。设计风险因素主要有以下五个方面：

（1）技术标准。H海湾四季有雾，多风暴，而避让、检修及掉头车道设计余量不大，影响荷载标准的因素有车辆荷载变异、风荷载、船撞力、地震力等。因此，设计的行车速度、桥面宽度、荷载标准等都要考虑其不确定性影响。

（2）结构可靠性与安全性。

1）结构延性。结构延性是指结构达到极限荷载力后的变形能力，结构延性破坏后有较大的变形，可以预警人们尽早撤退，避免重大损坏。由于设计荷载、材料参数的选择、工程计算理论与实际存在差异的可能性，影响其结构的可靠性。

2）河床冲淤对结构桩基的影响。H海湾冲淤变化总趋势是北岸侵蚀坍塌，岸线后退，主槽加深，南岸淤涨。据统计资料可知，北岸海埠深槽冲淤幅度最大约10m，其次是南岸东浅滩前沿，冲淤幅度为6～7m，中间部位河床面冲淤幅度为4～6m，冲淤变化幅度较大。虽然理论上可以预估冲刷深度，但准确预估有一定难度。设计与施工若预计不足，将影响工程安全，如钻孔桩的摩阻力减少，打入桩桩基承载力不足等。

3）船舶对大桥的撞击影响。H跨海大桥横跨H海湾南北两条航道。目前，其中北航道船型以1万～3万t为主，南航道船型多为千吨级以下。拟建工程可能导致H海湾内发生船舶碰撞风险事故：一是航道长、宽度有限，大型船舶避让困难；二是各类中小型船舶多，船况差，事故概率相对较高；三是包括大风、大雾、大浪等不利海况的天数多。加上船舶机械事故、结构损坏等因素，存在船舶与桥梁建筑物之间碰撞的可能性。

（3）工程建设规模。由于岸线变化、海床变化、深槽位置摆动，对设计的桥长、通航桥孔设置产生影响，将导致工程建设规模的变化；此外，也会引起航道变化，影响预期通航标准等。

（4）交通工程设施。交通工程设施完善、规模合理，是大桥正常运营的保证。本项目海上桥梁30km以上，过往交通量大，与一般公路或桥梁有很大差别，对服务设施要求高，需要完善的交通工程设施，包括交通监管系统、收费系统等。由于缺乏经验和相应的规范，设计上难度较大。如果考虑不周，将给运营管理带来诸多不便，使服务水平下降，影响运营效益。

（5）抗腐蚀措施。由于大桥处于海洋环境中，防腐是提高耐久性的关键。目前，国内桥梁防腐的处理方法、技术、材料等尚不完全成熟，在吊索材料处理、涂料选择、裂缝处理、索套更换等方面都缺乏足够的实践和经验，若设计考虑不周，将影响大桥的安全与寿命。

2. 设计风险分析结果

设计方案风险计算结果表明，影响设计方案的主要风险因素：技术标准风险等级为5级，结构的可靠性风险等级为3级，工程建设规模风险等级为6级，交通工程设施风险等级为4级，防腐蚀措施风险等级为6级。设计方案风险等级为4级，属于一般风险。计算结果如表6-5所示。

表6-5 设计风险概率分布

项目名称	风险等级及概率										最可能发生风险	
	0	1	2	3	4	5	6	7	8	9	等级	概率
设计方案	0.00	0.01	0.04	0.21	0.37	0.27	0.09	0.01	0.00	0.00	4	0.37
	0.00	0.01	0.05	0.26	0.63	0.90	0.99	1.00	1.00	1.00		
工程技术标准	0.01	0.01	0.04	0.10	0.16	0.21	0.20	0.15	0.08	0.04	5	0.21
	0.00	0.02	0.06	0.16	0.32	0.53	0.73	0.88	0.97	1.00		
结构可靠性和安全性	0.06	0.12	0.18	0.21	0.19	0.13	0.07	0.03	0.01	0.00	3	0.21
	0.06	0.18	0.36	0.58	0.77	0.90	0.96	0.99	1.00	1.00		
工程建设规模	0.00	0.01	0.01	0.05	0.14	0.25	0.27	0.18	0.07	0.02	6	0.27
	0.00	0.00	0.02	0.07	0.21	0.46	0.73	0.91	0.98	1.00		
交通工程设施	0.03	0.07	0.13	0.19	0.21	0.18	0.11	0.06	0.02	0.01	4	0.21
	0.03	0.10	0.23	0.42	0.63	0.80	0.92	0.97	0.99	1.00		
抗腐蚀措施	0.00	0.01	0.01	0.06	0.15	0.25	0.26	0.17	0.07	0.02	6	0.26
	0.00	0.00	0.02	0.08	0.23	0.48	0.74	0.91	0.98	1.00		

（三）施工风险

围绕H跨海大桥的施工管理、施工组织和施工技术等问题，建设单位曾经多次邀请了国内外众多知名专家召开咨询会，并组织了国内实力雄厚的大型桥梁施工、设计单位参加的工程施工方案和桥型优化方案征集活动。《可研报告》根据H海湾特定的建设条件，参考咨询会、方案征集活动的意见，提出了各区段工程施工方案。专家认为，H跨海大桥所处位置的气象、水文、地形等情况复杂，海上作业技术难度很大，施工风险因素较多，包括施工管理、施工组织设计、施工技术等三大类。

1. 施工管理风险

大桥的施工组织管理是一项庞大复杂的系统工程，是关系大桥能否实现预定目标的关键。施工管理风险包括建设单位管理风险和主体施工单位对施工的组织与管理风险。

（1）建设单位的组织与管理。建设单位担负组织设计方案论证，筹集建设资金；协调项目所在水域宁波和嘉兴两地有关部门关系；组织招投标，确定重大施工方案，解决建设用地及安排大型临时设施，协调设计、施工与监理各方的关系，解决施工过程中的重大突发事故；在营运阶段要确保安全高效运营。这些任务对建设单位的组织能力、协调能力、工作效率、团队协作要求很高，目前国内缺少H跨海大桥这样规模的桥梁工程建设与组织的管理经验。

（2）主体施工单位的组织与管理。主体施工单位的组织与管理风险，包括单位素质、施工特长与界面、项目经理水平、施工设备与经验、合同管理能力与协作施工单位的协调。

本工程规模大、施工难，特别是长达70余米的打入桩，约2000t重的预应力混凝土整孔箱梁构件预制与安装，主跨448m钢箱斜拉桥施工，通航孔两侧高墩区80m跨预应力混凝土连续梁的悬臂拼装等，都大大超过一般桥梁工程的施工难度。这对施工单位的技术条件、设备能力和管理水平提出了比较高的要求。H 跨海大桥建设与 DH 大桥、ST 大桥、CMD 过江通道等大桥工程基本同步建设，而国内具有海上作业能力与经验的桥梁施工队伍有限，工程需要的大型打桩设备、架桥设备、运输船只在世界上为数不多，国内拥有量更有限，选择适合本工程需要的主体施工承建单位比较困难。此外，工程界面的质量、进度协调要求等，对分包单位资质、能力、信誉、配合精神的要求也很高。

（3）施工管理风险分析结果。风险分析计算结果表明，影响施工组织与管理的主要风险因素中，建设单位组织与管理风险等级为 5 级，主体施工单位的施工组织与管理风险等级为 7 级。施工组织与管理风险等级为 7 级，风险程度为较大风险。计算结果如表 6-6 所示。

表 6-6　　　　　　　　　施工管理风险模拟概率分布及累积概率

项目名称	风险等级及概率										最可能发生风险	
	0	1	2	3	4	5	6	7	8	9	等级	概率
施工管理	0.00	0.00	0.00	0.00	0.01	0.06	0.24	0.38	0.25	0.07	7	0.38
	0.00	0.00	0.00	0.00	0.01	0.07	0.30	0.68	0.93	1.00		
建设单位	0.00	0.02	0.05	0.11	0.18	0.22	0.20	0.14	0.07	0.02	5	0.22
	0.00	0.02	0.06	0.17	0.35	0.57	0.77	0.91	0.97	1.00		
主体施工单位	0.00	0.00	0.00	0.01	0.05	0.15	0.26	0.28	0.18	0.07	7	0.28
	0.00	0.00	0.00	0.01	0.06	0.21	0.47	0.75	0.93	1.00		

2. 施工组织设计风险

完善的施工组织设计是工程顺利实施的保证，只有未雨绸缪，防患于未然，才能确保项目总目标的实现。该项目的施工组织设计与一般项目不同，除涉及工程施工区域的道路、场地、水电设施和码头等外，考虑项目的自然环境、工程技术及施工特征，需要建立海上指挥生活中心、海上作业运输体系及海上安全保障体系。但是，目前有关问题尚未作系统性研究，由于缺乏经验，施工组织设计要认真研究。

（1）海上指挥中心、海上运输及安全系统的风险。《可研报告》提出在南通航孔附近用大型旧客船组拼海上生活基地与指挥中心。在强潮海域建设平稳的基地是非常困难的，在遇到台风和风暴潮时，施工人员和施工船舶的撤退、火灾的防患等方面都存在问题；面对 36km 海域的施工，如何设置大型预制构件厂及安排大型预制构件的运输等；在施工高峰期，海上将有打桩船、材料运输船、钻孔桩作业平台、海上混凝土加工厂，如何进行海上作业组织与调度，保证浮吊安装、钢箱梁的运输，同时保证航道的正常航运，需要全面合理地组织调度，并制订应对台风、大潮的应急计划、撤退方案，合理选择与设置避风港等。

（2）影响安全特殊风险。

1）浅层气问题。桥址区南岸河滩地层中，存在浅层气层，埋藏于 10 余米深和 35～60m 深处，在钻孔桩施工中，若无预先防范，易造成"井喷"等恶性事故，或钻孔塌陷等重大质量事故。本桥区浅层气层的大致分布虽已在前期工作中基本探明，并对其防范措施做了专题研究，但墩位处遇上浅层气，桩基工程工期延长在所难免，工程费用也会增加。

2）建设期航运安全问题。H 海湾内水域有南北两条航道，主要运行吃水 10m 左右的船舶，目前进港船型主要为 2～3 万吨级。施工期若不注意航运管理，运输船只、施工船只在桥位处密度将很大，易发生船只相撞、船撞基础施工平台等事故。

（3）总体施工组织设计风险分析结果。总体施工组织设计风险分析计算结果表明，影响施工组织设计的主要风险因素：海上指挥生活中心风险等级为 6 级，海上作业运输风险等级为 5 级，海上安全体系风险等级为 4 级。施工组织设计总的风险等级为 7 级，风险程度为较大风险。计算结果如表 6-7 所示。

表 6-7　　　　　　　　　施工组织设计风险模拟概率分布及累积概率

项目名称	风险等级及概率										最可能发生风险	
	0	1	2	3	4	5	6	7	8	9	等级	概率
总体施工组织设计	0.00	0.00	0.00	0.00	0.01	0.08	0.31	0.40	0.17	0.03	7	0.4
	0.00	0.00	0.00	0.00	0.01	0.09	0.40	0.80	0.97	1.00		
海上指挥生活中心	0.00	0.01	0.03	0.08	0.15	0.21	0.22	0.16	0.09	0.04	6	0.22
	0.00	0.01	0.04	0.13	0.28	0.49	0.71	0.87	0.96	1.00		
海上运输系统	0.00	0.02	0.05	0.11	0.18	0.22	0.20	0.14	0.07	0.03	5	0.22
	0.00	0.02	0.07	0.17	0.35	0.57	0.77	0.90	0.97	1.00		
海上安全系统	0.02	0.05	0.10	0.16	0.20	0.19	0.15	0.09	0.04	0.01	4	0.2
	0.02	0.06	0.16	0.32	0.52	0.71	0.86	0.95	0.99	1.00		

3．施工技术风险

在强潮海湾上进行海上作业，具有相当大的难度。特别是 70 余米长 $\phi1.5m$ 以上的钢管桩和 $\phi2.5m$ 的钻孔桩的海上施工，以及重达 2000t 的整孔预应力混凝土连续梁预制件安装等尤为突出。经分析，施工技术风险包括滩涂区引桥施工（桩基施工）、低墩引桥工程（打入桩施工、50m 主梁移动支架现浇）、高墩引桥工程（海上钻孔灌注桩）、通航孔施工（海上钻孔桩施工、墩塔现浇施工、预制钢箱梁制作、悬臂浇筑或拼装、中墩防撞）。

（1）钻孔灌注桩施工风险。本工程陆地滩涂区引桥、高墩区引桥、通航孔桥、墩台基础采用钻孔灌注桩。滩涂区采用栈桥施工方式，桩径 $\phi1.0\sim\phi1.8m$，其风险因素有：滩涂地基处理不当，栈桥施工平台沉陷，造成钻架倒塌；潮汐水位变化，孔内水压不足，致使钻孔塌孔；操作失误等原因造成的钢筋笼掉落、钻头掉落；导管漏浆造成混凝土夹层；导管埋深不足 2m 造成的断桩。

海上钻孔灌注桩的工作平台可采用两种作业方式：一为船拼钻井平台；二为专用海上作业钻井平台。但无论哪种方式，在浪高水急的海域中，钻孔定位都困难；钢护筒的插打，要考虑河床的冲刷变化，确定打入深度。主要风险因素有：海上施工平台和船只倾覆造成的恶性事故；桩位定位不准，须调整桩位或报废；海上作业遇大风浪，导致工作停顿和已做部分工程报废。

低墩区引桥采用钢管桩 $\phi1.2\sim\phi1.6m$，用打桩船插打，其风险因素有：70 余米高打桩架、打桩船设备，国内数量较少，即使采购定制，存在时间、技术、费用风险；$\phi1.2m$ 以上钢管桩制造经验不足，存在制作风险；插打时遇到孤石、浅层气造成施工延迟；插打后未及时加桩头，突然来临的风浪，造成钢管桩倾斜或沉入海底；在冲淤变化大的地区控制插打桩的承载力是个难题，承载力不足将直接影响工程质量。

（2）墩台施工的风险。本项目低墩区引桥用预制构件安装中墩，其余为现浇中墩，为使预制件紧密结合，要用镶合生产技术，对预制精度要求高。因预制件是对号入座，若有损失必须重新预制。预制中墩风险因素主要有：大型预制块件施工质量控制；海上运输及安装，遇大风时保护措施不力可能造成的意外或报废。现浇中墩风险因素主要有：因海上波浪影响可能发生立模倒塌；模板被风浪击倒或船只撞击等意外事件；因大风或因材料供应不足中断，混凝土报废。

（3）上部构造施工技术风险。本工程上部构造施工技术：30mPC 梁用满堂脚手架施工，50mPC 梁用移动支架施工，60mPC 梁用整孔预制吊装施工，80mPC 钢构件用架桥机平衡悬臂施工，斜拉桥用桥面吊机施工。

1）PC 梁满堂脚手架施工风险：地基处理不好造成的脚手架沉陷，未控制应力损失和预应力管道堵塞，未控制锚具质量造成预应力不足。

2）PC 移动支架施工风险：设备不成熟；变形控制不好等。

3）整孔吊装施工风险：60m 大梁预制质量控制，在国内预制约 700m³ 的大型构件欠缺经验；近 2000t 构件运输，预制场需大型轮胎运输车，海上运输需大型浮吊，这样的大吨位浮吊世界上数量很少，设备采购是难点；海上运送 2000t 构件并托在 40～50m 的高架上，运输途中稳定性风险问题；大梁吊装就位在国内外都是首次使用，接头失误将导致重大事故；架桥机失稳，将导致毁灭性事故。

4）架桥机平衡悬臂施工风险：80m 跨架桥悬臂逐孔拼装工艺，技术新颖，但工程实例不多，其节段吊装准确就位，紧贴密合，对架桥设备提出了很高的要求，而架桥机的制造采购存在风险；体外预应力索节段式桥梁的风险，包括预应力损失、腐蚀、承载力计算等，设计上尚有许多课题需要深入研究；在最大悬臂安装阶段，突遇大风将造成梁的倾覆。

5）斜拉桥施工风险：钢箱梁异地制作与海上长途运输；在风浪中高达 50 余米的海上钢箱梁安装；钢桥桥面铺装国内完全成功者不多，在 H 海湾恶劣条件下问题更多；高塔施工的抗风问题。

（4）施工技术风险分析结果。施工技术风险分析计算结果表明，影响施工技术的主要风险因素：滩涂区引桥施工风险等级为 5 级，低墩引桥施工风险等级为 5 级，高墩引桥施工风险等级为 6 级，通航孔施工风险等级为 6 级。施工技术综合等级为 8 级，风险程度等级为严重风险。计算结果如表 6-8 所示。

表 6-8　　　　　　　　　　施工技术风险模拟概率分布及累积概率

项目名称	风险等级及概率										最可能发生风险	
	0	1	2	3	4	5	6	7	8	9	等级	概率
施工技术	0.00	0.00	0.00	0.00	0.00	0.01	0.09	0.37	0.41	0.13	8	0.41
	0.00	0.00	0.00	0.00	0.00	0.01	0.10	0.46	0.87	1.00		
滩涂区引桥施工	0.01	0.04	0.08	0.14	0.19	0.20	0.16	0.10	0.05	0.02	5	0.2
	0.01	0.05	0.14	0.28	0.47	0.67	0.83	0.93	0.98	1.00		
低墩引桥施工	0.01	0.02	0.06	0.11	0.16	0.19	0.18	0.14	0.08	0.04	5	0.19
	0.01	0.03	0.09	0.20	0.36	0.55	0.74	0.88	0.96	1.00		

项目名称	风险等级及概率										最可能发生风险	
	0	1	2	3	4	5	6	7	8	9	等级	概率
高墩引桥施工	0.00	0.00	0.00	0.01	0.06	0.15	0.26	0.27	0.18	0.07	7	0.27
	0.00	0.00	0.00	0.02	0.07	0.23	0.48	0.75	0.93	1.00		
通航孔施工	0.00	0.00	0.00	0.01	0.05	0.16	0.29	0.29	0.16	0.05	6	0.29
	0.00	0.00	0.00	0.01	0.06	0.22	0.51	0.80	0.95	1.00		

4．施工风险分析结果

施工风险分析结果表明，影响施工的主要风险因素包括：①施工技术中通航孔高墩引桥施工为严重风险，其中桩基施工、桥梁上部结构、大型构件预制和运输、整孔吊装、悬臂逐孔拼装等为其主要风险因素；②总体施工组织设计为较大风险，其中海上指挥中心对施工管理具有重要作用，影响施工的质量、进度；③主体施工单位的组织与管理是施工风险的重要影响因素。施工风险等级为 7 级，风险程度等级为较大等级，施工技术是其主要风险因素。计算结果如表 6-9 所示。

表 6-9 施工风险模拟概率分布及累积概率

项目名称	风险等级及概率										最可能发生风险	
	0	1	2	3	4	5	6	7	8	9	等级	概率
施工	0.00	0.00	0.00	0.00	0.00	0.02	0.31	0.55	0.12	0.00	7	0.55
	0.00	0.00	0.00	0.00	0.00	0.02	0.33	0.88	1.00	1.00		
施工组织与管理	0.00	0.00	0.00	0.00	0.00	0.01	0.06	0.24	0.38	0.25	0.07	7	0.38
	0.00	0.00	0.00	0.00	0.00	0.01	0.07	0.30	0.68	0.93	1.00		
总体施工组织设计	0.00	0.00	0.00	0.00	0.00	0.01	0.08	0.31	0.40	0.17	0.03	7	0.4
	0.00	0.00	0.00	0.00	0.00	0.01	0.09	0.40	0.80	0.97	1.00		
施工技术	0.00	0.00	0.00	0.00	0.00	0.01	0.09	0.37	0.41	0.13	8	0.41
	0.00	0.00	0.00	0.00	0.00	0.01	0.10	0.46	0.87	1.00		

（四）工期风险

《可研报告》提出工期目标为 5 年。由于自然条件较恶劣，水文工程地质复杂，设计、施工技术难度大，项目的前期工作、建设资金的筹措等都将对建设进度产生影响。

1．工期风险因素

经分析，影响工期的主要风险因素有自然条件的影响、总体施工组织、前期工作、资金到位情况和开工准备等。

（1）自然条件的影响。H 海湾为中纬度地区，夏秋季常有台风影响。据多年统计，H 海湾受台风影响年平均 1.6 次，最多时 1962 年达 5 次。受喇叭形平面外形的影响，发生风暴潮时湾内风增水值大，水位高，是 H 跨海大桥工程施工和运营最主要的自然灾害。施工期内若遇台风暴潮，将给工程建设带来重大损失，并将延误工期。

H 海湾地区常年有雾，夏季少，冬季多，北岸港口全年平均雾日为 35.6 天，最多雾日 57

天；南岸全年平均雾日 21.5 天，最多雾日 67 天。近年来年雾日数有所增加。施工期间遇大雾，将影响海上运输材料、构件和结构安装，特别是对工程监控的影响大。

（2）总体施工组织风险。涉及施工组织设计编制、施工设备开发制造、设备材料采购等。基础用 PHC 桩或大管桩可直接由预制厂运至桥位的设想方案有一定风险，由于南岸大部分地区为滩涂，施工临时码头设置较为困难，仅南岸西三码头可作为海上施工的生活后勤供应用码头，滩涂部分亦可采用栈桥沟通。

（3）项目的前期准备工作。本项目前期准备工作量很大，包括试桩、地质勘察工作，风振、动床模型等专题实验。要完成这些专题实验研究工作，时间较为紧迫。

（4）开工准备。包括总体计划、设计审查、工程招标、征地拆迁、施工设备进场等。开工前必要的准备工程需要一定时间。为加快工程进展，方便施工，还需要提前实施南岸填海围涂工程，并需要一定的沉降稳定时间。

（5）资金筹措情况。包括资本金和贷款的落实、资金使用计划安排等。由于投资较大，资金筹措也存在一定的风险，建设资金不能按时到位，将影响工期。

2. 工期风险分析结果

工期风险分析表明，自然条件风险 4 级，风险程度为一般风险。总体施工组织风险等级 6 级，风险程度为较大风险。前期准备工作风险 6 级，风险程度为较大风险。开工准备风险 6 级，风险程度为较大风险。资金到位风险 4 级，为一般程度的风险。综合分析，工期风险为一般程度风险。计算结果如表 6-10 所示。

表 6-10　　　　　　　　建设工期风险模拟概率分布及累积概率

项目名称	风险等级及概率										最可能发生风险	
	0	1	2	3	4	5	6	7	8	9	等级	概率
建设工期	0.00	0.00	0.02	0.11	0.26	0.32	0.21	0.07	0.01	0.00	5	0.32
	0.00	0.00	0.02	0.13	0.39	0.71	0.92	0.99	1.00	1.00		
总体施工组织	0.00	0.01	0.03	0.06	0.13	0.19	0.22	0.19	0.12	0.06	6	0.22
	0.00	0.01	0.03	0.10	0.22	0.41	0.63	0.81	0.94	1.00		
前期工作	0.00	0.00	0.01	0.04	0.10	0.18	0.23	0.22	0.15	0.08	6	0.23
	0.00	0.00	0.01	0.05	0.15	0.32	0.55	0.77	0.92	1.00		
资金到位情况	0.03	0.06	0.11	0.16	0.18	0.17	0.14	0.09	0.05	0.02	4	0.18
	0.03	0.09	0.20	0.36	0.54	0.71	0.85	0.94	0.98	1.00		
开工准备	0.00	0.00	0.02	0.05	0.14	0.23	0.26	0.19	0.09	0.03	6	0.26
	0.00	0.00	0.02	0.07	0.21	0.44	0.70	0.89	0.97	1.00		
自然条件	0.04	0.07	0.13	0.17	0.19	0.17	0.12	0.07	0.03	0.01	4	0.19
	0.04	0.11	0.24	0.41	0.59	0.76	0.88	0.95	0.99	1.00		

（五）环境影响风险

1. 环境影响风险因素

专家认为本项目的建设与运营期间将产生若干方面的环境影响。

（1）对自然环境的影响。自然环境影响，包括大气、海水、海域表层沉积物、地貌和土壤环境的影响等。大桥建设以后，会引起潮流场、潮位及泥沙冲淤的变化。建桥缩小了过水断面，有可能引起桥址上下游一定范围内潮流、潮位变化，对防洪堤、排洪闸等设施及性能产生影响；泥沙冲刷与淤积的变化可能会对北岸港口，南、北航道及北岸排污口的稳定性产生不利影响。

（2）对生态环境的影响。生态环境影响包括对陆上生态植物破坏、农作物生长环境、陆域湿地环境、海洋生物栖息环境和周边水土保持的影响。大桥直接占用海域水面约 $1.1km^2$。施工期钻渣泥沙抛海，作业船舶各类废水排入海中，对一些鱼类的回游路线和有限范围内的捕鱼作业的影响；潮流场变化及海床面的冲淤变化，以及一部分水域、滩涂的占用，还将波及周边接壤区域，造成作业区生态环境的破坏和生物的损失，减少两岸的滩涂面积，对海域渔业资源与渔业生产造成一定的影响。一旦发生船舶与桥墩碰撞事故，可能产生危险化学品泄漏，影响海域水质。

在陆域上公路引线及服务设施的影响较大，永久占用滩地、水田 31 亩，旱地 321 亩及部分水产养殖场；临时占地和拆迁临时占地 400 亩，拆迁 1.5 万平方米；施工噪声影响范围在 200m 左右；取土及弃土土石方量约 131 万方；影响的植被主要是农作物，面积约 352 亩；营运期有交通噪声，影响范围约 300m；汽车尾气影响范围约 100m；一旦发生公路危险品泄漏，可能对陆域环境产生影响。

（3）景观环境影响。景观环境影响包括对周边文物古迹保护、江河观潮景观以及对周边旅游景观的影响等。

2. 环境影响风险分析结果

环境影响风险分析结果表明，在影响环境的几个方面中，自然环境影响风险等级为 4 级，生态环境和景观环境的影响风险等级都是 3 级。综合环境影响风险为 3 级，风险程度为一般风险。计算结果如表 6-11 所示。

表 6-11　　　　　　　　环境影响风险模拟概率分布及累积概率

项目名称	风险等级及概率										最可能发生风险	
	0	1	2	3	4	5	6	7	8	9	等级	概率
环境影响	0.03	0.11	0.23	0.29	0.22	0.10	0.02	0.00	0.00	0.00	3	0.29
	0.03	0.13	0.37	0.66	0.88	0.97	1.00	1.00	1.00	1.00		
自然环境影响	0.03	0.07	0.15	0.22	0.23	0.17	0.09	0.04	0.01	0.00	4	0.23
	0.03	0.10	0.24	0.46	0.69	0.86	0.96	0.99	1.00	1.00		
生态环境影响	0.04	0.09	0.18	0.24	0.22	0.14	0.07	0.02	0.01	0.00	3	0.24
	0.04	0.13	0.31	0.54	0.76	0.91	0.97	1.00	1.00	1.00		
景观环境影响	0.08	0.16	0.23	0.23	0.17	0.09	0.03	0.01	0.00	0.00	3	0.23
	0.08	0.25	0.47	0.70	0.87	0.96	0.99	1.00	1.00	1.00		

（六）社会影响风险

1. 社会影响风险因素

H 跨海大桥的社会影响风险因素主要体现在以下几个方面：一是对当地社会环境的影响，包括促进当地社会发展水平、改善投资环境，并对人文环境带来一定影响；二是对当地居民带来一定影响，包括运输受益群体、移民搬迁、环境保护者对项目的态度、项目实施对社会弱势群体的关注程度等方面；三是社会机构影响因素，包括中央政府对本项目的态度、Z 省及相关地方政府对本项目的态度和参与方式、项目发起方对本项目的态度和参与方式、项目的规划设计单位以及金融、工程建设单位的参与态度等。具体地，项目的社会影响主要有：

（1）耕地减少，区域经济结构改变，局部影响群众生活。本工程及配套的连接线工程将占用水田 31 亩、旱地 321 亩，临时占地 400 亩，拆迁沿线厂房和住房，拆迁户约 120 户，拆迁面积 15000m²。征地拆迁造成土地利用形式的改变、耕地减少和一定范围的人口迁移。不仅使当地农业生产受到影响，同时使原来以种地为业的农民向其他产业转化，向周边城镇和市区聚散，可能带来就业和安置等一系列社会问题，短期内也将给这部分群众生活带来不利影响。另外，交通的便利也会使大量外来人员向公路沿线及连接道路周围的乡村及城镇聚集，可能带来新的社会问题。

（2）部分村民交往分隔，给日常生活和工作带来不便。本工程及配套连接线工程的建设由于采取全封闭交通，因此会给沿线的村民劳作出行带来一些不便。主要表现在道路造成村庄之间的分割，影响了原有村庄间人员的往来，给村庄内村民出入造成了不便；同时，道路车辆交通噪声及扬尘对沿线村民的生活环境也产生一定的影响；本项目及连接线工程建设将拆除部分电力、电讯设施，将给有关部门增加一定的工作量，对当地的群众生活造成不便，易造成一定的社会压力。

（3）对港口及航运的影响。位于北岸的 Z 港口是 Z 省的重要港口。H 跨海大桥的建设对远期开发的深水港区基本无影响，但对北岸的 Z 港区有一定的影响。

区域内 Q 核电厂已经建有 3000t 级重件码头，推荐方案北航道主通航孔设计通航船型为3.5 万吨级散货船，副航道为 5000t 级杂货船，因此通航设计标准是合理的，冲淤影响也不大。但由于航道位置做了调整，造成现已开辟的 Q 核电厂重件码头入海航道被大桥封闭。必须重新开辟自 Z 港二期码头过大桥北通航孔至 Q 的航道。

（4）公众对项目的参与的程度及影响。有关单位曾经开展项目社会影响专题研究，通过发放调查表的形式，调查公众对项目的态度。调查范围为 N 市、C 市、H 县的单位和个人。调查单位主要为项目影响区域内的政府、企事业单位等，调查个人主要为受工程影响的居（村）民、家庭代表和企事业单位的代表。主要调查内容如下：①单位团体调查内容，对建设项目的总体看法和态度：工程建设是否有利于本地区、本部门的经济发展；工程建设是否有利了提高本地区民众的生活质量；工程建设对人义、景观、旅游事业的发展是否有利；工程建设对海域生态环境、渔业资源的影响；工程建设对航道、码头的影响。②个人调查内容，对该工程项目的了解程度；对目前交通现状的满意程度；工程建设对当地居民生活质量的影响；工程建设对当地经济发展的影响；对推荐桥址方案的看法；工程征用土地的影响。

调查结果表明由于前期宣传力度比较大，民众对本工程建设有了一定程度的了解，有利于公众的参与。对目前交通现状的满意程度，由于各自出行的要求不一，百姓对交通状况要求也各有差异，认为一般的约占 66%，18%表示满意，15%不满意。93%的被调查者认为工程建设对地区的经济发展非常有利，86%的被调查者认为有利于改善民众的生活质量。在被问及对推荐的桥址方案的看法上，91%的人认为选址是可以的。在土地征用的影响问题上，占 2% 的人认为影响太大，10% 的人表示影响较大，但能克服，表示无影响的占 88%。绝大多数团体单位和个人，对 H 跨海大桥工程建设有充分认识，对项目建设持积极赞成的态度。

2. 社会影响风险分析结果

社会影响风险分析计算结果表明：社会环境影响因素风险等级为 3 级，居民影响风险等级也是 3 级，社会机构影响风险为 5 级。综合社会影响风险为 3 级，风险程度属一般风险。计算结果如表 6-12 所示。

表 6-12　　　　　　　　社会影响风险模拟概率分布及累积概率

项目名称	风险等级及概率										最可能发生风险	
	0	1	2	3	4	5	6	7	8	9	等级	概率
社会影响	0.03	0.08	0.16	0.23	0.23	0.16	0.08	0.03	0.01	0.00	3	0.23
	0.03	0.11	0.27	0.50	0.73	0.89	0.97	0.99	1.00	1.00		
社会环境影响	0.07	0.13	0.20	0.22	0.19	0.12	0.06	0.02	0.01	0.00	3	0.22
	0.07	0.20	0.39	0.61	0.80	0.92	0.97	0.99	1.00	1.00		
居民影响	0.05	0.11	0.16	0.20	0.19	0.14	0.09	0.04	0.01	0.00	3	0.2
	0.05	0.16	0.32	0.52	0.71	0.86	0.94	0.98	1.00	1.00		
社会机构影响	0.02	0.05	0.09	0.13	0.16	0.17	0.15	0.12	0.07	0.04	5	0.17
	0.02	0.07	0.16	0.29	0.45	0.62	0.77	0.89	0.96	1.00		

（七）交通量预测风险

《可研报告》中交通量预测以 2000 年 10 月的 OD 调查资料为基础，结合 Z 省 H 海湾沿岸通道建设规划，在分析综合运输现状的基础上，对趋势交通量、转移交通量、诱增交通量进行了预测。项目影响区经济发展速度预测、预测方法及依据条件等存在诸多不确定性，影响交通量预测的准确性。交通量预测的风险来源于以下几个方面：①交通量预测所用基础数据的可靠性，包括交通数据、OD 调查数据、H 海湾交通现状数据等的准确性；②经济发展的可能性，包括经济政策、区域经济规划、预测模型及参数的合理性等；③预测方法的正确性，弹性系数、交通量分配模型、诱增交通量及转移交通量确定的合理性等；④预测依据，收费标准、第二通道建设以及配套路网的建设等。

1. 基础数据

（1）OD 调查数据。OD 调查和交通量观测数据是交通量预测的基础，《可研报告》OD 调查根据项目所在地区的公路网和车辆实际出行情况共分成 47 个交通小区，调查点共计 41 个，设置分布 H 海湾两岸的主要公路，其中设在 H 高速公路主线收费站 3 个、匝道收费站 20 个，在一般公路上 N 市境内 7 个，S 市境内 3 个，H 市境内 1 个，J 市境内 6 个。H 高速公路 2000 年与上年相比，交通量增长 30% 以上，路段交通量已达 9057～47027 辆/昼夜（绝对数），部分路段已饱和。经分析，目前上述公路的流量流向中，H 海湾南北两岸的出行需求量很大，超过 30000 辆/昼夜，其中 S 市及周边地区往返 N 市及 Z 省东南沿海之间的车辆已超过 15000 辆/昼夜，这些交通主要依靠 H 高速公路承担，使 H 高速公路日趋饱和，无法满足日益增长的交通需求。

（2）现状综合运输交通量。《可研报告》对铁路、公路、水运及航空综合运输现状，根据项目影响区域随着市场经济的发展、产业结构的调整、不同人群对出行方式的选择，较客观性地分析客货运量在铁路、公路、水运及航空运输方式的选择及分配现状。

2. 项目影响区经济发展速度

项目影响区域经济发展速度是本项目交通量预测的主要依据。拟建项目直接影响区主要包括 H 海湾两岸的 S 市、Z 省的 H 市、J 市、S 市、Z 市等一批重要城市。这一地区有着良好的区位条件，是中国改革开放的前沿地带和经济极发达的地区之一，也是中国城市化水平极高的地区之一。《可研报告》根据近年统计数据：预测 2001～2010 年两市的 GDP 将分别以 9.0% 和 8.4% 左右的速度递增，比 Z 省平均发展水平分别高 1.0 和 0.5 个百分点；2011～2020 年 GDP 发展速度将为 7.7% 和 7.2% 左右。《可研报告》提出我国东部沿海地区人均 GDP 在 2000～4000 美元之间，正是小汽车进入家庭的前期，预计今后的 20 年内项目影响区内小汽车的增长率将保持相当高的水平。未来 20 年内，影响区域内经济发展速度是否保持高速持续发展，可能存在一定风险。

3. 预测方法

在一定的生产力发展水平下，交通运输发展指标和社会经济发展指标之间存在着密切的关系。弹性系数法更能从交通总量上进行把握，多年来公路建设项目前期工作经验说明，弹性系数法易于综合各方面的因素，用于交通量的中长期预测是可行的，也是可靠的。《可研报告》参阅了世界银行《公路投资优化和可行性研究方法改进的研究报告》和中交公路规划设计院对公路客货运输主要指标对经济指标的弹性关系分析，确定了本项目各影响区各种车型交通量对经济指标的弹性系数。

由于生产力发展水平的逐步提高，产业结构的优化调整，交通运输指标与经济发展指标之间的弹性关系出现变动趋势，弹性系数的合理选择存在一定难度。

4. 交通量预测风险分析结果

交通量预测风险分析结果表明，影响交通量预测的主要风险因素：基础数据可靠性风险等级为 3 级，经济发展的可能性、预测方法及依据条件的正确性，等级均为 4 级。交通量预测风险等级为 3 级，是一般风险。计算结果如表 6-13 所示。

表 6-13　　　　　　　　　交通量预测风险模拟概率分布及累积概率

项目名称	风险等级及概率										最可能发生风险	
	0	1	2	3	4	5	6	7	8	9	等级	概率
交通量	0.01	0.07	0.20	0.31	0.26	0.12	0.03	0.00	0.00	0.00	3	0.31
	0.01	0.08	0.28	0.59	0.85	0.97	1.00	1.00	1.00	1.00		
基础数据可靠性	0.09	0.17	0.23	0.23	0.16	0.09	0.03	0.01	0.00	0.00	2	0.24
	0.09	0.25	0.48	0.71	0.87	0.96	0.99	1.00	1.00	1.00		
经济发展的可能性	0.05	0.09	0.15	0.19	0.19	0.15	0.10	0.05	0.02	0.01	4	0.19
	0.05	0.14	0.29	0.47	0.66	0.81	0.91	0.97	0.99	1.00		
预测方法正确性	0.05	0.09	0.15	0.19	0.19	0.15	0.10	0.05	0.02	0.01	3	0.19
	0.05	0.14	0.29	0.48	0.67	0.82	0.92	0.97	0.99	1.00		

（八）投资估算风险

1. 投资估算风险因素

2002年6月份《可研报告》推荐方案投资估算为85.58亿元，2002年8月份投资调整为99.91亿元，2002年8月份投资再次调整为107.78亿元，比《可研报告》增加22.2亿元，增加了25.94%。投资增加的主要原因是工程量的变化，根据最新地质勘察结果，部分区段持力层由50m改为65m左右，南岸浅滩区10km范围内发现浅层气；根据局部冲刷和动床模型试验结果，水中桥区约16km和滩涂区约8km里非通航孔桥由预应力混凝土大管桩调整为钢管桩和钻孔桩；由于基础条件的变化，跨径发生了变化，水中桥区非通航孔桥由50m跨径调整为60m；水上施工临时设备估计不足等。

在海面上建造长达36km的跨海大桥在我国建桥史上前所未有缺乏经验，影响投资增加的风险因素主要有以下几种：

（1）工程费用增加是主要风险因素，包括下部结构、上部结构、施工组织和设计变更等四个方面。由于地质条件复杂和认识的不充分性，可能导致工程量特别是下部结构工程量的增加；大桥地处杭州湾海面，自然环境复杂，恶劣天气给施工带来意外损失等；由于国内大型海上施工机械的短缺、施工力量的不足，加上缺乏特大型海上大桥建设经验，如果施工组织不好极易延误工期，造成投资增加；项目的设计与施工还存在很多不确定性因素，项目实施过程中设计方案的变更是不可避免的。

（2）其他费用。

（3）征地拆迁费用的增加。

（4）利率、汇率和通货膨胀等的影响。

（5）贷款利率的变化。

2. 投资估算风险分析结果

（1）投资增加风险等级分析。投资增加风险等级分析结果表明，影响投资增加的主要风险因素：工程费用增加风险为4级，其他费用、征地拆迁、通货膨胀、贷款利率风险因素等级为2级。综合分析，投资增加的风险等级为4级，风险程度属一般风险。计算结果如表6-14所示。

表6-14　　　　　　　　　投资风险模拟概率分布及累积概率

项目名称	风险等级及概率										最可能发生风险	
	0	1	2	3	4	5	6	7	8	9	等级	概率
投资估算	0.00	0.01	0.08	0.28	0.39	0.20	0.04	0.00	0.00	0.00	4	0.40
	0.00	0.01	0.08	0.37	0.76	0.96	1.00	1.00	1.00	1.00		
工程费用	0.00	0.01	0.04	0.16	0.31	0.31	0.15	0.04	0.00	0.00	4	0.34
	0.00	0.01	0.04	0.20	0.51	0.81	0.96	1.00	1.00	1.00		
下部结构	0.00	0.00	0.01	0.06	0.21	0.35	0.26	0.09	0.01	0.00	5	0.36
	0.00	0.00	0.01	0.07	0.28	0.63	0.90	0.99	1.00	1.00		
上部结构	0.02	0.06	0.12	0.19	0.22	0.19	0.12	0.06	0.02	0.01	4	0.22
	0.02	0.08	0.20	0.39	0.61	0.79	0.91	0.97	0.99	1.00		

续表

项目名称	风险等级及概率										最可能发生风险	
	0	1	2	3	4	5	6	7	8	9	等级	概率
施工组织	0.00	0.01	0.02	0.07	0.14	0.21	0.23	0.18	0.10	0.04	6	0.23
	0.00	0.01	0.03	0.10	0.24	0.45	0.68	0.86	0.96	1.00		
设计变更	0.08	0.14	0.21	0.22	0.18	0.11	0.05	0.02	0.00	0.00	3	0.22
	0.08	0.22	0.42	0.64	0.82	0.93	0.98	1.00	1.00	1.00		
其他费用	0.14	0.25	0.28	0.20	0.09	0.03	0.01	0.00	0.00	0.00	2	0.29
	0.14	0.40	0.68	0.88	0.97	1.00	1.00	1.00	1.00	1.00		
征地拆迁	0.09	0.17	0.23	0.23	0.16	0.09	0.03	0.01	0.00	0.00	2	0.24
	0.09	0.25	0.48	0.71	0.87	0.96	0.99	1.00	1.00	1.00		
通货膨胀	0.14	0.24	0.27	0.20	0.10	0.04	0.01	0.00	0.00	0.00	2	0.27
	0.14	0.38	0.65	0.85	0.96	0.99	1.00	1.00	1.00	1.00		
贷款利率	0.13	0.23	0.27	0.21	0.11	0.04	0.01	0.00	0.00	0.00	2	0.27
	0.13	0.36	0.62	0.83	0.95	0.99	1.00	1.00	1.00	1.00		

（2）投资最可能增加的比例分析。采用 CIM 模型及蒙特卡罗模型等对投资最可能增加的比例进行了模拟分析。模拟计算结果表明，以总投资 108 亿元为基准，建筑工程投资增加 20%的可能性最大，设备及工器具购置费增加 20%的可能性最大，其他费用最可能增加 10%。总投资增加 20%的可能性最大，其概率为 30%，投资存在一定的增加风险。计算结果如表 6-15 所示。

表 6-15　　　　　　　　　　投资估算风险模拟概率分布及累积概率

项目名称	投资增加百分数及概率分布										最可能发生风险	
	0	10%	20%	30%	40%	50%	60%	70%	80%	90%	%	概率
总投资	0.11	0.25	0.31	0.22	0.08	0.02	0.00	0.00	0.00	0.00	20	0.31
	0.11	0.37	0.68	0.90	0.98	1.00	1.00	1.00	1.00	1.00		
建筑工程	0.12	0.23	0.28	0.22	0.11	0.03	0.01	0.00	0.00	0.00	20	0.28
	0.12	0.35	0.63	0.85	0.96	0.99	0.99	0.99	1.00	1.00		
桥头引道	0.09	0.20	0.29	0.25	0.13	0.04	0.00	0.00	0.00	0.00	20	0.29
	0.09	0.29	0.58	0.83	0.96	1.00	1.00	1.00	1.00	1.00		
大桥	0.12	0.23	0.29	0.22	0.11	0.03	0.00	0.00	0.00	0.00	20	0.29
	0.12	0.35	0.64	0.86	0.97	1.00	1.00	1.00	1.00	1.00		
设备及工器具	0.16	0.30	0.31	0.18	0.05	0.00	0.00	0.00	0.00	0.00	20	0.30
	0.16	0.46	0.77	0.95	1.00	1.00	1.00	1.00	1.00	1.00		
其他费用	0.24	0.38	0.28	0.09	0.01	0.00	0.00	0.00	0.00	0.00	10	0.38
	0.24	0.62	0.90	0.99	1.00	1.00	1.00	1.00	1.00	1.00		

（九）项目财务可持续性风险

1. 财务可持续性风险

项目财务上有生存能力与可持续问题，是本项目建成后要实现的目标。财务可持续性包括项目的盈利能力、现金流量以及偿还贷款的能力，其风险因素是：①投资增加风险，取决于设计方案与施工质量、工期、环境与社会影响、运营期组织机构与管理模式。②资金风险，取决于融资方式与资本结构。包括资本金出资风险，出资企业的财务状况、当地经济及财政状况；贷款资金来源风险，包括国家政策性银行和有关商业银行的资金数量及时间安排。③清偿能力与报酬能力风险，包括过桥费收入与运营成本，取决于交通量与收费价格，运营成本与财务管理水平等综合因素。与财务可持续性风险相关的几个不确定性问题分析如下：

（1）大桥运营模式。H 跨海大桥运营管理具有特殊性，如何按照现代企业制度的原则组建统一的管理机构、设计财务管理模式进行商业化运作是一个新课题。当地两市共同组建 H 跨海大桥发展有限公司，负责建设经营管理该项目，其具体管理模式尚未作论证。而在当地机构编制委员会文件中，根据当地政府专题会议纪要精神，建立了 H 跨海大桥工程指挥部。大桥工程指挥部和项目公司，与 H 跨海大桥投资开发有限公司股东的关系需要理顺。

（2）项目资金来源。项目总投资 107.7 亿元，筹资方案：资本金占总投资的 35.7%，NB 大桥投资开发有限公司占 90% 的股权，JX 开发有限公司占 10% 股权；其余资金拟向国内银行贷款，国家开发银行、中国工商银行等多家银行均已出具承诺函。由于工程总投资存在增加的可能，依靠追加贷款，将加大资金成本，进一步提高项目的负债比例，造成项目资本结构的不合理。而增加资本金出资额，建设指挥部如何组织筹资，H 跨海大桥发展有限公司是否具有筹资能力等都要研究。投资超出，也将致使项目财务效益下降，将影响项目的生存能力和偿还贷款的能力。

（3）收费标准与运营成本。《可研报告》确定的收费标准，考虑了项目所在地区现行汽车过路过桥的收费标准、地方经济发展水平、人民生活水平对收费的承受能力。项目运营期间 25 年内收费标准直线增长，这种考虑值得研究。随着我国经济体制的深化改革，高速公路与桥梁收费标准与增长幅度可能会调整，按直线增长考虑，可能高估营运收入，如项目运营期第 15～25 年每年收益 20～30 亿元之间。

《可研报告》预测的运营成本，是参照常规高速公路运营成本费用估算的，如年小修养护费用为 400 万元，每年增长 3%，收费站年管理费 500 万元，每隔 10 年大修一次，大修费用为 28000 万元，其中含防腐涂料费 10000 万元。由于该项目与一般高速公路不同，如海上设有服务设施平台，安全服务设施要求较高，防撞设施需要维护修理，大桥景观维护等，因此，运营费用存在增加的风险。

2. 财务可持续性风险分析结果

（1）财务可持续性风险等级分析结果。财务可持续性风险模拟计算结果表明，影响财务可持续性的主要风险因素：投资增加风险等级为 3 级，资本金出资风险等级为 4 级，贷款来源风险 3 级，财务清偿与报酬能力风险为 5 级。财务可持续性综合风险为 3 级，风险程度等级属一般风险，表明财务可持续性存在一定的风险。计算结果如表 6-16 所示。

（2）财务评价指标模拟分析结果。采用蒙特卡罗模拟法对本项目的财务评价指标进行了模拟计算。计算结果参见财务内部收益率、财务净现值及投资回收期风险概率分布如图 6-4～

图 6-6 所示。计算结果表明财务内部收益率大于等于基准收益率 5.7%的概率为 75%；财务净现值大于等于 0 的概率为 75%；投资回收期小于等于 18 年（含建设期）的概率为 96%。计算结果表明项目财务可持续性风险一般。

表 6-16　　　　　　　财务可持续性风险模拟概率分布及累积概率

项目名称	风险等级及概率										最可能发生风险	
	0	1	2	3	4	5	6	7	8	9	等级	概率
财务可持续性	0.02	0.07	0.17	0.27	0.26	0.15	0.05	0.01	0.00	0.00	3	0.27
	0.02	0.08	0.25	0.52	0.79	0.94	0.99	1.00	1.00	1.00		
投资增加风险	0.09	0.16	0.22	0.22	0.17	0.09	0.04	0.01	0.00	0.00	3	0.22
	0.09	0.25	0.47	0.69	0.86	0.95	0.99	1.00	1.00	1.00		
资本金出资风险	0.04	0.09	0.16	0.20	0.20	0.15	0.09	0.04	0.02	0.00	4	0.2
	0.04	0.14	0.29	0.49	0.69	0.84	0.94	0.98	1.00	1.00		
贷款来源风险	0.06	0.11	0.17	0.21	0.19	0.14	0.08	0.03	0.01	0.00	3	0.21
	0.06	0.17	0.34	0.54	0.73	0.87	0.95	0.99	1.00	1.00		
财务清偿与报酬能力	0.00	0.02	0.05	0.12	0.19	0.23	0.20	0.12	0.05	0.02	5	0.23
	0.00	0.02	0.07	0.19	0.38	0.61	0.81	0.93	0.98	1.00		

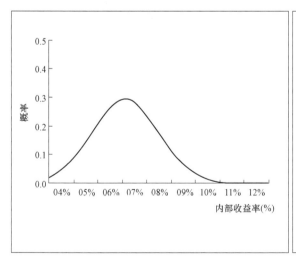
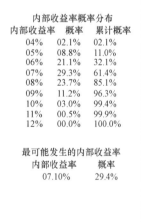

图 6-4　　内部收益率模拟概率分布

（十）项目运营效益风险

1. 项目运营效益风险因素

项目运营效益的风险因素包括交通量、投资、人均 GDP 和相关效益等，其可能的影响包括两个方面：

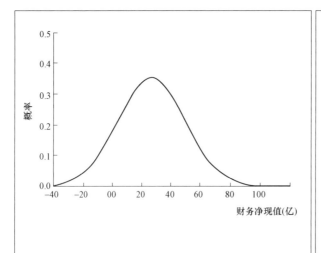

图 6-5　财务净现值模拟概率分布

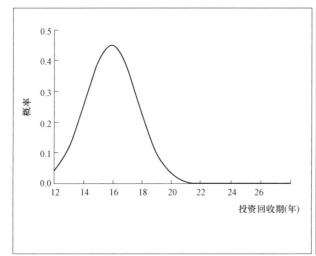

图 6-6　财务投资回收期模拟概率分布

（1）由于交通量、运输费用的节约、运输时间的节约、交通事故减少等项目相关收益预测的不确定性，使项目效益流入有减少的风险。

（2）建设投资增加、运营期防腐蚀和维护费用增加、船撞损失等，使项目费用流出增加，从而影响项目运营效益的实现。

《可研报告》的项目效益估计较高，投入运营的第 4 年开始效益流入超过 20 亿元，项目计算期末，效益流入高达 40 亿元，其中，降低运输成本的效益占总收益的 80%左右。项目费用流出估计较低，运营期间费用流出年平均为 0.10 亿元。

2.　项目运营效益风险分析结果

（1）项目运营效益风险等级。项目运营效益风险分析计算结果表明，费用增加的风险等级为 4 级，效益风险等级为 4 级。项目运行效益风险为 3 级，风险程度属一般风险。计算结果如表 6-17 所示。

表 6-17　　　　　　　　　　　项目运行效应风险模拟概率分布及累积概率

项目名称	风险等级及概率										最可能发生风险	
	0	1	2	3	4	5	6	7	8	9	等级	概率
项目运行效益	0.03	0.09	0.18	0.24	0.23	0.14	0.06	0.02	0.00	0.00	3	0.24
	0.03	0.12	0.30	0.54	0.77	0.92	0.98	1.00	1.00	1.00		
效益风险	0.03	0.08	0.14	0.20	0.21	0.17	0.10	0.05	0.02	0.00	4	0.21
	0.03	0.11	0.26	0.46	0.66	0.83	0.93	0.98	1.00	1.00		
费用风险	0.02	0.06	0.13	0.21	0.23	0.18	0.11	0.04	0.01	0.00	4	0.23
	0.02	0.09	0.22	0.43	0.65	0.83	0.94	0.98	1.00	1.00		

（2）项目经济效益指标模拟分析结果。采用蒙特卡罗模拟法分析计算经济内部收益率和经济净现值。计算结果表明，经济内部收益率大于等于 12% 的概率是 65%；经济净现值大于等于 0 的概率是 65%。计算结果如图 6-7 和图 6-8 所示。

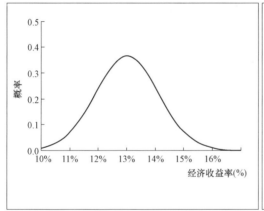

图 6-7　经济收益率模拟概率分布

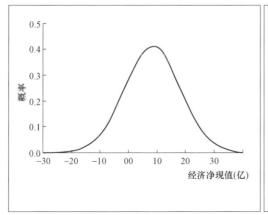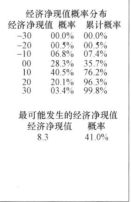

图 6-8　经济净现值模拟概率分布

四、项目风险评价与对策建议

（一）风险评价

1. 专项风险评价

（1）施工风险程度为较大风险。影响施工的风险因素有施工管理、施工组织设计、施工技术等，施工技术是其最主要的风险因素。本项目大桥长达 30km，跨越的海域范围大，施工船舶及施工场地多，导致施工组织和施工管理都非常困难。高、低墩引桥打桩工程，整孔吊装，悬臂拼装，滩涂引桥等的施工在技术上都有相当大的难度。海上施工条件差，受潮位、潮流、波浪、大风等水文、气象的影响较大。因此，施工远较一般江河上建桥困难，存在着较大的风险。

（2）工期风险程度为一般风险。由于 H 海湾地区，水文、地质气象条件等复杂，设计、施工难度大，按五年工期完成预定目标，存在一定的困难。台风、强台风和风暴潮对工期的影响较大；施工期间的大雾影响海上的运输、构件安装等正常施工。总体施工组织设计和前期准备都对工期有很大影响，开工前的水文地质详勘、试桩等工作和完成预定专题研究工作都需要时间，以及资金是否能按时到位，都将影响工期。

（3）设计风险程度为一般风险。H 跨海大桥地处 H 海湾开阔海域，波浪、水流、气象、地质、地形等自然条件比较复杂，基础结构的设计受建设条件的影响更为直接。此外，本工程位于 H 海湾内，但受海洋环境影响较大，需重视大桥结构的耐久性和防腐措施。目前，我国还缺乏复杂自然条件下的跨海大桥设计经验，现行规范和标准等还不能完全满足设计工作的需要，所以设计方面存在一定的风险。

（4）投资增加的风险程度为一般风险。项目的设计与施工及地质条件等存在很多不确定性因素，项目实施过程中设计方案的变更，恶劣天气给项目施工带来意外损失等，以及投资估算使用的定额依据、指标选用本身缺乏足够的依据，投资总额增加的风险依然存在。

（5）交通量、环境影响、社会影响、财务可持续性及项目运营效益风险相对较小，为一般风险。

2. 综合风险分析

专项风险定性与定量分析表明，建设项目施工的风险较大，工期、投资和设计方案风险一般，环境影响、社会影响、交通量、财务可持续性及项目运营效益风险相对较小。在专项风险分析的基础上，专家对专项风险因素对项目影响程度进行了分析，进而对项目进行综合风险分析。

综合风险分析表明，项目综合风险等级为 4 级，风险程度为一般风险。在对项目存在的主要风险因素，采取一定的防范措施，项目预期目标是可以实现的。分析的结果如表 6-18 和图 6-9 所示。

表 6-18 项目主要风险概率分布及累积概率

项目名称	风险等级及概率分布										最可能发生风险	
	0	1	2	3	4	5	6	7	8	9	等级	概率
施工组织与技术	0.00	0.00	0.00	0.00	0.00	0.02	0.31	0.55	0.12	0.00	7	0.55
	0.00	0.00	0.00	0.00	0.00	0.02	0.33	0.88	1.00	1.00		

续表

项目名称	风险等级及概率分布										最可能发生风险	
	0	1	2	3	4	5	6	7	8	9	等级	概率
建设工期	0.00	0.00	0.02	0.11	0.26	0.32	0.21	0.07	0.01	0.00	5	0.32
	0.00	0.00	0.02	0.13	0.39	0.71	0.92	0.99	1.00	1.00		
设计方案	0.00	0.01	0.05	0.21	0.37	0.27	0.09	0.01	0.00	0.00	4	0.37
	0.00	0.01	0.05	0.26	0.63	0.90	0.99	1.00	1.00	1.00		
环境影响	0.03	0.11	0.23	0.29	0.22	0.10	0.02	0.00	0.00	0.00	3	0.29
	0.03	0.13	0.37	0.66	0.88	0.97	1.00	1.00	1.00	1.00		
社会影响	0.03	0.08	0.16	0.23	0.23	0.16	0.08	0.03	0.01	0.00	3	0.23
	0.03	0.11	0.27	0.50	0.73	0.89	0.97	0.99	1.00	1.00		
交通量预测	0.02	0.07	0.16	0.26	0.26	0.16	0.06	0.02	0.00	0.00	3	0.27
	0.02	0.08	0.24	0.50	0.76	0.92	0.98	1.00	1.00	1.00		
投资估算	0.00	0.01	0.08	0.2	0.39	0.20	0.00	0.00	0.00	0.00	4	0.40
	0.00	0.01	0.08	0.3	0.76	1.00	1.00	1.00	1.00	1.00		
财务可持续性	0.02	0.07	0.17	0.27	0.26	0.15	0.05	0.01	0.00	0.00	3	0.27
	0.02	0.08	0.25	0.52	0.79	0.94	0.99	1.00	1.00	1.00		
项目运行效益	0.03	0.09	0.18	0.24	0.23	0.14	0.06	0.02	0.00	0.00	3	0.24
	0.03	0.12	0.30	0.54	0.77	0.92	0.98	1.00	1.00	1.00		
综合风险	0.00	0.00	0.01	0.24	0.63	0.12	0.00	0.00	0.00	0.00	4	0.63
	0.00	0.00	0.01	0.25	0.88	1.00	1.00	1.00	1.00	1.00		

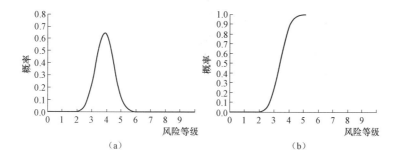

图 6-9　综合风险分析概率分布

（a）工程整体风险概率分布；（b）工程整体风险累积概率

（二）风险防范对策建议

本项目虽然存在一定风险，只要采取相应的规避风险的措施，可以有效规避和减小风险，确保项目预期目标的实现。针对上述风险因素，提出如下建议：

1. 做好施工的总体规划和组织管理

按照现代企业制度原则进一步完善业主单位的组织机构建设，理顺建设指挥部与大桥公司之间的关系。强化大桥施工阶段的管理，严格选择好施工单位，选择技术装备先进、海上施工经验丰富的单位作为主体施工单位和专业能力较强的分包单位。在此基础上，依据建设单位和承包商的设备、机械化施工程度、人员组织情况进行专门的施工组织设计的研究。

为了做好施工的总体规划和强化管理、协调施工组织管理，建议：

（1）建立项目建设指挥及生活基地，做好施工场地布局规划。施工场地规划布局应包括施工管理人员生活区、部分机械设备停放区、避风设施、临时发电设施、施工码头等。根据需要设置1~2个海上临时施工平台，根据各施工单位自身的条件，对两岸场地分布情况确定施工场地布置、施工方案与施工组织设计。

（2）做好开工前必要的准备工程，提前实施南岸填海围涂工程，依据施工用地的用途确定围涂时间及沉降稳定措施。

（3）建立和完善海上交通指挥系统。海上运输量大、施工船舶多，此外，两个主要航道航线与施工船舶航线交汇，为了保证海上运输畅通，应设立海上交通指挥系统，统一协调、管理海上船只。

（4）建立和完善海上作业安全保障系统。本工程施工期长，在施工过程中的大量机械设备需在海上作业，建立海上作业安全保障系统，负责施工影响区内海上交通安全及各种营救工作，包括安全救捞、抗灾、防灾指挥。

（5）尽可能减少海上施工作业量。海上作业受风浪、潮汐、材料供应、作业场地等因素影响，应减少现场作业，尽量采用大型构件预制安装的建设方案，缩短海上作业工时，以保证施工质量、缩短工期。

（6）在北航道桥和南航道桥附近各设置一个大型水上混凝土拌和站，并配以材料堆放、送料拌和运输等一体的大型设备，以备两个通航孔桥使用现浇混凝土。对于非通航孔桥施工，可依据施工承包商的机械设备情况，考虑单独设置小型海上混凝土拌和设备或与通航孔桥共用混凝土拌和设备。

（7）建立质量控制系统。测量定位、测点保护、变形控制等构成质量控制的关键，建议建立专门的测量定位及变形控制机构。

（8）建立专门的气象观测系统。H地区是我国台风多发区，气象条件复杂，无论在前期工作阶段确定设计风速，还是在施工阶段为防止因台风发生不安全事故，以及运营过程中规避恶劣天气对行车的影响等，有必要建立一个专门为本项目设计、施工及运营管理长期服务的气象观测站，进行气象监测。

（9）建立可靠的供电、供水及通信系统。

2. 完善施工技术措施

（1）桩基和承台等施工都要针对宽水域、大潮差、强潮流等条件特点选择合适的施工工艺。

（2）非通航孔桥宜采用长、重型构件预制安装的建设方案，以从结构上保证施工，最大程度的压缩现场工作量，缩短海上作业时间。

（3）非通航孔桥所需要的预制构件的数量巨大，为了减少运输量，应在桥位附近安排预制场地，以及保障从预制场地到桥位区的运输条件。

（4）适当引进大型施工机具和船舶，提高海上的机械化施工水平和施工效率。

3. 设计上要加强防腐和浅气层桩基础等专题研究

（1）进行对防腐措施的专题研究，在设计上对永久工程结构预留足够的安全储备，提高构筑物的耐久性和安全性。

（2）对大桥监控系统和交通工程设计做专题研究，完善海上服务平台和大桥掉头车道设计；补充桥梁健康系统专题设计。

（3）进一步对桥位处的滩槽摆动进行分析，结合航道流速流向观测及定床模型试验结果，研究确定北通航孔的具体位置。

（4）进行浅气层对桩基础承载力和不均匀沉降的影响问题等专题研究。

4. 适当延长工期目标

本项目的建设条件决定了施工组织和施工管理的难度很大，计划上要留有一定的弹性，来应对施工过程中的各种不利情况和风险的出现；海上打桩、吊装等的施工技术难度很大，经验缺乏，施工单位要在实践中逐步摸索和积累经验；同时，DH 大桥等一些大型海上项目也在建设中，有能力和经验的水上施工队伍不多，大型机具也很缺乏，各项目之间需要协调。因此，建议积极做好开工准备，并适当延长工期目标。

5. 按工程技术特征和结构形式划分施工标段

（1）工程标段划分原则。

1）工程规模与承包商能力相适应。

2）承包商进场时机与其任务、工期总体安排相适应。

3）尽可能专业化，以提高建设效率。

4）注意各标段在工程结构方面的平面交叉、主体交叉和时间交叉，合理地规定其交叉"路线"与"方式"，明确地划分工程界面。

（2）工程标段的划分建议。H 跨海大桥按工程地域特征可划为五类区段，如表 6-19 所示。应通过严格招标程序，每类区段选择一个或若干个承包单位。

表 6-19　　　　　　　　　　工程区段划分建议表

区段编号	区段名称	区段长度（m）	上部结构形式	基础形式	主要施工方法
I	北引线北引桥	2419	道路工程 30m、50m、60m、65m 斜腹板连续箱梁 80m 连续钢构	软基处理钻孔桩	道路施工 30m 满膛支架现浇，50m 滑模现浇，60m、65m 挂篮悬臂现浇，80m 采用架桥面平衡悬臂拼装
II	北航道桥	928	双塔双索面钢箱梁斜拉桥	钻孔桩	索塔滑模施工、墩身、承台现浇，钢箱梁工厂预制，桥面吊机安装
III	中引桥、南引桥深水低墩区	16290	50m、60m 跨径等截面斜腹板连续箱梁	打入桩	墩身、承台预制安装，50m 架桥面节段拼装；60m 浮吊整孔吊装
IV	南航道桥及两侧高墩区引桥	1998	独塔单索面钢箱梁斜拉桥、80m 跨径等截面斜腹板连续钢构	钻孔桩	南航道桥索塔滑模施工、墩身、承台现浇，钢箱梁工厂预制，桥面吊机安装；80m 采用架桥机平衡悬臂拼装
V	南岸滩涂、陆地引桥和南引桥	12715	50m、80m、30m 跨径等截面斜腹板连续箱梁和软基处理	钻孔桩	30m、80m 满布膺支架现浇，50m 架面节段拼装道路施工

6. 进行通航安全与防撞措施的专门研究

由于 H 海湾通航条件复杂，船舶（尤其是小型船舶）的管理难度较大。为了保证通航安全，应制订桥区通航安全的有关规定和施工期间的安全保障措施，强化通航安全措施，包括强制引航、设置桥墩防撞设施和船舶航行管理系统（VTS）、桥涵标志和水上助航标志、航政管理设施等。建议进行专题研究航行安全与防撞措施，确保桥梁和航行船舶的安全。专门研究中尤其要注意大桥非通航孔的桥墩防撞和船舶航行管制的措施。

7．环境和生态保护措施

应根据环境影响评价报告书提出的污染防治和生态保护对策建议，做好环境保护工作，并切实加强施工期环境监理工作，把不利的环境影响控制在最低限度。

在项目建设、运行过程中，应重视公众的各种意见，以实现环境效益、社会效益和经济效益的统一。在涉及航道及养殖区域施工时，有关施工计划要预先通告有关部门和群众，征求他们的意见并协商解决。

8．对管理模式进行专门研究

开展项目运营管理模式和融资方式专题研究，按照现代企业制度的原则，组建精简、高效的项目管理机构，完善业主单位的组织机构建设。对融资方案进行比选和研究，以便为建设项目寻求融资渠道合理、融资成本低、风险小的融资方案。

第二节　某过江通道项目风险分析

一、项目概述

（一）项目基本情况

C江N市段上游过江通道（下称N过江通道）是《N市总体规划》确定的一条重要的城市过江快速通道。江南接主城B大道和W路，通过W路再接城西干道和城东干道；江北接B大道和P路，将江南江北的快速交通网络连为一体，形成横跨C江的一条城市快速通道。根据项目可行性研究报告和相关补充资料，N过江通道推荐方案的主要技术经济指标如下：

1．建设规模

项目规划起点为P区的P路L转盘，沿P区现状用地南侧向东南方向至H村（Q河与M河在C江边交汇处），下穿C江主航道，在M洲中部钻出地面后，以桥梁形式跨夹江，于J区N市电化厂附近的S河R码头上岸，沿X大街，在与规划河西B大道相交后，连接Y大街W路，沿Y大街规划红线东行至终点J路。

设计起点在F河路东侧、收费站前500m处（里程K2+200），设计终点为J江桥主桥南岸终点处（里程K8+013），路线全长5813m。

主要建设内容包括江北接线道路、收费广场、左汊盾构隧道、M洲接线道路、M洲疏解工程、右汊桥梁工程、附属工程（管理中心及服务区）。

2．交通量预测

依据《N城市总体规划》《N城市交通发展战略与规划研究》《N城市轨道交通线网规划》《H新城区总体规划》《P区新市区总体规划》、《N城市历年居民出行调查》和《2003年N城市道路交通发展年度报告》，预测的目标年过江通道机动车双向交通量如表6-20所示。

表6-20　　　　N过江通道机动车双向交通量预测表　　　（单位：PCU）

机动车流量	2010年	2020年	2030年	2050年
全日	37156	67200	85140	95060

续表

机动车流量	2010 年	2020 年	2030 年	2050 年
12 小时	28610	51072	63004	67492
早高峰小时	5945	6647	8512	9506
晚高峰小时	4135	4853	7324	8739

3. 技术标准

隧道、大桥及接线道路均按城市快速路标准设计，双向六车道，设计车速 60km/h。隧道内行车道宽度 2×3.5m+3.75m，行车道高度 5m；隧道外行车道宽度 12m，路基宽度 31.3m。

右汉南 J 江最高通航水位 10.368m，最低通航水位 2.388m，大桥主桥推荐桥型为自锚式独塔悬索桥，主跨 248m，路基宽度 32m；通航净空高度 10m，单孔双向通航净宽不小于 177m。

抗震设防标准按 100 年基准期超越概率 10%的地震动参数设防，按超越概率 2%的地震动参数验算。

4. 工程方案

采用左隧右桥建设方案。左汉隧道为盾构法双管单层隧道，隧道建筑长度 3822m，隧道长度 3476m，盾构段长度 2935m；隧道外径 14.5m，内径 13.3m。右汉桥梁推荐采用自锚式独塔悬索桥。

5. 项目计划建设工期

项目计划建设工期为 4 年（2005～2008 年）。

6. 项目总投资估算

项目总投资估算 305740 万元。

7. 项目法人

N 市 C 江隧道有限责任公司（简称隧道公司）为项目法人。

8. 资金来源

项目资本金占 35%，由 N 市 C 江隧道有限责任公司自行解决；其余部分采用国家开发银行贷款。

9. 财务效益预测

全部投资税后内部收益率（FIRR）7.29%，经济净现值 47123 元，投资回收期 16 年；自有资金税后内部收益率（FIRR）7.86%，财务净现值 44279 元。

10. 经济效益预测

经济内部收益率为（EIRR）13.94%，经济净现值为 134360 元。

（二）项目特点

N 过江通道工程地处 C 江下游 N 市段，地质条件和河道水文条件十分复杂，工程设计和施工难度大，不可预见因素多，主要表现在以下几个方面：

1. 场地工程地质和水文地质条件

过江通道场地属下 Y 地层区，N 镇～J 地层小区，地层上部均为第四系松散沉积物，下伏白垩系基岩。地层揭露概况为：第四系全新统地层以冲积类型为主，兼有河湖相沉积；岩性以粉质黏土、淤泥质粉质黏土、粉细砂为主。第四系上更新统（Q3al）属河床相，为 C 江古河道沉积；以粗颗粒的中粗砂、砾砂及卵砾石为主。白垩系上统浦口组（K2P）属湖相沉积；岩性以泥岩为主，内夹数层泥质粉砂岩薄层透镜体。

场地地下水含水岩组主要为第四系松散岩类孔隙水和碎屑岩类孔隙裂隙水，其中第四系松散孔隙水又可分为潜水含水岩组和承压含水岩组，碎屑岩类孔隙裂隙水主要为基岩裂隙水，第四系松散岩类孔隙潜水主要赋存于 C 江漫滩区上部地层，含水介质为黏性土、淤泥质土及粉土，其渗透性差，含水量贫乏，据室内试验，渗透系数为（1.75～19.5）×10^{-7}cm/s。第四系松散岩类孔隙承压水主要分布于基岩上部松散层中，在漫滩区上覆淤泥质土及黏性土，在 C 江河道区直接与江水相通。含水介质为粉细砂及卵砾石层。粉细砂层室内渗透系数为（2.06～2.218）×10^{-4}cm/s，据本次水文地质试验，渗透系数为 40m/d，卵砾石层渗透系数较大，据区域资料，单井涌水量一般为 100～1000t/d，与江水存在互补关系。白垩系泥岩裂隙不发育、孔隙性差、塑性强、富水性差，可视为相对隔水层。

拟建过江通道场地范围内无活动断裂通过，亦无 5 级以上破坏性地震发生的记载，过江通道断面附近属基本稳定区。根据《建筑抗震设计规范》（GB 50011—2001），场地抗震设防烈度为 7 度，设计基本地震加速度为 0.10g，设计地震分组位于第一组。桥隧工程按照设计基准期为 100 年对应的地震烈度进行抗震设防。

2. 河道水文条件

N 过江通道地处 C 江下游 M 洲汉道段，该河段左汉主航道江面宽 2～3km，枯水期 10.0m 等深线全段贯通，宽度约在 1000m；M 洲右汉南夹江宽 250～400m，5.0m 等深线全河段贯通。

河床平面变化：至 1985 年较大规模的护岸后，隧道工程段两岸岸线基本稳定，但河床仍存在一定幅度的冲淤变化，且其变化与 C 江大洪水作用关系密切。

深泓变化：在 20 世纪 70～80 年代护岸工程实施后，深泓断面最大刷深为 31.5m，其中隧道工程断面最大刷深为 23.8m；1985 年后，深泓在一定范围内做横向摆动，其中隧道工程断面深泓 1985～1998 年左摆 267m、1998～2004 年右摆 120m，呈现出"大水左移、小水右移"的规律。

横断面冲淤变化：1998～2004 年，横断面的两岸岸线保持稳定，滩槽的位置变化较小，河床中泓床面仍存在一定幅度的冲淤变化，如隧址上段普遍刷深、下段淤高。

工程段河势演变趋势：实施护岸工程以来，河段岸线及滩槽的变化趋小，整个河段河势趋于基本稳定。

模型试验研究成果：定床模型的试验结果表明，隧道工程的建设不会对隧址河段的水流和河势发生影响；动床模型试验表明，典型年 300 年一遇水文条件下（考虑上游建坝），隧道过江断面最低冲深高程为–30.96m（85 高程）；动床模拟计算结果表明，水库联合运用后，在"1998～2004 年发生 300 年一遇洪水"系列年条件下，隧址断面最大冲深为–31.4m（85 高程），深泓摆动幅度约为 150m。

3. 设计和施工难度

为保证 C 江黄金水道未来通航能力的要求，本项目采用左隧右桥建设方案。但在 C 江水道下建设大直径、长距离的盾构隧道，国内没有先例，具有相当大的设计和施工难度。

本项目需要在 C 江下游水道条件下（最大水压 60m）建设隧道外径 14.5m、盾构段长度

2935m 的盾构隧道两条，盾构穿越的结构地层主要是粉细砂层和砾砂层。因此，对盾构的结构设计、防水、防腐蚀、安全、耐久等方面的要求严；对盾构机的选型、刀具的要求和掘进中换刀等问题均需做认真、细致的研究；同时，工作井的开挖、大型盾构的始发、隧道与工作井间存在的差异沉降控制均是影响工程成败的重要因素。

此外，如何保证合理的建设工期、建设资金的控制与到位情况、运营管理的好坏及运营费用的多少、工程建成后影响可收费车流量变化的条件等，都是项目财务可持续性风险的重要因素。

（三）项目建设目标

N 过江通道项目建设的目标是在工程总投资 30.9 亿元、总工期 41 个月的条件下，建成一条质量可靠、安全畅通、具有效益的穿越 C 江 N 市段上游的过江通道，并使隧道公司能在 30 年的特许经营期内安全、经济、可靠地进行运营，以适应 C 江 N 市段上游地区交通量快速发展对过江通道能力建设的需要，完善路网系统，缓解 N 市内交通压力。

（四）风险分析的依据和目标

1. 项目风险分析的依据

（1）N 市 C 江隧道有限责任公司"N 市 C 江过江隧道工程（可研阶段）风险分析专题研究"合同。

（2）《C 江 N 市段上游过江通道工程可行性研究报告》。

（3）N 市 C 江隧道有限责任公司提供的 C 江 N 市段上游过江通道工程相关资料。

（4）《投资项目可行性研究指南》（中国国际工程咨询公司编制）。

2. 项目风险分析的目标

本课题研究的目标包含四大方面：

（1）对项目存在的风险因素进行分析，分析导致项目建设风险的各种潜在原因。

（2）分析风险因素可能造成的影响与后果，筛选出主要风险因素。

（3）针对风险因素对项目的影响，提出消除或减少风险影响的对策建议。

（4）对有关工程技术风险提出下一步必要的研究和试验课题。

（五）主要结论与风险对策

1. 主要结论

综合风险分析结果表明，N 过江通道项目综合风险预期为一般风险。其中，影响项目综合风险的主要风险因素是工程施工风险和设计风险，财务可持续性风险及运营期风险为一般风险因素，环境影响及社会风险为影响最小的风险因素。

（1）工程施工风险属影响项目总目标的最主要风险因素，其风险程度为一般风险。影响工程施工的主要风险因素是盾构隧道施工、施工组织与管理和工作井及明挖隧道施工，且三个风险因素均为较大风险，必须对设备选型以及工程施工中的关键节点、关键技术进行研究攻关，并加强施工组织管理，以降低施工风险。

（2）设计风险属影响项目总目标的主要风险因素，其风险程度为一般风险。设计环节主要风险因素是隧道工程设计条件和方案设计，工程设计条件为较大风险，隧道方案设计为一般风险，需加强水文、地质专项分析研究及勘察工作，为制订合理科学的设计、施工方案打好基础。

（3）财务可持续性风险属影响项目总目标的一般性风险因素，其风险程度为较大风险。

财务可持续性方面主要风险因素是投资增加、工期延长以及运营收入低于预期目标，三者风险程度均为较大风险，需全方面采取措施，降低财务风险。

（4）运营期风险属影响项目总目标的一般性风险因素，其风险程度为较大风险。运营期主要风险因素是事故及灾难状况处置和运营管理体制，二者风险程度均为较大风险，需完善防灾设计、加强事故及灾难状况的处置能力、完善运营管理体制，长期预防为主，保证运营安全。

（5）环境影响及社会风险属影响项目总目标的次要风险因素，其风险程度为一般偏小风险。其中，主要风险因素为社会风险，是较大风险，自然环境影响风险为较小风险，社会风险需项目单位引起足够重视。

2. 主要对策建议

（1）成立专家组，对过江隧道具有的直径超大、工作压力高、地层透水性强、超浅埋、掘进距离长等一些世界级技术难点进行定期指导、协调，保证工程建设的安全。

（2）加强水文、地质专项分析研究及勘察工作，为制订合理科学的设计、施工方案打好基础。工程设计条件是在工程设计及施工阶段较大的风险因素，水文、水位、洪水及地质条件的变化是风险的客观来源。水文、地质条件和边界条件调查不清，盾构与水文、地质、边界条件不匹配将给设计工作造成风险，并由此导致施工管理、决策、操作、换刀、注浆等不当引起的施工风险及工期风险。因此，应对水文、地质及边界条件进行专项分析并进行详细的勘察工作。

（3）对盾构机选型进行专题论证，保证盾构机选型对本工程特点有充分的适应性。本工程选用的超大直径盾构机，本身就存在很大风险。应就盾构机选型、地层适应性、设计、制造、刀盘刀具等关键部件配置、相似盾构类比、经验教训分析等环节进行详细的专题论证。

（4）合理调整、安排工期，保证设计、施工质量。N 过江隧道工程超大直径、面临严峻的技术挑战，而我国在 C 江下建设过江隧道施工中又无先例可循，项目确定的 41 个月的工期明显偏紧。项目总体建设进度已经滞后于可行性研究报告的进度安排，由于工期紧张，势必对项目的设计、施工带来压力，增加管理和技术上的风险。建议下一步随着设计工作的深化，合理安排工期，保证设计、施工质量。

（5）对工程施工中的关键节点、关键技术进行研究攻关，降低施工风险。盾构隧道施工是施工风险的主要风险因素，加强盾构施工各环节的技术及安全风险管理，可以有效地降低施工风险。主要对盾构施工的工作井开挖及支护、盾构组装拆卸、盾构始发、开挖面稳定、掘进参数控制、管片运输及拼装、结构防水、背后注浆、盾尾密封、掘进姿态控制、支护等关键环节进行专门技术研究及管理。

（6）制订完善有效的施工组织方案，加强施工组织与管理。施工组织方案是施工全过程的指导性文件，应尽可能详尽，对影响进度的各种因素做细致深入的分析研究，精心设计施工方案，并制订风险事故发生的紧急处理预案；另外，施工组织方案中应加强施工安全及技术管理，实行严格的制度化管理，做到奖惩分明。

（7）建设单位与设计、施工及监理多方紧密配合，共同防控风险。目前，超大直径盾构隧道设计与施工在国内尚无先例，建议实行勘察、设计一体化，选择有相关资质及业绩的设计、施工、监理队伍，三方应调配各自的骨干人员，紧密配合，共同防控风险。此外，为进一步完善设计、施工方案，降低工程风险，建议聘请国内外有相关经验和业绩的咨询单位参加本工程的设计、施工及咨询工作。

（8）以预防为核心，保证长期安全运营。在工程建成投入运营之后，需要将对影响安全运营的风险因素的预防工作作为重点，加强运营期风险管理，对隧道、桥梁结构的可靠性进行长期健康监测，加强各种设备设施的管理维护，强化交通管理，并根据监测数据进行定期的安全可靠性分析与评估。

（9）加强环境保护及社会风险管理。为防止施工期间及运营期间的环境污染，应对施工弃渣、废水等的影响程度进行调查，按当地环境主管部门的要求，对弃渣、废水进行净化处理，做到达标排放；在隧道运营期加强对隧道内及出口部位空气的监测。社会风险方面应重点解决好受工程影响的居民拆迁、安置的补偿问题，保证工程顺利实施，工期不受影响。

（10）多方采取措施，降低项目财务可持续性风险。项目财务可持续性风险属于综合性风险，应从工期优化、控制建设规模及施工成本、增加运营收入、降低运营成本及资金筹措成本等多方面、全方位降低财务可持续性风险。

（11）对风险进行合理的分担、分散与转移。风险是客观存在的，除尽可能地降低风险外，还应从风险多方分担、风险分散、索赔及工程保险等多种方式考虑风险的化解与转移。

（12）对重点问题进行专题研究。N 过江隧道盾构直径约为 15m，直径超过世界上已建成的最大盾构隧道，加上 C 江 N 市段水文、地质等方面存在诸多不利因素，隧道施工面临开挖面失稳、冒顶、涌水等风险。因此，建议对盾构隧道设计、施工等环节关键难点问题进行专题研究。

二、项目风险分析方法的选择

（一）项目风险分析基本原理

风险是指未来发生不利事件和影响的可能性，它广泛存在于社会经济生活的各个方面。对投资项目而言，项目的立项、可行性研究及设计与计划等都是基于正常的、理想的技术、管理和组织以及对将来情况预测的基础之上而进行的。但由于人们对客观事物认识能力的局限性、事物本质发展的动态性、环境的可变性，以及预测本身的不确定性，项目实施过程中和项目建成后的实际情况可能偏离预测的基本方案，导致项目不能实现预定目标，发生损失。

项目风险分析是认识项目可能存在的潜在风险因素，估计这些因素发生的可能性及由此造成的影响，分析为防止或减少不利影响而采取对策的一系列活动，它包括风险识别、风险估计、风险评价三个基本阶段。风险分析所经历的三个阶段，实质上是从定性分析到定量分析，再从定量分析到定性分析的过程。

1. 风险识别

风险识别是指在收集资料和调查研究之后，运用各种方法对尚未发生的潜在风险以及客观存在的各种风险进行系统归类和全面识别。风险识别是风险分析的基础。风险识别主要的工作内容是：找出风险因素，定性判别风险的性质、发生的可能性以及对项目影响的程度。风险识别的关键是认知风险，运用系统论的观点对项目进行全面考察综合分析，找出潜在的各种风险因素。

风险是不以人的意志为转移并超越人们主观意识的客观存在。对于一个活动或事件，对于预定的目标，可能存在诸多的直接或间接的风险，它们具有各不相同的地位或影响。作为风险分析的第一步，风险识别旨在发现风险根源，进行风险分类，评价风险对项目的影响，并确定那些将会对项目产生严重影响的最关键风险。在风险识别阶段，需要考虑的主要问题是：①哪些风险需要考虑；②这些风险的主要根源及产生原因；③风险后果有哪些。

风险识别是最费时的阶段，风险识别的主要方法包括解析法、专家调查、故障树、事件树、问卷调查和景幕分析等。识别内部和外部的风险需要分析者富有经验、创建性和系统观念，但由于个人知识、经验和视野的局限性，个人难以完成风险识别任务，通常的最佳方法是组成一个适当的专家小组来完成此任务，以弥补彼此的缺陷。

2. 风险估计

风险估计是估计风险发生的可能性及其对项目的影响程度。通常的步骤是先进行定性估计，再进行定量估计。定量的概率估计方法包括客观估计和主观估计两种。

客观估计是利用同一事件的历史数据，或是类似事件的数据资料，演绎出客观概率。运用概率统计等方法判别各种风险因素在一定时间内发生的可能性和可能造成损失的严重程度，即概率的大小。通过数学模型预测风险因素发生的可能性及其概率的区间（分布），概率分布对于准确衡量损失频率及损失后果具有重要的作用。

客观估计法的最大缺点是需要足够的统计信息资料，但通常是不可得的。当客观数据缺乏时，基于专家经验、知识和类似工程比较，通过专家主观推断，判别各种风险因素在一定时间内发生的可能性和可能造成的损失的严重程度，便是主观估计。个别专家的经验估计虽然有一定的主观性，但将多位专家的估计结果进行综合、统计、汇总，就可以得出具有一定客观可靠性的结果。

3. 风险评价

风险评价是在风险估计的基础上，通过相应的指标体系和评价标准，来揭示影响项目的关键风险因素，提出对项目风险的预警、预报和相应防范对策。风险评估方法包括 AHP、CIM 和 Monte-Carlo 模拟等。

风险具有可变性，在项目的实施过程中各种风险在质和量上随着项目的进展不断变化，有些风险得到控制，有些风险开始出现，在项目的寿命周期内，风险无处不在、无时不在。对投资项目进行风险分析的目的是让投资者认识和控制风险，在有限的空间和时间内改变风险存在和发生的条件，降低其发生的频率，减少损失程度。在项目决策阶段针对风险分析揭示的影响成败的关键风险因素，其主要对策包括三个方面：一是通过多方案比较，选择最优方案；二是对有关工程技术风险提出降低风险的对策建议，提出必要的研究与试验课题；三是对影响工程进度、投资、财务效益的风险因素在前期工作中留有余地。

（二）N 过江通道项目风险分析方法

受 N 市 C 江隧道有限责任公司的委托，C 公司承担了 C 江 N 市段上游过江通道项目风险分析专题研究工作。其目的是通过现代风险分析方法和手段，集合社会专家的智慧和力量，识别 N 过江通道项目建设和运营阶段潜在的风险因素，估计各风险因素发生的可能性和对项目的影响程度，从而揭示影响项目的关键风险因素，提出项目风险的预警、预报和相应的风险对策，改进或优化可行性研究阶段项目建设方案，降低项目风险。

本风险分析是立足于项目可行性研究阶段，以项目可行性研究报告有关参数为基准来展开的。中咨公司聘请了二十多位技术、经济、环境、财务、社会发展专家参与该项目的风险分析，围绕设计、工程施工、运营、环境与社会影响、财务可持续性等方面，基于项目的总目标，根据风险因素的因果关系、涉及范围和相关影响等方面层层剖析，深入风险因素的基本单元，开展专项风险分析，以明确风险的来源，提出有针对性的风险对策，并在专项风险分析的基础上进行综合分析。

1. 风险分析基本原理

本项目风险分析的基本原理是通过风险识别，将总风险按照不同构成进行逐层分解，构建项目风险评价的层次化结构，这样就将综合而复杂的问题解析为区分明确的、有序的细分问题。通过对细分风险因素的逐一分析和估计、对各层因素之间结构关系的评定，可以最终综合出整个项目所面临的风险影响，得到较为可靠可信的结果。

具体做法是将项目的风险因素划分为设计风险、工程施工风险、运营期风险、环境影响及社会风险、财务可持续性风险五大类型，共同构成专项评价层。专项评价层中每一类风险又可以分解为更多的子项评价层风险因素。通过逐层分解，直到最基本的风险单元，使项目的风险因素构成不断明晰，也使对问题的分析得以尽可能地简化。

每一评价层风险因素对项目的影响是由其所包含的下层所有风险因素综合作用的结果，各种影响程度发生的可能性通过下层所有风险因素的风险概率分布的叠加得到。具体概率叠加的算法可表示为如下步骤：

设 $U=\{\mu_1, \mu_2, \cdots, \mu_m\}$ 是风险影响因素集，$V=\{v_1, v_2, \cdots, v_p\}$ 是风险因素等级集合，在本项目中确定为 7 级，即 $p=7$。第 i 种风险因素发生风险 $v_l(l=1, 2, \cdots, p)$ 的可能性（概率）为 r_{il}。所有 m 种风险因素概率分布可用矩阵形式表示为

$$R = \begin{pmatrix} r_{11} & r_{12} & \cdots & r_{1p} \\ r_{21} & r_{22} & \cdots & r_{2p} \\ \vdots & \vdots & \ddots & \vdots \\ r_{m1} & r_{m2} & \cdots & r_{mp} \end{pmatrix}$$

综合的风险影响等级为 $v=\Sigma_i\lambda_i v_i$。

其中，$\lambda=(\lambda_1, \lambda_2, \cdots, \lambda_m)'$ 是各种风险因素对上一评价层风险的重要性或权重系数，v_i 是第 i 种风险因素实际发生的风险等级。

则综合风险影响的概率分布为

$$r_l = P\{v = v_l\} = \sum P\left\{\prod_{i=1}^{m} r_i \middle| v_{l-1} < \sum_{i=1}^{m} \lambda_i v_i \leq v_l\right\}$$

运用这一概率叠加算法可以得到各评价层风险因素的预期概率分布，由此判断最有可能发生的风险等级 $v_l|r_l=\max\{r_1, r_2, r_p\}$、预期风险等级 $E(v)=\Sigma_l v_l r_l$ 以及 90% 置信度的预测区间 $\sum_l v_l r_l \pm 1.645\sqrt{\sum_l\left[v_l - E(v)\right]^2 r_l}$。

2. 风险分析基础数据的获取——专家调查法

N 过江隧道超大直径、水文、地质条件复杂，在我国又无先例可循，本项目的风险估计采用专家调查法，借助众多专家在各方面的经验对项目可能面临的各类风险因素及其影响程度做出判断。个别专家的经验虽然不免过于主观，但将多位专家的评定结果进行综合，就可以使评定结果尽可能地具备客观可靠性。

本次通过发函，邀请二十多位（隧道、地下、土木）工程施工、道路、机械、投资、经

济、财会等领域的专家，对项目所列出的各类风险因素（发生可能性）及其影响程度进行打分评定，最后将各位专家的意见归集起来得到综合的风险评定结果。

要求专家进行评定的内容分为两个部分：一是各种风险因素对上一评价层的影响程度；二是各种风险因素的不同风险等级的发生可能性。风险因素对上一评价层影响程度的评定采用五级评分制，1 分表示对上一评价层的影响极小，2 分表示影响小，3 分表示影响一般，4 分表示影响大，5 分表示影响极大；如果认为因素的实际影响程度介于两个判据之间，也允许打中间值，即如果认为某风险因素的影响程度在"影响极小"和"影响小"之间，则打 1.5 分，以此类推。这一评价结果可以作为低层风险影响汇总叠加为高层风险影响的权重系数。风险因素的等级采用七级制，即将风险对项目的影响程度划分为影响"极大"、"大"、"较大"、"一般"、"较小"、"小"和"极小"，请专家对各级风险出现的可能性给予评定，由此得出各类风险因素的概率分布情况，作为各层风险分析的基础。

3. 风险分析算法的实现——Monte-Carlo 模拟法

项目风险分析由于涉及多个层次的众多风险因素，每一因素又包含若干个风险影响等级，需要考虑每一等级发生的概率，按照前述算法来推导上一评价层风险因素的概率分布是一个极其复杂的计算过程，难以保证运算的效率和质量。计算机模拟技术的迅速发展为解决上述难题提供了有效的辅助手段。对项目风险分析进行 Monte-Carlo 随机模拟需要以概率论和数理统计为基础，根据预定的程序和变量函数关系进行随机抽样、模拟参数组合、计算特征值，并绘制概率分布图。模拟方法可以模拟各种变量间的动态关系，解决某些具有不确定性的复杂问题。

设变量之间存在函数关系 $Y=f(X_1, X_2, \cdots, X_m)$。

其中，$X_1, X_2, \cdots, X_m$ 是 m 个相互独立的随机变量，对应于同一评价层中的 m 个风险因素，它们各有其独立的概率分布；Y 是 m 个随机变量的函数，本方案中即上一评价层的风险因素；f 代表 Y 与 $X=(X_1, X_2, \cdots, X_m)'$ 之间的函数关系，此方案中即表示加权平均 $Y=X'\lambda=\Sigma_i X_i \lambda_i$，其中 $\Sigma_i \lambda_i = 1$。

Monte-Carlo 随机模拟通过对 $X_1, X_2, \cdots, X_m$ 分别从其概率分布中进行随机抽样，设进行了 n 次抽样，得到各变量的一组实现值（要求实现值的个数较多，本方案中为 5000）：

$$X = \begin{pmatrix} X_{11} & X_{21} & \cdots & X_{m1} \\ X_{12} & X_{22} & \cdots & X_{m2} \\ \vdots & \vdots & \ddots & \vdots \\ X_{1n} & X_{2n} & \cdots & X_{mn} \end{pmatrix}$$

将同次实现的变量值（$X_{1j}, X_{2j}, \cdots, X_{mj}, j=1, 2, \cdots, n$）代入函数关系式，就可以得到变量 Y 的 n 个数值；

$$Y = \begin{pmatrix} Y_1 \\ Y_2 \\ \vdots \\ Y_n \end{pmatrix} = X'\lambda = \begin{pmatrix} X_{11} & X_{21} & \cdots & X_{m1} \\ X_{12} & X_{22} & \cdots & X_{m2} \\ \vdots & \vdots & \ddots & \vdots \\ X_{1n} & X_{2n} & \cdots & X_{mn} \end{pmatrix} \begin{pmatrix} \lambda_1 \\ \lambda_2 \\ \vdots \\ \lambda_m \end{pmatrix}$$

通过分组累计得到 Y 的样本频数分布，由此可以近似变量 Y 的理论概率分布 $P\{Y\}$；随着抽样次数的不断增加，Y 的样本频数分布与理论概率分布可以无限逼近。因此，根据 Y 的概率分布可以求得其众数、期望值、标准差等参数的估计值。

Monte-Carlo 随机模拟的流程如图 6-10 所示。在输入各风险因素影响等级概率分布的专家评定值以后，由计算机按照相应的离散分布进行随机抽样，将抽样结果按预定的函数关系计算出上一评价层风险因素的影响等级；将多次模拟结果进行分组统计，即可得到上层风险因素影响等级的概率分布。

三、项目风险分析

（一）项目风险识别

风险因素识别是风险分析的基础工作，按照风险分析的要求，围绕着 N 过江通道的建设目标，组织部分专家对项目风险进行了系统研究。首先围绕"在工程总投资 30.9 亿元，总工期 41 个月的条件下，建成一条质量可靠、安全畅通、具有效益的穿越 C 江 N 市段上游的过江通道"的总目标，对影响总目标实现的风险因素进行了分析，识别其中的主要风险因素，并分析风险产生的原因。

专家组根据《N 市 C 江段上游过江隧道工程可行性研究报告》提供的建设方案及水文、地质、投资估算等资料，经过分析研究，确定影响 N 过江通道项目总目标的主要风险因素有设计风险、施工风险、项目运营期风险、环境影响和社会风险、财务可持续风险等五个方面，将这五个方面作为总目标层的专项评价层进行详细分析。

在此基础上，专家组分别剖析五个专项层风险因素，并逐层分解。本项目风险分析的框架结构分为五个层次，多数风险因素分解到了第四层，部分重要风险因素分解到了第五层，风险因素层次图 6-11 反映出了本项目的前三层风险因素结构。

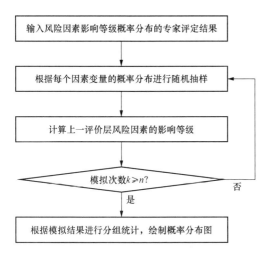

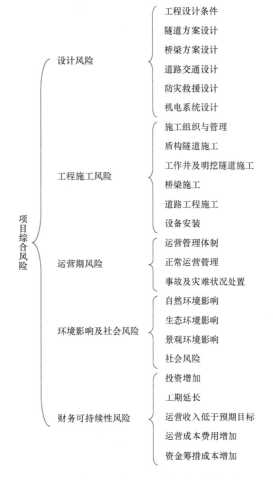

图 6-10 风险分析的 Monte-Carlo 随机模拟流程图　　图 6-11 N 过江通道项目风险因素结构层次图

（二）项目风险的估计与评价

根据 N 过江通道的风险因素识别结果，组织专家进行了项目风险因素的估计与评价，估计与评价工作主要采用了专家调查法和专家讨论会相结合的办法，中咨公司组织了国内有影响、有经验的（隧道、地下、土木）工程施工、道路、机械、投资、经济等领域的专家，在认真研究项目可行性研究报告等资料的基础上，对风险因素发生的可能性以及对项目的影响程度按照 1～7 个等级给予定量判别。然后将所有专家判断结果进行统计分析，计算出各种风险因素风险等级的概率分布，判别出其最可能发生的风险等级，做出各种风险因素的概率分布曲线及累积概率曲线图作为风险分析的量化依据。以下分别详细论述主要风险产生的原因及定性与定量分析与评价的结果。

1. 设计风险

N 过江通道设计风险涉及的方面较多，设计风险因素主要来自工程设计条件、隧道方案设计、桥梁方案设计、道路交通设计、防灾救援设计、机电系统设计等六个方面。

（1）工程设计条件。经分析，设计阶段的工程设计条件是较大风险，水文、水位、洪水及地质条件的变化是风险的客观来源。

1）地质条件复杂，地质风险大：经过初步地质勘察，盾构隧道通过的地层以粉细砂为主，江中地段数百米长度为粉细砂、砂砾和卵石混合地层，掌子面岩性明显差异、上下软硬不均，盾构机在江底掘进通过时，易坍方冒顶，造成严重后果；同时，卵石地层还容易造成开挖舱阻塞、损坏刀具等风险。另外，江底可能存在沉船、炸弹、大孤石等地下障碍物，以目前的探测手段不能保证准确探明，虽然有过两次不同方法的探测，但是不能排除遇到上述障碍物的可能，应研究对策，制订预案以防不测。

2）工作压力高：N 过江隧道盾构机工作压力约 6.5bar（1bar=100kPa），在同等直径及更大直径泥水盾构项目中是世界最大的。高压力下盾构机能否正常工作，特别是保证密封和安全地更换刀具等主要靠设备保证，以及盾构机制造商目前是否已具备相应的设计、制造实力。

3）地层透水性强：C 江 N 市河段的江中地层主要为松散、稍密～中密的粉细砂地层，以及部分砂砾、卵石层，透水系数是黏土的千倍以上，地层渗透系数与武汉比较接近，但是水压比武汉过江隧道高 0.1MPa 以上；与上海沪崇苏隧道相比，上海地层渗透系数一般为 10^{-7}cm/s，而 N 过江隧道高得多，达到 10^{-4}～10^{-3}cm/s。在如此高透水性地层条件下，最大水压力达 0.65MPa，江底隧道掘进风险是巨大的，如何安全、顺利地施工是一个具有挑战性的课题。

（2）隧道方案设计。

1）单洞三车道的设计目前国内尚无先例，首次在国内采用该设计方案，存在经验不足的风险。

2）大直径盾构风险。N 过江隧道盾构直径约 15m，盾构机直径是目前世界上最大的，本身就是较大风险，主要来自于：①盾构机设计与制造时，需对 15m 直径的盾构进行专门的分析、设计，并配备专门的生产设备，增加了设计与制造风险；②盾构直径过大，隧道开挖面上下端水压相差较大，难以控制密封舱泥水压力平衡，导致开挖面稳定性及盾构姿态的控制困难，增加了盾构施工风险；③盾构直径大，相对埋深浅，存在地层失稳、冒顶等风险；④大直径、高水压使得盾尾密封存在很大风险；⑤管片体积大，存在拼装质量不易保证的风险。

3）盾构隧道衬砌设计方案风险。衬砌设计涉及隧道结构的承载力及耐久性，将对隧道的长期运营产生较大的影响。隧道结构采用单层管片作为衬砌，且管片厚度仅为 0.6m，结构的承载力、混凝土及防水材料的防水性能将随时间延长而降低，存在承载及防水耐久性方面的风险。

超大直径盾构隧道管片分块数、管片连接方式及手孔、螺栓孔设置等方面，仍采用与中小直径盾构隧道相同的设计理念，管片设计方案存在一定风险。

4）盾构隧道断面及线形设计方案风险。包括隧道断面的内空间（限界及施工误差）、平面线形与坡度，若设计不良，则将导致覆土厚度不足、盾构推进不力、运营车辆通行等风险。

（3）桥梁方案设计。桥梁设计阶段是整个桥梁建设过程中技术含量最高，难度最大，最为关键的环节。设计方法、设计理论、设计参数的采用、选取将直接关系到大桥的建设安全和耐久使用。因此，在设计阶段应该充分考虑桥梁在整个生命周期内的风险。

桥梁设计的风险主要来自以下几个方面：

1）设计规范、规程、标准的采用风险。由于设计规范、规程、标准等的滞后性，对于大跨度、新技术、新结构的桥梁，基于以往一般工程经验建立的设计规范是否仍然适用，是值得认真研究的问题。

2）设计理论、重要设计参数的采用风险。大跨度、新技术、新结构的桥梁，需有相应的设计理论支持，其理论研究的有效性、可靠性直接影响到桥梁的使用寿命和结构安全。重要设计参数如混凝土的收缩、徐变系数、地震动参数等的取值是否能较好地符合实际也将影响到桥梁的使用与安全。

3）设计者的经验。桥梁设计的优劣与设计工程师的学识、经验有密切的关系，优秀的桥梁设计工程师能较好地把握结构的整体与细节，合理地利用规范，对工程的风险有较好的预见性和适当的处理措施，从而规避风险。

4）设计内容不全、设计缺陷、错误和遗漏。

（4）道路交通设计。道路交通设计内容包括隧道及引道平纵线形设计、接线道路及疏解设计、路基路面设计、交通安全设施设计等方面。该类设计风险主要由以下原因引起：

1）设计原始资料不准确。主要包含勘测资料不准确，包括控制测量、断面测量；专题研究资料不准确；交通流量预测不准确。

2）与本项目相关的工程缺少统一协调管理，造成设计考虑不周。

3）工程条件限制了设计方案的选择，造成设计不够完美。

4）主观因素造成的设计考虑不周全，如专业间沟通不够、设计出错或设计方案不合理等。

风险因素的特点：①隧道段纵断面设计须考虑施工和抗浮要求，隧道在施工期对于不利水下断面和 300 年一遇冲刷断面下有一定埋深要求。上述原始资料不准确，容易造成隧道顶浮土不够，给施工和运营期间带来一定安全隐患。②项目沿线相交道路规划标高、内涝水位、城市排水规划标高、城市土地规划标高等资料不全，引起纵断面设计不合理。③由于 C 江两侧滨江大道疏解分属不同建设单位且未做详细设计，设计上无法统筹考虑，可能造成工程衔接不顺或工程界面划分混乱等问题。④隧道接线部分与规划道路的衔接涉及实施年限不同、建设单位不同、投资划分困难等问题,设计难以有效考虑。⑤左汉隧道M洲出口段受江底标高、M洲疏解、右汉桥梁限制,该路段给平、纵断面及疏解设计方案设计带来一定困难,须综合考虑各方面因素,如方案选择不合理对运营期行车安全带来一定风险。⑥平面布置不合理造成施工困难或对行车带来安全隐患。主要体现在:平纵组合及视距;隧道进出口及隧道内线形;立交区域平面线形。⑦各专业沟通不够或设计人员主观失误容易造成设计出错或设计文件不统一等问题。⑧施工过程中设计方案的变更引起征地范围、工程量等方面较大的变化,对工程顺利实施造成影响。

(5)防灾救援设计。隧道防灾救援设计主要包括防灾减灾设计和救灾设计两个方面,其主要设计内容包括隧道消防、通风、紧急应变系统、监控系统、供电照明、暖通系统、给排水、紧急通道、安全通道设计等内容。

(6)机电系统设计。交通监控系统负责对收费广场、隧道及南北两侧出入口、风井、控制中心等区域实行统一监控、集中管理,在疏导交通、防灾和消灾等方面起到非常重要的作用。交通监控系统的故障会对过江通道实现正常运营、实现各种机电设备的自动控制和管理造成负面影响;减弱了过江通道的安全性和应急应变能力;降低了服务品质等。

以下为监控系统设计、施工和运营期的主要可能风险:

1)CO/IV检测系统参数设置不当,设备检测精度不够,造成交通监控系统对交通流控制不当,CO浓度过高,对人的健康造成危害。

2)供配电系统故障,造成如下问题:①照明系统故障或光照度分布不均造成视觉偏差,引起交通事故的发生;②电力供应不足,交通信号灯、车道信号灯、疏散信号灯等工作不正常,交通系统ACU(辅助控制单元)无法正常工作,造成系统崩溃;③供配电系统超负荷、长时间运行,造成设备损坏;④自然灾害和人为因素对供配电系统造成破坏;⑤操作人员不遵守安全操作规程,造成意外伤亡。

3)交通监控系统的车辆检测、视频监测工作不正常,监控系统交通状态参数不正确,对交通流无法正常控制。

4)超高检测器设置不当,或工作不正常,不能阻止超高车辆进入隧道,对隧道造成损坏。

5)发生交通事故时,由于车辆或视频监测系统的原因,或通信速度较慢,使得控制中心无法迅速探测出出事地点,不能尽快组织异常情况下车辆的安全转移、救援和恢复正常交通。

6)隧道内发生交通事故须关闭隧道,由于隧道禁闭信号灯的故障或控制失效,未能阻止车辆驶入。

7)气温、烟雾浓度监测不正常,未能及时发现火情,没有进行自动报警和确认火灾地点,无法及时组织车辆、人员转移,灭火、排烟和救灾。

8)通信速度慢,监控系统对现场的实时信息反应不及时,控制指令不能及时发布,造成事故的发生。

9)隧道或自然环境,如温度、湿度等,对监控系统设备的正常工作造成影响。

(7)设计风险分析结果。设计风险分析结果表明,影响设计风险的主要风险因素是隧道方案设计和工程设计条件,对设计风险的影响权重分别为0.290和0.224。如果将风险等级看作是(1~7)区间内的连续数值,则预期隧道方案设计的预期风险等级为3.92,预期风险等级的90%置信区间为(2.87~4.96),属于一般风险;工程设计条件的预期风险等级为4.29,90%置信区间为(3.37~5.21),属于较大风险。此外,桥梁方案设计的预期风险等级为4.06,

90%置信区间为（2.60～5.51），属于一般风险；道路交通设计的预期风险等级为 3.87，90% 置信区间为（2.75～4.99），属于一般风险；防灾救援设计的预期风险等级为 3.89，90%置信区间为（2.75～5.03），属于一般风险；机电系统设计的预期风险等级为 3.57，90%置信区间为（2.27～4.88），属于一般风险。

设计风险预期等级为 3.98，90%置信区间为（3.48～4.47），属于一般风险。具体结果如表 6-21 和图 6-12～图 6-18 所示。

表 6-21 设计风险模拟概率分布及累积概率

项目名称	影响权重	风险等级及（累积）概率							预期风险	
		1	2	3	4	5	6	7	等级	90%区间
设计风险		0.000	0.000	0.007	0.534	0.443	0.016	0.000	3.98	3.48～4.47
		0.000	0.000	0.007	0.541	0.984	1.000	1.000		
工程设计条件	0.224	0.000	0.006	0.049	0.251	0.571	0.117	0.007	4.29	3.37～5.21
		0.000	0.006	0.055	0.306	0.876	0.993	1.000		
隧道方案设计	0.290	0.000	0.000	0.073	0.486	0.394	0.047	0.000	3.92	2.87～4.96
		0.000	0.000	0.073	0.559	0.953	1.000	1.000		
桥梁方案设计	0.136	0.000	0.013	0.118	0.352	0.380	0.129	0.009	4.06	2.60～5.51
		0.000	0.013	0.131	0.483	0.863	0.991	1.000		
道路交通设计	0.058	0.000	0.003	0.109	0.451	0.391	0.045	0.000	3.87	2.75～4.99
		0.000	0.003	0.112	0.563	0.955	1.000	1.000		
防灾救援设计	0.193	0.000	0.010	0.131	0.462	0.333	0.063	0.001	3.89	2.75～5.03
		0.000	0.010	0.141	0.603	0.936	0.999	1.000		
机电系统设计	0.098	0.000	0.024	0.218	0.464	0.257	0.036	0.001	3.57	2.27～4.88
		0.000	0.024	0.242	0.706	0.963	0.999	1.000		

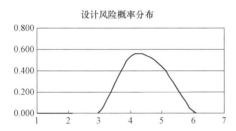
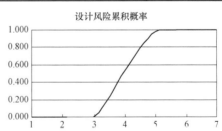

图 6-12 设计风险概率分布及累积概率

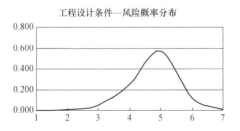
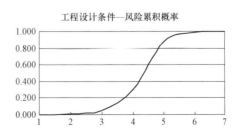

图 6-13 工程设计条件风险概率分布及累积概率

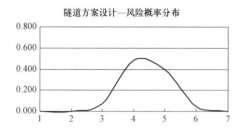
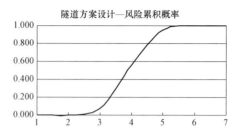

图 6-14　隧道方案风险概率分布及累积概率

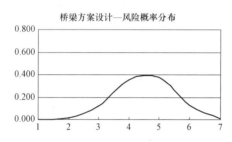
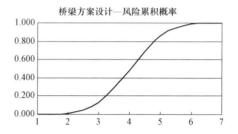

图 6-15　桥梁方案设计风险概率分布及累积概率

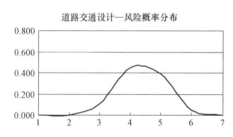
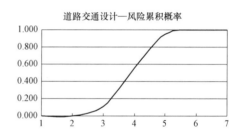

图 6-16　道路交通设计风险概率分布及累积概率

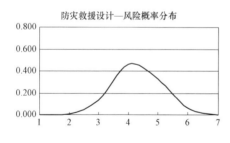
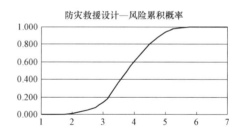

图 6-17　防灾救援设计风险概率分布及累积概率

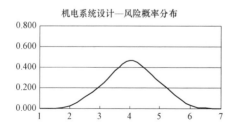
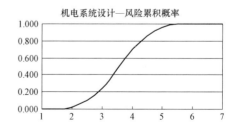

图 6-18　机电系统设计风险概率分布及累积概率

2. 施工风险

施工风险涉及的方面较多，包括施工组织与管理、盾构隧道施工、明挖隧道施工、桥梁施工、道路工程施工等五个方面。

（1）施工组织与管理风险。过江通道的施工组织管理是一项庞大复杂的系统工程，是关系过江通道能否实现预定目标的关键。施工管理风险包括施工组织总体设计、建设单位组织与管理、主体施工单位组织与管理、工程施工监理质量、施工风险规避措施、施工期自然灾害预防措施等。

我国盾构工程应用历史仅仅几十年，而真正开始大量引进盾构设备、实施盾构工程的历史只有十年左右的时间，我国整体的盾构技术水平还处于发展阶段，处于较低的水平。泥水盾构在我国应用实例更少，过江过河经验更为缺乏，技术和管理水平亟待提高。目前，C江上已修建了数十座桥梁，但在C江上选择隧道过江的经验还是空白，没有成功的经验可以借鉴。对于第一次在C江下修建江底隧道，而且盾构直径之大、地质条件之差、水压之高世界罕见，组织好、管理好整个工程建设，是一个具有挑战性的新课题，难度和风险非常突出。

（2）盾构隧道施工风险。经分析，N过江通道的施工风险中盾构隧道施工风险主要来自盾构机选型、盾构机始发、盾构掘进、人工操作等几个方面。

1）盾构机选型。N过江隧道盾构直径之大、地质条件之差、水压之高世界罕见，在盾构机选型方面存在较大的风险，需仔细分析。

①盾构选型具有很强的针对性。盾构机不同于常规的施工设备，不是标准产品、定型产品，必须根据工程实际"量体裁衣"、"量身定做"。N过江隧道盾构机直径近15m，是世界上直径最大的盾构机之一，全世界极少有类似工程实例，盾构机选型、设计、制造都没有较多的经验。

根据N过江隧道地质情况复杂、水压高、一次掘进距离长等特点，如果盾构机选型不当，不能适应工程特点、不能克服工程难点，那么将对工程建设造成重大影响，不仅影响施工效率、工程成本，还关系到隧道能否成功贯通。因此，如何正确选择最能适应本工程施工环境和地质条件的盾构机，是决定本工程成败的关键之一。

盾构机选型时主要考虑盾构机对地层的适应性及其可靠性。盾构选型应充分考虑工程地质、水文地质条件、环境保护的要求。对于施工进度、技术经济水平等综合因素，应首先选择高性能、现代化泥水平衡盾构，用于长距离的砂砾层、岩层中隧道施工。盾构机选型正确可达到事半功倍的效果，否则有可能事倍功半，甚至造成工程失败。为此，用于C江底盾构法隧道，应是泥水压力平衡，全封闭、高度机械化、自动化的现代化盾构机，其中超前地质的雷达勘察，超前排障设备，危险地段的局部气压平衡开挖面，通过人工闸进入密封舱更换刀头、排除障碍的设备都是必不可少的。

根据场地地质报告及盾构隧道纵向布置，盾构机械推进过程中主要面对的地层为砂性土，但在某一些阶段，开挖面上同时存在着土层、卵石层及砂岩、泥岩层的强、中分化的岩石地层。因此，开挖机械的选择及其施工的可靠性，包括保持开挖面的稳定、切削刀盘的种类、出土方式、主轴的扭矩、推进能力以及最为关键的盾构机械的密封性能等方面，均应认真对待。

②盾构机选型不当可能导致的风险事故。在盾构施工中，盾构机的选型可以说至关重要，

直接影响整个工程的成败。在越江隧道盾构隧道施工过程中，由于盾构机械选择不当，以及机械性能问题所造成的风险事故有以下几种可能：

a. 大刀盘、刀头磨损：长距离施工导致大刀盘、刀头磨损较大、无法正常推进；由于地层介质的变化，使得刀头每间隔一定距离由于高度磨损变平需要更换。磨损的刀盘会引起机头扭矩的增加而停止工作。

b. 泥浆泵及管路磨损、堵塞：排出泥浆中砂石成分对泥浆泵及排送管路的磨损，致使刀盘切削的土体无法正常排出。

c. 主轴承磨损，密封件防水失效：由于长距离推进导致主轴承磨损，密封件防水失效，密封仓内泥浆向盾构机内渗漏，不能保证工作面土的压力。

d. 盾尾密封：盾尾密封系统不可靠或长时间磨损，导致周边水土流失，盾构机内涌水或沉陷。

e. 铰结（转向）密封：铰结（转向）密封装置失效，导致盾构机内漏水、漏砂。

f. 数据采集系统、传感器失灵：盾构工作面数据采集系统、传感器因恶劣条件失效，无法准确获得盾构工作状态及正面舱压。

g. 液压推进系统漏油：无法提供正常的推力或导致盾构后退。

h. 注浆管路堵塞：注浆管路由于浆液硬化等原因堵塞，使注浆无法正常进行。

i. 大轴承断裂：由于磨损或受到较大的偏心力矩致使大轴承断裂，盾构机无法工作。

2）盾构始发与到达。盾构机进出洞、洞门密封、洞口加固等，在任何盾构工程中都是控制的要点，而 N 过江隧道始发埋深浅、地层软弱、地下水位高，盾构始发和到达安全控制难度更大。

超浅埋盾构进出洞是 N 过江隧道的一个突出的特点。按照一般惯例，盾构机进出洞覆土厚度不小于 0.6 的盾构直径，而 N 过江隧道权衡深基坑和盾构机出洞双重风险，选择盾构机始发埋深仅约 0.37 的盾构直径（5.5m），在国内是埋深最浅的，盾构到达井的盾构覆土厚度也不足 0.6 的盾构直径，在世界上仅次于荷兰格林哈特隧道。超浅埋盾构始发的技术难度和安全风险极大，洞门坍塌会造成盾构机始发困难、处理难度大，对安全、工期、工程造价造成较大影响。

盾构始发与到达可能发生的风险事故主要有以下几点：①工作井的结构和支护不当，将产生过大的变形甚至基坑失稳，土体坍塌，盾构机被掩埋。②盾构出洞前方地基处理不当、失效，将产生正面突然涌水、涌砂，大幅度地表沉降，甚至导致工作井坍塌，盾构机掩埋。③盾构出洞时，由于后靠及支撑无法承受盾构推进所需的后坐力，因而导致支撑系统破坏，基坑失稳。④盾构始发时姿态控制不良，导致管片拼装质量不过关。

3）盾构掘进。

①工作面稳定及地表沉降控制。过江隧道盾构通过的地层以粉细砂为主，但江中地段数百米长度为粉细砂、砂砾和卵石三种地层的混合地层，掌子面岩性明显差异、上下软硬差距明显，当盾构在江底掘进通过时，拱顶松软的砂层易坍方冒顶，与江水连通而造成严重后果；同时，卵石地层还容易造成开挖舱阻塞、刀具损坏等不易排除的困难，造成因江底"死机"而使整个工程废弃。

水下盾构施工，如何能在整个掘进过程中始终控制好掌子面平衡，保持工作面稳定，难度和风险很大。同时，在盾构穿过 C 江大堤时，如果因压力平衡、壁后注浆等控制不好，会造成地层沉降过大，危及 C 江大堤安全，类似事故在黄浦江、珠江等盾构工程中都有教训。

具体来说，盾构掘进可能造成工作面失稳的风险因素及其后果如下：

a．土仓压力选择不当：致使前方地表产生较大的隆起或沉陷。

b．流砂地层：工作面前方遭遇流砂或发生管涌，盾构机将发生磕头或突沉。

c．地层空洞：工作面前方出现地层空洞（气囊、透镜体等），根据空洞方位不同将产生盾构机沉陷、轴线偏移以及隧道冒顶等严重事故。

d．超浅覆土：推进过程中出现超浅覆土将导致通透、冒顶、江水回灌、泥水冒溢等严重事故。

e．承压水：承压水引起突然涌水回灌，盾构正面大面积塌方，致使盾构机被淹。

f．泥浆性能：泥浆性能较差不能有效地保证正面土体稳定，使得地表产生较大的变形。

由于该处底层有较厚的粉砂层，以及承压水的存在，因此，发生流砂的可能性很大。该事故风险如果不加控制，则发生事故的可能性非常大，同时损失也可能会比较大。

②盾尾密封。在长距离的推进过程中，由于未能及时地添加油脂或更换盾尾密封件，致使盾尾密封系统失效，注浆浆液以及流砂地层中水、砂向机内回流，造成地表过大沉陷。特别是 C 江 N 市河段的江中地层主要为松散、稍密～中密的粉细砂地层，以及部分砂砾、卵石层，透水系数的是黏土土质的千倍以上，在如此高透水性地层条件下，而最大水土压力达0.65MPa，在这样的条件下进行长距离掘进，对盾尾密封的密封性能和使用寿命，对施工过程中的盾尾刷保护技术都是考验，如果盾尾发生泄漏，在严重极端的情况下，会因大量江水、泥沙的涌入而将隧道淹没，造成毁灭性的灾害。

在盾构推进接近结束时，发生此类问题的可能性最大，对周边的影响会非常严重。

③地下障碍物。江底有存在沉船、炸弹、大孤石等地下障碍物的可能。过江隧道位于江底，水深约 30m，覆土厚度及盾构隧道直径也达到 30m，要探测水面以下 60m 深度，以目前的技术手段困难极大，即使采用最先进的探测仪器和手段，也不能排除遇到上述障碍物的可能。

如果盾构掘进过程中遇到大型的地下障碍物，有可能阻挡盾构继续掘进或造成机器损坏而无法继续掘进，而在很深的江底高水压、高渗透性的砂层中修复机器或排除障碍极其困难，对工程的影响也将非常严重。

④高水压下长距离施工、换刀及开仓。盾构隧道从江北工作井到 M 洲竖井之间，长度超过 2900m，中间没有检修井，主要为渗透性很强的松散、稍密～中密的粉细砂地层，而水土压力接近 0.65MPa，掘进中途设备检修和更换刀具风险极大。

当工作压力超过 0.3MPa 时，需要经过专门培训、熟悉盾构设备的专业潜水员，穿着潜水服，携带潜水设备进行压气作业，工作条件恶劣、作业效率很低、成本很高、安全风险也极大。另外，砂层密闭性差，高压空气泄漏的可能性很大，可能根本无法进行压气作业。

⑤千斤顶推进问题风险分析。

千斤顶漏油：不能提供正常的顶推力。

油压系统故障：不能提供正常的顶推力，导致盾构停顿或后退。

管片顶裂或剪断：千斤顶顶推力不均匀将影响轴线控制，并使管片顶裂或剪断，从而形成结构的薄弱环节，并会渗水、漏浆。

⑥注浆系统损坏风险事故分析。

注浆管堵塞：注浆管堵塞或断裂导致注浆停止、延误注浆时机及事故处理以及施工进度。

注浆压力或注浆量不当：造成地表不正常的隆起或沉陷，当注浆压力过大，并在江底施工时，可能导致冒浆冒顶。

浆液配比不当：不能有效地填补盾尾间隙，使得地层变形过大；隧道上浮；不良地质处理不当。

二次注浆不及时：致使地表沉降过大。

⑦拼装系统事故风险。

管片掉落或碰撞：吊起的管片掉落或与其他管片碰撞，造成管片损伤，将导致渗水、漏浆，引起地表沉降，管片吊落还可能引起人员伤亡。

管片挤压破损：拼装工作不当引起管片拼装过程中管片之间相互挤压产生破损，将导致渗水、漏浆，引起地表沉降。

管片就位不准：拼装时管片就位不准，形成的环面不平整，管片容易被顶裂，后面的管片拼装困难。

螺栓连接：螺栓穿入过程中的施工不当以及螺栓没有紧固将形成渗水的通道，最终使螺栓锈蚀，破坏隧道结构。

整圆器失效：使管片组装不准确，后面的管片拼装困难，影响隧道质量。

⑧管片密封风险事故分析。由于各种原因导致管片密封失效，致使管片接头处漏水漏浆，在承压水作用下，将导致隧道内突然涌水，及引起过大的地表沉陷。

在不均匀的地层中修建隧道，很可能造成后期较大的不均匀沉降，导致管片变形，从而使管片密封失效等，因此，这项风险的后果也会较为严重。

⑨轴线偏差事故风险分析。

轴线控制不当：盾构施工过程中，轴线控制不当导致隧道轴线标高偏离设计线路过多或左右偏差过大，影响隧道的使用。当隧道距离很长时，如果在推进过程中轴线控制不好，在进洞时，则很可能会偏离目标井较大。

纠偏：盾构轴线产生偏差后，由于纠偏措施不当，导致管片破裂等事故。

偏离目标井：盾构在进洞或对接时，由于轴线偏差较大，又不具有足够的纠偏距离，使得盾构机偏离目标井或对接错位。

4）人工操作。操作人员的经验、素质、技术水平、劳动熟练程度及工作时的情绪，是决定盾构施工效率的关键因素，也是决定与人有关的各种风险发生概率的关键因素。

最完善的操作规程、最可靠的技术方案，如果不能通过操作人员得到不折不扣的贯彻落实，那么都可能引发不同程度的后果。例如，一个操作水平较低的盾构操作手，经常使盾尾间隙不均匀、注浆不当而使盾尾窜浆、注脂不及时而使盾尾刷得不到充分的润滑，这都将加快盾尾密封刷的损坏，造成盾尾密封失效的风险；再如，一个盾构司机偶然的误操作使密封仓压力丧失，可能造成掌子面坍塌、开挖舱阻塞。

人员不同于设备，个体的差异、偶然的疏忽都非常难以控制，因此，人员操作是应重视和关注的工程风险因素之一。

（3）工作井及明挖隧道。经分析，过江通道的施工风险中，工作井及明挖隧道施工风险主要来自支护工程，内部结构施工，基坑变形、位移计算和技术措施等三个方面。

任何深基坑施工都存在较大的施工风险，导致基坑施工风险的因素主要有：地质、水文勘察不到位，提供设计的基础资料不准确；设计考虑不周全，采用的标准不准确；施工时措施不到位，未按设计要求施工，围护结构的强度未到，支撑的强度不够。在以往施工实例中有很多这方面的经验与教训。

N 过江隧道盾构工作井及后续明挖隧道长约 120m、宽约 49m、深约 25m，坐落在江北大堤附近，此处地层非常软弱、透水性很强，地下水位高而且存在承压水，属于规模较大、水文地质条件非常恶劣的深基坑工程，其安全等级为一级。

在地层软弱、离江面近、地质条件恶劣的状况下开挖深大基坑，存在巨大的施工难度和风险。维护结构施工、基底加固和封闭、井点降水基坑支撑安装和拆除、基坑变形的监测和处理等，是基坑施工安全的关键环节，任何一个项目控制不好，都可能导致基坑坍塌，严重危害施工人员、机械设备安全，造成严重的工期和资金损失。

（4）桥梁施工。经分析，过江通道的施工风险中桥梁施工风险主要来自主桥基础施工、主桥结构施工、引桥施工等三个方面，具体为：

1）基坑开挖。人工开挖基坑，护壁处理不及时，造成基坑坍塌；清孔排水时，未注意保持孔内水头造成内外压力差过大，导致护筒坍塌、破坏等事故。

2）墩柱施工。支架承载力、安全宽度不够，导致坍塌、坠落；未明确标识施工位置和通航水道，导致船舶与墩柱相撞等事故。

3）梁体制安。未设置安全网和防坠网，导致人员、机械设备坠落；架桥设备承载力不够，导致断臂、坠梁等事故。

4）附属设施施工。未配备安全带等安保设备，不文明生产，导致施工人员、机械设备坠落、触电等事故。

（5）道路工程施工。经分析，过江通道的施工风险中道路工程施工风险主要来自路基压实施工、路面摊铺施工两个方面。

路基是整个道路的基础，坚实牢固的路基，可以保持路面、路肩的稳定。而保证路基填土质量的关键，是路基填土压实度与含水量的控制。路基压实的均匀性和密实度不够，将造成路面塌陷、开裂等风险。

路面摊铺风险主要存在于摊铺材料质量、摊铺施工工艺、摊铺机械、路面接缝处理、路面摊铺平整度等环节。

（6）施工风险分析结果。工程施工风险分析结果表明，影响工程施工风险的主要风险因素是盾构隧道施工、施工组织与管理和工作井及明挖隧道施工，对工程施工风险的影响权重分别为 0.307、0.226 和 0.182。盾构隧道施工的预期风险等级为 4.65，预期风险等级的 90%置信区间为（3.95～5.35）；施工组织与管理的预期风险等级为 4.25，90%置信区间为（3.47～5.03）；工作井及明挖隧道施工预期风险等级为 4.32，90%置信区间为（2.53～6.10），都属于较大风险。此外，桥梁施工的预期风险等级为 3.70，90%置信区间为（1.87～5.52），属于一般风险；道路工程施工预期风险等级为 3.42，90%置信区间为（1.83～5.00），属于较小风险；设备安装预期风险等级为 3.14，90%置信区间为（1.92～4.36），属于较小风险。

工程施工风险预期等级为 4.04，90%置信区间为（3.51～4.57），属于一般风险。计算结果如表 6-22 和图 6-19～图 6-25 所示。

表 6-22   **工程施工风险模拟概率分布及累积概率**

项目名称	影响权重	风险等级及（累积）概率							预期风险	
		1	2	3	4	5	6	7	等级	90%区间
工程施工风险		0.000	0.000	0.011	0.428	0.554	0.007	0.000	4.04	3.51~4.57
		0.000	0.000	0.011	0.439	0.993	1.000	1.000		
施工组织与管理	0.226	0.000	0.000	0.005	0.287	0.654	0.053	0.000	4.25	3.47~5.03
		0.000	0.000	0.005	0.292	0.946	1.000	1.000		
盾构隧道施工	0.307	0.000	0.000	0.001	0.105	0.683	0.211	0.000	4.65	3.95~5.35
		0.000	0.000	0.001	0.106	0.789	1.000	1.000		
工作井及明挖隧道施工	0.182	0.000	0.025	0.105	0.236	0.346	0.237	0.051	4.32	2.53~6.10
		0.000	0.025	0.130	0.366	0.712	0.949	1.000		
桥梁施工	0.152	0.002	0.071	0.201	0.339	0.262	0.109	0.015	3.70	1.87~5.52
		0.002	0.073	0.274	0.613	0.875	0.985	1.000		
道路工程施工	0.061	0.002	0.089	0.245	0.390	0.226	0.046	0.002	3.42	1.83~5.00
		0.002	0.091	0.336	0.725	0.952	0.998	1.000		
设备安装	0.071	0.002	0.121	0.444	0.341	0.084	0.008	0.000	3.14	1.92~4.36
		0.002	0.123	0.567	0.908	0.992	1.000	1.000		

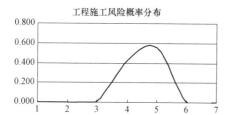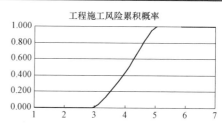

图 6-19 工程施工风险概率分布及累积概率

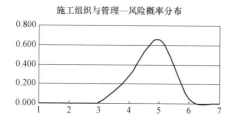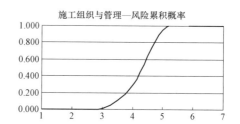

图 6-20 施工组织与管理风险概率分布及累积概率

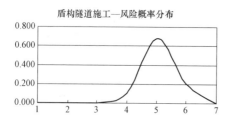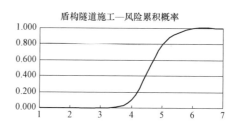

图 6-21 盾构隧道施工风险概率分布及累积概率

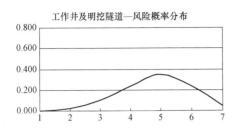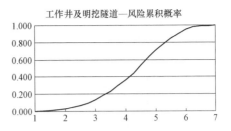

图 6-22　工作井及明挖隧道风险概率分布及累积概率

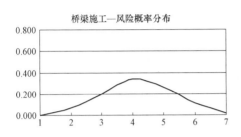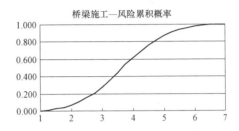

图 6-23　桥梁施工风险概率分布及累积概率

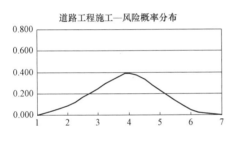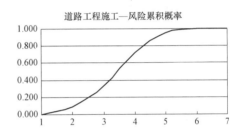

图 6-24　道路工程施工风险概率分布及累积概率

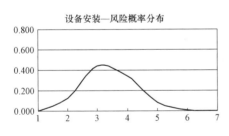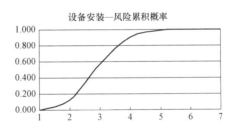

图 6-25　设备安装风险概率分布及累积概率

3. 运营期风险

项目运营期风险涉及的方面较多，包括运营管理体制、正常运营、事故及灾难状况处置等三个方面。

（1）运营管理体制。隧道运营管理工作不同于其他管理，负责隧道运营、管理及养护工作，具有岗位的特殊性。运营管理体制风险主要表现在运营管理机构设置的健全程度、运营管理机构各部门的协调及联动能力。一般来讲，隧道管理机构应设置土建养护班、监控班、机电维修班、安保消防中心等部门。

（2）正常运营。正常运营风险主要体现在交通控制及监测养护，具体为以下几个方面：

1）过往车辆的检查管理：主要指车辆超载、危险品运输对隧道运营构成的风险。

2）隧道正常通风及空气监测管理：隧道内通风效果影响到隧道内空气质量、可视程度，通风管理不好会产生隧道内交通事故、火灾等风险。

3）功能设施检修：隧道内各功能设施为隧道的安全运营提供物质保障，若功能不完善或产生缺陷，会对隧道的安全运营构成威胁。

4）隧道养护：主要包括隧道衬砌的裂纹修补、漏水整治、洞口仰坡及排水设施的养护，养护工作的好坏将对隧道结构的超载力、防水效果及耐久性产生影响。

（3）事故及灾难状况处置。运营管理组织机构、防灾规章、处置预案及防灾设施等构成事故及灾难状况处置体系的主要内容。

隧道内意外事故的处置风险主要体现在有无紧急情况下的救援组织计划，一般交通事故处置及火灾、自然灾害处置计划，以及救援人员的业务技能、应变能力与处理突发事件的能力、运营管理各部门的联动机制等。

（4）运营期风险分析结果。运营期风险分析结果表明，影响运营期风险的主要风险因素是事故及灾难状况处置，对运营期风险的影响权重为0.547，预期风险等级为4.25，预期风险等级的90%置信区间为（3.17～5.33），属于一般风险。此外，运营管理体制的预期风险等级为4.26，90%置信区间为（2.77～5.75）；正常运营管理的预期风险等级为4.43，90%置信区间为（3.35～5.51），都属于一般风险。

运营期风险预期等级为4.27，90%置信区间为（3.49～5.06），属于一般风险。详细结果如表6-23和图6-26～图6-29所示。

表6-23 运营期风险模拟概率分布及累积概率

项目名称	影响权重	风险等级及（累积）概率							预期风险	
		1	2	3	4	5	6	7	等级	90%区间
运营期风险		0.000	0.000	0.003	0.292	0.657	0.048	0.000	4.27	3.49～5.06
		0.000	0.000	0.003	0.295	0.952	1.000	1.000		
运营管理体制	0.344	0.000	0.008	0.075	0.318	0.401	0.174	0.025	4.26	2.77～5.75
		0.000	0.008	0.083	0.401	0.802	0.975	1.000		
正常运营管理	0.109	0.000	0.000	0.016	0.237	0.547	0.196	0.004	4.43	3.35～5.51
		0.000	0.000	0.017	0.254	0.801	0.996	1.000		
事故及灾害状况处置	0.547	0.000	0.000	0.033	0.317	0.523	0.126	0.001	4.25	3.17～5.33
		0.000	0.000	0.033	0.350	0.873	0.999	1.000		

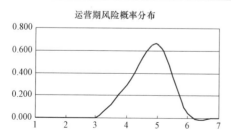
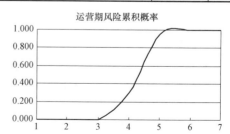

图6-26 运营期风险概率分布

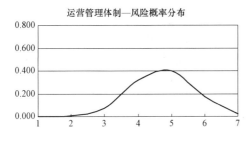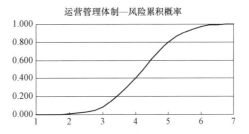

图 6-27　运营管理体制风险概率分布及累积概率

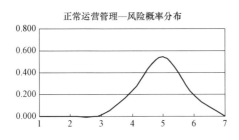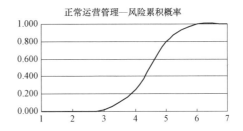

图 6-28　正常运营管理风险概率分布及累积概率

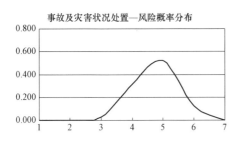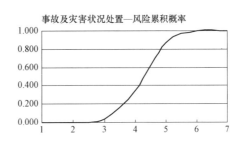

图 6-29　事故及灾害状况处置风险概率分布及累积概率

4. 环境影响及社会风险

经分析，N 过江通道环境影响及社会风险主要包括自然环境影响、生态环境影响、景观环境影响、社会风险等几个方面。

（1）自然环境、生态环境、景观环境影响。过江通道工程对环境的影响主要包括以下几个方面。

1）大气污染。本工程的大气污染源主要为汽车在运行时产生的汽车尾气，其中主要含有一氧化碳（CO）、氮氧化物（NO_x）、碳氢化合物（HC）等有害污染物。

2）噪声污染。高架桥梁及其引桥、地面道路上产生的交通噪声主要由机动车辆行驶时车轮与地面摩擦时产生的行驶噪声，车辆为避让行人、车辆超车等情况下产生的喇叭鸣叫噪声，机动车辆发动机噪声，车辆经过不平路面时车体和车载货物撞击噪声以及振动辐射噪声构成；其中，以车辆行驶噪声和喇叭鸣叫噪声对外环境的影响最大。隧道工程的噪声主要来源于车辆交通噪声、隧道通风风机及两端排风风机噪声和洞口噪声。

3）振动。本工程建成运营后，车辆行驶时对路面的冲击引起结构振动，经桥梁基础传递给地面，从而对周围区域产生振动干扰，振动源强大小主要与汽车构造、交通条件、路面状况、道路构造、地基条件等因素有关。

此外，本工程施工阶段的工程征地、开辟施工场地及便道、基础施工、设备、材料、土石方运输等施工活动将占用和破坏农田及城市道路，同时增加城市道路的负荷，使城市交通受到较大干扰，极易出现堵塞现象；施工噪声、扬尘、污水对周围居民生活造成影响。

（2）社会影响风险。N过江通道项目实施后，项目对当地社会环境的影响，包括促进当地社会发展水平、改善投资环境（特别是改善江北的投资环境），并会对当地的人文环境带来一定影响，但同时该项目也面临当地社会发展水平对项目的适应程度等风险。

N过江通道项目的建设得到了国家、省、市各级部门的支持，但该项目以特许经营方式，经营期长达30年，随着国家、地方经济环境、交通环境的改变，政策环境对本项目的支持程度及持续性存在一定的不确定性，有些政策（如收费政策）可能面临较大的改变。

征地拆迁造成土地利用形式的改变、耕地减少和一定范围的人口迁移。不仅使当地农业生产受到影响，同时使原来以种地为业的农民向其他产业转化，向周边城镇和市区聚散，可能带来就业和安置等一系列社会问题，短期内也将给这部分群众生活带来不利影响。此外，本工程及配套连接线工程的建设由于采取全封闭交通，影响了原有村庄间人员的往来，给村庄内村民出入造成了不便；同时，道路车辆交通噪声及扬尘对沿线村民的生活环境也产生一定的影响，易造成一定的社会压力。

（3）环境及社会影响风险分析结果。环境影响及社会风险分析结果表明，影响该风险的主要风险因素是社会风险和自然环境影响，对专项风险层的影响权重分别为0.387和0.372。社会风险的预期风险等级为4.34，90%置信区间为（3.01～5.66），属于一般风险；自然环境影响的预期风险等级为3.02，90%置信区间为（1.87～4.18），属于较小风险。此外，生态环境影响的预期风险等级为2.43，90%置信区间为（0.91～3.94），景观环境影响的预期风险等级为3.06，90%置信区间为（1.44～4.68），都属于较小风险。

环境影响及社会风险预期等级为3.49，90%置信区间为（2.76～4.22），属于一般偏小风险。计算结果如表6-24和图6-30～图6-34所示。

表6-24　　　　　　　　　环境影响及社会风险模拟概率分布及累积概率

项目名称	影响权重	风险等级及（累积）概率							预期风险	
		1	2	3	4	5	6	7	等级	90%区间
环境影响及社会风险		0.000	0.000	0.137	0.716	0.146	0.001	0.000	3.49	2.76～4.22
		0.000	0.000	0.117	0.833	0.999	1.000	1.000		
自然环境影响	0.372	0.000	0.071	0.419	0.425	0.083	0.003	0.000	3.02	1.87～4.18
		0.000	0.071	0.490	0.914	0.997	1.000	1.000		
生态环境影响	0.077	0.089	0.340	0.359	0.175	0.036	0.003	0.000	2.43	0.91～3.94
		0.089	0.429	0.787	0.962	0.997	1.000	1.000		
景观环境影响	0.164	0.019	0.190	0.337	0.314	0.134	0.006	0.000	3.06	1.44～4.68
		0.019	0.209	0.546	0.860	0.994	1.000	1.000		
社会风险	0.387	0.000	0.003	0.056	0.257	0.481	0.190	0.012	4.34	3.01～5.66
		0.000	0.003	0.060	0.317	0.798	0.988	1.000		

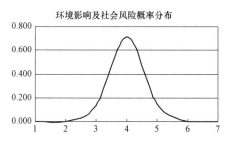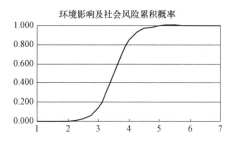

图 6-30　环境影响及社会风险概率分布及累积概率

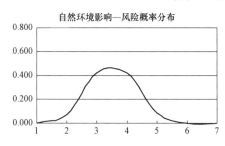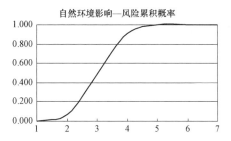

图 6-31　自然环境影响风险概率分布及累积概率

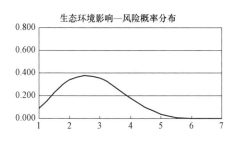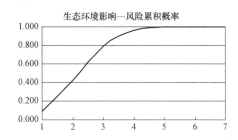

图 6-32　生态环境影响风险概率分布及累积概率

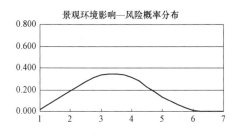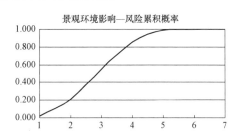

图 6-33　景观环境影响风险概率分布及累积概率

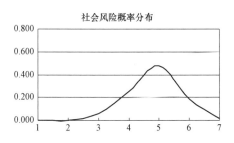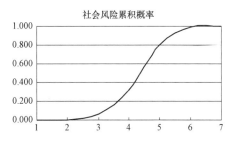

图 6-34　社会风险概率分布及累积概率

5. 财务可持续性

影响财务可持续性的风险因素主要包括投资及运营成本增加、工期延长、运营收入低于预期目标、资金筹措成本增加等几个方面。

（1）投资及运营成本增加。N过江隧道直径超大、工作压力高、地层透水性强、超浅埋、掘进距离长等一些世界级的技术难点。再加上我国目前没有在C江上设计、施工大直径盾构隧道的经验，项目的设计与施工还存在很多不确定性因素，项目实施过程中设计方案的变更是不可避免。此外，项目还面临工期紧张、征地拆迁费用的增加、原材料价格上涨等多方面的压力，项目面临较大投资增加的风险。

电价上涨和用电量增加是影响运营成本的两大直接因素，在设计用电量相对稳定的情况下，电价上涨成为增加运营成本的关键点，如果今后几年，当地用电紧张的局面不能及时缓解，电价上涨，运营成本增加将成为必然。此外，过江通道项目还将面临利率上调引起的财务费用增加，维修维护费用增加等的风险。

（2）工期延长。《可研报告》提出工期目标为41个月。由于水文工程地质复杂，设计、施工技术难度大，项目的前期准备拖延、施工工期延长、建设资金的筹措等都将对建设进度产生不利影响，造成工期延长。

（3）运营收入低于预期目标。受客观条件限制，《可研报告》交通量预测中项目影响区经济发展速度预测、预测方法及依据条件等存在诸多不确定性，影响交通量预测的准确性。交通量预测的风险来源于以下几个方面：

1）预测方法的正确性。弹性系数、交通量分配模型、诱增交通量及转移交通量确定的合理性等。

2）交通量预测基础数据的可靠性包括交通数据、OD调查数据、N市交通现状数据等的准确性。

3）江北地区经济发展速度实现的可能性。本项目是连接江北交通的城市交通道路，江北地区的经济发展速度存在很大的不确定性，对本项目的交通量影响巨大。

4）路网的变化。随着N市多条过江通道的建设，整个市区的路网结构将发生很大变化，不但对交通量存在较大影响，还将导致对收费标准的调整。

此外，国家、地方政府对城市交通收费政策的调整也会直接影响项目的运营收入水平。

（4）资金筹措成本增加。随着国家金融政策的调整，利率、汇率的变化将直接影响项目的融资成本。

（5）财务可持续性风险分析结果。财务可持续性风险分析结果表明，影响该风险的主要风险因素是投资增加、工期延长以及运营收入低于预期目标，对财务可持续性风险的影响权重分别为0.288、0.270和0.268。投资增加的预期风险等级为4.77，90%置信区间为（3.81～5.72）；工期延长的预期风险等级为4.61，90%置信区间为（3.64～5.59）；运营收入低于预期目标的预期风险等级为4.57，90%置信区间为（2.86～6.28），都属于较大风险。此外，运营成本费用增加的预期风险等级为4.07，90%置信区间为（3.00～5.14）；资金筹措成本增加的预期风险等级为4.24，90%置信区间为（2.79～5.69），都属于一般风险。

财务可持续性风险预期等级为4.56，90%置信区间为（3.95～5.17），属于较大风险。计算结果如表6-25和图6-35～图6-40所示。

表 6-25　　　　　　　　　　财务可持续性风险模拟概率分布及累积概率

项目名称	影响权重	风险等级及（累积）概率							预期风险	
		1	2	3	4	5	6	7	等级	90%区间
财务可持续性风险		0.000	0.000	0.000	0.073	0.809	0.118	0.000	4.56	3.95～5.17
		0.000	0.000	0.000	0.073	0.882	1.000	1.000		
投资增加	0.288	0.000	0.000	0.001	0.097	0.541	0.350	0.011	4.77	3.81～5.72
		0.000	0.000	0.001	0.099	0.639	0.989	1.000		
工期延长	0.270	0.000	0.000	0.004	0.151	0.581	0.258	0.005	4.61	3.64～5.59
		0.000	0.000	0.004	0.156	0.737	0.995	1.000		
运营收入低于预期目标	0.268	0.000	0.003	0.093	0.195	0.313	0.333	0.063	4.57	2.86～6.28
		0.000	0.003	0.096	0.291	0.604	0.937	1.000		
运营成本费用增加	0.117	0.000	0.004	0.064	0.396	0.467	0.069	0.001	4.07	3.00～5.14
		0.000	0.004	0.068	0.464	0.931	0.999	1.000		
资金筹措成本增加	0.057	0.001	0.012	0.119	0.352	0.399	0.109	0.007	4.24	2.79～5.69
		0.001	0.013	0.132	0.484	0.884	0.993	1.000		

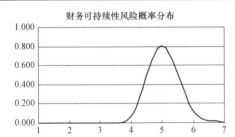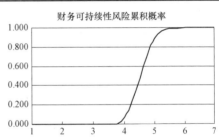

图 6-35　财务可持续性风险概率分布及累积概率

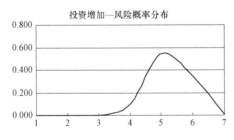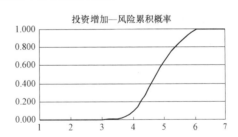

图 6-36　投资增加风险概率分布及累积概率

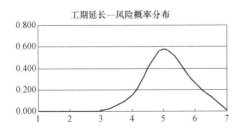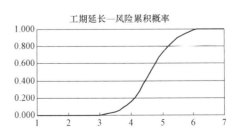

图 6-37　工期延长风险概率分布及累积概率

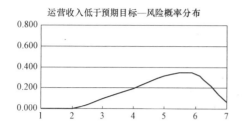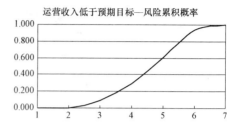

图 6-38 运营收入低于预期目标风险概率分布及累积概率

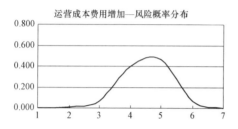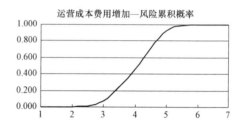

图 6-39 运营成本费用增加风险概率分布及累积概率

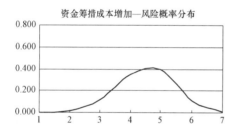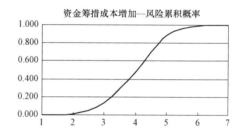

图 6-40 资金筹措成本增加风险概率分布及累积概率

6. 综合风险分析

综合风险分析结果表明，影响项目综合风险的主要风险因素是工程施工风险和设计风险，对综合风险的影响权重分别为 0.293 和 0.288；财务可持续性风险及运营期风险也有一定影响，环境影响及社会风险的影响最小。项目综合风险预期等级为 4.09，90%置信区间为（3.81～4.38），属于一般风险。计算结果如表 6-26 和图 6-41 所示。

表 6-26 　　　　　　　　　　综合风险模拟概率分布及累积概率

项目名称	影响权重	风险等级及（累积）概率							预期风险	
		1	2	3	4	5	6	7	等级	90%区间
综合风险		0.000	0.000	0.007	0.271	0.707	0.014	0.001	4.09	3.81～4.38
		0.000	0.000	0.007	0.278	0.985	0.999	1.000		
设计风险	0.288	0.000	0.000	0.007	0.534	0.443	0.016	0.000	3.98	3.48～4.47
		0.000	0.000	0.007	0.541	0.984	1.000	1.000		
工程施工风险	0.293	0.000	0.000	0.011	0.428	0.554	0.007	0.000	4.04	3.51～4.57
		0.000	0.000	0.011	0.439	0.993	1.000	1.000		

续表

项目名称	影响权重	风险等级及（累积）概率							预期风险	
		1	2	3	4	5	6	7	等级	90%区间
运营期风险	0.152	0.000	0.000	0.003	0.292	0.657	0.048	0.000	4.27	3.49～5.06
		0.000	0.000	0.003	0.295	0.952	1.000	1.000		
环境影响及社会风险	0.059	0.000	0.000	0.137	0.716	0.146	0.001	0.000	3.49	2.76～4.22
		0.000	0.000	0.117	0.833	0.999	1.000	1.000		
财务可持续性风险	0.208	0.000	0.000	0.000	0.073	0.809	0.118	0.000	4.56	3.95～5.17
		0.000	0.000	0.000	0.073	0.882	1.000	1.000		

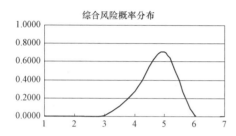 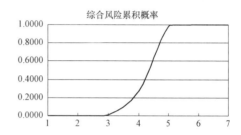

图 6-41　综合风险概率分布及累积概率

四、降低项目风险的对策建议

（一）风险防范对策建议

本项目虽然存在一定风险，只要采取相应的措施，可以有效规避和减小风险，确保项目预期目标的实现。针对上述风险因素，提出如下建议：

1. 建议成立专家组，定期指导、协调项目建设过程中的难点问题

N 过江隧道工程盾构直径大、地质条件差、水压高，面临极具挑战性的世界级技术难点。而我国在 C 江下修建江底隧道在设计、盾构机选型、施工和管理等方面都没有成功的经验可以借鉴，工程的实施面临着严峻的挑战，为保证 N 过江隧道项目工程建设的顺利实施，建议成立由国内外著名的盾构隧道、盾构机械、地质、水文等方面专家组成的专家组，定期指导、协调项目建设过程中如下所列的难点问题：

（1）直径超大：N 过江隧道盾构直径约 15m，直径超过世界上已建成的最大盾构隧道，工程将面临具有挑战性的世界级难题。

（2）工作压力高：N 过江隧道盾构机工作压力约 6.5bar，该工作压力在同等直径及更大直径泥水盾构施工项目中是世界最大的。高压力下盾构机能否正常工作，特别是保证密封和安全地进行刀具更换主要靠设备保证，对盾构机制造商的设计、制造实力也是一次严峻考验。

（3）地层透水性强：C 江 N 市河段的江中地层主要为松散、稍密～中密的粉细砂地层，以及部分砂砾、卵石层，透水系数是黏土土质的千倍以上，与武汉相比，地层渗透系数比较接近，但是水压比武汉过江隧道高 0.1MPa 以上；与上海沪崇苏相比，上海地层渗透系数一般为 10^{-7}cm/s，而 N 市过江隧道高达 10^{-4}～10^{-3}cm/s。在如此高透水性地层条件下，而最大水压力达 0.65MPa，江底隧道掘进风险是巨大的，如何安全、顺利施工是一个具有挑战性的

课题。

（4）地质风险大：盾构通过的地层以粉细砂为主，但江中地段数百米长度为粉细砂、砂砾和卵石混合地层，掌子面岩性明显差异、上下软硬不均，盾构在江底掘进通过时，易坍方冒顶，造成严重后果；同时，卵石地层还容易造成开挖舱阻塞、损坏刀具等风险。另外，江底可能存在沉船、炸弹、大孤石等地下障碍物，以目前的探测手段不能保证准确探明，虽然经过两次不同方法的探测，但是不能排除遇到上述障碍物的可能。

（5）水下一次掘进距离长：盾构隧道从江北工作井到 M 洲竖井之间，长度大于2900m，中间未设检修井，比武汉过江隧道长 400m，在地层条件差、水压高的情况下，设备检修和换刀风险极大。

（6）超浅埋盾构进出洞：按照一般惯例，盾构机进出洞覆土厚度不小于 0.6 的盾构直径，而 N 过江隧道工程，在软弱地层、高地下水水位、存在承压水、靠近 C 江大堤等困难条件下，权衡深基坑和盾构机出洞双重困难，选择盾构机始发埋深仅约 0.37 的盾构直径（5.5m），在国内是埋深最浅的；除了荷兰格林哈特隧道以外，没有了解到世界上还有其他超浅埋盾构始发范例，盾构到达井盾构覆土厚度也不足 0.6 的盾构直径，技术难度和风险极大。

（7）深基坑规模大、地质条件恶劣，施工风险大：盾构工作井长 110m、宽 49m、深 24m，建设在江北大堤附近，此处地层非常软弱、透水性很强，地下水位高而且存在承压水，在地层软弱、离江面近、地质条件恶劣的状况下开挖深大基坑，确保盾构机安全下井，存在巨大的施工难度和风险。

2. 加强水文、地质专项分析研究及勘察工作，为制订合理科学的设计、施工方案打好基础

（1）加强水文、地质专项分析研究工作。经分析，设计阶段，工程设计条件是较大的风险，水文、水位、洪水及地质条件的变化是风险的客观来源。应加强与水文、气象部门的密切沟通，及时掌握水文条件的变化，对其进行准确的预报；除此，还应对水的腐蚀性、水的补给来源、岩土的渗透性、含水量及其他特殊指标进行调查与预报。

施工环节的风险主要来自四个大的方面：①水文、地质条件和边界条件调查不清；②盾构与水文、地质、边界条件不匹配；③施工管理、决策、操作、换刀、注浆等不当引起的风险；④工期风险。后二者很多时候又是由前二者引起的，由于对水文、地质及边界条件认识的模糊性以及盾构对水文、地质条件的不适应，引起工期拖延、履约困难，造成经济损失。因此，应对水文、地质及边界条件进行专项分析。

（2）加强勘察工作。

1）加强地质勘探的详细程度和准确性。必须详细进行地质及边界条件调查，复杂地带按 5～10m 一个钻孔进行勘探，这是盾构机选型、采购的前提条件。鉴于本项目的特殊性，在目前地下工程调查的基础上增加一些有针对性的项目，如岩土在破碎、搅拌条件下的流动性和黏性分析、管线位置的探测、超前地质预报或在特殊地段加密钻孔等。

2）收集施工地点的水文、水位详细情报，特别是近期的资料。当资料不全时，宜实施具体观测，使之具有可靠性、准确性。对于洪水资料，要收集施工地点的附近观测站的长年数据，使之能准确提供在本工程施工阶段的洪水可能发生的信息。

3. 对盾构机选型进行专题论证，保证盾构机选型对本工程特点有充分的适应性

（1）选择技术水平高、信誉好的盾构制造商，并就掘进寿命、江底故障维修、设备材料

供应、初始掘进距离、盾构回收等方面做好与盾构制造商的洽商与谈判工作，通过谈判由盾构制造商分担部分风险。

（2）充分了解不同地区各种盾构项目的经验教训；聘请国内外专家或咨询机构，提供技术支持和指导，确保选购的盾构机对工程特点有充分适应性，为顺利完成工程施工提供可靠的设备保障。

（3）盾构机选型、设计与制造必须以工程为依托，以施工单位为主体，在充分考虑盾构机生产厂家建议的基础上进行；盾构机选型应针对本工程的特点，提出关键的和详细的功能和性能要求，对工程风险和难点要有针对性；应加强与盾构机制造商的沟通和探讨，共同分析研究盾构设备对工程难点的对策和适应性；派有经验的技术人员对盾构机的制造进行监造并派专人对运输进行跟踪。

（4）在盾构机设计制造方面应重点考虑以下几个方面：

1）主轴承：土砂密封的耐压性、耐磨耗性；主轴承的抗疲劳性能。

2）刀盘及刀具设计：刀盘开口率、刀具的耐磨性、刀具的可更换性及更换方式。

3）盾尾密封：宜设置 4 道以不锈钢丝为主的密封刷，以求得能耐高水压和耐腐蚀，同时为以防不测，宜在第一道和第二道之间（靠近开挖面一侧）的盾尾处，设置紧急止水装置。

4）管片拼装：超大断面的盾构内管片搬运、拼装、保证管片拼装作业的安全、拼装精度及自动化程度。

5）是否考虑配置刀具磨损探测装置及刀具自动更换系统：江中地段数百米长度为粉细砂、砂砾和卵石三种地层的混合地层，掌子面岩性明显差异、上下软硬差距明显，卵石地层还容易造成开挖舱阻塞、刀具损坏等不易排除的困难，造成因江底盾构"停机"而造成工作面失稳及工期延误风险。而水土压力接近 0.7MPa，掘进中途设备检修和更换刀具风险极大。因此，应高度重视刀具磨损监测及高水压下的换刀技术。

6）孤石等障碍物会对盾构刀盘造成损伤，迫使盾构停机，带来开挖面失稳、工期延迟等诸多风险，建议对目前世界上先进的超前探测技术及设备进行调研，并利用其进行超前探测。

4. 合理调整、安排工期，保证设计、施工质量

国外进行类似工程的建设前，一般都需进行 3～5 年的工程可行性研究，东京湾海底公路隧道就进行了长达 30 年的工程可行性研究与论证。相比而言，本工程的前期论证工作比较仓促，不够深入，41 个月的工期明显偏紧，风险分析表明，项目存在较大的工期风险。

为努力保证工期，该工程需购置两台大直径盾构机，同时掘进施工，两台盾构机同时掘进，使得管理和技术人员分散在两条隧道内，且两台盾构机掘进会产生相互干扰，对土工环境扰动较大，不但增大了设备投资，还加大了管理和技术上的风险。

工期风险并不是独立的风险，工期过紧将导致设计、施工风险的加大，不利于项目风险控制。本项目建设进度已经较可研报告的进度计划滞后，建议在下一步工作中，随着设计方案的深化，对项目的工期进行合理安排，保证设计、施工的质量。

在既定的合理工期内，设计合理的隧道内交通方式及组织，对长距离隧道管片吊装、运输、拼装、掘进进行优化配置，提高掘进及管片拼装速度以及出渣方式等措施可适当减小长距离掘进施工的工期风险。

5. 对工程施工中的关键节点、关键技术进行研究攻关，降低施工风险

（1）处理好关键技术环节，降低盾构隧道施工风险。

1）确实做好盾构始发阶段的安全施工。

①设置有效的反力支撑装置。反力支撑装置是保证盾构始发姿态的重要设施，必须对其强度和刚度的大小及均衡性进行校验。

②对盾构洞口选择有效的加固措施。N 过江隧道盾构工作井所处地层非常软弱、透水性很强，地下水位高而且存在承压水，属于规模较大、水文地质条件非常恶劣的深基坑工程。该项目盾构洞口始发属超浅埋深，洞口极易坍塌。为保证始发安全，宜采用冻结法或其他有效方法加固洞口部位土体。当盾构破除洞口时，应特别注意保持冻土的强度及稳定性（假设采用冻结法），采取专门措施（如先钻孔，再破除等方法）破除洞口。

③盾构进洞阶段严密控制掘进参数。控制泥水压力由小逐渐升至自然水压；控制盾构推力随水压上升而提高；控制盾构掘进姿态，尽可能地使盾构垂直于工作面始发，防止刀盘偏斜切削加固土体。

2）进行初始掘进试验，调控掘进参数达到最佳匹配，并使其与地层条件相适应。根据对盾构推力的处理和后续台车的收容距离确定初期掘进长度；在初期掘进阶段，应根据地层条件，优化掘进的推力、扭矩及二者的匹配性；观察密封仓压力变化情况，总结密封仓压力变化规律，根据此规律，通过调整推力、进出泥水压力及流量调控泥水压力平衡，保证开挖面的稳定性。

3）加强盾构掘进和施工管理。为保证开挖面稳定、防止地层变位及保持隧道线形，应对盾构掘进与施工实施各方面的管理，如表 6-27 所示。

表 6-27　　　　　　　　　　　盾构掘进管理一览表

项目		掘进管理内容
开挖管理	开挖面稳定（泥水平衡）	保持开挖面泥水压力、溢泥、泥浆性状，对泥水压力进行实时监测，对泥浆性状进行试验
	开挖排渣	根据开挖面泥水压力平衡，控制进出泥水的压力、流量及流速，并对泥浆的分离处理效果进行观测与试验
	盾构机	对总推力、推进速度、刀盘扭矩、千斤顶压力进行监测并分析其随地层条件变化的规律
线形管理	盾构位置及姿态	纵向振动、横向摆动、偏转、中折角度、超挖量、曲行量
回填管理	注浆状况注浆材料	注浆量、注浆压力、稠度、泌水性、胶凝时间、强度、配比
管片拼装管理	组装、防渗、位置	管片拼装错台、开缝、正圆度、紧固扭矩、漏水、缺损、裂缝、曲行量、垂直角度

4）在高水压下盾构推进时，施工前应制订详细合理的施工技术方案，严格按照施工方案进行施工，同时根据信息反馈情况进行优化，防止出现透水、涌水等事故；当出现铰接密封泄漏时，要根据实际泄漏大小，采取调整盾构姿态或者打开充气密封来制止泄漏，盾尾泄漏时通过油脂注入来阻止泄漏；加强对盾构机的保养，特别是对铰接密封与盾尾密封的检查与保养，确保在高水压地段推进连续快速。

5）加强施工阶段的调查与管理。在施工进行中，动态调查下列技术参数：

调查地基改良效果：采用原位试验及室内试验调查地基质量。

开挖面调查：调查开挖面土体强度及水压、涌水量。

管片衬砌调查：调查管片上土水压力、产生的应力、变形及位移。

背后注浆调查：调查管片外扰动范围、注浆范围、固结范围及注浆效果。

隧道周围地基调查：调查地层位移、土水压力及地下水位。

邻近建筑物调查：调查产生的位移、应力、裂缝剥离等。

气体及环境调查：氧气浓度、有害气体浓度、振动及噪声。

根据掘进参数变化及超前钻探技术进行地质预报与预测。

6）隧道中部 0.7m 埋深需采取措施。隧道中部最低点只有 0.7m 埋深，建议加强开挖面土体的强度、水压及涌水量调查；严格控制掘进速度；严格控制密封仓压力；必要时进行地基改良等辅助工法。

（2）严格操作规范，确保工作井及明挖隧道施工安全。N 过江隧道盾构工作井及后续明挖隧道长约 120m、宽约 49m、深约 25m，坐落在江北大堤附近，此处地层非常软弱、透水性很强，地下水位高而且存在承压水，属于规模较大、水文地质条件非常恶劣的深基坑工程。

维护结构施工、基底加固和封闭、井点降水基坑支撑安装和拆除、基坑变形的监测和处理等，是基坑施工安全的关键环节，任何一个项目控制不好，都可能导致基坑坍塌，严重危害施工人员、机械设备安全，造成严重的工期延误和资金损失。

竖井施工应严格按照矿井建设安全操作规范，制订竖井安全操作规程，确保竖井施工安全。及时进行初期支护，坚持边开挖边支护、快挖快支，尽早封闭的施工方法；竖井施工前制订应急预案，施工中应对土体及维护结构的变形、位移加强监控量测，及时反馈信息，及时对竖井本身及影响周边环境的安全状态进行评估，根据情况采取对应处理措施；应特别注意维护结构接头处的质量及防水处理；建立提升系统定期检查维护制度，保证提升系统的安全工作状态。

（3）管片设计、生产及拼装。

1）合理确定管片厚度及分块形式。管片结构的设计，通过结构构造和防水抗渗两大方面考虑。根据土压力、水压力及侧向土压力系数，采用合理的设计方法确定管片的厚度及配筋；根据隧道内空间、盾构设备的能力及衬砌结构刚度确定管片的分块数量及分块形式；考虑到防水、防火及结构的耐久性，建议增设二次内部衬砌或预留二次衬砌的空间。

2）加强隧道衬砌设计、防水结构设计及措施实施。管片衬砌及防水结构设计包括：管片衬砌的密封材料；管片背后的注浆材料；注浆孔和衬垫材料、止回阀等；管片混凝土；防水密封等。对超大直径隧道管片是否考虑对新的管片纵向接头及环间接头形式及与之相匹配的防水材料。防水措施实施包括：用密封材料进行接头面的止水；注浆孔栓塞与衬垫材料及止回阀的施工；如设二次补砌，则管片衬砌和二次补砌之间应敷设防水片材。

3）加强管片生产、运输质量、安全控制。管片成本在总造价中占较大的比例，控制好管片生产质量是保证隧道衬砌结构耐久性的前提条件，管片生产应符合相关的技术规程；管片体积较大，运输过程中应注意避免碰撞边角，对隧道防水造成隐患；隧道内空间狭小，管片在隧道内运输安装操作应注意人身安全。

4）严格控制管片拼装质量。因为直径过大以及每块管片的重量增加，增加了管片拼装质量的控制难度。管片拼装质量的好坏，直接影响隧道的寿命以及防水效果。应制订严格的管片拼装控制标准并严格检查执行。

（4）对高水压大直径盾构掘进工作面稳定及姿态控制进行专门研究。高水压大直径泥水式盾构掘进施工，工作面稳定及姿态控制有很大的困难和风险。根据国外施工成功经验，一般均采取专项研究的方式，对相应的水文、地质条件及盾构机特点进行先期研究及现场观测，确保施工的顺利完成。

一般情况下，泥水加压式盾构的开挖面稳定性由下列三个因素综合作用：

1）泥浆压力平衡土压力和水压力。

2）在开挖面上形成不透水的泥膜，让泥浆压有效地发挥作用。

3）从开挖面渗透到一定范围的地层中，使开挖面地层增加黏聚力。

大断面情况下，开挖面的土质条件变得复杂，而且隧道顶部与底部的压力差变大。因此，泥浆压力平衡开挖面的土水压力就变得困难，需要很精确的控制，泥浆压力的保持也必须更精确。否则不但有工作面坍塌、泥浆劈裂地层，而且有江水倒灌，工程毁于一旦的危险。另外，由于盾构机体重，方向控制困难，小纠偏等措施难以实行等原因，使工程质量难以保证。

由于该盾构施工地段水压大、透水性强、地层稳定性差等特点，比世界上已建成的大直径盾构隧道的开挖面稳定及姿态控制更加困难。建议对高水压大直径盾构掘进工作面稳定及姿态控制问题进行专项研究，以保证工程安全顺利完成。

（5）对疏散通道建设进行专题研究。建议对下通道逃生可能性、消防救援的到达性及火灾对隧道结构的破坏性进行专题研究，以确定下通道设计的可行性。

6. 加强施工组织与管理

N 过江隧道工程难度大，而我国在 C 江下建设过江隧道施工中又无先例可循，加强施工组织与管理尤为重要，建议选调具有技术和管理经验丰富的人员组建高素质的管理机构，在机构设置上，力求精简高效、分工明确，保障正常运转，进行高效管理。同时建议做好以下工作。

（1）尽可能详尽地对影响进度的各种因素做仔细的分析研究，精心设计施工方案；对于风险较大的施工环节，施工组织设计中应制订减少风险事故发生及发生时的完备的紧急处理预案，尽量减小或消除事件对工程的影响程度。

（2）到国内外类似工程项目广泛调研学习，广泛收集国内外同类或类似项目管理资料，借鉴经验、吸取教训；也可以聘请国外咨询机构，借助成功经验，以提高管理水平和效率，规避管理风险。

（3）充分调动和利用社会资源，成立专家委员会，充分发挥专家作用，聘请高水平的咨询公司，集思广益、博采众长、借脑借智，借助国内外专家、国外的工程咨询公司等社会力量提供技术支持。

（4）通过合理、合法的手段选择高水平设计、咨询（或监理）、施工承包商，与业主共同攻克难关、共同分担各种风险。

（5）合理转移风险，通过合同方式向设计、咨询、施工转移风险；通过购买工程保险，向社会转移风险。

（6）重视各阶段的风险评估工作，根据工程建设的进展，阶段性地进行风险因素的分析和评价，并针对性地制订有效的防范对策。

（7）实行安全管理的组织制度化：成立安全管理组织机构，制订完善的保证措施和各项安全操作规程，使安全管理工作制度化、标准化；贯彻执行相关安全质量标准，在落实管理措施的同时，做好安全质量方面的具体工作；制订安全岗位责任制，进行全员安全教育，提升员工安全防范意识。

（8）制订施工管理的各项标准。总结经验，建立适应不同地层的操作标准、维护标准、机况监测标准和特殊工况下的作业标准，做到标准化管理。

（9）对项目管理人员和操作人员进行教育、培训。管理出效益，管理人员的素质、理念、责任心及管理水平直接影响到工程质量、进度及投资控制，是保证工程质量、效益，降低工程风险的重要手段。

实践表明，对施工操作人员广泛开展教育培训，提高风险意识及业务水平，是避免工程项目风险的有效途径之一。教育培训的内容包括工程、技术、质量和安全等方面。培训教育的目的是让施工操作人员认识到个人的任务疏漏或不当的行为均会给工程项目带来很大的损失，并要使其认识或了解工程项目所面临的风险，了解和掌握处置风险的方法或技术。

7. 业主与设计、施工及监理多方紧密配合，共同防控风险

（1）选择好设计队伍，特别是设计团队。目前，国内尚无一家设计院和施工承包商承担过如此大直径的江底盾构隧道。国内处于建设高峰期，设计院任务较多，人力投入分散，在确定设计单位过程中，应对设计单位的设计团队提出具体要求，要求设计单位集中设计骨干并进行专项培训。

（2）勘察、设计一体化打包，引进设计咨询管理。勘察结果对设计至关重要，勘察的不确定性，设计变更将不可避免，设计变更将直接影响工期、投资、质量，所以要加强勘察水平、重视勘察工作。为更好地解决勘察与设计的衔接，建议勘察、设计由一家勘察设计单位实施，并将勘察、设计的责权利有机地结合，有效降低设计变更。

鉴于本工程面临的技术难度，建议引进国内外有丰富经验的设计单位进行设计咨询，确保设计质量。

（3）选择好的施工单位。施工环节是降低工程风险的关键，施工单位的相关业绩、施工管理水平及施工技术水平是选择施工单位的重要指标，特别应注意工程分包时对分包单位上述指标的审查。

（4）选好监理公司及监理人员。监理工程师应具有对工程造价、工期、质量等进行全面控制、协调、解决合同执行过程中出现的各种争端的能力，因此，必须有技术、经济、合同管理、法律等多方面的综合知识。同时，监理工程师在处理索赔时应以完全独立裁判人身份出现，绝不偏袒徇私，即使该判决对该业主不利，也要秉公办事，这就要求监理工程师具有良好的个人品德。

因此，应选择对隧道工程特别是盾构隧道具有丰富业绩和经验的监理公司及监理工程师对工程实施监理。

（5）业主与设计、施工及监理多方紧密配合。

1）业主加大地质勘测工作的力度和投入，采用多种先进可靠的地质工作手段，尽可能多地获取地表和地下的地质资料，充分收集信息，得出切合实际的结论。

2）设计单位应认真综合分析资料，充分估计施工过程中存在的风险，并做出风险的防范方案，以提醒承包商在投标中考虑。

3）承包商应认真审阅设计图纸和地质资料，充分利用已有信息综合分析，找出设计中未提到的风险或风险因素，做一个尽可能贴近实际的投标施工方案。施工过程中要及时做好

现场记录，准确把握地质变化，随时与现场监理工程师保持信息沟通，相互讨论交流。

4）现场监理工程师中应有一名经验丰富的地质工程师，发现问题及时解决，将风险消灭在萌芽状态，尽可能避免或减少损失。

5）设计代表应坚持信息设计，经常深入现场，及时了解地质变化情况，做出切合实际的设计变更。

6）施工单位和现场监理工程师应认真做好工作记录，掌握第一手资料，并按有关监理规范签认，以便合理分解各方承担的风险。

8. 预防为核心，保证长期安全运营

（1）需对隧道结构及服务设施进行长期健康监测。影响盾构隧道结构耐久性能的风险因素来自诸多方面。按作用方式可分为结构性影响因素和环境性影响因素两大类，后者又可分为营运环境及侵蚀性环境因素。

1）由结构的可靠性设计来保证结构承载力不发生失效。

2）选择耐久性好的仪器及探头，对管片混凝土的孔隙率造成的受力状态的变化、水土荷载进行长期的监测，并根据监测结果对衬砌结构的承载力进行定期的校验及评价，承载力不足时及时进行补强。

3）对侵蚀性环境因素及其对钢筋混凝土管片耐久性的影响进行长期的观测与分析。

4）分析与评价营运环境因素（沉船荷载、泥沙冲刷及河势变迁、隧道结构纵向不均匀沉降、结构渗流、火灾、地震造成砂土液化等）对隧道结构耐久性的影响。

5）对设备系统服务功能可靠性进行长期监测与评估。对供电、照明、给排水、消防、逃生等系统进行长期监测。保证隧道内通风机、防火阀门、供电系统和其他消防设备的可靠性。所有操控系统应具有后备供应能力，对所有操控系统应进行定期测试维护。

（2）设计阶段考虑足够的设施，降低运营期风险。

1）严格控制超高、超重、超限车辆通行：在设计阶段根据隧道的交通功能和运营许可，充分考虑运营时所需的各类安全设施，如超高、超重、超限车辆限行的标志和设施等。

2）完善运营管理体制。借鉴国外类似项目的运营管理经验，组建专业性的管理机构；在机构设置上应考虑对突发事故的处置，设立相应的救援组织，同时建立相应的规章制度，确保应急预案的顺利实施；建立救援设备的常规检测制度，确保应急所需；与当地消防、医疗部门建立经常性的业务联系，形成快速反应网络。

3）加强正常运营管理。通过雷达测速、行车速度标识等方式，对车辆行车速度特别是洞内行车速度进行控制；严禁易燃、易爆等危险品车辆驶入，设置交通旁道，对驶入道路范围内的车辆（超高、超重、危险品等）在入洞前进行疏通；与当地交管部门联系，在车流高峰或突发事故时，对过往车辆及时分流；改善收费设施和收费方式，提高车流的通行能力；提高自动监测的水平和效果，特别是对构筑物的结构健康监测、防水监测等；对监测设备本身要定期检测，确保监测效果。

4）制订预案，及时、有效地进行灾难状况处置。对交通、火灾等意外事故及维修造成隧道拥挤、堵塞制订专门的防范措施，建立专业性的救援组织（包括专业设备的配备、人员的专业性培训），制订不同灾害情况下的应急预案，并进行常规性救援演练；建立技术检测系统信息反馈系统，及时准确地掌握事故信息，采取针对性较强的救援实施方案；宣传和明示逃生通道，严重情况下迅速方便地进入逃生通道；保证救援通道的畅通，在最短时间内使消防救援人员快速到达事故现场，加强事故及灾难状况的处置能力。

9. 加强环境保护及社会风险管理

（1）施工期的废水及泥水弃渣。开工前，应调查污水发生源和污水有无影响、影响程度，并根据有关法规、规定值等进行净化处理后排出。开工前，泥浆的处理方法，落实设置净化设备用地及弃渣等。

（2）噪声环境影响。工程施工期间，建议在建筑期间实施适当的噪声减缓措施，包括使用隔音屏障、低噪声机械设备等，将噪声的影响减至最低。运营期间，除隧道口和通风塔外，不会造成噪声影响，但桥梁通道则可能对邻近居民带来噪声和大气的影响，建议在桥面两侧设置适当的隔声措施，有效地降低交通噪声。

（3）空气环境影响。对空气环境的影响主要是粉尘有毒有害气体。施工期间，如果按规定施工作业，采用尘埃减缓措施，实施施工区环境管理，并设立大气环境监测站，估计施工尘埃不会超过大气标准。运营期间，邻近范围的空气可能会因大量车辆运行而受到影响，其中主要是由汽车排放的 CO 和 NOx 将会增加，建议对隧道内和隧道出口部位的 CO、NOx 浓度进行监测，使之达到相关的标准要求，由于居民距本项目较远，行驶车辆所排放的废气对空气质量的影响将会是轻微的。

10. 多方采取措施，降低项目财务可持续性风险

（1）安排合理工期。在合理的工期内完成好工程，消除拖延工期的因素。根据排定的网络计划，盾构机采购、加工、运输、拼装、掘进、管片拼装、盾构机出洞等构成施工的关键节点，降低工期延长风险将重点集中在对关键节点的处置把握上。

1）对盾构机的采购、加工、运输、拼装各环节应在合同中明确完成时间，并不得延后。

2）盾构始发井在盾构到达前提前完成，确保盾构按时拼装就位。

3）建立供应商随机作业制度，在初始推进一定距离内，配足辅助施工人员。

4）对易磨损配件和关键部件形成一定数量的现场储备，确保随时更换。

5）对更换刀盘等重大技术措施形成详细周密的方案。

6）对不良地质的处理应提前确定多项应对方案。

7）对整个施工方案进行优化调整，确保同步作业的顺利实施。

（2）防止投资增加措施。

1）在保证功能需要的前提下，严格控制建设规模，如在 M 洲互通的设置上宜考虑近期和远期有机结合的建设方案；房屋建筑宜考虑适用为原则，减少规模性浪费和闲置。

2）严格设计优化程序，对重点设计方案要进行多方面比选，如管片设计厚度、明挖段围护方案等，通过验算或工况分析，达到保证安全节约投资的目的。

3）严格施工合同（包括材料采购、设备租用）降低施工成本，特别是大宗材料的采购应采取公开招标的方式选取供应商。

（3）降低运营收入低于预期目标风险的对策建议。该项风险具有较强的不确定性，且难以控制把握。

1）选择多种预测方法进行分析比较，随着项目建设的推进对预测的基础数据进行核实、补充，对近、中、远期交通流量进行多角度预测分析，如出现重大偏差，应及时向当地政府反映，尽可能地寻求政策支持。

2）利用特许经营的优惠政策，对沿线广告、旅游、电力电缆、加油站等设施进行深度

开发，侧面弥补主营收入的不足。

（4）降低运营成本费用增加风险的对策建议。

1）精简强化运营管理的组织机构，降低管理费用和生产费。

2）及时分析处理监测信息，对已经产生的病害及早采取处理措施，避免病害扩大，抑制维修、维护成本的进一步增加。

3）制订节能措施，减少辅助用电，确保洞内通风，照明和消防用电。

（5）降低资金筹措成本增加风险的对策建议

1）与多家银行建立信贷关系，分散筹资风险。

2）制订近、中、长期不同阶段的资金使用计划，与工程建设进度、资金投放量相适应，降低资金的闲置成本，发挥资金的时间价值。

11. 对风险进行合理的分担、分散与转移

（1）风险分担。风险分担是指业主与承包商在工程建设过程中对发生的各种风险如何分担的问题。首先要求在工程合同签订时，要尽可能多方面考虑来自工程建设中的各种可能出现的风险，并明确双方在这种风险中所应承担的权利和义务。同时，合理的风险分担能有效地控制工程造价和工期。风险分担在国际土木工程合同中作为一个重要组成部分写入合同文件，其根据就是 FIDIC 条款。国际隧道协会总结了国际隧道工程的实践经验，在处理风险分担问题上也发表了《关于合同风险分担的建议》，该建议对隧道工程合同风险分担问题的合理确定具有较高的参考价值。

（2）风险分散。分散风险是指增加风险承受主体的数量来提高未来的可预测性，以达到降低风险的目的。分散风险是通过兼并、扩张、联营，聚合许多原来各自独立的风险单位，增加其风险承受主体的数目，以达到降低风险的目的。

（3）风险转移。风险转移的有效手段就是利用工程保险。隧道工程因其特殊性，施工风险较一般地面工程要大得多，一旦发生自然灾害或意外事故，其损失也很大。因此，合同双方应根据工程的实际情况，选择合适的保险公司、合适的保险种类进行投保。尽管此举需要付出一定量的保险费，但在遭受大的损失时会得到大额补偿，从而达到转移风险、增强抵御风险能力的目的。具体工程投保时，应对投保范围、险种、保险金额及责任、赔偿处理等进行仔细研究。

12. 建议拟进行的课题研究项目汇总

N 过江隧道盾构直径约 15m，直径超过世界上已建成的最大盾构隧道，特别是在 C 江 N 市段地质、水文条件下长距离掘进存在诸多具有挑战性的世界级难题。而目前国内尚无一家设计院和施工承包商承担过如此大直径的江底盾构隧道，为此，建议对以下专题进行深入研究，以降低工程风险，确保工程的顺利实施。建议专题研究一览表如表 6-28 所示。

表 6-28　　　　建议专题研究一览表

课题类型	序号	课 题 名 称
设计、运营期	1	高水压条件下大直径泥水式盾构选型研究
	2	超大断面盾构隧道衬砌结构选型及力学特征试验研究
	3	盾构隧道地震响应分析及抗减震措施研究
	4	隧道防水技术试验研究

续表

课题类型	序号	课 题 名 称
设计、运营期	5	隧道结构耐久性与综合对策技术研究
	6	隧道火灾风险及综合防、救灾研究
	7	隧道结构体系健康监测技术研究
	8	国内外大断面隧道工程实例信息分析研究
	9	深基坑维护体系与防渗技术研究
施工期	1	高水压条件下大直径泥水式盾构工作面稳定及姿态控制研究
	2	长距离掘进刀具磨损及高水压条件下换刀技术研究
	3	盾构工作井稳定性分析、信息化施工及盾构进出洞技术研究
	4	盾构隧道施工期质量控制技术研究
	5	隧道施工中土体加固措施研究

（二）结束语

综合风险分析表明，N 过江通道项目综合风险程度等级为一般程度等级。在专项风险中，影响项目综合风险的主要风险因素是工程施工风险和设计风险，财务可持续性风险及运营期风险为一般风险因素，环境影响及社会风险为影响最小的风险因素，通过采取相应措施，可以将风险控制在可接受的范围内。

在风险分析的最后，特别提醒项目单位注意项目风险有如下特点：

1. 项目风险的客观性和必然性

无论是过江隧道的地质条件、水文条件、盾构的超大直径、高水压、地层的高渗水性等客观条件，还是在设计、施工组织管理、在 C 江下首次进行如此大直径和长距离的盾构施工等以人为核心的实践活动中，以及现在不可预见的其他意外事件，都是不以人的意志为转移而客观存在的。

随着科学技术水平的提高和人们对类似工程风险事件的经验积累，我们对隧道盾构施工风险的规律性的认识在不断提高，这为我们科学管理项目的风险创造了条件。虽然我们可以提前对风险因素进行分析，并能根据经验对其发生的概率以及发生损失的严重程度进行估计，根据估计结果对风险的影响程度进行分析、排序，并据此制订措施来降低风险发生的概率或降低风险损失，但对于 N 市过江通道这样复杂、高难度、缺少相关经验的工程而言，即使加强风险管理并对可预测的风险因素采取有力的措施，彻底消除所有风险的危害也是不客观的。

2. 项目风险具有不确定性

项目的风险事件是否会发生、何时发生、发生之后会造成什么样的后果等均是不确定的。虽然我们可以根据实践经验，对项目发生的可能性和损失的严重程度做出分析和预测，但这些预测由于风险的不确定性而在随时变化。在具体工程实践中我们既要重视风险分析的结论，又不能过分依赖预测结果，因为分析结果反映的只是类似工程中较多发生的情况及专家根据本项目特点的主观估计，在工程实践中由于本项目的特殊性及风险的不确定性，风险实际发生情况与分析预测可能会有较大变化。

3. 项目风险具有可变性

在一定条件下，任何事物总是会发展变化的。风险事件也不例外，当引起风险的因素发

191

生变化时，必然会导致风险的变化。风险的可变性主要表现在：①风险性质的变化；②风险后果的变化；③出现了新的风险或风险因素已经消除。

正是由于风险的这些特性，我们才积极地进行风险分析，寻找对策措施，使风险事件向有利于降低风险的方向转变。同时，也正是由于这些特性，提醒我们时刻重视工程中的潜在风险因素，因为主要的风险因素由于得到足够重视及采取有效的措施，可以降低风险发生概率或降低风险发生后的损失，而次要的风险因素由于外部条件的变化也可能转变成严重风险。

总之，项目的风险将贯穿项目始终，只有在可行性研究、设计、施工、运营等全过程进行有效的风险管理，才能切实减少风险的发生和降低风险的危害，最终实现项目的建设总目标。

第三节　某煤层气开发项目风险分析

一、项目概述

（一）项目基本情况

项目名称：M 煤层气开发项目。

建设地点：J 市。

建设单位：A 公司。

建设规模：$10\times10^8m^3/a$，规划开发面积为××m^2，动用储量××m^3，部署总井数××口，其中有效井××口（丛式井××口、多分支水平井××口、U 形井××口），共建井场××座。

地面工程配套建设：处理厂××座，规模××m^3；集气站××座；采气管道××km，其中采气干管××km，采气支管××km，集气管道××km，外输管道××km；110kV 变电所××座，35kV 变电所××座，110kV 线路××km，35kV 线路××km，10kV 线路××km；作业基地××座；生产保障点××座。

总投资：××亿元。

（二）项目背景

煤层气也称煤矿瓦斯，其热值与常规天然气相当，是优质清洁能源和重要化工原料。我国煤层气资源丰富，居世界第三位。我国埋深 2000m 以浅的煤层气资源量约 $36.8\times10^{12}m^3$，可采资源量约 $10.9\times10^{12}m^3$。多年来，我国在煤层气的研究和试验上开展了大量工作，在煤层气资源评价、地质理论和勘探技术等方面取得了丰硕成果。2013 年，我国煤层气抽采量为 $156\times10^8m^3$，利用量为 $66\times10^8m^3$，较 2012 年分别增长 10.6%和 13.8%。

近年来，我国制订了一系列政策措施，强力推进煤层气开发利用。《能源发展"十二五"规划》明确指出，要加强煤层气的勘探开发；2013 年 3 月，国家能源局发布了《煤层气产业政策》，进一步明确了我国煤层气产业发展目标、勘探开发布局、资源协调开发、安全节能环保等内容，提出要分区域分层次进行勘探开发，鼓励煤层气就近利用、余气外输，在煤炭远景区优先煤层气地面开发。《煤层气产业政策》首次将煤层气产业定位为重要的新兴能源产业，并再次对各方参与煤层气产业进行鼓励，鼓励民间资本、境外资金参与煤层气勘探开发和管网等基础设施建设。规划到 2015 年，建成沁水盆地和鄂尔多斯盆地东缘煤层气产业化基地，再利用 5～10 年的时间，把煤层气产业发展成为重要的新兴能源产业；2013 年 9

月 14 日，国务院办公厅发布《关于进一步加快煤层气（煤矿瓦斯）抽采利用的意见》，从加大财政资金支持力度、强化税收政策扶持等多个方面推进我国煤层气的开发利用，提高煤层气利用水平。这是国家为适应煤层气产业化发展的新形势，加快煤层气抽采利用而推出的又一项政策。2014 年，国务院办公厅发布了《能源发展战略行动计划（2014—2020 年）》，进一步明确以沁水盆地、鄂尔多斯盆地东缘为重点，加大支持力度，加快煤层气勘探开采步伐，到 2020 年煤层气产量力争达到 $300 \times 10^8 m^3$。2015 年，国家能源局发布《煤层气勘探开发行动计划》，规划到 2020 年新增煤层气探明地质储量 $1 \times 10^{12} m^3$，煤层气抽采量力争达到 $400 \times 10^8 m^3$。

J 市是国家煤层气产业的重点建设区域，地方政府瞄准打造全国煤层气产业总部基地的目标，将煤层气作为当地最有潜力，最具转型方向性、战略性的产业。"十三五"期间乃至更长时间内，地方政府将继续给予高度重视、大力扶持，不断优化投资建设环境、创优产业的发展环境，携手企业将煤层气产业做大做强。

（三）建设内容与规模

建设规模 $10 \times 10^8 m^3/a$，规划开发面积为 $131.7 km^2$，动用储量 $196.23 \times 10^8 m^3$，部署总井数 1341 口，其中有效井 1275 口（丛式井 1271 口、多分支水平井 3 口、U 型井 1 口），共建井场 166 座。

地面工程配套建设具体为：处理厂 1 座，规模 $25 \times 10^8 m^3$，其中一期 $10 \times 10^8 m^3$；集气站 4 座，其中包括改造集气站 1 座；采气管道 445km，其中采气干管 240km，采气支管 205km；集气管道 57.5km；外输管道 4.5km，外输能力 $25 \times 10^8 m^3/a$，外输管道规格 L415M-508×8；110kV 变电所 1 座，35kV 变电所 3 座，110kV 线路 40.3km，35kV 线路 25.5km，10kV 线路 253km；作业基地 1 座，生产保障点 2 座。

二、项目风险管理理论依据

（一）项目风险管理组织

××公司根据委托单位提供的基础资料，经与委托单位多次磋商，明确了 M 煤层气开发项目风险分析工作方案，确定了风险分析的主要内容和重点，框定了风险分析的调研范围、对象和方式，提前准备项目评估所需的调查问卷等文件资料，成立了项目风险分析专家组，形成包括能源（开发与矿藏、地面工程）、生态环境、技术经济、征地拆迁和移民安置、社会发展、公共管理、项目管理、风险管理、产业分析等领域的专家组。

主要工作包括：①建立项目风险管理过程总体框架；②管理风险识别活动；③管理风险分析和评价活动；④建议、启动和实施风险应对活动，直至风险水平可容忍；⑤申请针对相互冲突的风险问题的执行决定；⑥验证决定的实施及其有效性；⑦在项目全生命周期内以适当且及时的方式沟通关于风险问题的信息；⑧确保已制订应急计划；⑨识别和记录有关风险管理的任何问题；⑩监视风险管理过程，并在需要时实施纠正措施。

（二）理论基础

1. 风险管理的作用

所有项目及其生命周期中的每一过程与决策都存在风险。因此，在项目进行的每一阶段都应当对风险进行管理，并且风险管理过程应当与项目管理过程以及与产品有关的过程相结合。风险管理需要全员参与，要求建立结构化的风险管理过程，以利于促进开放性沟通和风险的高效管理。

2. 过程框架

风险管理过程始于建立项目实施的总体框架，包括识别相关方，理解项目的目标和输出，确定某一项目风险管理活动的范围与解析，也应当确定项目与任何其他项目的接口与重叠，以及项目运行所搜到的组织的、战略的约束。

风险管理过程的下一步骤是风险识别，这是风险管理过程中的基础性工作。

对每一项已被识别的风险都应当实施后续的风险管理活动，如风险评估、风险应对、评审与监视。

在项目的每一阶段都应当对风险进行管理，项目本身及其产品的风险也应当进行审查。

3. 风险管理过程

（1）风险识别。风险识别的目的是发现、列举和描述可能影响到既定的项目或项目阶段性目标的实现的风险，该过程也可以揭示风险管理的机会。有效的风险管理从根本上取决于风险的识别。

风险识别的方法主要包括头脑风暴、专家意见、结构化访谈、问卷调查、检查单、历史数据、经验、测试和建模、对其他项目的评价等。

在识别风险时，应当使用任何可用的资源、要求规范、工作分解结构、工作说明书等作为出发点。

风险识别应当考虑风险对所有项目目标的影响。这些目标一般包括成本、时间和质量，也可以包括与遵守法规和政府管理、担保、可信性、债务、安全、健康与环境相关的其他目标。

项目起始时的设想可能成为风险识别的一种资源，应当定期测试其有效性。

（2）风险估计。风险估计是识别风险的限度和影响范围、识别风险与项目之间的依赖关系、确定风险发生的可能性以及对既定目标的相关影响。风险估计可以分为定性和定量分析，当缺少数据或数据不可靠时，初步的定性分析可以在项目生命周期的前期进行，当有较多可得资料时，可以进行定量分析。

1）后果。通过假设特定事件、情况或环境已经出现，后果分析可确定风险影响的性质和类型。某个事件可能会产生一系列不同严重程度的影响，也可能影响到一系列目标和不同利益相关方。在明确环境信息时，就应当确定所需要分析的后果的类型和受影响的利益相关方。

后果分析的形式较为灵活，可以是对后果的简单描述，也可能是制订详细的数量模型等。

影响可能是轻微后果高概率，或严重后果低概率，或某些中间状况。在某些情况下，应关注具有潜在严重后果的风险。在其他情况下，同时分析具有严重后果和轻微后果的风险可能是重要的。例如，频繁而轻微的问题可能具有很大的累积或长期效应。

后果分析应包括：①考虑应对后果的现有控制措施，并关注可能影响后果的相关因素；②将风险后果与最初目标联系起来；③对马上出现的后果和那些经过一段时间后可能出现的后果两种情况要同等重视；④不能忽视次要后果，如那些影响相关系统、活动、设备或组织的次要后果。

2）可能性分析。通常主要使用三种方法来估计可能性。这些方法可单独或组合使用，包括：

①利用相关历史数据来识别那些过去发生的事件或情况，借此推断出它们在未来发生的

可能性。所使用的数据应当与正在分析的系统、设备、组织或活动的类型有关。如果某些事件过去的发生频率很低，则任何可能性的估计都是不确定的。这一点尤其适用于从未发生的事件、情况或环境，人们无法推测其将来是否会发生。

②利用故障树和事件树等技术来预测可能性。当历史数据无法获取或不够充分时，有必要通过分析系统、活动、设备或组织及其相关的失效或成功状况来推断风险发生的可能性。

③系统化和结构化地利用专家观点来估计可能性。专家判断应利用一切现有的相关信息，包括历史的、特定系统的、具体组织的、实验及设计等方面的信息。获得专家判断的正式方法众多，常用的方法包括德尔菲法和层次分析法等。

（3）风险评价。风险评价包括将风险的水平与可容忍性准则相比较并制订处理风险的初始优先顺序。

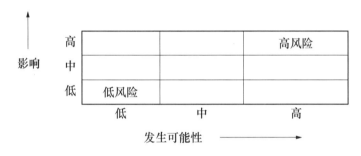

（4）风险应对。风险应对的目的是识别与实施使风险可容忍的高效费比措施。它是决定和实施处理已识别风险的方案的过程。其所包括的措施可能起到以下作用：①完全地规避风险；②降低风险发生的可能性；③降低风险发生后的影响；④转移或分担风险；⑤保留风险并制订计划以补救其影响。

选择一个风险应对方案或方案的组合，应当考虑处理成本或补救成本，以及实施相应风险处理方案的潜在收益。因为风险是相互关联并且互为依存的，所以应当可以在所考虑的不同风险处理方案之间进行权衡。

应当考虑在方案实施后仍遗留的风险以明确其是否可容忍。如果风险不能容忍，那么应当考虑取消项目或实施可能的进一步处理。

如果认为风险可以容忍并予以接受，那么应当考虑是否需要处理意外后果的补救战略。如果需要补救战略，那么应当准备风险补救计划以充实该战略。

二、项目合法性、合理性、可行性、可控性分析

（一）合法性、合理性、可行性、可控性的内涵

合法性分析，即本项目是否符合国家的法律、法规及党和国家的现行方针政策；所涉及的政策调整、利益调节的对象和范围是否界定准确，调整、调节的依据是否充足；议事决策程序是否符合法律规定。

合理性分析，即本项目是否符合本地区的近期和长远发展规划；是否兼顾了群众的现实利益和长远利益以及各方面利益群体的不同需求；是否考虑了地区间的平衡性、发展的持续性等因素；实施方案是否具有连续性、严密性、可操作性。

可行性分析，即本项目是否具备了技术上、资金上、民意上的成熟条件。

可控性分析，即本项目可能引发风险事件是否有相应的预测预警措施和应急处置预案；

是否有化解矛盾的对策措施。

（二）项目合法性、合理性、可行性、可控性的主要结论

1. 合法性

（1）政策及规划相符性。M 煤层气开发项目属于《产业结构调整指导目录（2011 年本）（2013 年修正）》、《国务院办公厅关于进一步加快煤层气（煤矿瓦斯）抽采利用的意见》（国办发〔2013〕93）、《煤层气产业政策》、《外商投资产业指导目录》（2015 年修订）等产业政策中鼓励发展的产业。

项目符合《煤层气（煤矿瓦斯）开发利用"十二五"规划》、《煤炭工业发展"十二五"规划》、《能源发展"十二五"规划》、《S 省主体功能区规划》、《S 省人民政府关于加快推进煤层气产业发展的若干意见》、《S 省煤层气产业"十二五"发展规划》、《S 省煤炭工业"十二五"发展规划》、《S 省新兴能源产业发展"十二五"发展规划》以及 J 市相关规划要求。

项目与当地总体发展规划、土地利用规划具有相容性。M 煤层气开发利用对 Q 县城进行了避让，区块开发利用规划一期范围用地已纳入 Q 县土地利用总体规划；规划实施后将为 Q 县及部分村庄集中供煤层气，有利于改善区域的能源结构，减少因燃煤降低污染物排放量；区块开发利用规划与《Q 县总体规划》、《Q 县土地利用规划》、《J 市环境保护"十二五"规划》、《Q 县环境保护"十二五"规划》等规划相协调。

（2）程序合法性。工程建设需要使用社会资源，可行性研究阶段应按政府有关规定要求开展相关单项研究工作，履行相关单项报批手续，取得必要的支持性文件，包括：项目列入发展规划相关文件，对厂址初步可行性研究报告的审查意见，电力系统方面相关文件，工程用地、用水相关文件，厂址安全与环境保护相关文件，交通运输相关文件，职业安全与职业病危害相关文件，财务评价部分相关文件等。

申报单位截至目前已经取得的文件共有 17 份，详见附件（略）。尚在办理中的评审文件有可研报告评审、水土保持、节能、压覆矿产、军事设施、抗震设防等方面的批复或意见。鉴于所有评审文件均按照国家相关要求进行开展，在审评流程和时限方面是合法的。建议项目建设单位继续完善相关手续。

2. 合理性

（1）必要性。

1）开发利用煤层气可以改善煤矿安全生产，提高经济效益。针对接连发生的煤矿瓦斯爆炸事故，煤层气已经成为中国煤矿安全的头号"杀手"，借鉴国外利用煤层气的经验，让煤层气变害为宝，从根本上遏止矿井瓦斯灾害以改善煤矿安全生产条件。

采煤之前先采出煤层气，有利于从根本上防止煤矿瓦斯事故，改善煤矿的安全生产条件，同时还能减少矿井建设费用（巷道建设和通风费用减少 1/4 左右），从而提高煤矿的生产效率和经济效益，改善煤矿的社会形象。

2）开发利用煤层气可以有效减排温室气体，改善大气环境。中国是煤炭生产大国，只要采煤就会向大气中排放煤层气，开发和利用煤层气不仅可以避免因采煤造成的煤层气这种不可再生资源的浪费，还在减少温室气体排放、改善大气环境方面具有非常重要的意义。

3）开发利用煤层气也将拉动相关产业的发展。本工程建设可以促进中国煤层气利用水平的提高和相关技术的发展。

4）合理开发和利用煤层气是优化能源结构、保护环境的需要。目前，中国的能源结构

不尽合理，利用煤层气可减少污染物排放，改善大气质量，保护生态环境，也有利于可持续发展战略的实施，提高人民生活质量。

5）煤层气是天然气的有效补充。现阶段，中国经济的迅速发展与能源不足的矛盾日益突出。开发煤层气将有效地缓解天然气供需矛盾对经济可持续发展的制约。

开发利用煤层气在中国具有特殊的紧迫性和重要性，不仅可以缓解中国优质能源供需矛盾，一定程度上改善能源结构的需要，也可以从根本上保障煤矿安全生产和改善全球大气环境。国家《能源发展"十二五"规划》明确其重点任务之一是要加强煤层气的勘探开发。开发利用煤层气功在当代，利在千秋。项目的实施，符合国家及地方产业政策，符合建设绿色、环保、低碳经济的理念，本项目的建设是必要的。

（2）选址的合理性。本项目征地××亩，临时用地××亩。项目征地大部分为荒山、荒坡，少部分为林地，不涉及占用基本农田，不涉及农民房屋拆迁，离村庄距离较远，对村民生产生活影响较小，选址较为合理。

除永久征用地外，该项目涉及部分临时征用农民集体土地，主要用于采气井口和集输管道建设。采气井口的布置主要依据煤层气排采需要合理均匀布置，一般远离村庄，很难避开耕地和基本农田，但由于占地面积较小，因此对农民生产影响不大。集输管道的设置主要依据煤层气排采和检修需要科学设置，一般沿道路布置，管道长 57.5km，管径粗 0.4～0.7m，采用挖深埋管后回填土的方式用地，主要占用集体土地，对农民生产生活影响不大。从实地踏勘情况看，采气井口和集输管道的选址基本合理。

3. 可行性

（1）矿权清晰：本次建设项目的煤层气探明储量区为"Q 煤层气田 M 区块"，申报区内煤层气矿业权与煤炭已设置矿业权的对应关系清楚，是相互独立的，煤炭勘查单位与煤层气勘查单位之间无矿业权争议。申报含气面积未超出 Q 盆地 M 区块煤层气采矿权、探矿权登记项目边界线。

（2）储量落实：根据煤层气资源/储量规范（DZ/T 0216—2010）（Q/SY 1224—2009）中的评价指标，Q 煤层气田 M 区块里井区新增储量地质综合评价结果为一个中丰度、埋深中等、中—低产能、大型煤层气田。区内煤层气钻井均做到煤层全井段取心，对煤层进行了大量的分析化验工作，如含气量测试取样密度为 0.5m1 个样；测井资料齐全；排采井已获工业性气流，工作制度合理，数据可靠；对该气田的煤层展布、厚度、煤质、煤层含气性等地质特征认识清楚。新采集二维地震资料品质好，利用井震结合所编制构造图是落实的，储量参数都由直接资料论证后求取；申报区内选用地质、钻探、物探、采样测试等综合勘探方法是合理的，各项勘查工作是依照《煤层气资源/储量规范》和钻探、测井、测试等专业规范及相关规程、规定进行的，其成果资料均按照规定程序进行验收审批。因此，本次申报储量区也达到了储量规范要求。

（3）技术可行：项目的开发方案已经编制完成，项目的地质与气藏工程、钻井工程、采气工程、地面工程分别编制了专项技术方案，并进行了较为充分的论证，各项技术基本能满足开发建设和后期生产的要求。

（4）市场条件：根据目前输气管网建设情况及项目的开发部署，项目选择的近期目标主要是通过西气东输一线、BA 煤层气管线沿线向 HN 市场供气，以及向周边 CNG 母站、LNG 工厂等供气，中远期目标将通过西气东输管网及其他周边管输设施，向 S 省、J 省、Z 省及其他沿海地区供气。

（5）经济评价：本项目工程方案（2014～2017 年）建产期开发方案报批总投资×××××万元，按照预测的天然气价格 1123.89 元/千方（对应含增值税价格 1.27 元/方）及政府对于煤层气生产补贴和增值税返还优惠情况下，合同方权益投资收益率××%，矿权方权益投资内部收益率××%，项目整体投资内部收益率达到××%，均大于行业基准收益率的10%；收益水平可以被接受，在经济上是可行的。

通过上述分析，本项目开发建设矿权清晰、储量落实、技术可行、市场可靠、经济可行，具有良好的社会与经济效益，符合社会效益、经济效益和环境效益统一的原则，项目的建设是可行的。

4. 可控性

本报告后续风险识别、评估等篇章中根据每个风险因素的成因分析，提出了针对每个主要风险因素的风险防范和化解措施，并对采取风险防范和化解措施后的风险因素发生的概率、影响程度和风险程度进行了分析，采取措施后项目的风险等级为低级。因此，风险总体可控。

四、项目风险的识别

（一）工程技术

（1）煤层气开发对后期煤矿开采的影响。煤层气开发周期长，可能影响到煤矿开发时间，储层改造措施可能影响到煤矿开采措施。

（2）煤层气产量能否持续稳定保持，产能接替方案的规划是否合理。目前，试气井的稳定产量与单井配产尚有一定差距。

（3）钻井、采气工艺是否先进可靠，钻井、采气工程方案是否考虑对项目区域内居民生活取水点的保护。钻井过程地层连通的因素可能造成泉水不出水，采气过程排采水处理不当可能污染取水点。

（4）地面工程方案中易燃易爆设施设备确定的安全距离是否合理，尤其是地面工程管网遍布开发区域，纵横交错，加之施工受地形的影响，无法有效避开居民居住地，方案中要制订切实可行的保护措施，对可能造成破坏影响的要制订好应急预案。

（5）地面建设施工期的保障措施是否到位。管道施工占压道路可能造成周边人群交通出行的影响；施工单位人员与当地居民发生矛盾引发的风险。

（二）安全生产

施工和运营期间，如果项目或施工单位不能按照要求保证安全投入，安全检查和巡检不到位而发生"违章指挥、违章操作、违反劳动纪律"的现象，就有可能造成井喷、机械、触电等各类安全事故或人身伤害的发生。但如果项目或施工单位加强安全生产管理，严格按照国家规定保证安全投入，加强安全检查，做好相关应急预案的制订，安全生产事件发生的概率就会很小。

（三）征地拆迁和移民安置

项目所在地 Q 县是传统农业大县，人均耕地约为 2.3 亩（1 亩≈666.67m²）。项目征地用地所在村庄户均耕地普遍高于 10 亩，农田资源虽不匮乏，但往往受制于自然条件，以雨养农田为主，产量和产出稳定少变化。当地多为旱地，主要种植玉米、小麦、谷子等传统农作物，多年不变，亩均收入一般为 1000～1300 元。在与村民座谈中了解到，由于种地收入较低，村里年轻人多数外出打工，种地劳力越来越少，因此，许多土地并未有效利用。

本项目用地不涉及农民房屋拆迁和移民安置，永久征地主要是农民集体土地，临时征用土地涉及每户的面积也较小，且多集中于山地、梯田或距离社区较远的位置，对当地实际的农业生产和农民收入影响非常有限。项目公司补偿款为 1500 元/亩，补偿标准普遍稍高于政府制定的片区价格。村民认为，征地或者土地临时征用能增加家庭收入，因此，普遍欢迎项目征用自家的土地用于井口和集输管道建设，对征用集体土地用于集气站建设基本无意见。

因此，从实地调研和座谈情况看，项目建设实施征地和临时征用农民集体土地引发群众反感的可能性较低，该项目征地用地可能引发风险的主要因素有以下两个方面：一是征用土地补偿款和临时用地补偿费足额及时到位，是否能在集体内部合理分配，足额落实到农户；二是较长期临时征用农民集体的土地，缺乏法律依据，也容易出现合同纠纷，如临时用地补偿费价格纠纷等。

（四）生态环境影响

进入新世纪以来，国际原油价格迅速上涨，在这种情况下，全球能源消费重心向煤炭转移，从而导致了煤炭价格的快速上扬，大量地方煤矿通过技改等方式成倍地提高产量，与此成正比的是煤矿矿井的服务年限随之缩短，采煤塌陷区范围快速扩大，因此，煤炭行业对生态环境所造成的影响应作为风险分析关注的重点。

生态环境影响主要来自于企业施工、管理、运行中发生的泄露、排放等，包括煤层气开采所造成的人居影响，以及可能对当地农业生产（土壤）及畜牧业生产（饲料及饮水）的影响等。该项风险初步判断属于可控风险，发生概率较低，自身影响程度小。

初步识别本项目的生态环境特征风险因素共 12 个，具体如表 6-29 所示。

表 6-29　　　　　　　　　　　　　生态环境影响因素

序号	风险因素	评价指标	是否为该项目特征风险因素	备注
1	大气污染排放	厂界内、沿线、物料运输过程中各污染物排放与环保排放标准限值之间的关系，与人体生理指标的关系，与人群感受之间的关系等，包括施工期和运行期两个阶段	是	项目煤层气渗漏、钻井器械产生的各种废气、烟尘可能会对周边大气环境产生不良影响
2	水体污染物排放		是	沁河水源保护区临近项目区，部分居民会担心项目产生的各种废、污水，会给区域地表水、地下水环境产生不良影响。项目运营期压裂液等可能会对地下水造成污染，而长时间地抽排煤层水，会引起区域地下水位下降。项目运行期煤层排采水外排入土壤，可能会对土壤产生污染
3	噪声污染		是	钻井施工、汽车运输和后期处理厂、集气站运行中，大型设备噪声和振动形成噪声污染
4	电磁辐射、放射线影响		是	项目钻井、开采期间（如测井压时），存在放射源，有一定放射辐射风险
5	固体废弃物及其二次污染（垃圾臭气、渗沥液）	固体废弃物能否纳入环卫收运体系、保证日产日清；建筑垃圾、大件垃圾、工程渣土、危险废物（如医疗废物）能否做到有资质收运单位规范处置等	否	项目产生固体废弃物较少，不会形成污染

序号	风险因素	评价指标	是否为该项目特征风险因素	备注
6	日照、采光影响	与规划限值之间的关系，日照减少率，日照减少绝对量，受影响范围、性质和数量等	否	项目不会对周边产生日照、采光影响
7	通风、热辐射影响	热源及能量与人体生理指标的关系，与人群感受之间的关系，通风量、热辐射变化量、变化率等	否	项目不会对周边通风产生不利影响
8	光污染	包括玻璃幕墙光反射污染和夜间市政、景观灯光污染影响的物理范围和时间范围，灯光设置合理规范性等	否	项目不会产生光污染
9	公共开放活动空间、绿地、水系、生态环境和景观	公共活动空间质和量的变化、绿地质和量的变化，水系的变化，生态环境的变化，社区景观的变化	否	项目修路、建站等大多数在半山坡毁林造地，可能会对周边景观环境产生不利影响
10	水土流失	地形、植被、土壤结构可能发生的变化，弃土弃渣可能造成的影响，是否有水土保持方案等	是	项目占地面积较大，井网密集，对原有地表扰动面积较大，可能会引起水土流失
11	自然文化遗产影响	对古木、生物多样性、文物、墓地以及其他自然、文化遗产的破坏和影响	否	项目在设计前期即注重对环境敏感目标的规避，因此不会对古木、生物多样性、文物、墓地以及其他自然、文化遗产产生破坏和影响
12	野生动物栖息环境影响	对野生动物栖息环境造成的破坏和影响	是	施工区植被破坏会对动物的栖息环境产生影响。同时，实施人工地震产生的地震声波、钻机产生的机械噪声也都会直接和间接影响野生动物的正常生活

除了具有一般煤层气开发项目的特征外，其对生态环境的影响因成煤地质、现状地被物等，表现出以下几个特殊性：

（1）井网密度大，生态扰动剧烈，扰动区原地类多处为半山区森林，水土流失风险大。

（2）煤层排采水量少，排采水主要用于周边景观绿化，可能会引发土壤盐渍化。

（3）煤层气成分单一，主要为水平丛式井开发，井站产气量稳定，煤层气放空或通过火炬燃烧可能性小。

（4）项目区地处人口居住区，建设期施工及运行期低压集输设备运行可能会对周边人们生活产生影响。

（5）施工场所植被的破坏会对动物的栖息环境产生影响。同时，钻机产生的机械噪声也会直接和间接影响野生动物的正常生活。

五、项目风险的估计与评价

（一）各风险因素的风险概率、影响程度与风险程度

各风险因素的风险概率、影响程度与风险程度如表 6-30 所示。

表 6-30　　　　　　　　　　风险概率、影响程度与风险程度释义表

风险概率		影响程度		风险程度	
等级	标准和含义	等级	标准和含义	等级	标准和含义
很高	非常可能发生	严重	在 S 省或更大范围内造成一定的负面影响，需要通过长时间努力才能消除，付出巨大代价	很大	可能性大，影响和损失大，影响和损失不可接受，必须采取积极有效的防范化解措施
较高	有可能发生	较大	在 S 省内造成一定影响，需要通过较长时间才能消除，需付出较大代价	较大	可能性较大或影响和损失较大，影响和损失可以接受，需采取必要的防范化解措施
中等	有可能发生	中等	在当地造成一定影响，需要通过一定时间才能消除，需付出一定代价	一般	可能性不大，或影响和损失不大，一般不影响项目的可行性，应采取一定的防范化解措施
较低	发生可能性很小	较小	在当地造成一定影响，可短期内消除，付出代价较小	较小	可能性较小，或影响和损失较小，不影响项目的可行性
很低	发生可能性很小，几乎不可能	可忽略	在当地造成很小影响，可自行消除	微小	可能性很小，影响和损失很小，对项目影响很小
备注	风险程度是根据风险事件发生的概率和影响程度来评判的				

1．工程技术

工程技术各风险因素的风险概率、影响程度与风险程度如表 6-31 所示。

表 6-31　　　　　工程技术各风险因素的风险概率、影响程度与风险程度

风险类型	具体表现形式	风险概率	影响程度	风险程度
工程技术	1．钻井、采气工艺是否先进可靠，钻井、采气工程方案是否考虑对项目区域内居民生活取水点的保护	较低	中等	一般
	2．项目开发建设对区域内水源保护区的影响	中等	中等	一般
	3．地面工程方案中易燃易爆设施设备确定的安全距离是否合理，措施是否可行	中等	中等	一般
	4．地面建设施工期对周边居民交通和可能产生矛盾的保障措施是否到位	较高	中等	较大
	5．钻井、采气、地面工程实施过程中，施工中"三违"现象造成井喷、机械、触电等各类伤害发生	中等	严重	较大
	6．煤层气开发对后期煤矿开采的影响	较低	中等	较小

2．征地补偿

征地补偿方面，四项风险因素的风险程度均较小。

（1）征用土地补偿款和临时用地补偿费足额及时到位，以及在集体内部合理分配。当地老化的传统种植业产出不高，基本收入在亩均 1000 元左右且受制于降水，项目永久征地量小，且均位于远离社区的位置，因此，每个村组受到的影响较小。项目补偿为 1500 元/亩，考虑到项目单位资金较充足，拖欠征地补偿款的可能性较少。只要按照法定的补偿标准给予征地补偿和临时用地补偿，且征地补偿款和临时用地补偿费及时足额到位，引起社会不稳定的可能性较低，影响程度较小。但当地政府制订的补偿标准近年并未随市场变化而变化，一旦市场价格或其他物价上升，可能引发农民对于现行补偿价格的不满。

201

（2）较长期临时征用农民集体土地的稳定性和临时用地补偿费价格的确定。项目建设所在区域人多地少，土地产出不高，较长期临时征用农民集体的土地，只要补偿费用合理，引起社会不稳定的可能性较低，影响程度较小。但是当农产品价格或当地种植结构出现市场化调整，农民对于土地的需求增大时，可能会影响目前通过村委会签署的固定不变的土地合同。

（3）当地尚未建立农民持续增收的制度保障和长效机制。访谈发现，受自然条件限制，当地的传统种植业所覆盖的品种、生产方式、收入水平等均处于停滞状态。尽管村委会和村民们进行过许多替代性尝试，但从未真正成功过。农民们的收入依靠依次是种植业、务工、养殖，结构老化且不合理。本项目占用耕地面积不大，对农业生产基本无影响，但村民们对于项目在提升当地基础设施、提高收入水平、改善生活条件甚至促动农业生产方面抱有较大期望。换言之，由于当地自身难以寻找常规的提升和改善的突破口，因此，对于外来企业依赖程度较高。而随着企业投产及建设趋于稳定，一旦当地社区感到对企业的预期没有或难以达到，有可能会产生放大效应，将一些原本不存在或程度极低的矛盾激化。结合目前的实际情况，该项风险发生的可能性较低，且与外部市场和国家政策直接相关，一旦发生，将较易引发社会不稳定，但本身风险程度较小。

（4）集体产权的分配、变更可能引发社会矛盾。目前在当地农村社区中，耕地（包括水浇地、旱地、坡地等）这样的主要生产生活资源已经全部承包到户，作为畜牧养殖重要资源的山坡、草场等也已承包到户。部分社区林地的确权、勘界及林权证发放、林地承包到户等工作已基本完成，但部分社区的林权仍在村社集体管理之下，同样处于集体管理之下的还有荒地、河滩地等原本无益于生产的自然资源。

为配合企业规划而必须进行的征地等工作（尤其是后续项目的展开）会将上述原本没有收益的荒山、荒地以及处于集体管辖下的林地变为炙手可热的资源，由此而来的一个问题就是针对这类集体管辖下的资源的补偿款如何能够公平地进行分配以减少社区内的社会矛盾。这些矛盾一旦出现，则很容易被激化，并且必然会间接地影响村民与企业及地方政府之间的关系与合作态度。解决这一问题，同样需要包括政府引导及专业人员介入这样的外部力量。结合目前的实际情况，该项风险发生可能性较低，影响程度较小，风险程度较小，但其发生会在长期内影响企业和社区的关系。征地补偿各风险因素的风险概率、影响程度与风险程度如表6-32所示。

表6-32 征地补偿各风险因素的风险概率、影响程度与风险程度

风险类型	具体表现形式	风险概率	影响程度	风险程度
征地补偿	1. 征用土地补偿款和临时用地补偿费足额及时到位，以及在集体内部合理分配	较低	较小	较小
	2. 较长期临时征用农民集体土地的稳定性和临时用地补偿费价格的确定	较低	较小	较小
	3. 当地尚未建立农民持续增收的制度保障和长效机制	较低	较小	较小
	4. 集体产权的分配、变更可能引发社会矛盾	较低	较小	较小

3. 生态环境影响

（1）大气污染物排放。煤层气的集输过程都是密闭的，在正常情况下，本工程不会产生废气，只是在试点燃、事故状态或在设备检修、放空时才会产生少量废气（烃类），采暖炉及

生活用气燃烧产生的 CO_2 气体。

（2）水体污染物排放。本工程气井采出水工程的主要水体污染物排放为井场废水，成分主要为高矿化度、高盐度的煤层气采出废水，不当处理和排放可能会给区域地表水、地下水环境产生不良影响。项目运营期压裂液等可能会对地下水造成污染，而长时间地抽排煤层水，会引起区域地下水位下降。项目运行期煤层排采水外排入土壤，可能会对土壤产生污染。

（3）噪声污染。噪声污染主要为站内设备运行时气体流速改变产生噪声，噪声超标将对环境产生不良影响。噪声和振动源为机泵、压缩机、各类风机、锅炉、气体放空口。

（4）电磁辐射、放射线影响。项目钻井、开采期间（如测井压时），存在放射源，有一定放射辐射风险。

（5）水土流失。场站建设基本占用荒地，只有少部分占用林地和农田，干扰大面积表土和地表植被，打破了地表的原有平衡状态，在风力作用下，使植被根系网络和结皮保护的沙地重新裸露，土壤结构变松，形成新的风蚀面，如不及时对植被进行恢复和重建，土壤的每一个新坡面、每条新车印都可能成为新的侵蚀点，加重水土流失，严重影响站场安全。

（6）野生动物栖息环境受影响。施工区植被破坏会对动物的栖息环境产生影响。实施人工地震产生的地震声波、钻机产生的机械噪声会对野生动物的生活造成一定影响。生态环境影响各风险因素的风险概率、影响程度与风险程度如表6-33所示。

表6-33　　　　生态环境影响各风险因素的风险概率、影响程度与风险程度

风险类型	具体表现形式	风险概率	影响程度	风险程度
生态环境	1. 大气污染排放	较低	较小	较小
	2. 水体污染物排放	较高	较大	较大
	3. 噪声污染	较高	中等	一般
	4. 电磁辐射、放射线影响	较低	中等	较小
	5. 水土流失	中等	中等	一般
	6. 野生动物栖息环境影响	较低	较小	较小

4. 项目组织管理

文明施工风险其实和生态环境风险有直接联系。一旦施工过程中真正做到规范施工，那么生态环境风险将会大大降低。文明施工风险主要表现在不按照规范要求操作机械，不按照设计图纸进行施工。对于需要特种培训和岗位证的工种不按规定随意上岗等情况均属于文明施工范畴，均会对项目产生不良后果。综合考虑，在良好的项目组织管理下，文明施工风险发生概率较低，影响程度较小，风险程度较小。

全县境内因煤层气勘探开采修筑的简易道路达上千公里，大量的勘探抽采平台，产生的弃土弃渣等如果任意堆放，则会给本已脆弱的生态环境带来压力。因此，监管体系若不到位，会导致施工单位存在无序施工，乱建滥建施工道路及重型工程机械毁坏村村通及机耕道路；无序架设电力、监控线路，影响农业机械通行、农业基础设施建设，影响当地人正常生产生活，风险程度较大。

由于项目工程量大，涉及不同的参与方，如果合同不能有效执行，可能导致项目参与方间发生冲突、项目程序遭遇阻碍、完成时限向后延迟、工资无法按时发放等问题，进而造成施工人员情绪不稳定，甚至引发社会矛盾。而由于工程进行中，大量流动人口涌入当地，如果不加以妥善关注和管理，可能由于生活习惯、行为方式等不同，或者由于不当的行为，给当地居民生活带来不便，甚至对当地生活环境造成破坏和不良影响。考虑到以上风险因素在项目公司的有序管理下，可以得到有效控制，风险程度较小。项目组织管理各风险因素的风险概率、影响程度与风险程度如表 6-34 所示。

表 6-34 　　　　　　项目组织管理各风险因素的风险概率、影响程度与风险程度

风险类型	具体表现形式	风险概率	影响程度	风险程度
项目组织管理	1. 建设单位对质量要求和煤层气开发安全的重视程度，以及对施工技术方案、重要施工步骤、重要节点控制等环节的控制	较低	较大	较小
	2. 监管体系是否到位	中等	较大	较大
	3. 合同承诺的履行，流动人口的管理，施工人员工资的按时发放	较低	较小	较小

5. 媒体舆情风险

为了保障企业的建设与生产顺利进行而处理与社区的关系，项目公司在 J 市设立了保障部，并安排了当地户籍的工作人员，与当地村干部沟通，在帮助村民解决必要的生计困难等方面做出较多努力。但是就人力、资源等配置而言，并没有以积极方式参与当地社区的生计和社会发展，也尚未制订积极的社会参与工作方案。企业目前与社区的沟通自然只能停留在与村干部沟通、按合同支付补偿款、处理小纠纷、保障本企业的生产等常规性工作方面。对于受影响社区和家庭的生计和发展没有能力和计划进行参与，这有可能给后续的与企业运行、与当地社区密切接触，以及解决生产中可能出现的矛盾和问题的解决等带来较大隐患。一旦农户生计受市场影响发生波动，有可能会对现有补偿方式（除现金之外的）产生不满，同时，由于与企业缺乏积极互动和相互了解，因此使相互关系受损。

同时，企业吸纳所在地劳动力少，对当地就业的贡献有限，而且吸纳的也主要是后勤服务和辅助性等低端岗位，加之发展社会公益事业少，回报当地群众的贡献不大。

结合目前国内企业的操作模式及与政府部门的互动，该项风险将长期存在，并且其发生将与农产品生产和物价变化、企业生产管理与污染排放、安全事故（交通等）等密切相关，一旦发生，将很容易引发社会不稳定，导致短期内较激烈的矛盾并在企业和社区关系上形成长期矛盾，风险程度较大。

（二）主要风险评价

主要风险评价汇总表如表 6-35 所示

表 6-35 　　　　　　　　　　　主要风险评价汇总表

序号	风险类型	具体表现形式	风险概率	影响程度	风险程度
1	工程技术	1. 钻井、采气工艺是否先进可靠，钻井、采气工程方案是否考虑对项目区域内居民生活取水点的保护	较低	中等	一般
		2. 项目开发建设对区域内水源保护区的影响	中等	中等	一般

续表

序号	风险类型	具体表现形式	风险概率	影响程度	风险程度
1	工程技术	3. 地面工程方案中易燃易爆设施设备确定的安全距离是否合理，措施是否可行	中等	中等	一般
		4. 地面建设施工期对周边居民交通和可能产生矛盾的保障措施是否到位	较高	中等	较大
		5. 钻井、采气、地面工程实施过程中，施工中"三违"现象造成井喷、机械、触电等各类伤害发生	中等	严重	较大
		6. 煤层气开发对后期煤矿开采的影响	较低	中等	较小
2	征地补偿	1. 征用土地补偿款和临时用地补偿费足额及时到位，以及在集体内部合理分配	较低	较小	较小
		2. 较长期临时征用农民集体土地的稳定性和临时用地补偿费价格的确定	较低	较小	较小
		3. 当地尚未建立农民持续增收的制度保障和长效机制	较低	较小	较小
		4. 集体产权的分配、变更可能引发社会矛盾	较低	较小	较小
3	生态环境	1. 大气污染排放	较低	较小	较小
		2. 水体污染物排放	较高	较大	较大
		3. 噪声污染	较高	中等	一般
		4. 电磁辐射、放射线影响	较低	中等	较小
		5. 水土流失	中等	中等	一般
		6. 野生动物栖息环境影响	较低	较小	较小
4	项目组织管理	1. 建设单位对质量要求和煤层气开发安全的重视程度，以及对施工技术方案、重要施工步骤、重要节点控制等环节的控制	较低	较大	较小
		2. 监管体系是否到位	中等	较大	较大
		3. 合同承诺的履行，流动人口的管理，施工人员工资的按时发放	较低	较小	较小
5	媒体舆情	信息渠道不畅或长期形成的百姓对信息的不信任	中等	较大	较大

六、项目风险的防范和化解措施

（一）各类风险防范和化解措施

1. 工程技术

（1）针对钻井、采气工程方案是否考虑对项目区域内居民生活取水点的保护的风险防范和化解措施：

1）严格按照当地煤层气项目环境评价报告的要求进行开发和生产运行管理。

2）做好井场排采水池的防水防漏。

3）按照排污许可的要求对排采水进行达标处理。

（2）针对项目开发建设区域内有水源保护区的影响的风险防范和化解措施：

1）严格执行施工作业相关法律法规、标准规范、环境影响评价和"三同时"制度以及当地政府对环境保护的要求。

2）选址、路由方案充分考虑水源保护区的要求，做好对水源的保护措施。

（3）针对地面工程方案中易燃易爆设施设备确定的安全距离是否合理，措施是否可行的风险防范和化解措施：

1）依据本项目 ODP 报告和选址报告以及批复意见开展煤层气开发工程，按照规划选址方案实施井场及地面设施建设，按照最优管线路由方案敷设采气、集输和外输管道。

2）对于沿线群众和部门的意见和建议积极采纳，深化设计和方案比选，对于可以调整的个别井场和管道位置及时调整。

3）制订管道泄漏应急预案，一旦发生安全事故可以及时有效地消灭隐患，防止事故扩大。

（4）针对地面建设施工期对周边居民交通和可能产生矛盾的保障措施是否到位的风险防范和化解措施：

1）建设单位在日常工作中，应注重与当地党委、政府、村委会沟通交流和互通情况，及时分析和预测可能出现的不确定问题，采取预防或防范措施，注重及时发现和观察细微矛盾的出现，及时制订应对和采取相应措施加以解决，预防矛盾的积累和集中暴发。

2）在施工及运营过程中，优先安排所在地的劳动力，为当地村民提供就业机会，增加百姓收入，维护社会稳定。

3）在施工及运营过程中，坚持"便民、利民、惠民"政策，为项目施工及运营提供良好的外部环境。

4）加强建设单位和施工人员的精神文明建设工作，加强施工过程中的员工行为管理。

（5）针对钻井、采气、地面工程实施过程中施工中"三违"现象造成井喷、机械、触电等各类伤害发生的风险防范和化解措施：

1）要对钻井、采气工程技术方案从可行性、可靠性、经济性、适用性等方面做多方案的技术比选，并选取最优方案，以保证减少技术风险，避免损失。

2）钻井、采气工程实施过程中施工方严格按照操作规范和技术方案进行，做好应急预防措施，预防井塌、井喷、机械、触电等各类伤害发生。

3）按照本项目安全预评价报告及批复文件做好危险有害物的防止措施，识别工程主要危险，认真落实各项安全措施和预防手段，确保该工程的安全设施与主体工程同时设计、同时施工、同时投入生产和使用。

4）定期进行安全教育培训，提高职工安全意识，增强职工操作技术水平。

5）根据《煤层气地面开采防火防爆安全规程》的要求"有人值守的井场消防器材应齐全、性能良好，要有专人负责，定期检查"，因此在井场增加手提式和推车式灭火器材，在火灾发生后能及时扑灭，防止人员伤亡，降低风险概率。

（6）针对煤层气开发对后期煤矿开采影响的风险防范和化解措施：

1）严格按照与开采煤层气地点煤矿矿权所有企业签署的采气采煤合作框架协议进行煤层气开发。

2）由地方政府对此进行监督，确保采气采煤顺利实施。

3）项目建设各个阶段与煤矿矿权所有单位及时进行沟通和协调，确保项目开发符合各方利益。

4）依照被国家国土资源部认可的合作模式解决煤炭企业与煤层气企业利益之争。

2. 征地补偿

（1）针对征用土地补偿款和临时用地补偿费足额及时到位，以及在集体内部合理分配的风险防范和化解措施：

1）严格落实征地信息公开要求，让群众充分了解征地相关信息。要按照国土资源部有关征地信息公开的要求，及时公开项目征地信息，切实保障征地中农民的知情权、参与权。要按照要求做好征地听证工作，为依法和谐征地奠定基础。

2）切实做好征地补偿款的发放和分配工作。征地批准后，项目单位要根据征地补偿协议，及时足额发放征地补偿款。地方政府要采取有效监督措施，确保征地补偿费用及时足额支付到位，确保集体经济组织合理分配征地补偿款，防止出现拖欠、截留、挪用问题。

3）建立土地复垦、占地补偿机制。政府部门要设立土地复垦保障金，提高占地补偿标准，建立和完善占用耕地、林地、牧坡、非利用地等分类补偿机制，实现煤层气占地补偿标准与当地经济增长及农民收入增长相挂钩并逐年递增，从制度上解决煤层气开采补偿标准低、不规范、不统一、土地复垦得不到保障等问题。

（2）针对较长期临时征用农民集体土地的稳定性和临时用地补偿费价格的确定的风险防范和化解措施：进一步明确长期临时征用农民土地的方案和风险方案措施。建议项目建设单位进一步与地方政府、农民集体沟通协商，进一步明确长期临时征用农民土地的方案，包括临时征用期、临时征用土地补偿费及支付方式、合同签订方式、违约责任等。地方政府和项目建设单位也应做好应急预案，预防临时征用土地过程中出现的法律风险、临时征用土地补偿费价格纠纷、农民违约风险等。建议乡镇政府对村委会是否足额转付补偿款给受影响村民以及如何分配集体土地补偿款等工作进行进一步的监督和管理。

（3）针对当地尚未建立农民持续增收的制度保障和长效机制的风险防范和化解措施：创造条件为被征地农民提供就业机会。项目建设过程中，建议尽可能地为被征地农民提供一些非农就业机会，如项目建设过程中一些技术要求低的劳务用工、材料运输等工作，可以尽可能地雇佣当地农民，让农民参与到建设过程中，为项目建设创造良好的条件。地方政府也应按相关要求，积极做好被征地农民就业培训和社会保障工作，为农民转岗就业创造条件。

（4）针对集体产权的分配、变更可能引发社会矛盾的风险防范和化解措施：全力做好征地实施过程中的沟通协调和矛盾化解工作。征地实施前，要向被征地农民详细说明征地补偿标准的合理性，要给农民预留地上附着物清理的时间，要在签订好征地补偿协议和征地批准后才能正式实施征地。征地实施中，政府要加强监管，及时发现并化解苗头性、倾向性问题，认真做好征地中矛盾纠纷化解工作；征地实施中一旦发生矛盾冲突，基层国土资源主管部门要及时主动向同级人民政府和上级国土资源主管部门报告，积极采取措施，配合妥善解决，防止事态扩大。

3. 生态环境影响

（1）针对大气污染排放的风险防范和化解措施：

1）重视对设备和管道密封面的安装、检查和维护，减少煤层气泄漏量；采用密闭清管工艺，减少清管作业放空量，从而减少烃类对环境的污染；站上特殊工况放空时，对放空气体点火，通过燃烧将烃类污染转化成危害较小的成分。

2）锅炉用燃料为净化煤层气，气体中未检测到 H_2S，达到国家二类气气质，燃烧后的气体集中进入烟囱排放，外排气满足国家标准要求。

（2）针对水体污染物排放的风险防范和化解措施：合理选址选线，加强施工环境管理，严格按照水保要求采取水保措施，加大对建设期的防护力度。严格控制施工界限，采用橇装化采出水处理设备处理达到《污水综合排放标准》（GB 8978—1996）I 级标准后排放。采取措施防止对饮用水源地的污染，保证居民供水安全。

（3）针对噪声的风险防范和化解措施：钻井工程实施方案要制订详实的降噪措施，做好实施过程的噪声影响监测工作，根据影响情况及时调整。优先选用低噪声设备，同时采取一些减少噪声的措施。例如，在风机进出口安装消声器、高噪声区采用吸声屏、把产生噪声的设备集中布置主装置全自动化操作、对出入高噪声区的人员配防噪耳塞或耳罩等减轻噪声对工人健康造成的危害。做好运行后噪声的监测。

（4）针对电磁辐射、放射线影响的风险防范和化解措施：严格按照本项目环境评价报告和方案环境措施要求做好风险防范和化解措施。对放射源实行严格管理。

（5）针对水土流失的风险防范和化解措施：尽量保护和利用原有的林、灌木，坚持适地适树的原则，科学地进行植被绿化工程建设，根据立地条件，选择适宜种植的植物种类，注重草、灌、乔种类的搭配，短、中、长期效益的结合，要求造林成活率达到 90% 左右，站区绿化系数应不小于 20%；山林保护工程要和工程建设同步，施工过程中表层土要分层开挖、分开堆放，等待施工结束后分层回填。工程结束后，站场围墙外约 50m 范围内的地表植被需要种植恢复。施工中必须采取有效技术措施保护工程区现有的林地草地，严禁"滥砍"、"滥伐"、"滥烧"，防范非法侵占林地、违法违规操作、山林火险等一系列问题。

（6）针对野生动物栖息环境受到影响的风险防范和化解措施：尽量缩短施工工期，划定施工作业范围，不随意扩大，按规定进行操作；严格控制和管理运行车辆及重型机械施工作业范围，严禁施工材料乱堆乱放，划定适宜的堆料场，以防对野生动物栖息环境的破坏范围扩大。因地制宜，生物措施与工程措施相结合，做到适用、经济、美观，起到保护环境和美化环境的作用。

4. 项目组织管理

（1）针对建设单位对质量要求和煤层气开发安全的重视程度，以及对施工技术方案、重要施工步骤、重要节点控制等环节的控制的风险防范和化解措施：安全管理标准化、施工作业规范化。安全管理标准化的内容主要有管理制度的标准化、组织建设的标准化、安全教育培训的标准化、安全检查的标准化、内业表格的标准化、事故处理的标准化、应急救援的标准化。施工作业规范化工作则是为了保障整个作业的全过程处于受控制的状态，保证每次作业都能在周密的安全措施下进行工作，从而有效地防止和杜绝现场各种习惯性违章现象，克服一些凭经验办事，工作不按标准、马虎了事等各种弊端，最大幅度地降低人身、机械设备事故的发生。

（2）针对监管体系是否到位的风险防范和化解措施：明确企业、县政府、乡镇政府、村委会等各方在本项目中针对社会稳定、社会发展和社会风险方面的责任、义务与权利。建立维稳联动机制，制订相关应急预案。根据相关维稳经验，化解社会稳定风险的最好办法是项目单位与政府相关部门、社区管理方（村委会）一起建立维稳联动机制，协同落实防范化解措施。应建立健全社会稳定风险的应急处置预案；在日常中加强对于安全生产、企业特征等内容的宣传，减少产生社会稳定风险事件的人为因素；快速反应，密切配合，在最短的时间内控制事态发展；依靠群众、群防群治，处置过程中自始至终要依靠群众，要充分发挥群众的作用；统一领导、谁主管、谁负责，密切配合处置好社会稳定风险事件。

（3）针对合同承诺的履行，流动人口的管理，施工人员工资的按时发放等的风险防范和化解措施：

1）协调各组织之间的关系。以合同管理为基础，组织协调各参与方，包括业主、勘察、设计、施工、监理等内部组织关系，以及政府部门、金融组织、社会团体、新闻媒体、周边群众等外部组织关系，全力配合项目的实施，形成高效的项目团队。

2）项目组织内部人员之间保证信息沟通渠道畅通，相关组织管理者注意协调组织内外部文化冲突、认知差异，要求工程人员按照公司章程严格约束管理自我行为，关怀并丰富员工在工作外时间的业余生活，促进与当地居民形成和谐的、相互理解的生活氛围。

5. 媒体舆情风险

针对媒体舆情风险的防范和化解措施：

（1）建议项目就发布形式、发布内容、发布覆盖面、发布深度、敏感度、发布手段等进行调查和规划。在企业内（由保障部协调）明确向社区、村民和外部社会进行主动信息披露的方式、信息量和内容等，以整体工作的形式向受影响社区及农户提供有关生产、组织、安全等方面的信息。

（2）建议企业增加对其保障部在人员、资金方面的支持，鼓励保障部采取更为积极的态度和方式参与到社区、社会发展中，为企业在当地的可持续发展提供保障。

（3）企业以多种形式参与、支持对社区居民的煤层气科普知识、生产安全、社会稳定和社会安全方面的教育和培训。形式可以包括社区宣传栏、开设网站、建立微信群、社区广播、明白纸、社区宣传会、告示牌、与当地学校联动组织学生培训和企业参观、组织村民代表到企业参观、组织地方媒体参观企业和参加信息披露会议等。

（4）企业以更积极的方式对社区中的弱势群体进行识别、确认，可以尝试性地与村委会合作帮助弱势群体提供专门的发展支持。适当考虑增加对弱势群体的专项帮助，提升企业的社会形象。

（5）建议企业定期地与厂址附近居民、村委会进行沟通交流，注意收集相关舆情；设立公众接待点，建立与厂址周围公众良好沟通的互动平台，以便能及早地发现隐患和相关问题。

（二）风险预防与应急处置

1. 风险预防与信息报告

加强风险预警，建立风险预警制度。对项目实施过程中发生的风险因素进行每日排查。加强技术支持和治安保障，突发事件一旦发生或是出现发生的苗头后，各方力量和人员都能立即投入到位，各司其职，有条不紊地开展工作；涉及单位的主要领导要亲临现场，对能解决的问题要现场给予承诺和答复，确保风险事态不扩大，把风险的影响控制在最小范围内。

2. 应急处置工作要求

对风险事件要做到早发现、早报告、早处置，防止事件扩大。各有关部门要加强值班备勤，保证应急力量相对集中，在接到处置突发风险事件的命令后，要快速出动，以最快的速度赶赴集结地或根据指令直接赶到现场。努力提高处置突发性事件的工作水平。讲政治、讲大局、讲法制，既坚持原则又讲究策略和方法，因情施策，妥善处置，防止因处置不及时或不当而造成矛盾激化，酿成更大事端。在处置过程中，如遇警力不足，则要及时向公安部门请求支援。

七、结论和建议

（一）主要结论

本项目建设和运营过程中，涉及项目社会稳定风险主要包括工程技术、征地补偿、生态环境、项目组织管理、媒体舆情等方面的因素，在上述措施全部落实到位以后，本项目的所有风险都有望降至一般风险及以下，而且各风险都处于可控状态，本项目的风险等级将为低风险等级。采取措施以后的项目主要风险评价如表 6-36 所示。

表 6-36　　　　　　　　采取措施以后的项目主要风险评价

序号	风险类型	具体表现形式	风险概率	影响程度	风险程度
1	工程技术	1．钻井、采气工艺是否先进可靠，钻井、采气工程方案是否考虑对项目区域内居民生活取水点的保护	较低	中等→较小	一般→较小
		2．项目开发建设对区域内水源保护区的影响	中等	中等	一般
		3．地面工程方案中易燃易爆设施设备确定的安全距离是否合理，措施是否可行	中等→较低	中等	一般→较小
		4．地面建设施工期对周边居民交通和可能产生矛盾的保障措施是否到位	较高→较低	中等→较小	较大→较小
		5．钻井、采气、地面工程实施过程中施工中"三违"现象造成井喷、机械、触电等各类伤害发生	中等→较低	严重→中等	较大→较小
		6．煤层气开发对后期煤矿开采的影响	较低	中等	较小
2	征地补偿	1．征用土地补偿款和临时用地补偿费足额及时到位，以及在集体内部合理分配	较低	较小	较小
		2．较长期临时征用农民集体土地的稳定性和临时用地补偿费价格的确定	较低	较小	较小
		3．当地尚未建立农民持续增收的制度保障和长效机制	较低	较小	较小
		4．集体产权的分配、变更可能引发社会矛盾	较低	较小	较小
3	生态环境	1．大气污染排放	较低	较小	较小
		2．水体污染物排放	较高→中等	较大→中等	较大→一般
		3．噪声污染	较高→中等	中等→较小	一般→较小
		4．电磁辐射、放射线影响	较低	中等	较小
		5．水土流失	中等→较低	中等→较小	一般→较小
		6．野生动物栖息环境影响	较低	较小	较小
4	项目组织管理	1．建设单位对质量要求和煤层气开发安全的重视程度，以及对施工技术方案、重要施工步骤、重要节点控制等环节的控制	较低	较大	较小
		2．监管体系是否到位	中等	较大→较小	较大→较小
		3．合同承诺的履行，施工人员工资的按时发放	较低	较小	较小
5	媒体舆情	信息渠道不畅或长期形成的百姓对信息的不信任	中等	较大→中等	较大→一般

（二）主要建议

（1）进一步加强组织领导，明确行业管理和安全监管职责分工，制订完善相关制度。

（2）严格标准，强化监管，加强队伍建设。煤层气企业作为高危行业，要严格煤层气企业行业准入条件。督促企业加大安全培训教育力度，认真落实企业安全生产主体责任，依法达到安全许可条件，健全安全生产机构及各项安全生产规章制度，严格执行安全生产标准，落实安全生产技术措施，强化现场安全管理，加强重大危险源监控，认真开展安全生产专项整治、隐患排查治理和安全质量标准化达标活动，不断提高企业本身安全水平。

（3）建议地方政府依法依规征地，切实保障征地补偿款的及时足额发放和合理分配，全力做好征地实施过程中的沟通协调和矛盾化解工作。进一步明确较长期临时征用农民土地的方案和风险防患方案措施。

（4）项目部应加强天然气管道保护的宣传工作。在项目周边地区张贴宣传资料，进行必要的入户宣传讲解，通过网络和媒体等途径，使群众认识到对管道的保护有利于企地和谐发展。

（5）项目整体建立有效的信息协调和沟通机制，注意风险因素随项目逐步深入的变化情况，并及时采取应对措施。

第四节　某钢铁项目风险分析

一、项目概述

（一）工程名称及建设单位

（1）工程名称：中外合资B钢厂项目。

（2）建设性质：新建工程。

（3）建设单位：工程由B钢铁集团有限公司、B国C矿业公司出资共同组建。

（4）建设地点：项目拟建地址位于M市。

（5）占地面积：该项目规划厂区东西宽××米，南北长约××米，占地面积××公顷（1公顷=10000m²），绿化面积××公顷，绿化系数20%。

（二）建设规模

B公司与C公司拟在M市建设板坯生产工程，Ⅰ期年生产规模××万吨，Ⅱ期完成后，设计产能提高至年产××万吨。

（三）主要设备

（1）主要工艺设备：焦化、烧结、炼铁、炼钢、板坯铸造。

（2）辅助设备：散料处理、储气罐/压气设备、配电、水/污水处理设备、公辅设施、单项工程、IT/通信系统。

（3）现场准备：土方工程、临时施工设施。

（4）环保工程：废气治理和排放系统、废水处理系统、除尘灰处理系统、噪声治理、水土及生态保护。

二、项目风险管理依据

（一）概述

风险管理的基本目的是对项目相关的风险进行系统识别、评估及管理，从而提高项目的绩效。××公司致力于研究与运用国际通用的最佳风险管理模式，对项目的目标和实施标准的定义将会从根本上影响项目风险的大小。根据所确定的目标，如果紧缩成本或压缩进度的话，将会增加项目的风险，这是因为如果项目的目标设置得越"紧"，则完成该目标时所遇到的不确定性就会越大。反之，较宽松的进度或较低的质量要求就会减少项目的风险。所以，不恰当的项目目标本身就是项目风险的根源。达不到根据某些标准所规定的最低要求时，也自然会在工作中产生风险。

必须充分理解不同利益群体所确立的不同的项目目标以及不同目标之间的互相依存关系。项目的风险管理策略不能与项目的目标管理策略脱节。

风险管理不能仅仅作为一个排除或者减少发生风险可能性的工具，风险管理的重要性往往在于能让我们认识和理解项目不确定因素的积极方面。项目中的这些不确定因素所带来的可能是机遇而不是威胁。

（二）风险管理过程

风险管理是对项目不断改进的一个反复过程。由于风险管理过程涉及多个方面，因此需要所有相关机构的参与。

由于项目是一项短时间的工作，要在项目管理的环境下成功实施风险管理极其困难。项目的实施绝不是要达到如同工业企业管理一样的稳定性。因此，在不断变动的工作流程中建立风险管理等系统化程序，就需要对标准风险管理过程进行重要的修改和简化。

因此，这里所提出的风险管理过程是经过简化和摒弃了一些不必要因素，具体如下：

（1）确定内容。首先应当确定风险管理过程中的策略、机构和管理内容，这就意味着要建立风险评估的标准、定义风险分析体系。

（2）识别风险。识别风险指的是要弄清楚：什么是风险事件？为什么会发生风险事件？以及如何发生？并以此作为进一步分析的基础。风险事件可以是任何事件，这种事件将使项目无法实现预先确定的目标、进度、成本、资源消耗或质量。应当准确地描述风险事件发生的时间或条件。很多人在识别风险方面做得很出色。但在随后的阶段中，他们没有针对风险采取预防和改正措施。因此，这些企业没能从他们识别的风险中受益。事实上，由于没有针对这些风险采取防范措施，在后来的经营中，某些已经被他们识别出来的风险使自己陷入了困境。所以，如果企业不准备将风险管理的工作坚持到底，那么就不要开始最初的风险识别工作。

（3）分析风险。应根据风险控制的效果和发生风险的可能性，来决定风险的控制措施和进行风险分析。风险分析工作应当考虑其潜在后果的影响范围及发生的可能性。应结合风险的后果与发生的可能性来估计风险的等级。

（4）评估风险。将估计的风险级别与预先确定的标准进行对比，这将有助于划定风险的级别和确定风险管理工作的轻重缓急。如果所确定的风险级别比较低，则该风险可能属于可以承受的类型，那么可能就不需要采取处理措施。

（5）处理风险。对于不重要的风险，可以采取接受和监控的措施；对于其他的风险，则需要制订和实施一些具体的管理措施，包括必要的资金支持。

（6）监控与审核。应对风险管理系统的效果，以及一些有可能影响风险管理效果的变化进行监控和审核。

（7）沟通与协商。在风险管理过程的每个阶段，应保持与内部和外部的所有相关群体进行沟通与协商。

图 6-42 表示风险管理过程中各主要因素的互相作用关系。

（三）项目风险管理过程细化

1. 战略概念

（1）确立战略概念。要弄清组织的优势、劣势、机遇与威胁，并确定组织与其所处环境之间的关系，包括组织在财务、经营、竞争、政治、社会、客户、文化和法律等各个方面的职能。

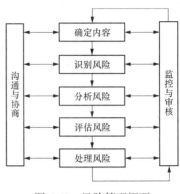

图 6-42 风险管理概要

要分清组织内部和外部的利益相关群体，充分考虑他们的目标和想法，以此制订与上述各方的沟通策略。

本步骤所关注的是组织开展业务的环境。应努力找出那些可能会增强或削弱其风险管理能力的关键因素。

可以采取战略分析方法，并在组织的执行层中实施。这种分析方法可以确定一些基本参数，并对更为具体的风险管理过程提供指导。并且，在组织的战略目标与组织对其所有风险的管理之间应存在密切的联系。

（2）确定组织体系。在开展风险管理研究之前，有必要了解组织、组织的能力、组织的目标和目的，还有组织为了实现这些目标而制定的战略。风险管理应根据组织的目标、目的和战略而进行。没有能够实现组织的目标或具体的经营活动或项目的部分目标，这种情况就是需要消除的风险之一。组织的政策和目标将有助于确定风险管理的标准，依据这种标准可以决定某种风险是否可以承受，并形成处理风险的各种方式的基础。

（3）确立风险管理概念。首先，应确定活动的目的、目标、战略、范围、参数，或者在组织中将要实行风险管理的部分。对风险管理过程，应充分考虑成本、效益和机遇的平衡。还应具体指明所需的资源和需要保存的记录。整个风险管理过程包括：①确定项目的目的和目标；②确定项目的进度和位置等内容；③确定需要开展的研究工作及其范围、目标和所需资源；④确定需要开展的风险管理活动的范围和内容。包括确定风险管理中各当事方的作用和责任，以及本团队与组织的其它项目或其他部分之间的关系。

（4）制订风险评估标准。应制订风险评估标准。对风险的可承受程度和处理方式的决策可以依据企业经营、技术、财务、法律、社会、人道主义，或其他方面的标准进行。这些标准常常又取决于组织的内部政策、目的、目标以及股东的利益。风险评估标准可能会受到各种内部和外部的观念以及有关法律规定的影响，从一开始就确定一个恰如其分的标准非常重要。虽然制订风险标准最初是作为确定风险管理内容的一部分，随着特定的风险被鉴别出来和风险分析方法的选定，风险标准也应随之得到进一步充实和完善。所采用的风险标准必须与风险类型和表述风险级别的方式相适应。

（5）明确风险结构。将经营活动或者项目划分成一组要素。这些要素为识别和分析工作提供了一个逻辑框架，有助于确保没有重大风险被忽略。风险结构的选定取决于风险的性质与项目的内容。

2. 风险识别

（1）发生的对象。应制作一份清单，列出所有可能对上面所确定的风险结构产生影响的事件。然后对这份很长的事件清单进行更加仔细的考虑，以便确定哪些事件会发生。

（2）发生的原因。对这份清单进一步仔细审视，以考虑可能的原因和可能出现的情况。事件可能以多种方式发生，重要的是不忽略重大的原因。

（3）工具与方法。通常的方法包括清单检查法、根据经验和记录判断法、流程图法、突发奇想法、系统分析法、情况分析法和系统工程法。哪种方法最终被采用将取决于活动的性质和所涉及风险的类型。

3. 风险分析

风险分析的目标是要将主要风险和可承受的次要风险区别开来，为评估和处理风险提供基础数据。风险分析应包括对风险的来源和后果，以及产生这些后果的可能性等进行分析，并确定影响风险后果及其可能性的因素。应将预计的风险后果及其在现有风险控制措施条件下发生的可能性结合起来进行分析。

（1）后果与可能性。综合考虑后果与可能性可以确定风险的等级。可以使用统计分析和计算的方法来确定风险的后果和可能性。在无法获知以前资料的情况下，也可以进行主观估计，这反映出某个人或者某个群体认为某个特定事件或结果将要发生的可能程度。

没有倾向性意见的客观数据，主要来源于以往的记录、相关的经验、行业的实践经验、已经公布的相关文献资料、市场调研、实验与样品、经济模型、工程模型及其他模型、专业人士与专家的意见等。

采用的方法包括：与专家进行有组织的面谈；使用多学科专家团；借助调查表进行个人评估；采用树状图等。在估计风险的程度时，建议列出预计风险发生的可能程度。

（2）分析类型。

1）定性分析。通常首先进行初始的风险甄别，以便确认哪些风险需要进行更加细致的分析；以及在风险的等级不需要花费时间和精力进行进一步的分析并且在数据资料数量不足以进行定量分析的时候使用定性分析。

2）半定量分析。与定性分析相比，则提供了一个粗略的估计数值。半定量分析的目的是形成一份定性分析所无法提供的优先顺序清单。与定量分析不同，半定量分析并不提出有关风险的任何实际的数据。必须非常仔细，因为所选择的数据可能无法准确地反映内在联系，并可能导致前后矛盾的结果。半定量分析可能无法区分出各种风险，尤其当后果或者可能性处于极端情况的时候。恰当的做法是要同时考虑到可能性的两个要素，即风险出现的频率和概率。风险频率就是风险来源存在的程度，而概率则是指当这种风险来源存在时，产生其后果的机会。当频率和概率之间的关系并非完全相互独立的时候，必须格外注意。例如，某些情况下，频率和概率之间存在很密切的关系。

3）定量分析。借助于多种途径得来的数据，使用数值的方法表示后果与可能性。定量分析的好坏取决于数据的准确性和完整性。通过模拟某一事件或者一组事件的结果，或者根据实验研究或者以往的资料推算，可以对结果进行估计。后果通常用货币的、技术的或者其他的标准表示出来。某些情况下，需要一个以上的数值来表示后果的不同时间、地点、群体或者情况。可能性往往被表示为概率、频率，或者频率与概率的组合。根据风险的类型和该风险等级所表示的内容，则可能性和后果被表示的方式，以及可能性和后果结合起来表示某一风险等级的方式将会不同。

4）敏感性分析。由于定量分析估计的不准确性，敏感性分析应当被用来检验假设和数据发生变化时的效果。

（3）风险评估。风险评估需要将在分析过程中所确定的风险等级与事先确定的风险标准进行对比。

风险分析和风险评估中使用的标准应基于相同的基础（定性对定性，定量对定量）进行。其结果是为下一步的行动提供有排序的风险清单（短名单）。

风险评估时，应考虑组织的目标和来自于风险的机遇。决策时应从更大的范围考虑风险，包括考虑所有当事方对风险的承受程度，而不仅仅只是考虑从风险中受益的当事方。

如果结果是风险很低或者属于可以接受的风险种类，那么可以对其采取最少的处理措施，并采取接受风险的态度。应当对较低的和可以接受的风险进行监控，并定期进行审核，以保证它们仍然属于可以接受的程度。如果风险不属于低等级的或者不能承受的话，那么应当选取下面的一种或者多种办法对其进行处理。

（4）风险处理。这一阶段包括了确定风险处理的方案，对各种方案进行评估，制订风险处理计划，以及计划的实施等。主要分析：①确定哪些行为可能会导致风险，并停止这些行为。如果对风险回避的重要性认识不足，则可能会导致处理失误，反而会增加风险程度。②减少产生风险的可能性。③减少风险带来的不良后果。④转移风险，即通过承包协议、保险、合伙、合资等方式让另一方承担全部或部分风险。⑤在风险被转移或减少后对剩余风险进行控制，应制订相应计划减少剩余风险的不良影响。

（5）评估风险处理选择方案。选择最适合的方案需要综合考虑执行方案的成本和收益。总的来说，管理风险的成本必须与所得收益相称。如果能使用相对较低的支出大幅度降低风险，那么这类方案就应当付诸实施。更多的方案可能在经济上不可行而需要改进，所以需要判断方案的合理性。决策中应当注意考虑那些很少发生但一发生就很严重的风险，这些风险可以证明降低风险的措施是必要的，尽管从经济观点看这些措施并不合适。大体上说，不考虑任何绝对的标准，风险的不利影响应当被控制到尽可能低的水平。

假如风险等级很高，不过承受该风险却可以产生相当大的机遇，如新技术的出现，那么是否接受这种风险就需要基于对风险处理成本的评估，以及基于对风险潜在后果矫正的成本和承受该风险所带来机遇的比较。很多情况下，任何一种风险处理方案都不可能圆满地解决某一特定问题。如果将多种方案结合使用，如降低风险的可能性，减小风险的后果，转移或者保留剩余风险，那么往往会使组织受益。一个例子就是有效利用合同与根据降低风险计划进行风险融资。

当实施所有风险处理的累积成本超过预算时，应当制订计划以明确实施各个风险处理措施的先后顺序。

（6）制订处理计划。处理计划应当包括责任、进度、预期的结果、预算、效果测评和审查程序的制订。处理计划还应当包括一种机制，这种机制可以通过绩效标准、个人责任和其他目标等几个方面来评估方案的执行情况，以及监控执行中的关键里程碑。

（7）实施处理计划。最理想的情况是，谁最善于控制风险，谁就应当承担风险处理的责任。各当事方应当尽可能早地就各方的责任达成一致意见。

如果实施处理计划之后还存在剩余风险，那么应当决定是接受该剩余风险，还是重复执行风险处理程序。

（8）监控与审核。应当对风险、风险处理计划、为控制计划执行情况而制订的策略和管理制度的效果进行监控。这对于确保风险处理的先后顺序不会因环境的变化而发生改变具有重要意义。很少有风险是静止不变的。坚持长期的审核可以确保风险管理计划的有效性。审核是风险处理计划的组成部分。

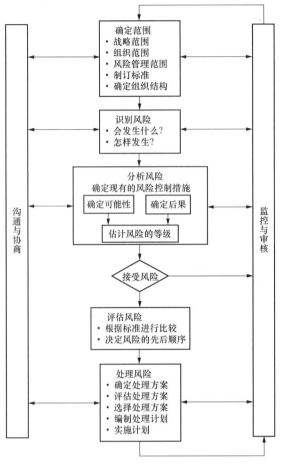

图 6-43　风险管理流程图

（9）沟通与协商。风险处理过程的每一步都应包括沟通与协商。一份涉及内部和外部所有当事方的沟通计划应当在风险处理过程的开始就制订出来。沟通计划应当包括风险本身和风险的管理过程。由于各当事方在假设、概念、需求、对风险的关切程度以及与他们关注问题的相关程度的不同，对风险的认识可能会不同。各当事方可能依据自身的理解判断风险的可接受性。图 6-43 描述了完整的风险管理过程。

（10）文件记录。风险处理过程的每一步都应当有书面记载，包括假设条件、所采用的方法、资料来源和预期结果。

（11）制订与实施风险管理计划。可按照下列步骤逐步地制订和实施风险管理计划：①取得高级管理层的支持。提高高层管理人员的风险意识，在组织中树立正确的风险管理观念。②制订组织的政策。必须制订企业的风险管理政策。这些政策必须由整个管理团队共同实施。③政策的沟通。制订有效的机制，保证风险管理成为计划编制、管理程序，以及项目管理团队整体文化不可分割的一部分。④风险管理。必须制订风险管理计划。⑤监控与审核。制订并应用相关机制，确保不断地对风险进行评审。

（四）项目风险管理图表

利用下面的图表，可以更好地实施上述各个步骤：

1. 风险识别矩阵

风险识别矩阵如表 6-37 所示。

表 6-37　　　　　　　　　　　　　　　风 险 识 别 矩 阵

		影响范围									
		资产与资源基础	收入及权利	成本	人员	社区	绩效	活动的时间安排	环境	无形资产	组织行为
风险来源	商业及法律关系										
	经济环境										
	人类行为										
	自然事件										
	政治环境										

续表

		影 响 范 围									
		资产与资源基础	收入及权利	成本	人员	社区	绩效	活动的时间安排	环境	无形资产	组织行为
风险来源	技术/技术事宜										
	管理行为与控制										
	个人活动										

2. 风险后果的定性描述

风险后果描述如表 6-38 所示。

表 6-38　　　　　　　　　　　　　风 险 后 果 描 述

	级别		判 定 标 准
程度	1	极轻微	没有造成人员受伤，经济损失很小
	2	轻微	有人需要得到帮助，污染物排放现象在工地内立即得到控制，造成中等经济损失
	3	中等	有人需要进行治疗，污染物泄漏现象依靠外部协助在工地内得到控制，造成大量经济损失
	4	严重	多人受伤，污染物外泄但未造成不良影响，生产能力受损，造成严重经济损失
	5	灾难性	有人死亡，有毒物质外泄并造成严重后果，经济损失巨大

3. 风险概率的定性描述

概率描述如表 6-39 所示。

表 6-39　　　　　　　　　　　　　概 率 描 述

	级别		判 定 标 准
程度	A	几乎必然	预计在大多情况下发生
	B	很有可能	在大多情况下可能发生
	C	可能	有时候可能发生
	D	不太可能	偶尔发生
	E	几乎不可能	只有在特殊情况下才会发生

4. 风险分析定性矩阵—风险程度

风险分析矩阵—风险程度如表 6-40 所示。

表 6-40　　　　　　　　　　　　风险分析矩阵—风险程度

		后　　　　果				
		极轻微	轻微	中等	严重	极严重
概率	几乎必然	H	H	E	E	E
	很有可能	M	H	H	E	E
	可能	L	M	H	E	E
	不太可能	L	L	M	H	E
	几乎不可能	L	L	M	H	H

注　E：极高风险；需要立即采取行动。M：中等风险；必须明确管理责任。H：高风险；须引起高层管理人员的重视。L：低风险；可通过日常程序进行管理。

三、项目风险分析

（一）当地居民的重新安置

为启动现场准备工作，需要征用 D 钢铁工业区的土地，并重新安置当地居民。该项工作由 M 政府负责。相关工作可能会有所延误，但对项目的影响轻微。风险识别—当地居民的重新安置如表 6-41 所示。风险分析—当地居民的重新安置如表 6-42 所示。

表 6-41　　　　　　　　　　　　风险识别—当地居民的重新安置

		影响范围									
		资产与资源基础	收入及权利	成本	人员	社区	绩效	活动的时间安排	环境	无形资产	组织行为
风险来源	商业及法律关系										
	经济环境										
	人类行为										
	自然事件										
	政治环境										
	技术/技术事宜										
	管理行为与控制										
	个人活动										

表 6-42　　　　　　　　　　　　风险分析—当地居民的重新安置

		后果				
		极轻微	轻微	中等	严重	极严重
概率	几乎必然	H	H	E	E	E
	很有可能	M	H	H	E	E
	可能	L	M	H	E	E
	不太可能	L	L	M	H	E
	几乎不可能	L	L	M	H	H

注　E：极高风险；需要立即采取行动。M：中等风险；必须明确管理责任。H：高风险；须引起高层管理人员的重视。L：低风险；可通过日常程序进行管理。

（二）安装现场及基础设施

在安装供水管道（C1 公司提供）和供电线路（C2 提供）前应先初步安装工地设施。需要为场地准备及设施安装的工作人员提供配套及基础设施，如餐饮、住宿、交通、卫生、学校、修理店、购物商场等。但以当地的条件可能无法及时或完全满足这些需要。风险识别—安装现场及基础设施如表 6-43 所示。风险分析—安装现场及基础设施如表 6-44 所示。

表 6-43　　　　　　　　　　　　风险识别—安装现场及基础设施

		影 响 范 围									
		资产与资源基础	收入及权利	成本	人员	社区	绩效	活动的时间安排	环境	无形资产	组织行为
风险来源	商业及法律关系										
	经济环境										
	人类行为										
	自然事件										
	政治环境										
	技术/技术事宜										
	管理行为与控制										
	个人活动										

表 6-44　　　　　　　　　　　　风险分析—安装现场及基础设施

		后 果				
		极轻微	轻微	中等	严重	极严重
概率	几乎必然	H	H	E	E	E
	很有可能	M	H	H	E	E
	可能	L	M	H	E	E
	不太可能	L	L	M	H	E
	几乎不可能	L	L	M	H	H

注　E：极高风险；需要立即采取行动。M：中等风险；必须明确管理责任。H：高风险；须引起高层管理人员的重视。L：低风险；可通过日常程序进行管理。

（三）Y 港第 × 号新泊位

Y 港及其第 × 号泊位是安装工程所需进口货品和设备的指定卸载码头。当地港口部门尚未建设这个新泊位。如果泊位不能按时交付项目使用，则几乎肯定会产生不利影响，但影响轻微。风险识别—Y 港第×号新泊位如表 6-45 所示。风险分析—Y 港第×号新泊位如表 6-46 所示。

表 6-45　　　　　　　　　　　　风险识别—Y 港第×号新泊位

		影 响 范 围									
		资产与资源基础	收入及权利	成本	人员	社区	绩效	活动的时间安排	环境	无形资产	组织行为
风险来源	商业及法律关系										
	经济环境										
	人类行为										
	自然事件										
	政治环境										

		影 响 范 围									
		资产与 资源基础	收入 及权利	成本	人员	社区	绩效	活动的 时间安排	环境	无形 资产	组织 行为
风险 来源	技术/技术事宜										
	管理行为与控制										
	个人活动										

表 6-46   风险分析—Y 港第×号新泊位

		后 果				
		极轻微	轻微	中等	严重	极严重
概率	几乎必然	H	H	E	E	E
	很有可能	M	H	H	E	E
	可能	L	M	H	E	E
	不太可能	L	L	M	H	H
	几乎不可能	L	L	M	H	H

注   E：极高风险；需要立即采取行动。M：中等风险；必须明确管理责任。H：高风险；须引起高层管理人员的重视。L：低风险；可通过日常程序进行管理。

（四）N 码头

该工厂专用码头需在工厂开始试产以及散料处理和储存系统开始进行测试时完全投入使用。该码头可由工厂管理，也可以通过 BOO 合同方式建造及管理。相关的决定，以及建造许可证、建造安排和工厂试运行等因素都可能对项目产生重要影响。风险识别—N 码头如表 6-47 所示。风险分析—N 码头如表 6-48 所示。

表 6-47   风险识别—N 码头

		影 响 范 围									
		资产与资 源基础	收入及 权利	成本	人员	社区	绩效	活动的时 间安排	环境	无形 资产	组织 行为
风险 来源	商业及法律关系										
	经济环境										
	人类行为										
	自然事件										
	政治环境										
	技术/技术事宜										
	管理行为与控制										
	个人活动										

表6-48   风险分析—N 码头

概率		后　　果				
		极轻微	轻微	中等	严重	极严重
	几乎必然	H	H	E	E	E
	很有可能	M	H	H	E	E
	可能	L	M	H	E	E
	不太可能	L	L	M	H	E
	几乎不可能	L	L	M	H	H

注　E：极高风险；需要立即采取行动。M：中等风险；必须明确管理责任。H：高风险；须引起高层管理人员的重视。L：低风险；可通过日常程序进行管理。

（五）第三方环境许可证

除 B 钢厂本身的许可证外，某些施工工程可能还需要办理单独的施工许可证。例如，位于 P 港的 C 料场和 B 钢厂之间的皮带输送机就属于这种情况。焦炉煤气管道也属于这种情况（该焦炉煤气管道将安设在上述皮带机旁边，这一点也应该考虑在内）。需要另外办理施工许可证的还包括：从 SII 号变电站向工厂输电的 230kV 线路工程，以及为工厂提供饮用水的 I 河抽水站和供水管道（建造抽水站和供水管道可能需要取得 I 河流域管理委员会所颁发的许可证以及用水授权书。当地部门正在筹建该委员会）。这些风险的后果轻微，但可能存在。风险识别—第三方环境许可证如表6-49 所示。风险分析—第三方环境许可证如表6-50 所示。

表6-49   风险识别—第三方环境许可证

风险来源		影　响　范　围									
		资产与资源基础	收入及权利	成本	人员	社区	绩效	活动的时间安排	环境	无形资产	组织行为
	商业及法律关系										
	经济环境										
	人类行为										
	自然事件										
	政治环境										
	技术/技术事宜										
	管理行为与控制										
	个人活动										

表6-50   风险分析—第三方环境许可证

概率		后　　果				
		极轻微	轻微	中等	严重	极严重
	几乎必然	H	H	E	E	E
	很有可能	M	H	H	E	E
	可能	L	M	H	E	E

		后　果				
		极轻微	轻微	中等	严重	极严重
概率	不太可能	L	L	M	H	E
	几乎不可能	L	L	M	H	H

注　E：极高风险；需要立即采取行动。M：中等风险；必须明确管理责任。H：高风险；须引起高层管理人员的重视。L：低风险；可通过日常程序进行管理。

（六）暴雨

该地区旱雨两季分明，少有变化，但雨季的总降雨量差别可能很大。有关气象数据显示，今年雨季的降雨量可能会比预计多。这会对工地准备、土方工程以及安装工程带来不利影响。不过因为可以采取多种应对措施，所以相关的后果轻微，而且不太可能会发生。风险识别—暴雨如表 6-51 所示。风险分析—暴雨如表 6-52 所示。

表 6-51　　　　　　　　　　　　　　　风险识别—暴雨

		影　响　范　围									
		资产与资源基础	收入及权利	成本	人员	社区	绩效	活动的时间安排	环境	无形资产	组织行为
风险来源	商业及法律关系										
	经济环境										
	人类行为										
	自然事件										
	政治环境										
	技术/技术事宜										
	管理行为与控制										
	个人活动										

表 6-52　　　　　　　　　　　　　　　风险分析—暴雨

		后　果				
		极轻微	轻微	中等	严重	极严重
概率	几乎必然	H	H	E	E	E
	很有可能	M	H	H	E	E
	可能	L	M	H	E	E
	不太可能	L	L	M	H	E
	几乎不可能	L	L	M	H	H

注　E：极高风险；需要立即采取行动。M：中等风险；必须明确管理责任。H：高风险；须引起高层管理人员的重视。L：低风险；可通过日常程序进行管理。

（七）第三方建筑承包商

场地准备、土方工程以及土建工程都需要大批承包商利用重型机械在旱季的短时期内完成。要在边远的 M 市聚集这么多的承包商可能十分困难；根据工作量和时间安排，可能需要在该地区甚至是更大范围内寻找更多的承包商。风险识别—第三方建筑承包商如表 6-53 所示。风险分析—第三方建筑承包商如表 6-54 所示。

表 6-53　　　　　　　　　　　　风险识别—第三方建筑承包商

		影 响 范 围									
		资产与资源基础	收入及权利	成本	人员	社区	绩效	活动的时间安排	环境	无形资产	组织行为
风险来源	商业及法律关系										
	经济环境										
	人类行为										
	自然事件										
	政治环境										
	技术/技术事宜										
	管理行为与控制										
	个人活动										

表 6-54　　　　　　　　　　　　风险分析—第三方建筑承包商

		后 果				
		极轻微	轻微	中等	严重	极严重
概率	几乎必然	H	H	E	E	E
	很有可能	M	H	H	E	E
	可能	L	M	H	E	E
	不太可能	L	L	M	H	E
	几乎不可能	L	L	M	H	H

注　E：极高风险；需要立即采取行动。M：中等风险；必须明确管理责任。H：高风险；须引起高层管理人员的重视。L：低风险；可通过日常程序进行管理。

（八）人力资源

工厂运营，甚至工地准备与安装都需要招聘员工，但因为当地人力资源的缺少，员工招聘可能比较困难，可能需要从其他地区招聘专业人士。新招聘的员工以及整个员工队伍都必须派往国内外类似的工厂进行培训。总体而言，这方面的不利因素影响轻微，而且不太可能发生。风险识别—人力资源如表 6-55 所示。风险分析—人力资源如表 6-56 所示。

表 6-55　　　　　　　　　　　　风险识别—人力资源

		影 响 范 围									
		资产与资源基础	收入及权利	成本	人员	社区	绩效	活动的时间安排	环境	无形资产	组织行为
风险来源	商业及法律关系										

续表

风险来源		影响范围									
		资产与资源基础	收入及权利	成本	人员	社区	绩效	活动的时间安排	环境	无形资产	组织行为
风险来源	经济环境										
	人类行为										
	自然事件										
	政治环境										
	技术/技术事宜										
	管理行为与控制										
	个人活动										

表 6-56 风险分析—人力资源

概率		后果				
		极轻微	轻微	中等	严重	极严重
概率	几乎必然	H	H	E	E	E
	很有可能	M	H	H	E	E
	可能	L	M	H	E	E
	不太可能	L	L	M	H	E
	几乎不可能	L	L	M	H	H

注 E：极高风险；需要立即采取行动。M：中等风险；必须明确管理责任。H：高风险；须引起高层管理人员的重视。L：低风险；可通过日常程序进行管理。

（九）工艺流程出现失误

除烧结厂外，BV 钢厂的其他工艺流程都是成熟的和确定的，因此不存在任何风险。尽管一般来说烧结厂会使用不同类型的铁矿石，但 BV 钢铁企业的烧结厂只使用卡拉加斯（Carajás）出产的一种单一的粉矿。因为卡拉加斯出产的铁矿石二氧化硅含量较低，所以在深加工前需要添加一定数量的这种材料。相关专业机构对 BV 钢铁公司烧结厂使用的这种铁矿石进行坩埚测试，效果非常理想，这就意味着这方面的不良后果极其轻微，而且不太可能发生。风险识别—工艺流程出现失误如表 6-57 所示。风险分析—工艺流程出现失误如表 6-58 所示。

表 6-57 风险识别—工艺流程出现失误

风险来源		影响范围									
		资产与资源基础	收入及权利	成本	人员	社区	绩效	活动的时间安排	环境	无形资产	组织行为
风险来源	商业及法律关系										
	经济环境										
	人类行为										
	自然事件										

续表

		影　响　范　围									
		资产与 资源基础	收入 及权利	成本	人员	社区	绩效	活动的 时间安排	环境	无形 资产	组织 行为
风险 来源	政治环境										
	技术/技术事宜										
	管理行为与控制										
	个人活动										

表 6-58　　　　　　　　　　　风险分析—工艺流程出现失误

		后　　果				
		极轻微	轻微	中等	严重	极严重
概率	几乎必然	H	H	E	E	E
	很有可能	M	H	H	E	E
	可能	L	M	H	E	E
	不太可能	L	L	M	H	E
	几乎不可能	L	L	M	H	H

注　E：极高风险；需要立即采取行动。M：中等风险；必须明确管理责任。H：高风险；须引起高层管理人员的重
视。L：低风险；可通过日常程序进行管理。

（十）BOO 工厂出现问题

B 钢厂的运营依靠几个 BOO 工厂进行。这些工厂将由经过训练的专业人士建造、拥有
和管理，并具有得到认可的工艺流程，因此，这些工厂几乎不可能出现问题，即使出现问题
也只会对整个运营造成极其轻微的影响。风险识别—BOO 工厂出现问题如表 6-59 所示。风
险分析—BOO 工厂出现问题如表 6-60 所示。

表 6-59　　　　　　　　　　　风险识别—BOO 工厂出现问题

		影　响　范　围									
		资产与 资源基础	收入 及权利	成本	人员	社区	绩效	活动的 时间安排	环境	无形 资产	组织 行为
风险 来源	商业及法律关系										
	经济环境										
	人类行为										
	自然事件										
	政治环境										
	技术/技术事宜										
	管理行为与控制										
	个人活动										

表 6-60   风险分析—BOO 工厂出现问题

		后　　果				
		极轻微	轻微	中等	严重	极严重
概率	几乎必然	H	H	E	E	E
	很有可能	M	H	H	E	E
	可能	L	M	H	E	E
	不太可能	L	L	M	H	E
	几乎不可能	L	L	M	H	H

注　E：极高风险；需要立即采取行动。M：中等风险；必须明确管理责任。H：高风险；须引起高层管理人员的重视。L：低风险；可通过日常程序进行管理。

（十一）税务结构及策略

要为项目的实施与生产提供基本的操作条件，其中决定性的一步是制订稳定的税务结构及策略。在首批进口配件及设备运抵现场前必须在海关完成清关、退税及相关事宜的处理。这些事项需与各级政府部门商讨决定，且实施需要一定时间，因此相关的不良后果虽然轻微，却很有可能会产生。风险识别—税务结构及策略如表 6-61 所示。风险分析—税务结构及策略如表 6-62 所示。

表 6-61   风险识别—税务结构及策略

		影　响　范　围									
		资产与资源基础	收入及权利	成本	人员	社区	绩效	活动的时间安排	环境	无形资产	组织行为
风险来源	商业及法律关系										
	经济环境										
	人类行为										
	自然事件										
	政治环境										
	技术/技术事宜										
	管理行为与控制										
	个人活动										

表 6-62   风险分析—税务结构及策略

		后　　果				
		极轻微	轻微	中等	严重	极严重
概率	几乎必然	H	H	E	E	E
	很有可能	M	H	H	E	E
	可能	L	M	H	E	E
	不太可能	L	L	M	H	E
	几乎不可能	L	L	M	H	H

注　E：极高风险；需要立即采取行动。M：中等风险；必须明确管理责任。H：高风险；须引起高层管理人员的重视。L：低风险；可通过日常程序进行管理。

（十二）外籍员工签证及工作许可

由于大部分的设备都由外国进口，因此监督人员也将从国外聘请。这些外籍人员需要取得商务或工作签证，并需符合 B 国移民法规的要求（如逗留时间、公民身份等）。这对有关设备的安装过程可能是一个额外的负担并且会造成极轻微的影响。风险识别—外籍员工签证及工作许可如表 6-63 所示。风险分析—外籍员工签证及工作许可如表 6-64 所示。

表 6-63　　　　　　　　　　　风险识别—外籍员工签证及工作许可

		影 响 范 围									
		资产与资源基础	收入及权利	成本	人员	社区	绩效	活动的时间安排	环境	无形资产	组织行为
风险来源	商业及法律关系										
	经济环境										
	人类行为										
	自然事件										
	政治环境										
	技术/技术事宜										
	管理行为与控制										
	个人活动										

表 6-64　　　　　　　　　　　风险分析—外籍员工签证及工作许可

		后　　果				
		极轻微	轻微	中等	严重	极严重
概率	几乎必然	H	H	E	E	E
	很有可能	M	H	H	E	E
	可能	L	M	H	E	E
	不太可能	L	L	M	H	E
	几乎不可能	L	L	M	H	H

注　E：极高风险，需要立即采取行动。M：中等风险，必须明确管理责任。H：高风险，须引起高层管理人员的重视。L：低风险，可通过日常程序进行管理。

（十三）环境许可

在即将来临的旱季，现场准备及土方工程可能会受到环境问题的影响，主要是某些非政府组织可能会提出反对，因此即使项目符合所有 B 国和国际的标准和要求，也有可能延迟取得所需许可证的时间。这种情况很有可能会发生，并将对项目的开工产生严重的影响。风险识别—环境许可如表 6-65 所示。风险分析—环境许可如表 6-66 所示。

表 6-65   风险识别—环境许可

		影响范围									
		资产与资源基础	收入及权利	成本	人员	社区	绩效	活动的时间安排	环境	无形资产	组织行为
风险来源	商业及法律关系										
	经济环境										
	人类行为										
	自然事件										
	政治环境										
	技术/技术事宜										
	管理行为与控制										
	个人活动										

表 6-66   风险分析—环境许可

		后果				
		极轻微	轻微	中等	严重	极严重
概率	几乎必然	H	H	E	E	E
	很有可能	M	H	H	E	E
	可能	L	M	H	E	E
	不太可能	L	L	M	H	E
	几乎不可能	L	L	M	H	H

注 E：极高风险；需要立即采取行动。M：中等风险；必须明确管理责任。H：高风险；须引起高层管理人员的重视。L：低风险；可通过日常程序进行管理。

（十四）投标过程

假如首次投标的价格或质量未达到预期结果，重新投标就会推迟订单下达（通过意向书进行）的过程，相应地也会使融资安排延迟。这种情况不太可能发生，但会产生中等程度的影响。风险识别—投标过程如表 6-67 所示。风险分析—投标过程如表 6-68 所示。

表 6-67   风险识别—投标过程

		影响范围									
		资产与资源基础	收入及权利	成本	人员	社区	绩效	活动的时间安排	环境	无形资产	组织行为
风险来源	商业及法律关系										
	经济环境										
	人类行为										
	自然事件										
	政治环境										
	技术/技术事宜										

续表

		影 响 范 围									
		资产与 资源基础	收入 及权利	成本	人员	社区	绩效	活动的 时间安排	环境	无形 资产	组织 行为
风险 来源	管理行为与控制										
	个人活动										

表 6-68　　　　　　　　　　　　　　风险分析—投标过程

		后　　果				
		极轻微	轻微	中等	严重	极严重
概率	几乎必然	H	H	E	E	E
	很有可能	M	H	H	E	E
	可能	L	M	H	E	E
	不太可能	L	L	M	H	E
	几乎不可能	L	L	M	H	H

注　E：极高风险；需要立即采取行动。M：中等风险；必须明确管理责任。H：高风险；须引起高层管理人员的重视。L：低风险；可通过日常程序进行管理。

（十五）道路及港口拥挤情况

在大豆和谷物的收获季节，港口和 S 市之间的道路会十分拥挤，因为很多人用卡车运输大豆或谷物，会造成道路和港口不胜负荷。与此同时，Y 港也挤满了装载大量谷物的船只，因此，装有设备的集装箱可能要延迟几天才能卸货。这种情况确实存在，每年都几乎肯定会发生，但对设备安装计划的影响是轻微的。风险识别—道路及港口拥挤情况如表 6-69 所示。风险分析—道路及港口拥挤情况如表 6-70 所示。

表 6-69　　　　　　　　　　　　风险识别—道路及港口拥挤情况

		影　响　范　围									
		资产与 资源基础	收入 及权利	成本	人员	社区	绩效	活动的 时间安排	环境	无形 资产	组织 行为
风险 来源	商业及法律关系										
	经济环境										
	人类行为										
	自然事件										
	政治环境										
	技术/技术事宜										
	管理行为与控制										
	个人活动										

表 6-70 风险分析—道路及港口拥挤情况

		后　　　果				
		极轻微	轻微	中等	严重	极严重
概率	几乎必然	H	H	E	E	E
	很有可能	M	H	H	E	E
	可能	L	M	H	E	E
	不太可能	L	L	M	H	E
	几乎不可能	L	L	M	H	H

注　E：极高风险；需要立即采取行动。M：中等风险；必须明确管理责任。H：高风险；须引起高层管理人员的重视。L：低风险；可通过日常程序进行管理。

（十六）贷款协议

项目业主希望加快 B 钢厂的实施进度。因此，项目实施阶段的初始工作将由业主的股本支付。项目的融资模式将在项目破土动工（施工开始）约一年后完成。事实上，有关贷款协议的谈判预计需时半年，在明确项目主要工艺设备采购（向供应商出具意向书作为担保）之后及融资安排（贷款协议生效）之前完成。因此，实际的资产负债率较低，这意味着对项目业主的股本要求比较高。

上述贷款协议的谈判过程毫无疑问将涉及 B 国、Z 国以及 OECD（经济合作及发展组织）三方的融资机构。由于相关的融资机构是首次共同参与这类贷款，因此谈判时间比预期长的风险存在。如果发生这种情况，则项目业主将会因为股本增加的承诺而需要承担更大的压力。

如果最终延迟如期达成贷款协议，则项目的实施进度或融资将受到影响。如果项目业主决定暂缓工程以等待融资到位，则实施计划将受影响，相应的成本超支不可避免，当然也会因工厂开工延迟而蒙受损失。在这种情况下，项目的财务回报率就会打折扣。如果融资安排延迟，而项目业主决定利用自身资源继续开展工作，则贷款的比例将会降低，但对项目业主自身的财务回报将带来负面影响。风险识别—贷款协议如表 6-71 所示。风险分析—贷款协议如表 6-72 所示。

表 6-71 风险识别—贷款协议

		影　响　范　围									
		资产与资源基础	收入及权利	成本	人员	社区	绩效	活动的时间安排	环境	无形资产	组织行为
风险来源	商业及法律关系										
	经济环境										
	人类行为										
	自然事件										
	政治环境										
	技术/技术事宜										
	管理行为与控制										
	个人活动										

表 6-72 风险分析—贷款协议

		后　果			
		极轻微	轻微	中等	严重	极严重
概率	几乎必然	H	H	E	E	E
	很有可能	M	H	H	E	E
	可能	L	M	H	E	E
	不太可能	L	L	M	H	E
	几乎不可能	L	L	M	H	H

注　E：极高风险；需要立即采取行动。M：中等风险；必须明确管理责任。H：高风险；须引起高层管理人员的重视。L：低风险；可通过日常程序进行管理。

四、风险评价及应对措施

（一）风险评价

计算风险评级时，本项目主要采用博尔达（Borda）评分方法（以 J.C.博尔达/命名）。博尔达法按照影响和概率的评估标准，将风险程度从大到小评级，并列出风险矩阵中比当前情况更为严重的一系列风险。例如，博尔达评级中 0（零级）表示最大风险，1 表示风险程度较高。评分值为 0~N 的整数。

首先要计算博尔达值：（2×总风险数）—（影响等级分+可能性等级分）。博尔达值越高，风险也越高，依此类推。

某一给定风险的博尔达等级是指其他更重大的风险的数目。例如，限定第 1、2、4 项风险为最高博尔达计数值，则其博尔达等级为 0（零）。这时第 3 项风险的博尔达等级为 3，因其有三项风险更重大。而第 5 项风险的博尔达等级为 4，因其有四项风险更重大。

博尔达等级的图表模式如表 6-73 所示。

表 6-73 博尔达等级的图表模式

风险编号	风　　险	后果	可能性	博尔达等级
13	若未能如期获得环境许可，则现场的土方工程将比预期需时更久	严重	很有可能	0
16	若贷款协议的谈判比预期困难，则融资安排将延期	中等	很有可能	1
3	若 Y 港新的 100 号泊位未能如期建成，则项目进度将延期	轻微	几乎必然	2
15	若 S 市周边的道路在大豆或谷物收获季节变得拥挤，则设备的运输将会延期	轻微	几乎必然	2
4	若 N 码头或任何 BOO 工厂的建设出现延误，则项目的开工将会延期	严重	可能	4
1	若居民安置比当地政府承诺需时更长，则现场准备工作不能按时开始	轻微	很有可能	5
14	若首次投标的价格或质量未达到预期结果，则重新投标的安排将会使财务结算延迟	中等	不太可能	6
5	若第三方取得环境许可所需的时间比当地政府承诺的要长，则项目会因缺乏相应的基建设施而延误	轻微	可能	7
7	若第三方承包商未能雇佣足够工人或配备足够的重型机械，则现场准备和土方工程将会延迟	极轻微	很有可能	8

风险编号	风 险	后果	可能性	博尔达等级
11	若税务结构及策略出现失误,则项目将不能成功实施和运营	极轻微	很有可能	8
2	若供水管道(C1公司提供)和电力线路(C2公司提供)未能如期铺设,则现场安装和基建工程将会延误	轻微	不太可能	10
6	若雨季的降雨量比预期的大,则现场准备、土方工程和设备安装将会延误	轻微	不太可能	10
8	若人力资源不足,则工厂将不能顺利运营	轻微	不太可能	10
12	若外籍员工未能如期取得签证和工作许可,则设备安装工作将会受阻	极轻微	可能	13
9	若工艺流程未如预期理想,则将会对生产过程产生影响	极轻微	不太可能	14
10	若BOO工厂的运营未如预期理想,则项目开工可能延误	极轻微	几乎不可能	15

(二)项目风险应对措施

对项目进行有效投保是风险转移的重要手段。考虑到本项目的规模,对项目第 I 和第 II 阶段的投保将采取所谓的"合并保险方案"(CIP)。CIP 是一项集中化的保险和损失控制措施,其投保对象包括项目业主、所有承包商和分包商。与以往的各方只购买自己的保险不同,一方(项目业主)负责购买所有项目参与方的保险。集中购买保险以及使用特定的可以减少多重投保支出的风险融资机制,从而实现规模经济效应。CIP 具有许多优点,其中主要的有:①项目控制和损失控制。将众多的现场职能(损失控制、安全、保险、索赔管理以及记录保管等)协调统一在单一主体之下,可以提高项目管理的效率,也有利于促进项目控制、降低成本和减少纠纷。险种的连续性和统一性、保险公司的稳定程度、索赔处理以及损失控制均在项目经理的控制之下。主承包商不再需要承包商提供保险证明,以及验证险种的合适性及保险公司的可接受性。采用 CIP 的项目,通常只有一个经纪人以及至多 3 家保险公司,来处理主要业务。②更好的承保范围。大型建设项目采用 CIP 的价值也体现在其更优质的收益上。例如,在多数情况下,与单个承包商相比,保险公司更愿意向 CIP 项目提供更加广泛的承保范围。一般 CIP 项目获得的保险限额也比单个的承包商高。

对于本项目而言,I 期和 II 期的建设和运营的保险都已考虑在内。我们将简要讨论两种保险单:方案 A,全额保险;方案 B,最大损失补偿险。

这里将对该项目的 I 期和 II 期工程的保险费用总额进行说明。

1. I 期工程-施工阶段保险成本

对于 I 期工程的施工期间的保险成本有两种可选方案:①方案 A,全额投保,最高赔偿限额为 14.8 亿美元;②方案 B,最高赔偿限额为 5 亿美元。

两种方案的估算投保费用如表 6-74 所示。

表 6-74　　　　　方案 A 和方案 B 净保费–I 期工程施工阶段

保费	方案 A	方案 B
基本及附加险种(1,2)	6660000	4660000
运输、一般责任及海运损失	1680000	1680000
预期利润损失险	1980000	1980000
合计(USD)	10320000	8420000

2. II 期工程–施工阶段保险成本

与 I 期工程一样，有两种可选方案：①方案 A，全额投保，最高赔偿限额为 9.4 亿美元；②方案 B，最高赔偿限额为 3.3 亿美元。

估算的投保费用如表 6-75 所示。因为考虑到该项目的建设期为 3～5 年，所以应考虑两种市场情况，即坚挺的市场（如现在一样）和疲软的市场（不存在银根紧缩的现象）。

表 6-75   方案 A 和方案 B 净保费–II 期工程施工阶段

保费	坚挺市场		疲软市场	
	方案 A	方案 B	方案 A	方案 B
基本及附加险种（1，2）	4230000	2960000	3380000	2360000
运输、一般责任及海运损失	1250000	1250000	1100000	1100000
预期利润损失险	1850000	1850000	1480000	1480000
合计（USD）	7330000	6060000	5960000	4940000

3. 运营期间的保险费用

I 期和 II 期工程在正常运营期间的保险险种、免赔额及预计的保险费用如表 6-76 所示。

表 6-76   运营期间保险费用

保费	I 期工程	II 期工程
预计总费用（USD）	1369050000	2210000000
赔偿限额（USD）	300000000	550000000
实际市场额外费用（%）	0.15	0.12
疲软市场额外费用（%）	0.11	0.09
坚挺市场额外费用（%）	0.21	0.18

第五节   某水利枢纽项目风险分析

一、项目概述

（一）项目基本情况

项目名称：B1 水利枢纽。

建设地址：C2 江上游 C1 江河段。

承办单位：A1 省 C 江水利开发有限责任公司。

工程规模：水库政策蓄水位 228m，总库容 56.6 亿 m³（其中预留防洪库容 16.4 亿 m³），水电站装机容量 54 万 kW，年发电量 17 亿 kWh，改善和扩大灌溉面积 15.61 万亩，通航规模为 2×300t 级。

建设工期：本工程建设期总工期 6 年，第一台机组发电时间为 4 年 8 个月。建设工期分为筹建期和主体工程施工期。筹建期需完成的项目，主要是业主为承包商进场创造基本条件的工程项目，主要包括施工征地及移民安置、内外施工干线公路、C1 江平圩大桥、施工变电站及其输电线路、导流隧洞等。上述准备工程要求在主体工程开工前全部完成交付使用。

233

工程意义在于拟建的 B1 水利枢纽是一座以防洪为主，兼有发电、灌溉、航运、供水等综合效益的大型水利工程。该工程的建设可提高 C2 江沿岸特别是 B2 市的防洪标准，并对 A1 省电网起到重要的调剂作用，同时为发展 C1 江航运和扩大灌溉面积、提高下游沿岸城镇生活和工业供水水质和水量创造条件。工程建成后，可将 B2 市防洪标准提高到 50 年一遇，C2 江防洪标准提高到 20 年一遇，减免 C1 江沿岸的洪水灾害；增加下游 9 个梯级枯水期电能 367kWh，对枯水期严重缺电的 A1 省电网起到补偿作用；确保 B1 至 B2 航道的 300t 船队常年通行。

（二）项目建设规模与目标

B1 水利枢纽是一座以防洪为主，兼顾发电、灌溉、航运、供水等综合利用的大型水利枢纽。该枢纽坝址以上集雨面积 19600km^2，多年平均流量 263m^3/s，年径流量 82.9 亿 m^3，水库总库容 56.6 亿 m^3，其中防洪库容 16.4 亿 m^3，调节库容 26.2 亿 m^3，属不完全多年调节水库。水电站装机 54 万 kW，最大出力 58 万 kW，年发电量 17.01 亿 kWh，枯水期调峰量占年发电量的 63.8%。

工程开发预期目标如下：

1. 防洪效益

与 B2 市防洪堤相结合，使 B2 市防洪标准近期达到 50 年一遇，远期与下游即将兴建的水利枢纽联合调度，使 B2 市的防洪标准达到 100 年一遇；C1 江 B1 市及以下河段城乡防洪标准达到 50 年一遇；B2 市下游 C2 江沿岸城乡防洪标准达到 20 年一遇。保护人口 187.3 万人，保护耕地 109.2 万亩，多年平均防洪效益为 7.75 亿元。

2. 发电效益

水电站装机容量 54 万 kW，年发电量 17.01 亿 kWh，其中 70%是枯水期发电，可缓解 A1 省电网峰谷矛盾，同时增加下游已建的 3 个梯级电能 1.5 亿 kWh。发电效益为 7.22 亿元。

3. 灌溉和供水效益

水库可改善和扩大 C1 江河谷农田的电力灌溉面积和灌溉效益，扩大和改善灌溉面积 15.61 万亩，增加丘陵地水果灌溉面积 11 万亩，并可为下游沿岸城镇及工矿企业的生活和生产用水提供水量和水质的保障。

4. 航运效益

渠化上游航道 300km；增加下游枯水期流量，提高下游航运标准，将为开辟一条沟通×× 的出海通道创造条件；下游渠化后，B1 至 B2 可通航 300～500t 级的船舶。年均航运效益为 2.1 亿元。

二、风险分析理论依据

风险分析是由风险识别、风险估计、风险评价以及风险应对构成的一个完整过程。通过风险分析，决策者及有关各方可以更深刻地理解那些可能影响组织目标实现的风险，以及现有风险控制措施的充分性和有效性，为确定最合适的风险应对方法奠定基础。

（一）目的和作用

风险分析旨在为有效的风险应对提供基于证据的信息和分析。

风险分析的主要作用包括：①认识风险及其对目标的潜在影响；②为决策者提供相关信息；③增进对风险的理解，以利于风险应对策略的正确选择；④识别那些导致风险的主要因素，以及系统和组织的薄弱环节；⑤沟通风险和不确定性；⑥有助于建立优先顺序；⑦帮助确定风险是否可接受；⑧有助于通过事后调查来进行事故预防；⑨选择风险应对的不同方式；⑩满足监管要求。

（二）风险分析流程

1. 风险识别

风险识别过程包括对风险源、风险事件及其原因和潜在后果的识别。

风险识别方法可能包括：①基于证据的方法，如检查表法以及对历史数据的评审；②系统性的团队方法，如一个专家团队遵循系统化的过程，通过一套结构化的提示或问题来识别风险；③归纳推理技术，如危险与可操作性分析方法（Hazard and operability study，HAZOP）等。

风险分析组织可利用各种支持性的技术来提高风险识别的准确性和完整性，包括头脑风暴法和德尔菲法等。

无论实际采用哪种技术，关键是在整个风险识别过程中要认识到人的因素和组织因素的重要性。因此，偏离预期的人为及组织因素也应被纳入风险识别的过程中。

2. 风险估计与评价

风险估计与评价是要增进对风险的理解，为决定风险是否需要应对以及最适当的应对策略和方法提供信息支持。

风险估计与评价需要考虑导致风险的原因和风险源、风险事件的正面和负面的后果及其发生的可能性、影响后果和可能性的因素、不同风险及其风险源的相互关系以及风险的其他特性，还要考虑控制措施是否存在及其有效性。

为确定风险等级，风险估计与评价通常包括对风险的潜在后果范围和发生可能性的估计，该后果可能源于一个事件、情景或状况。然而，在某些情况下，如后果很不重要，或发生的可能性极小，那么这时单项参数的估计可能就足以进行决策。

在某些情况下，风险可能是一系列事件叠加产生的结果，或者由一些难以识别的特定事件所诱发。在这种情况下，风险估计与评价的重点是分析系统各组成部分的重要性和薄弱环节，检查并确定相应的防护和补救措施。

用于风险估计与评价的方法可以是定性的、半定量的、定量的或以上方法的组合。风险分析所需的详细程度取决于特定的用途、可获得的可靠数据，以及组织决策的需求。

定性的风险分析可通过重要性等级来确定风险后果、可能性和风险等级，如"高"、"中"、"低"三个重要性程度。可以将后果和可能性两者结合起来，并对照定性的风险准则来评价风险等级的结果。

半定量法可利用数字评级量表来测度风险的后果和发生的可能性，并运用公式将二者结合起来，确定风险等级。量表的刻度可以是线性的，或者是对数的，或其他形式。

定量分析可估计出风险后果及其发生可能性的实际数值，并产生风险等级的数值。由于相关信息不够全面、缺乏数据、人为因素影响等，或是因为定量分析难以开展或没有必要，全面的定量分析未必都是可行的或值得的。在此情况下，由具有专业知识和经验的专家对风险进行半定量或者定性的分析可能已经足够有效。

风险等级应当用与风险类型最为匹配的术语表达，以利于进一步的风险评价。在某些情况下，风险等级可以通过风险后果的可能性分布来表述。

依据风险的可容许程度，可以将风险划分为如下三个区域：

（1）不可接受区域。在该区域内无论相关活动可以带来什么收益，风险等级都是无法承受的，必须不惜代价进行风险应对。

（2）中间区域。对该区域内风险的应对需要考虑实施应对措施的成本与收益，并权衡机遇与潜在后果。

（3）广泛可接受区域。该区域中的风险等级微不足道，或者风险很小，无需采取任何风险应对措施。

安全工程领域的"最低合理可行"或 ALARP（As Low As Reasonably Practicable）准则即遵循了这一风险分级方式。在中间区域（或称 ALARP 区域）中，对于较低的风险可以直接进行应对措施的成本收益分析：如果增加安全的投入对安全效益的贡献不大，则可认为风险是可容许的；对于其中较高的风险，则需进一步实施应对措施，以使风险尽量向广泛可接受区域靠拢，直至风险降低的成本与获得的安全收益完全不成比例。

3. 风险应对

风险的等级水平不仅取决于风险本身，还与现有风险控制措施的充分性和有效性密切相关。

在进行控制措施评估时，需要解决的问题包括：①对于一个具体的风险，现有的控制措施是什么？②这些控制措施是否足以应对风险，是否可以将风险控制在可接受范围之内？③在实际中，控制措施是否在以预定方式正常运行，当需要时，能否证明这些控制措施是有效的？

（三）风险分析在项目生命周期各阶段的应用

许多活动、项目和产品被认为具有生命周期，从最初的概念和定义、实现到最终的完结。风险分析可以应用于生命周期的所有阶段，而且通常以不同的详细程度被应用多次，以便为每一阶段需做出的决策提供帮助。

生命周期各阶段对风险分析有不同的需求，并需要不同的分析方法和技术。例如，在概念和定义阶段，当识别一个机会时，可以使用风险分析来决定是继续还是放弃。在有多个方案可供选择时，风险分析可以用于评价替代方案，帮助确定哪种方案能够提供最好的风险平衡。

在设计和开发阶段，风险评估有助于：保证系统风险是可接受的；精细化设计过程；成本的有效性研究；识别在后续阶段可能出现的风险。

在生命周期的其他阶段，可以用风险分析提供必要的信息，以便为正常情况和紧急情况制订程序。

三、风险识别

（一）工程技术风险

工程建设过程中包括对工程期限、合同、人员、设备、材料等多方位的管理，任何一个方面出现疏忽都会给工程建设带来不可预计的风险。工程技术风险包括人员安全风险、工程质量风险和工期风险等。其中，最重要的是质量风险。中国工程项目风险中，质量风险的发生排在第一位。

（二）工程地质风险

1. 水库区工程地质风险

水库位于××高原与 A1 省盘地过渡的斜坡带，近主坝东侧，在 D1 沟和 D2 沟沟尾有两个地形垭口，高程分别为 197.0m 和 216.6m，需建副坝。当正常蓄水位为 228m 时，库水沿 C1 江和 TN 江干流回水长约 110km，沿当地各大支流延伸 15～35km，为树枝状峡谷水库。

该区为低山峡谷地形，地势西北高东南低，以 C1 江为界，两岸呈阶梯状上升，山地高程一般在 600～800m，走向与构造线基本一致，属构造侵蚀剥蚀地貌。在构造上位于××印支褶皱系中的××坳陷内，是一个多旋回构造区。××××山运动使第三系地层轻微褶曲、倾斜，并有小断裂产生。第四系地层，主要在河流阶地堆积。按近期以大面积间歇性抬升为主，差异性运动不明显。××坳陷位于 A1 省山字型构造的西翼，通过坝区附近的主要断裂带有 BB 断裂带、C1 江断裂带和 JC 断裂带，和 F4 断层。对坝区影响较大的主要是 C1 江断裂带和 F4 断层。

在施工期间及完工后的漫长运营期，水库可能面临库水渗漏、水库诱发地震、库岩不稳定、水库淹没等风险。

2. 坝址及枢纽主要建筑物工程风险

（1）主坝工程地质风险。主坝所在河段为平直开阔的 V 型斜向谷，平水期水面高程 119.5m，宽 100m 左右，水深 10m，基岩顶板高程 110m 左右。左岸坝肩发育有坝址线沟，山体相对较完整；右岸坝线下游为右 4 号沟深切，形成三面临空的右坝肩山梁，临沟坡坡度达 35°～40°。残坡积层厚度：左岸 0～5m；右岸 0.5～11.0m。主坝坐落在 $\beta\mu_4^{-1}$ 辉绿岩上，其总体产状基本一致，岩层倾向下游偏右岸，斜切河道。上游硅质泥岩（D_3L^{2-2}）和硅质岩（D_3L^3）以 50°～55°插入坝基。坝基辉绿岩水平度 140～150m，岩性单一，岩体坚硬，饱和抗压强度一般为 120～180MPa。

由于坝基岩体地质构造存在断层、裂缝及风化特征，可能对本项目主坝工程施工造成一定难度，可能存在一定技术性风险。

（2）泄洪消能区工程地质风险。消力池位于河床偏左侧，长约 126m，宽 111.6m，建基面高程 101m，上覆盖混凝土厚 4m；尾坎设齿墙，建基面高程 99m。消力池地段地形起伏较大，表现为东北高西南低，左导墙上游端位于斜坡上，坡角 30°，地面高程 134m，右导墙下游端为一深潭，水深 11.5m，地面高 108m。河床砂卵砾石层厚 0～11.5m，基岩顶板高程 100.5～133m。消力池涉及地层有辉绿岩、硅质岩、灰岩和泥岩。岩石软硬相间，层间挤压强烈，岩体较为破碎，风化深浅不一。岩体地质分类，按辉绿岩、硅质岩和泥质灰岩、泥岩顺序，分别为 AIII 类、BIV 类、V 类，除辉绿岩允许抗冲流速为 7～10m/s 外，其余岩体允许抗冲流速均为 3～3.5m/s。岩体物理力学参数可查相关数据表。

地质特征可能对泄洪等功能产生影响，在安全方面可能存在风险。

（3）水电站工程地质风险。该枢纽水电站为地下厂房，长、宽、高分别为 147m、20.7m、49m，布置在主坝左岸山体内。水电站范围在坝线上游 150～400m。该段岩坡总体走向为 N5°～10°W，坡角一般为 24°～38°，山顶高程 271.0～331.5m，高出水面 151.5～212.0m。在该坡段之间，从上游往下游发育有坝线沟、左 5 号沟、左 4 号沟。主要建筑物有进水塔、引水隧洞、地下厂房、主变尾闸室、尾水主洞、尾水明渠等。

水电站位于坡平顶背斜的 SW 翼，岩层扭曲强烈，其中规模较大的是 1 号机引水隧洞轴线附近的挠曲（辉绿岩与外围岩体同步褶皱），岩层折向上游 40～50m 后又按原走向延展。水电站所涉及地层从上游至下游分别为泥盆系榴江组 D_3L^{1-1}～D_3L^{8-2} 和间夹于 D_3L^3～D_3L^4 的华力西期辉绿岩（$\beta\mu_4^{-1}$）。在水电站范围内共发现大小断（包括层间挤压带）12 条，其中较

大的有 F_4 和 F_{28-1} 断层;另外,还在辉绿岩内发现岩体节理裂隙 4 组和辉绿岩石变带 2 条。辉绿岩风化浅,深积岩风化深,强风化带埋深达 50~100m,全强风化夹层较发育。

水电站范围内地下水为裂隙潜水,顺层向 C1 江排泄,层与层之间水力联系差,地下水位是一个不连续的断面。辉绿岩层地下水位较高,其余各层地下水位普遍较低,一般为 120~130m 高程。辉绿岩为弱透水岩体,地下水对洞室围岩稳定影响不大。除引水隧洞下水平段地下水位高于洞顶外,其余洞室一般都在地下水位之上。

(4)副坝坝址工程地质风险。B1 水库有 D1 副坝和 D2 副坝,分别离主坝区 5km 和 4.8km。D1 副坝为心墙土石坝,D2 副坝为匀质土坝。

1)D1 副坝工程地质条件。

①地形地貌。D1 副坝建于低山丘陵区,附近山谷高程在 180~350m。坝址中间的岩怀山将分水岭分成左右两个垭口,山顶高程 248.1m,左侧山顶高程 298m,右侧山顶高程 318.4m,D1 副坝实际上由左右两座坝组成。左垭口地面高程 210m,底宽 17.5m,坝肩山坡 23°~28°,正常蓄水位 228m 处谷宽约 90m;右垭口地面高程 197.7m,底宽 20m,坝肩山坡 21°~24°,正常蓄水 228m 处谷宽 142m。正常蓄水位 228m 处的岩怀山宽 75~100m,顺水流方向厚 190m。坝址两侧山体宽厚、山坡较缓,植被繁茂,天然边坡稳定。

②地层岩性。坝区出露地层有三迭系中统百逢组第三段(T_2b^3)、第四段(T_2b^4)和第四系残坡积土层(Q_4^{ed1})。百蓬组岩性以粉细砂岩和粉砂岩为主,其次是细砂岩、泥质粉砂岩、粉砂质泥岩和泥岩;第四系残坡积层主要为棕红色黏土、黏土夹碎石,其次为壤土、碎石土,广布于本区各山体地表,厚 0~15m,一般厚 1~2m,表层为厚 0.5~1.0m 的腐殖土。

③地质构造。D1 副坝区位于坡平顶背斜的次级构造——D1 背斜的北东翼,D1 背斜核部表地层为二迭系(P),两翼为三迭系(T),轴向 NW310°,向 SE 倾伏。坝址岩层呈单斜状产出,产状 NW310°~330°,NE∠50°~60°。本区地表普遍覆盖,未发现断裂构造,但裂隙发育。

④岩(土)体物理力学性质。该坝区地表残积层绝大部分为高液限黏土,组成黏粒占 52.4%,粉黏占 35.0%,其余为细砂和极细砂,结构较为均匀,硬塑状,压缩性中等,抗剪强度较高,标准贯入试验击数 13~23 击。其物理力学性质及岩体风化厚度可查相关数据表。

⑤水文地质条件。本区地下水有孔隙潜水和裂隙潜水,前者埋藏于冲沟底坡积层内,后者多赋存于基岩风化带。地下水储量不丰,水文地质条件简单。勘探钻孔的裂隙潜水水位均低于正常蓄水位,从山坡内向沟谷排泄。地下水化学类型属重碳酸钙镁水,pH=6.7~7.3,对普通硅酸盐水泥无浸蚀性。

初步判断 D1 副坝工程地质可能存在风险。

2)D2 副坝工程地质风险(略)。

3. 通航建筑物工程地质风险

B1 水利枢纽通航线路位于水库左岸,从库首 D1 沟起,穿过分水岭×××沟而下,再折向 C1 江岸坡,于主坝下游约 7cm 处汇入 C1 江,线路总长 4338m。建筑物包括上游引航道、第一垂直升船机、中间渠道、渡槽、第二级升航机、下引航道以及××坝等。一级垂直升船机提升高度 25m,二级 89.6m 单次提升 2×300t,年通过能力双向 541 万 t,单向 270.5 万 t。××坝位于明渠末端,坝顶高程 205m,最大坝高 27m。

总体而言,通航建筑物所在区域地质构造简单。本区位于 D1 背斜北东翼,背斜轴向北西，向南东倾伏，二级升船机地段接近其倾伏转折部位。北东翼地层产状 NW290°～320°，NE∠50°～80°，局部发育有层间褶曲。本区断裂有北西西向和北东向两组，以北西西组顺层挤压破碎带和构造夹泥层最为发育。

初步判断可能存在稳定性风险。

（三）环境风险

1. 自然环境

B1 水库淹没区涉及边境的 B1 市、T 县、F 县，水库面积 136km²。库区属于低纬地带，在北回归线附近，属亚热带气候区，光照充足，夏长冬暖，无霜期长达 350 天以上，多年平均气温为 22.1℃；年均降雨量为 1078～1350mm，年蒸发量 1645mm，年平均相对湿度 76%，年日照时数 1795h。库区光照充足，雨量充沛，适合植物和农作物生长。

库区属中高丘陵区，成土母岩为砂页岩，自然土以红壤土和赤红壤土为主，土壤从北到南水平分布规律是：砂页岩红壤—第四纪红土赤红壤—砂页岩赤红壤。库区土壤土质较好，偏酸性至中性，沙壤土和黏壤土占 90%以上，耕作性较好，但普遍耕作层较薄而且缺钾、磷较严重。库区农田种植水稻为主，旱地种植玉米、木薯、甘蔗、大豆等。库区植被较好，生物资源丰富。用材林以松、杉、桉为主。经济林种类繁多，主要有油茶、茶叶、八角、油桐、芒果、柑橙、香蕉等。矿产资源虽有 20 多种，但都没有多大开采价值。

2. 生态环境

库区动植物资源丰富，这些动植物资源在建库后应加以保护，并采取有效的保护措施。

（1）陆生动物资源现状。据调查统计，库区共有鸟类 181 种，兽类 78 种。库区周围有受国家保护的野生动植物 30 种，鸟类和兽类各 15 种，它们分别是：一类保护鸟类有黑颈长尾雉；二类保护鸟类有蜂鹰、苍鹰、雀鹰、白鹇、原鸡、白腹锦鸡、红腹锦鸡、褐翅鸦鹃、小鸦鹃、草鸮、雕鸮、褐林鸮、灰林鸮、蓝翅八色鸫；一类保护兽类有熊猴、云豹、金钱豹；二类保护兽类有猕猴、短尾猴、穿山甲、巨松鼠、黑熊、水獭、小爪水獭、大灵猫、金猫、林麝、苏门羚、班羚。

长期以来，由于库区经济落后，生活贫困，人们对野生动物资源及大多数野生动物赖以生存的森林进行了掠夺式的开发利用，导致野生动物的栖息地不断地被破坏，野生动物资源量不断减少。到目前为止，库区经济价值较大的野生动物（多半也是国家保护野生动物）数量已很少。

（2）陆生植物现状。库区位于滇、黔、桂交界处，属于滇黔桂、A2 省高原、北部湾、滇缅泰等四个植物区的交汇地带，因而具有这四个植物区系的植物成分。据调查统计，库区共有维管束植物 820 种，分属 153 科 494 属，其中蕨类植物 18 科 31 属 54 种；裸子植物 3 科 4 属 8 种；双子叶植物 115 科 380 属 642 种；单子叶植物 17 科 79 属 116 种。以蝶形花科、大战科、禾亚科、菊科、茜草科植物种类较多。

库区有 12 种国家级保护珍稀濒危植物，其中二级保护植物有柄翅果和蒜头果两种；三级保护植物有任木、田林细子龙、青檀、红椿、顶果木、假山龙眼、海南吹风楠、锯叶竹节树、白桂木、油杉。二级保护植物和大部分三级保护植物都生长在水库淹没线以上，仅有任木、田林细子龙、青檀、红椿、假山龙眼等 5 种三类保护植物在水库淹没线上下都有分布。

（四）财务风险

B1 水利枢纽工程是以防洪为主，兼有发电、灌溉、航运、供水等综合效益的大型水利工程，是由中央和地方共同筹集基本金，银行贷款建设项目，在资金筹措方面的风险较小。但是考虑到本项目为公益性项目，其盈利能力与偿债能力可能存在一定的风险。

（五）经济效益风险

工程效益可能存在如下风险因素：一是没有按设计预留 16.4 亿 m³ 防洪库容而使防洪没有达到预期效益；二是发电量没有达到设计的数量并超出财务评价的风险性，或者是上网电价低于财务评价所用电价，造成还贷困难。

（六）社会风险

B1 水利枢纽位于 A1 省 B1 市的 C1 江上，坝址在 B1 市城区上游 22km 的 P 村，该枢纽的范围属三省（区）的结合部，是当年×××创建的老革命根据地，目前属于老、少、边、贫地区。B1 水利枢纽正常蓄水位的水库面积 136km²，A1 省占 75.1%，A2 省占 24.9%，涉及 A1 省的 B1 市、T 县和 A2 省的 F 县，共有 12 个乡（镇）、42 个村政府、169 个自然村和 A1 省劳改局所属的 B1 茶场。共计淹没耕地 6.09 万亩，需要迁移人口 2.70 万人。库区人口 95% 为×族（少数民族）。库区主要是农业人口，受教育程度较低。由于涉及部分人口，尤其是少数民族人口的征地拆迁，以及后续的安置问题，有可能产生一定风险。

（七）管理风险

B1 水利枢纽也可能遭遇人为风险，主要是因管理人员专业素质低及管理机制与非工程措施不完善而造成的风险。如管理制度不健全，管理粗放，技术含量低；日常运行维修养护不善，紧急情况下泄洪设施无法投入运用；操作失误；部分管理者有法不依，盲目超蓄；防汛交通、通信及大坝安全监测等管理设施和手段落后等。

四、风险估计与评价

风险概率、影响程度及风险程度等级划分表如表 6-77 所示。

表 6-77　　　　　　　　　风险概率、影响程度及风险程度等级划分表

风 险 概 率		影 响 程 度		风 险 程 度	
等级	标准和含义	等级	标准和含义	等级	标准和含义
很高	非常可能发生	严重	在本省或更大范围内造成一定负面影响，需要通过长时间努力才能消除，付出巨大代价	很大	可能性大，影响和损失大，影响和损失不可接受，必须采取积极有效的防范化解措施
较高	有可能发生	较大	在本省内造成一定影响，需要通过较长时间才能消除，需付出较大代价	较大	可能性较大或影响和损失较大，影响和损失可以接受，需采取必要的防范化解措施
中等	有可能发生	中等	在当地造成一定影响，需要通过一定时间才能消除，需付出一定代价	一般	可能性不大，或影响和损失不大，一般不影响项目的可行性，应采取一定的防范化解措施
较低	发生可能性很小	较小	在当地造成一定影响，可短期内消除，付出代价较小	较小	可能性较小，或影响和损失较小，不影响项目的可行性
很低	发生可能性很小，几乎不可能	可忽略	在当地造成很小影响，可自行消除	微小	可能性很小，影响和损失很小，对项目影响很小
备注	风险程度是根据风险事件发生的概率和影响程度来评判				

（一）水库区工程风险

1. 库水渗漏

库区构造线主要为北西向和近东西向，构造形迹表现为紧密线状褶皱和压纽性断裂。库区地层岩性主要有三选系中下统砂、泥岩，分布面积占库区总面积的 2/3 以上，其次为石炭系灰岩、硅质岩，以及泥盘系砂岩、泥岩、硅质岩和华力西期辉绿岩。这些岩层除部分灰岩外，均为非可溶岩层，隔水性能良好，库水渗漏可能性不大。

2. 水库诱发地震

沿 C1 江断裂带自 1751 年以来，共记载 4.75 级以上的地震 3 次，最大为 1977 年 10 月 19 日 PG 的 5.0 级地震。从近百年的地震记录看，坝区 30km 范围内未发生过 4 级以上的地震，而近期的地震活动主要集中在 B3 和 PG 之间，这说明 C1 江断裂带的地震活动是不均衡的。C1 江断裂是一条活动的走向滑移断裂，有发生大地震的可能，但属弱活动性断裂（滑移速率为 0.1～0.01mm/年），地震重现期将很长（1 万～10 万年）。F_4 断层通过热释光等测试结果表明，最晚一次活动至少在 25 万～30 万年以前，不具备发生地震的构造背景条件。经水利水电科学研究院抗震研究所的研究结果认为，B1 水库不具备诱发强烈水库地震的条件，诱发弱至中等强度的水库地震的可能性也较小，并低于坝区地震基本烈度 7 度值。

总体而言，B1 水利枢纽地质条件较复杂，但水库不具备诱发强烈地震条件，诱发弱至中等强度的地震可能性也很小。水库蓄水后，地震震中区裂度不会超过 V 度，对大坝安全影响不大。

3. 库岩稳定

库区两岸为中低山地，河谷为较宽阔的 V 型谷。岸坡一般为 30°～40°，碳酸盐类岩石组成的岸坡较陡，为 60°～80°。岸坡以岩质边坡为主，局部为残坡积的含碎石土质边坡，无较大规模的滑坡体和崩塌体，库岸条件良好。再经水利部 C 江勘测设计研究所对近坝库岸段的航、卫片及侧视雷达的分析研究，均未发现有较大的滑坡和潜在的不稳定体，并认为库岸是稳定的，基本无不稳定库岸。

4. 水库淹没

B1 水库为峡谷型水库，两岸阶地不发育，岸坡主要由基岩组成。正常蓄水位 228m 以上无大片耕地，以下无工矿企业及有开采价值的矿床。农田浸没主要出现在各支流的库尾局部地段，根据库区淹没实物指标调查结果，受淹没影响的农田 63 亩。水库区工程风险的风险概率、影响程度与风险程度如表 6-78 所示。

表 6-78　　　　水库区工程风险的风险概率、影响程度与风险程度

风险类型	具体表现形式	风险概率	影响程度	风险程度
水库区工程风险	1. 库水渗漏	很低	中等	较小
	2. 水库诱发地震	很低	较大	较小
	3. 库岩不稳定	很低	中等	较小
	4. 水库淹没	较高	较小	较小

（二）坝址及枢纽主要建筑物工程地质风险

1. 主坝工程地质风险

坝基辉绿岩各个方位的裂隙均有发育，而且具有明显的不均一性和相对集中性，不同部位裂隙发育程度不同，产状也不太稳定。裂隙特性可查相关数据表。

辉绿岩岩体的风化深度河床最浅，右岸最深，左岸居中，一般在 2～30m，最深 53m。辉绿岩体是混凝土重力坝较为良好的坝基，不足之处是岩体原度编小，外侧软若岩体以 50°～55°角插入坝基，对大坝变形和应力传递不利。另外，F_6 断层从坝基上游切至下游，对防渗、防压和应变的控制也不利。

2. 泄洪消能区工程地质风险

主坝泄洪消能区地基岩体软硬相间，其物理力学性质差别很大，存在不均一变形的问题。尾坎齿墙主要坐落在 D_3L^{7-1} 的中厚层泥岩与铁锰质泥岩互层上，允许抗冲流速低，为 2.0～2.5m/s，需进行专门处理。另外，强弱风化硅质岩属弱～中等透水岩层，扬压力的顶托对建筑物安全的影响也大，应做好防渗和排水设施。在泄洪时，池内属高速水流，消力池底板压力大，必须将消力池牢固地锚在地基上。

3. 水电站工程地质风险

厂房洞和主变尾闸洞均无较大断裂通过，围岩以III类为主，少量为II类，成洞条件为一般与较好，但洞室跨度大，建议分层分块开挖，先拱顶，后边墙，采用光面爆破；对顶部和边墙要进行系统锚固，全面喷混凝土钢筋网或喷钢钎维混凝土支护，而且要及时；系统锚杆一般长 5～7m，局部地段可采取锚索支护。主变尾闸洞拱顶上复有效岩体的厚度偏薄，施工时要加强支护和测量工作，随时改变施工方法和支护措施。厂房洞和主变尾闸洞之间的岩体厚度偏薄，又有 4 条母线洞穿过，破坏了间隔岩体的完整性，要加强支护，确保间隔岩体的稳定。由于辉绿岩体节理发育，因此岩体完整性较差，台岩难以形成。对于岩锚梁方案要有可靠施工保证措施。

进水塔地基持力岩层的岩体软硬岩相间，强度不一，变形模量差别大，存在不均匀沉陷和部分岩体承载力偏低的问题，需要扩大基础和在结构上采取有效措施；开挖边坡存在上硬下软和泥化夹层等不利因素，一定要分层开挖，及时喷锚支护；引水隧洞上水平段围岩类别为 V 类，竖井段围岩类别为IV类，下水平段围岩为III～IV类，竖井上游壁岩层以 38°～55°倾向井内，对井壁围岩稳定极为不利，要加强支护。

4. 副坝坝址工程地质风险

B1 水库有 D1 副坝和 D2 副坝，分别离主坝区 5km 和 4.8km。D1 副坝为心墙土石坝，D2 副坝为匀质土坝。

（1）D1 副坝工程地质风险。D1 副坝坝址位于分水岭垭口，自然边坡稳定，坝基地层为第四系残坡积粘土、三迭系中统百蓬组第三段和第四段的细砂岩、粉砂岩夹泥岩，无较大规模的断裂通过。坝基透水性顶部中等，下部为弱透水，工程地质条件简单，适宜建土心墙土石坝。坝基下存在顺沟呈狭长带状分布的塑状黏土透镜体，因其宽厚度小，对坝体抗滑稳定和沉降影响不大，但在坝体心墙下应作齿槽清除该软弱体。

（2）D2 副坝工程地质风险（略）。

5. 通航建筑物工程地质风险

通航建筑物的一级升船机、中间渠道岩流分水岭、二级升船机地段形成人工开挖高边坡，其左侧是逆向坡，为稳定～基本稳定；右侧为顺向坡，为基本稳定～局部稳定性差。

一级垂直升船机上闸首为挡水建筑物，地基虽属弱透水岩体，但透水率仍高于防渗标准，需做防水处理。

构造破碎带以 PD306 平硐的 F_1（306）挤压带规模最大，PD304 平硐的 F_2（304）断层次之，其余规模较小，但集中成带或处在边坡上部时将对工程产生较大影响。坝址及枢纽主要建筑物工程地质风险的风险概率、影响程度与风险程度如表 6-79 所示。

表 6-79　　　坝址及枢纽主要建筑物工程地质风险的风险概率、影响程度与风险程度

风险类型	具体表现形式	风险概率	影响程度	风险程度
坝址及枢纽主要建筑物工程地质风险	1. 主坝工程地质风险	较低	中等	较小
	2. 泄洪消能区工程地质风险	较低	中等	较小
	3. 水电站工程地质风险	较低	中等	较小
	4. 副坝工程地质风险	较低	中等	较小
	5. 通航建筑物工程地质风险	较低	中等	较大

（三）环境风险

1. 水库对地面水影响

（1）水库建成后，坝前水深超过 100m，水库水呈稳定的分层结构，下泄水温较天然水温低，对于游水生物和农作物灌溉有一定负面影响。

（2）库区无大型工矿企业，河段水体为轻污染，主要污染源为悬浮物，到 2010 年，水体水质良好，水库水质为负营养型。

2. 水库对生物影响

（1）水库建成后，由于下垫面的改变，将形成与以前不同的局地小气候，影响距离 18.5km；库区气温、湿度略有增加，雾日增加；霜日减少，有利于植物和农作物生长。

（2）水库建成后将会影响一些具有产卵洄游习性的鱼类，存量将会减少。拟建渔业增殖站进行补偿。

（3）水库周边动植物资源繁多，水库淹没对动植物资源影响不大，但应注意施工期间对周围动植物资源的保护。

（4）库区居民居住、卫生条件较差，水库建成后要严防介水传染病、虫媒传染病等传染性疾病的传播和流行。

（5）水库兴建将淹没耕地 55801 亩，需搬迁人口 29027 人（规划水平年），移民安置以外迁为主，应注意水土保持和移民企业的新污染源治理，做到既保护环境又发展生产。

3. B1 水利枢纽建设对水土流失影响

（1）工程建设期进行大量的土石方开挖，严重破坏原有地貌和植被，将会造成严重的水土流失，因此必须制订切实可行的水土保持方案，控制水土流失。

（2）工程建设产生大量弃碴，雨水冲刷容易造成水土流失，应对弃碴采取有效的保护措施，防止水土流失。

（3）移民点和专项工程迁建面广、量大，造成的水土流失也应引起重视，在防止水土流

失规划设计应采取植物措施为主，工程措施为辅，控制水土流失。环境风险的风险概率、影响程度与风险程度如表 6-80 所示。

表 6-80 环境风险的风险概率、影响程度与风险程度

风险类型	具体表现形式	风险概率	影响程度	风险程度
环境风险	1. 水库对地面水影响	较高	较小	一般
	2. 水库对生物影响	较高	中等	较大
	3. 水库对水土流失影响	较高	中等	较大

（四）财务风险

1. 盈利风险

根据测算的电价和电量，通过现金流流量表进行计算，本枢纽一期工程的财务评价指标如表 6-81 所示。

表 6-81 B1 水利枢纽一期建设工程财务评价指标表

指　　标	资本金	项目投资
财务内部收益率（%）	3.72	4.73
财务净现值（i_c=3.5%）（万元）	9207	75055
投资回收期	26.19	19.40
投资利润率（%）（还贷期后）	9.13	3.61
投资利税率（%）（还贷期后）	13.11	5.18

从表 6-81 可以看出，资本金收益率为 3.72%，项目财务内部收益率为 4.73%，均大于综合贷款利率 3.46%，表明工程在财务上可行，具有一定的财务盈利能力。

2. 偿债风险

B1 水利枢纽一期工程在满足银行贷款条件下，上网电价为 0.26 元/kWh，低于当地平均上网电价，具有一定竞争力。而且 B1 水电站的枯水期电量占年发电量的 38.2%，调峰电量占年发电量的 47.8%，如果实行峰谷不同电价后，则有较强的竞争上网能力。同时，由于××水利开发有限公司分别与有关部门签署供电协议和上网协议，因此本电站上网供电是有保证的。

本电站从国家开发银行借款偿还期为 20 年，尽管在项目建设期资产负债率较高，最高达 60%，但在项目投产后迅速降低，在还贷期末即低于 1%，在计算期内电站累计盈余资金约 484821 万元，电站有能力按期偿还贷款，电站财务风险较低，偿还债务能力较强。

3. 敏感性分析

本枢纽一期工程财务评价敏感性分析，主要考虑固定资产投资、借款利率和发电量等不确定因素单独变化时，对还贷电价和财务指标的影响程度。敏感性分析结果如表 6-82 所示。

从敏感性分析结果看，资本金收益率在 3.52%～4.31%波动，项目财务收益率在 4.37%～5.19%波动，但都大于综合贷款利率 3.46%。根据满足还贷要求计算的上网电价最高为

0.302 元/kWh，电价仍较低，表明该项目具有较强的抗风险能力。敏感性分析结果表明，投资变化是最为敏感的因素，应注意控制投资。财务风险的风险概率、影响程度与风险程度如表 6-83 所示。

表 6-82　　　　　　　　　　B1 水利枢纽一期工程财务评价敏感性分析结果表

序号	项　　目	资　本　金		全　部　投　资		上网电价（元/kWh）
		内部收益率（%）	投资回收期（年）	内部收益率（%）	投资回收期（年）	
1	基本方案	3.72	26.19	4.73	19.40	0.260
2	投资增加 10%	4.31	25.43	5.19	18.47	0.302
3	投资减少 10%	3.56	25.91	4.48	20.04	0.230
4	利率增加 10%	3.72	26.33	5.00	18.81	0.267
5	利率减少 10%	3.54	26.48	4.37	20.23	0.249
6	发电量增加 10%	3.52	26.66	4.62	19.63	0.232
7	发电量减少 10%	3.54	26.62	4.63	19.61	0.284

表 6-83　　　　　　　　　财务风险的风险概率、影响程度与风险程度

风险类型	具体表现形式	风险概率	影响程度	风险程度
财务风险	1. 盈利风险	较低	中等	较小
	2. 偿债风险	较低	中等	较小

（五）经济效益风险

1. 为追求经济效益而不按设计留足防洪库容的风险

因没有按设计留足 16.4 亿 m^3 防洪库容的风险是可能存在的，但程度较小，因为 B1 水利枢纽是国有的以防洪为主的工程，负责该工程管理的 C1 江公司也是国有企业，管理单位有较完整的管理体系和严格水库调度的规章制度，不会为了增加蓄水来提高发电效益去损害防洪效益。

2. 电量不足或电价过低影响还贷的风险

一是电量不足的问题，造成该问题的主要原因是水库来水不足，从水文周期的规律分析，在水电站还贷期内，水库来水属于平水年和丰水年时段，总体来说水量不会小于设计多年平均数，只要调度得当，电量是可以保证的；二是电价问题，设计上网电价为 0.26 元/kWh，比近年建设和已经建设的电站上网电价低很多，估计这样的电价只有高，不会低，特别是在今后的枯丰及峰谷电价拉大后，既是调峰又是枯水期电能占大部分的 B1 水电站的经济效益非常有利。因此，该风险程度较小。经济效益风险的风险概率、影响程度与风险程度如表 6-84 所示。

表 6-84　　　　　　　经济效益风险的风险概率、影响程度与风险程度

风险类型	具体表现形式	风险概率	影响程度	风险程度
经济效益风险	1. 为增加蓄水来提高发电效益，而未按设计留足 16.4 亿 m^3 防洪库容的风险	很低	中等	较小
	2. 电量不足或电价过低影响还贷的风险	很低	中等	较小

（六）社会风险

B1 水利枢纽是一座以防洪为主，结合发电、灌溉、航运、供水等综合利用的大型水利工程，是以公益为主的项目，社会效益非常显著。

随着 B1 水利枢纽开工建设，首先在最贫困的库区实施开发性移民，大部分迁移到条件较好的新址，并通过教育和培训提高移民的文化知识和劳动技能，在科学的生产安置和合理地使用移民安置费的条件下，库区移民及仍生活在库区周边的农民，将很快摆脱贫困，走向小康。其次是 B1 水利枢纽建设，将促进 B1 地区工农业的快速发展，特别是对该区的水泥、粉煤灰等工业，以及机械加工、农副产品等。B1 水利枢纽建设带动地区经济的发展，对改变当地的贫穷落后面貌将起到很大的作用。

此外，B1 水利枢纽工程虽然地处少数民族地区，但是该地区的少数民族长期以来与×族和睦相处，绝大部分×族群众既会讲该民族语言，也会讲通用语。在学校都是接受通识教育，宗教信仰亦并无不同，迁移后文化不会产生冲突和不适应的状况。

根据针对不同利益群体的调查，大部分群众对该项目的建设表示出支持和积极的态度。防洪受益区约 200 万人口，希望该工程早日兴建，B2 市和 B1 地区政府都表示愿意投资参股该工程建设；淹没区群众在了解 B1 水利枢纽建设对 B1 地区、B2 市、C2 江沿岸防洪及全省经济建设的巨大作用后，都表示顾全大局，愿意搬迁，并以地方政府的名义做出承诺。特别是只受淹不受益的 A2 省富宁县被淹群众，在当地政府的配合下，积极配合设计人员做好受淹土地及房屋等调查和移民安置规划。

综上所述，该项风险程度一般。但由于人为的工作失误或某些工作人员不严格执行国家政策造成移民群众的不满是可能存在的。为此，在淹没赔偿和移民安置工作中，一定要严格执行国家和省人民政府有关法律、法规，让人民群众满意。社会风险的风险概率、影响程度与风险程度如表 6-85 所示。

表 6-85 社会风险的风险概率、影响程度与风险程度

风险类型	具体表现形式	风险概率	影响程度	风险程度
社会风险	移民安置问题	较低	中等	一般

五、风险对策

风险程度一般及以上风险汇总如表 6-86 所示。

表 6-86 风险程度一般及以上风险汇总表

风险类型	具体表现形式	风险概率	影响程度	风险程度
坝址及枢纽主要建筑物工程地质风险	通航建筑物工程地质风险	较低	中等	较大
环境风险	1. 水库对地面水影响	较高	较小	一般
环境风险	2. 水库对生物影响	较高	中等	较大
	3. 水库对水土流失影响	较高	中等	较大
社会风险	移民安置问题	较低	中等	一般

B1 水利枢纽是 C2 江综合利用规划梯级设置的第二梯级，是开发治理 C2 江的关键工程，

该项目的建设对促进该地区经济和社会发展，改变 C1 江老革命根据地落后面貌具有重要意义。根据对各种风险因素及风险程度的分析，针对已识别出的主要风险，提出如下的防范和降低风险的对策，力图使风险后果和影响得到减免或减轻，并对潜在的不利因素进行监测，确保工程的经济效益和社会效益得到和谐的统一。

（一）通航建筑物工程地质风险对策

（1）通航建筑物的一级升船机、中间渠道岩流分水岭、二级升船机地段形成人工开挖高边坡，其左侧是逆向坡，为稳定～基本稳定；右侧为顺向坡，为基本稳定～局部稳定性差。稳定性差的顺向坡宜进行全面防护处理，如系统锚固或其他专门处理措施，并作长期监测。

（2）一级垂直升船机上闸首为挡水建筑物，地基虽属弱透水岩体，但透水率仍高于防渗标准，需做防水处理。建议防渗帷幕深度为 1 倍水头，并向两岸延伸各 40m。

（3）N 坝工程地质条件良好，可以兴建当地材料坝，但要对坝肩做适当防渗处理。

（二）环境风险对策

1. 水质保护

根据本工程的实际情况，水质保护采取如下措施：

（1）大力宣传《水法》和《水污染防治法》，并根据《环境保护法》提出的"谁污染，谁治理"的原则，对库区各工厂特别是××造纸厂和×××锑矿等，应按照《污水综合排放标准》，检查污水达标以后才能排入水库。

（2）水库蓄水前，必须严格按《水库库底清理办法》进行库底清理。

（3）在水库周边范围采取封山育林，严禁在大于 25°的山坡开垦种植，对已开垦的应退耕还林，减少水土流失。

（4）B1 水电站停机期间，从坝内埋管放水，确保坝址下游河段不小于环境要求水量 $4m^3/s$。

2. 生物保护

（1）建渔业增殖站。根据国内成功经验，向水库投放大规模鱼种作为保护增殖水产资源是行之有效的措施。因此，B1 水利枢纽应建设渔业增殖站，进行人工放流，对水产资源损失进行补偿。

（2）珍稀动物保护。恢复森林植被是提高环境质量、保护生物资源、减少因建库对野生动物影响的根本措施。恢复和建设植被应采取封山育林、人工造林；加强保护研究，开展驯养繁殖。

（3）加强生态环境研究。水库水深达 100 多米，水温较低，应进一步研究水温对库区及下游水生生物的影响及采取相应的措施。

3. 水土保护

（1）珍稀植物保护。

制订被淹的珍稀植物搬迁计划；针对不同的珍稀植物进行小规模的采种育苗、幼树和幼苗的搬迁经验以确保整个搬迁计划的成功；对库区群众宣传保护珍稀植物的重要性，并制订相应的奖罚条例，调动广大群众保护珍稀植物的积极性。

（2）W 自然保护区的保护。W 水源林保护区于 1982 年经 A1 省人民政府批准，同年建立保护站，主要保护对象是水源涵养林。该保护区在库区内，保护措施有严禁向保护区内移民及周边移民在保护区内垦殖、砍伐和狩猎；造林；建立苗圃和加强造林指导，大力营造阔叶林；加强现有林木的封山和管护。

4. 环境监测

环境监测主要是针对工程施工期间和工程完工后运行期间对环境影响的环境因子，依据国家环境监测的有关规定进行监测。监测的主要内容有水质监测、环境空气质量监测、噪声监测、水土流失监测、人群健康调查、移民安置区环境监测、库区疫情监测、水温监测等。

（三）移民安置风险对策

（1）B1 水利枢纽工程为高坝大库的 C2 江流域的龙头水库，淹没及移民影响范围大，是影响该工程建设的难题，必须在设计中认真核实淹没土地和做好移民规划。

（2）移民居住区远离工矿企业并在其上风向选择；政府要做好协调工作，尽量避免因居民点建设造成环境和社会问题，使移民区经济发展、环境优美、社会安定，长治久安。

附录一　中咨公司投资项目风险分析评价准则❶

一、编制目的和适用范围

（一）编制目的

为在投资建设领域全面贯彻落实科学发展观，切实体现"在继续注重提高投资效益、规避投资风险的同时，更加注重经济社会的可持续发展"的咨询理念新要求，必须不断改进和完善咨询评估工作，改进和加强投资项目风险分析，规范风险分析评价工作内容、程序和方法。为此，制订本分析评价准则。

（二）适用范围

本分析评价准则适用于中咨公司在项目前期咨询服务中开展的投资项目风险分析评价，包括项目建议书、可行性研究、项目申请报告的编写与评估阶段所涉及的项目风险分析评价，以及项目可行性研究阶段所开展的风险分析专题研究。此外，项目建设阶段开展中期评估、项目运营阶段开展后评价所涉及的风险分析评价也可以参照执行。

二、风险分析评价的基本原则

（一）客观性

风险是客观存在的。对投资项目而言，由于咨询评估的项目基本都处于项目前期阶段，尽管在项目前期工作中就项目的市场、技术、经济、环境、社会等方面做了比较详尽的预测和研究，但基于人们对客观事物认识能力的局限性、事物本质发展的动态性、环境的复杂性和可变性，以及预测方法、手段和条件的限制，项目实施过程中和项目建成后的实际情况可能与项目前期所预测的基本方案发生较大的偏离，从而导致项目存在发生损失的可能性。

显然，风险是不以人的意志为转移而客观存在的，任何投资项目都不可避免地要面临各种风险因素的影响，只是不同项目或是项目所处的不同阶段面临的主要风险可能不同，或是主要风险的影响存在较大差异。由于风险分析评价是由项目经理组织相关专业人员来完成的，每个人都因专业、知识、工作背景、文化价值取向的不同，而对风险的认识或多或少存在一定的差异。因此，必须通过规范的工作方法，尽可能减少个人的主观猜想和臆断，客观认识项目存在的各种风险因素，科学评价其对项目可能产生的影响，合理地制订风险应对措施，以规避风险的不利影响。

（二）系统性

在投资决策阶段，项目面临诸多风险因素，必须树立项目全寿命周期的理念，充分考虑项目前期、建设和运营各个阶段的需要，采用科学的方法，系统分析项目存在的潜在风险因素。一般应包括政策风险、市场风险、技术风险、工程风险、经济风险等，特别要重视资源风险、环境风险、安全风险和社会风险等。对于海外投资、跨国并购等特殊项目还要充分考虑项目所在国或地区的政治、法律、文化等风险。

风险分析评价应贯穿于项目分析的各个环节和全过程。即在项目可行性研究的主要环

---

❶本准则供中咨公司内部使用，并根据情况变化适时进行修改完善，相关内容仅供参考。

节，包括市场、技术、资源、环境、财务、社会分析中进行相应的风险分析，并进行全面的综合分析和评价。风险分析是在市场分析、技术分析、财务分析等专业分析评价的基础上，就风险问题展开的一种系统分析，应由项目经理牵头负责，组织相关专业人员参加，共同完成投资项目风险分析评价任务。

（三）科学性

投资项目风险分析评价面对的是一项高度复杂的任务，要在纷繁多变的环境和项目众多的潜在风险下，准确地识别和把握项目的主要风险，剖析风险产生的原因，评价其对项目可能的影响，需要采用先进而可靠的分析方法和工具。尽管风险分析经过几十年的发展已逐步完善，产生了诸多的分析方法，特别是随着计算机技术的发展，风险分析手段和工具不断推陈出新，风险模拟更是成为最重要的定量分析手段，得到了广泛的应用。但是，每种方法都有其适用范围和条件，不存在一种万能的分析方法，可以适用于所有行业的所有项目，必须针对项目的实际情况和具体特点，科学地设计程序、合理地选择方法。

（四）经济性

一般地，风险与收益成正比，通常收益越高，风险越大。风险分析评价最终要针对主要风险因素，制订风险规避措施，以降低风险的不利影响，同时获得风险带来的收益。但是，任何风险措施都需要付出相应的代价，甚至为了规避难以承受的风险而不得不彻底放弃项目投资。因此，制订风险对策必须合理权衡风险代价与风险收益，为规避风险而付出的代价或支付的成本应该小于风险收益，不能简单采用为防范风险而不计代价的做法。

（五）动态性

随着环境的发展、技术的进步、研究工作的深入，投资项目面临的风险可能发生变化。一个阶段面临的主要风险，到下一个阶段就可能不再存在，也有可能面临新的风险；或者上一阶段的风险可能依然存在，但已经不再是项目的主要风险。总体上，随着项目的进行和研究工作的不断深入，项目的风险因素逐步减少。因此，在项目周期中的不同阶段，风险因素和风险的范围也在不断地变化，风险分析的重点也随之发生变化，必须充分考虑项目所处的阶段，根据实际情况确定风险分析评价的范围和重点。

三、风险分析评价的主要目的

风险分析评价是投资项目决策过程中的重要环节，其目的是帮助决策者更理性地思考和决策。在投资项目决策阶段，风险分析评价的主要任务主要有以下几个方面。

（一）风险发现

对项目前期、建设和运营阶段存在的风险因素进行分析，采用多种定性分析和定量分析方法，分析项目潜在的各种风险因素，评价其主要影响或可能产生的后果，筛选出需要处理的主要风险因素。

（二）风险应对

深入分析导致项目建设和运营风险的各种潜在原因，针对主要风险因素对项目的重要影响，提出防范或减少风险影响的对策建议，包括提出有关风险因素的进一步研究和试验课题，组织开展进一步的专题研究、调查或试验，以获得更多的信息。

（三）科学决策

客观分析风险因素可能造成的影响与后果，帮助投资者或是决策者全面认识项目，合理权衡风险与收益，从而科学地做出投资决策。

四、风险分析评价的主要任务

（一）风险识别

（1）风险识别是风险分析评价的基础。其主要任务是认识、发现和确定项目可能存在的风险，初步估计这些风险因素对项目的影响，分析风险发生的条件和具体原因。

（2）风险识别要根据项目的特点，选择适当的方法进行。常用的方法主要有风险调查表、风险对照检查表、专家综合评价、风险结构解析、故障树、事件树等。

（3）风险因素识别既不能遗漏主要的风险因素，又不能简单罗列各类风险因素。因此，要全面分析风险可能出现的要素，借鉴类似项目的历史经验，特别是后评价的经验。同时，可运用"逆向思维"方法来审视项目，寻找可能导致项目"不可行"的因素，以充分揭示项目的风险来源。

（二）风险估计

（1）风险估计是风险分析评价中相对困难的任务。它是针对风险识别所揭示的主要风险因素，估计这些风险事件发生的可能性及其对项目的影响，包括风险事件的影响范围和风险事件后果的严重程度。

（2）风险估计通常采用定性分析与定量分析相结合的估计方法，包括历史数据分析、专家估计、敏感性分析、临界值分析等方法。

（3）有条件时，可采用风险概率分析方法。通过主观概率和客观概率的统计，确定基本风险因素的概率分布，运用概率论和数理统计分析的方法，计算项目评价指标相应的概率分布或累积概率、期望值、标准差等参数。

（4）对于一些需要进行风险概率分析的项目，应阐明采用的概率分析方法、选用的风险评价标准、需要进行概率分析的主要风险因素，预测风险因素的取值范围及概率分布。

（三）风险评价

（1）风险评价是风险分析评价的关键任务。基于投资项目的目标，在风险估计的基础上，通过相应的指标体系和评价标准，对风险程度进行划分。

（2）根据风险因素发生概率和风险因素出现后对投资项目影响程度的大小，将风险划分为不同等级，从而揭示影响项目成败的关键风险因素。一般地，可将风险分为高、中、低三个等级；有条件时，可以分为微小、较小、一般、较大和重大等五个风险等级；特殊需要时，可以分为微小、甚小、较小、一般、较大、甚大、重大风险七个等级。在风险分析评价中，需要针对项目实际，研究制订风险等级的具体标准。

（3）风险评价包括单项风险评价和项目整体风险评价，风险评价方法包括专家调查法、层次分析法、风险概率分析、蒙特卡罗模拟、风险概率叠加模型等。

（4）根据风险估计测算的风险因素取值及概率分布结果，阐述评价指标及概率分布，评价指标的期望值及项目可接受的累积概率。采用定量分析与定性分析相结合的方法，提出项目方案的风险影响程度及可接受的综合评估意见。

（四）风险对策

（1）风险对策是风险分析评价的核心任务。它是在风险评价的基础上，研究制订防范和规避风险的策略。

（2）风险决策与决策者的风险态度有关，不同风险偏好的决策者面对同一风险决策问题，会有不同的决策。对于企业投资者或决策者而言，一般分为风险热爱、风险中性和风险厌恶三类，分别采取最大盈利、期望值和最小损失决策准则。对于政府投资而言，应考虑风险中性，采取期望值决策准则。

（3）如果项目整体风险程度很高，风险管理的成本极大，则投资者可能放弃项目投资机会，以彻底规避投资风险。如果项目整体风险不高，则项目可以接受，但是对于风险分析中发现的关键风险因素，由于其对项目的成败具有重大影响，因此也需要研究制订风险应对措施，尽可能降低风险的不利影响，以实现预期投资效益。

（4）风险对策研究需要权衡风险管理成本和风险管理收益，通过采取不同的风险策略，包括风险转移、风险自担、风险分散、风险控制等，实现目标收益最大化。

（5）风险对策研究应贯穿于项目前期工作的全过程。项目前期工作的核心是项目可行性研究，这是一项复杂的系统工程，而风险因素又可能存在于技术、市场、工程、经济等各个方面。在正确识别出投资项目各方面的风险因素之后，应从方案设计开始就采取规避防范风险的措施，才能防患于未然。

五、风险分析评价的基本路径

风险分析评价有定性分析、定量分析以及组合分析三种基本路径。

（一）定性分析

（1）定性风险分析是基于专家分析方法，在占有一定资料的基础上，根据咨询工程师的经验、学识和逻辑推理能力，采用风险调查表、对照检查表、风险评价矩阵、风险结构解析、故障树、事件树等方法进行的风险分析评价。其目的是发现风险来源，估计各种风险发生的可能性，以及可能导致的后果，并对项目整体风险水平或程度进行评价。

（2）一个复杂的项目，存在一些因素不能量化或难以量化，不能直接进行定量分析，只能通过文字描述、对比，进行定性分析。同时，有条件开展的定量风险分析，最终也需要将量化的结果，经过专家的分析解释定性地表达出来。因此，定性分析是风险分析评价的基本方法，具有比较广泛的适应性，可以在所有项目的风险分析评价中采用。

（二）定量分析

（1）定量风险分析是在收集分析类似项目相关统计数据的基础上，客观估计主要风险因素的发生概率，应用敏感性分析、盈亏平衡分析、风险概率分析、风险概率叠加模型、蒙特卡罗模拟等定量分析工具，对风险影响程度进行量化分析的方法。

（2）进行定量风险分析时，应根据行业特点和项目实际情况，统一制订各种风险的度量单位和风险度量模型，并通过测试等方法，确保评估系统的假设前提、参数、数据来源和定量评估程序的合理性和准确性。

（3）由于定量风险分析能够具体量化风险发生概率和风险影响结果，使得风险分析结果的表示更加客观，更加清晰，使得决策者得以准确地把握风险、合理权衡风险，也有助于决策者更加科学地进行决策。因此，在条件许可的情况下，应采用定量分析方法进行风险分析。为了提高项目可行性研究和风险分析研究的质量，一般应开展定量风险分析。

（三）组合分析

（1）开展定量风险分析需要大量类似项目的统计数据作为分析的基础，但由于项目的唯一性，通常难以找到类似项目全部的相关统计数据。同时，由于项目所处环境的可变性，使得准确地预测项目的情况具有较大的难度。当可以获得项目部分风险变量的概率估计，而其他主要风险只能进行定性分析时，可以采用组合分析的方法，即综合运用定性分析和定量分析，全面分析项目的风险。

（2）层次分析法是一种典型的组合分析方法。它通过建立风险递阶层次结构、构造比较判断矩阵，将专家个人对风险的认识转化为量化的数字表示，通过矩阵运算，获得风险变量的相对权重，进而对项目整体风险进行评价。

六、风险分析评价的基本流程

完整的投资项目风险分析过程一般包括风险识别、风险估计、风险评价和风险对策研究四个环节，并可进一步细化为以下流程。在实际工作中，可以根据风险分析评价的具体要求和项目的实际情况进行适当的调整或简化，以提高分析评价工作效率。

（一）明确分析评价目标

（1）明确项目成功的关键判据。基于项目目标分析，建立衡量项目成功的指标体系，找出关键的判据。

（2）明确风险分析评价的目标。包括风险分析评价的范围、条件和要求。

（二）确定分析评价方法

（1）根据项目行业特点、业主要求、工作周期以及经费预算等实际情况，按照项目所处阶段风险分析评价的要求，选择恰当的风险分析评价方法。

（2）在风险分析评价的不同阶段，可以根据不同方法的适用条件，采用不同的分析评价方法和工具。

（三）收集项目风险信息

（1）基于项目目标进行项目结构分解。通常可以按照项目的风险来源进行解析，并细分到3~4级。

（2）列出各子项目可能的风险原因，分析子项目的基本风险表现。

（3）收集类似项目历史资料，特别是同一行业、相同地区的失败项目经验。

（4）收集项目相关信息，包括市场、技术、财务、环境、政策等方面的信息，分析其可能的变化对项目投入产出的影响。

（四）对主要风险进行分类

（1）根据项目的性质，确定风险分类标准。

（2）对识别出的风险进行分类。一般可以将风险归为市场风险、技术与工程风险、组织与管理风险、政策风险、资源风险、环境与社会风险等。

（五）估计风险的可能性与后果

（1）定性分析风险发生的可能性。可以采用标识、基数等标度方法来表示风险发生的可能性。

（2）定性分析风险发生的后果和影响。基于专家调查，分析风险对项目目标可能产生的影响，及其影响程度。

（3）按照风险的影响程度进行排队。可以采用风险评价矩阵，直观地显示主要风险的等级。

（六）改进风险估计

（1）确定是否需要进行风险定量估计。根据风险分析评价的任务要求，和风险概率的可获得性，决定是否对主要风险因素或部分风险因素进行定量估计。

（2）风险量化估计。对于需要定量估计的风险因素，可以基于客观概率，采用序数、比率等标度方法，描述风险发生的可能性，并基于敏感性分析、临界值分析等工具，估计风险因素对项目目标的定量影响。

（3）确定累计可能性和后果。基于风险分析评价的定量模型，通过层次分析、风险概率叠加、蒙特卡罗模拟等工具，分析主要风险因素及对项目整体的影响。

（七）确定风险等级

（1）研究提出风险等级划分标准。为便于不同的专家理解把握，需要对风险发生可能性和影响大小准确地进行描述。有条件时，应给出定量指标。

（2）基于每个风险或每组风险独立影响条件下，确定每个风险或每组风险水平。

（3）构建风险整体评价模型，采用专家综合评价、层次分析法或是风险概率叠加模型、蒙特卡罗模拟等方法，分析主要风险对项目整合的影响，以确定项目的整体风险水平。

（4）根据风险等级衡量投资项目的可接受性。

（八）提出风险应对措施

（1）根据风险等级，并考虑投资者或决策者的风险偏好和风险承受能力，区分风险热爱、风险中性和风险厌恶三类主体的不同态度，选择合理的风险策略。

（2）根据风险策略，设计具体的风险措施，以降低风险的不利影响。风险对策一般包括风险规避、风险转移、风险抑制和风险自担四类。

1）当项目投资存在的风险较大，可能导致超过风险承担主体的承受能力时，采用风险规避对策，放弃或改变该投资，从而彻底规避风险。

2）当项目存在自己不愿意承担或是超过自己承受能力的风险，而又可以通过某种方式转移给他人承担时，可以选择风险转移策略，包括保险转移和非保险转移两种方式。

3）当项目存在一定的风险，而投资人既不愿意放弃投资机会，也不愿意采取风险转移与其他企业一同分享机会、分担风险，而是采用风险抑制策略，通过改进前期研究、风险隔离等措施，降低风险发生的概率，减少风险事件造成的损失。风险抑制对策是项目可行性研究的重点内容，需要区分不同的风险类别，根据风险原因，寻找合理经济的措施。

4）当项目存在一定的风险，但因可能获得合理的或是高额利润，投资者不愿意将获利的机会分给别人；或者风险损失较小，可以自行处置解决。因而投资者采取风险自担策略，甘愿独自承担风险可能带来的损失。

（九）评价风险对策

（1）评价各种风险措施的可操作性和有效性。针对主要风险所提出的应对措施，应从实施主体、介入时间、实施条件等不同角度，评价各种风险的可实施性。

（2）合理权衡风险措施的代价和收益。对风险措施实施可能付出的代价及可能获得的收益进行权衡分析，判断实施风险规避措施的可行性。

（十）确定风险控制与预防方案

（1）确定风险控制或防范方案。根据各种风险措施的可操作性、有效性及费用效益等分析结果，比选提出并最终确定风险控制或防范的具体方案。

（2）为不可控风险设计替代方案。对于无法获得可实施的风险应对措施，或者虽然可以找出风险应对措施，但所付出代价不具有可行性的方案，提出放弃原有方案，设计替代方案的建议。

七、不同阶段风险分析评价的要求

（一）项目建议书编制

（1）对于接受企业或政府部门委托开展的项目建议书编写任务，应针对立项阶段的主要任务，根据行业特点和项目的实际情况进行风险分析，其重点一般包括政策风险、市场风险、技术风险、资源风险、环境风险等。

（2）分析方法主要采用定性分析，通过专家调查表、风险矩阵等方法，并对风险进行细分到二级或三级，分析判断项目可能面临的主要风险，对下一步开展的可行性研究提出建议，以规避主要风险。

（二）项目可行性研究报告编制

（1）对于接受企业或政府部门委托开展的项目可行性研究，应进行全面的风险分析，根据行业特点和项目的实际情况确定分析重点；一般应包括政策风险、市场风险、资源风险、技术风险、工程风险、管理风险、融资风险、财务风险等。

（2）本阶段应进行风险结构解析，对风险进行细分到三个层次或四个层次，判断项目可能的主要风险及风险源。

（3）分析方法采用定性分析与定量分析相结合，以定量分析为主，有条件时应采用风险概率分析或蒙特卡罗模拟等方法。

（三）项目申请报告编制

（1）对于接受企业委托开展的项目申请报告编制，应按照项目申请报告相关编写规范的要求，根据行业特点和项目的实际情况，就项目的外部影响进行全面的风险分析。

（2）分析重点一般包括政策风险、环境风险、社会风险、资源风险、经济风险等，并通过风险结构解析，对风险进行细分到三个层次或四个层次，判断项目可能的主要风险及风险源。

（3）分析方法采用定性分析与定量分析相结合，以定性分析为主，有条件时应在经济风险分析中采用风险概率分析或蒙特卡罗模拟的方法，并研究提出主要风险的规避措施。

（四）风险分析专题研究

风险分析专题研究一般在项目可行性研究阶段开展，当投资者、政府部门或是金融机构等认为项目潜在风险较大时，需要聘请外部专业咨询机构开展风险专题研究。这时，要进行完整的项目风险分析评价。

（1）风险分析专题研究通常应包括以下环节：①明确风险分析评价的任务，包括目标、范围和重点；②组建风险分析评价工作小组；③确定分析评价工作思路；④构建分析评价模型；⑤开展分析讨论；⑥撰写分析评价报告。

（2）风险分析评价专题报告的内容应根据委托方的要求确定，一般应包含以下内容：①项目概述，包括项目基本情况、建设背景、主要技术经济指标；②项目建设目标，包括宏观目标和具体目标；③风险分析评价的目标与方法；④项目主要风险因素及影响；⑤风险评价；⑥主要结论与风险对策。

八、项目评估中风险分析评价的一般要求

对于接受政府投资主管部门委托进行的项目核准咨询评估和可研咨询评估，应根据委托要求和重点，开展风险分析评价，对项目的主要风险及应对措施进行评估。

（一）评估内容

（1）主要风险综述。在项目评估论证的基础上，总结论述项目在维护经济安全、合理开发利用资源、保护生态环境、优化重大布局、保障公共利益、防止出现垄断等方面可能存在的主要风险。

（2）风险影响程度评估。对拟建项目可能存在的重要风险因素，对其性质特征、未来变化趋势及可能造成的影响后果进行分析评估。对于需要进行经济费用效益分析的项目，还应通过敏感性分析或风险概率分析，对拟建项目的风险因素进行定量分析评估。

（3）风险应对措施评估。对于可能严重影响项目投资建设及运营效果的风险因素，提出风险应对措施，并对相关措施方案的合理性及可行性提出咨询评估意见。

（二）评估要求

（1）分析的全面性。评估项目风险分析是否全面，是否遗漏重要的风险因素，特别是要注意资源、环境、土地、安全以及社会等方面的风险。

1）大型基础设施建设项目。要重点分析土地占用、征地拆迁、工程建设、生态环境等方面的风险。其中，对于收费的基础设施项目，还要分析收费标准的社会可接受性、收费调整的政策风险；对于非经营的政府投资基础设施项目，还要分析投资增加、工期延长、运营费用上升等方面的风险，提出合理的措施，有效控制投资、工期，降低运营成本。

2）资源加工项目。要重点分析资源供应风险，特别是大量进口海外资源的油气、冶炼项目，要从全球资源供求、国家经济安全的角度，分析资源供应量的满足程度与可靠性。

3）高技术项目和需要从国外引进技术和装备的项目。要重点分析技术风险，评价项目所采用的技术是否先进、适用、可靠，技术升级有无保证。

4）对于能源等行业的项目核准，还要评估项目的技术风险、工程风险等内容。

5）对于外商投资项目。要重点分析产业安全风险，分析外商投资项目可能对市场供求、产业布局产生的影响。

6）对于境外投资项目。要重点分析投资国或地区的政治、法律、劳动、环境风险等内容，特别是涉及政局不稳定的发展中国家的投资项目，还需要考虑潜在的政变、战争、内乱等风险，客观评价投资目标的可实现性。

（2）方法的合理性。评估采用的风险分析方法是否合理，风险评价指标是否客观。对于应该采用敏感性分析和风险概率分析的项目，要注意风险概率的确定、风险评价模型的选择等是否合理。

（3）措施的可行性。评估采用的风险应对措施是否可行，包括：

1）风险对策的可行性。风险对策研究应立足于现实客观的基础之上，提出的风险对策应是切实可行的。所谓可行，不仅指技术上可行，且从财力、人力和物力方面也是可行的。

2）风险对策的针对性。投资项目可能涉及各种各样的风险因素，且各个投资项目又不尽相同。风险对策研究应有很强的针对性，应结合行业特点，针对特定项目主要的或关键的风险因素提出必要的措施，将其影响降低到最小程度。

3）风险对策的经济性。规避防范风险需要付出代价，如果提出的风险对策所花费的费用远大于可能造成的风险损失，则该对策不具有可行性。在风险对策研究中应将规避防范风险措施所付出的代价与该风险可能造成的损失进行权衡，旨在寻求以最少的费用获取最大的风险效益。

九、不同类型项目投资风险分析

（一）政府投资项目

（1）我国政府投资风险主要体现为公共资源浪费严重及缺乏后评价体系。

（2）政府投资项目的风险有：

1）技术管理风险。政府投资工程多是重点工程、大型建设项目，具有很强的专业性，所以需要很强的技术力量和科学的管理体系。

2）投资超标风险。政府投资项目往往由于基础资料不准确、设计深度不够、建设单位管理水平不到位、项目监理工作不落实等原因导致"三超"现象严重，存在达不到项目预期目标的风险。

3）社会风险。政府投资项目往往"投资、建设、管理、使用"四位一体，不利于互相制约、缺乏监督。另外，我国项目竣工后审核和评价不合格，不能及时清查，政府投资工程存在社会风险。

4）自然风险。政府投资工程工期长、投资大，受不可抗力破坏影响大，存在自然风险。

（二）咨询机构接受企业委托的项目

（1）咨询机构的职责本就是优化投资项目的工程技术方案、提高投资效益、规避投资风险，咨询机构的专业团队通过适当的方法对投资项目风险进行有效的管理和控制，可以在很大程度上规避投资风险。

（2）咨询机构接受企业委托的项目的风险主要来源有：①投资方的所有风险管理工作完全依赖咨询机构，投资方在风险管理中工作懈怠，不能及时审核检查项目的进展状况，不能及时反馈信息；②咨询机构人员组织风险，主要取决于咨询机构的人员素质和项目团队的组织情况。

（三）政府核准的大型项目

政府核准项目的风险主要有投资模式风险、技术风险、工期风险、经济风险、管理风险等。

1. 投资模式风险

政府核准的项目往往投资大、工期长且专业性较强，这种项目本身伴随着很大的风险。其融资方式往往多种多样，不同的投资方式给投资者带来的收益有着很大的差异，选择适当的投资模式，是在这种大型项目中规避风险的有效措施。

2. 技术风险

政府核准的大型项目一般在技术上要求比较高，投资者的技术风险也随之增高，常常需要应用新技术、新产品、新方法才能攻克项目中的种种技术难题，大大增加了投资者的技术风险。

3. 工期风险

政府核准的大型项目由于其投资规模大，工程内容复杂，且技术要求高，导致其常难以按预计工期完成。

4. 经济风险

政府核准的大型项目融资方式具有多样性，且工期较长。资本市场利率的变动、通货膨胀、宏观经济衰退、金融危机等都会使其财务状况受到严重影响。

5. 管理风险

政府核准大型项目往往参与人员众多，组织结构复杂，给项目管理带来很大困难，只有合理地安排人力、物力、财力，才能保证项目的健康发展，规避管理风险。

（四）外资核准的项目

外资核准项目面临的风险主要有政策风险、体制风险、行业风险、法律风险等。

1. 政策风险

政策风险也称政治风险，是任何跨国投资可能面临的首要风险，且难以控制，只有在投资前通过风险分析仔细研究政策风险发生的可能性和影响，判断投资的可行性，并在投资后做好充分的应急准备。外资核准项目在我国面临的政治风险主要有我国产业结构调整、货币金融政策调整及外汇风险等。

2. 体制风险

我国是社会主义国家,我国的社会体制和价值观与资本主义国家有很大的差异。而且我国还处于社会主义初级阶段,政府体制、经济体制的某些方面还不够完善,法律法规也不是很健全。若投资商不能很好地掌握我国的社会、政治、经济、文化等状况,则会增大投资商的风险。

3. 行业风险

由于各国的国情不同,同一行业在各国的发展状况不甚相同,企业在不同国家同一行业中的竞争力也不同。盲目投资会导致很大的风险。

4. 法律风险

我国外资投资的法律风险主要有:我国的法律与国际法律或投资商母国法律有冲突、我国法律的某些方面不够健全等。

(五)境外投资

境外投资项目面临的风险主要有境外融资风险、投资决策风险、政府监管及服务风险、境外投资保护风险、投资环境风险等。

1. 政治风险

政治风险是企业对外投资面临的重要风险之一,在一些发展中国家和不发达国家存在的可能性较大。其种类很多,主要有战争和内乱风险、国家主权风险、国有化风险、政策变动的风险、资金转移风险、政府违约风险。

2. 法律风险

各个国家在对待外资的立法上会存在一些差异,目前关于国际多边投资及与投资相关经济活动还没有统一的国际法规。因此,跨国企业必须面临着多重的法律环境体制差异所带来的风险。法律风险主要表现在如下三个方面:

(1)法律不健全。即资本输入国还没有形成一整套有关外商投资活动的法律法规,这就使得投资者的投资活动没有法律依据,一旦出现问题或东道国基于自身的利益,东道国便随意处置,因而可能使外国投资者遭受不应有的损失。

(2)执法不严,对外商实行歧视待遇。

(3)法律冲突。表现在东道国的法律与国际法或国际经济惯例的冲突、东道国与投资者母国的法律冲突、两国间投资活动违反了第三国法律等,这些都会增大投资者的投资风险。

3. 跨文化风险

跨文化风险是指与东道国的语言、风俗习惯、价值观与态度、宗教信仰等方面的差异给企业对外投资带来影响的不确定性。跨文化经营的风险主要体现在三个方面:

(1)东道国消费者和本国消费者在消费习惯、偏好和购买力上的差异。

(2)不同文化背景的员工在价值观等方面形成的差异。

(3)制度文化的差异。

4. 外汇风险

外汇风险是指外汇汇率的变动对国际企业跨国经营带来的不确定性。外汇风险种类有交易风险、折算风险和经济风险三类。

（1）交易风险。交易风险是指已经达成而尚未完成的用外币表示的经济业务，因汇率变动而可能发生损益的风险。汇率变化前发生、汇率变动时仍未清算的债务价值的变动、远期的外汇买卖，以及用外币计值的借贷都会涉及交易风险。

（2）折算风险。折算风险是指由于汇率的变动对公司合并财务报表的影响。在国际投资活动中，对外投资企业在每一个会计年度期末，需要将各分支公司的财务报表合并成汇总报表。在将分支公司以东道国货币计价的会计科目折算成母国货币的过程中，由于汇率变动而可能给跨国企业带来损失。折算风险带来的损失，只是一种会计概念，并不表示该跨国企业实际的或已经发生的损失。

（3）经济风险。经济风险是指由于汇率变动引起跨国公司的经营环境发生变化，导致业务现金流可能发生变更而产生经济损益的风险。因为汇率变动意味着各国同种商品之间的比价和一国不同商品之间的比价都要发生变化，这种价格体系的变化，会改变国内及国际市场上的生产条件和需求结构，从而影响企业的对外投资经营活动。

5. 技术风险

技术风险是指对外投资企业在限定的时间范围内能否成功地开发出新产品的不确定性。国外的有关统计资料表明，新产品开发项目的成功率只有 1/6，新产品开发成功后投入市场获得成功的只有 2/3。这充分反映了技术开发风险较大，这种风险不仅来自技术上获得成功的可能性，而且来自经济方面，即一种新产品被开发出来以后是否成功，还要看能否获得经济上的收益。这在成本既定的情况下取决于市场需求状况。市场需求旺，则可获得收益，相反则会亏损。

另外，技术风险还包括新技术与企业原有技术的相容性如何、知识产权对技术的保护程度等都可能给企业带来不确定性。

（六）外资贷款的项目

1. 筹融资风险

筹融资风险是指项目管理者在筹融资活动中改变筹资结构，使其偿债能力丧失和资金利润率降低的可能性。项目筹融资风险主要来源于生产经营、资金组织和外汇汇率变动。如果生产经营中项目亏损，就使得筹融资中借入的资金偿还需用自有资金支付；如果资金安排不合理，购货付款与偿债付款较集中，就会出现临时性的经营困难；对外资源开发型投资项目还要面临着汇率升降所带来的风险。

2. 建设期风险

在对外投资项目的整个建设周期中，由于资金的不断投入，而项目还未获得任何收益，这就使得项目一旦因为某些因素造成建设成本超支，不能按期完工或无法完成，就会给投资者带来损失。为此需考虑以下几方面因素：管理者必须具备丰富的管理经验和一定的技术能力，否则导致项目的投资成本、完工质量及生产效率等出现不确定性；原材料、燃料涨价、资金、人员和物资调配环节出现问题，都会造成建设成本增加、工程延期，投资回收期延长；土地、建筑材料及运输的可获得性出现困难，无法按计划开工，就会拖延工期；不可抗力风险，如自然灾害、战争、政局变动等都会影响工程开工，并对投资项目未来产品市场产生影响。

3. 生产期风险

项目建设完成，进入正常经营状态，通过产品的销售来偿还债务和回收投资，实现预期的经济效益和社会效益。这一时期的风险主要表现在生产、市场、金融政策、汇率变动、政治波动等方面。生产方面，管理人员的自身素质和能力局限，对生产计划安排和人、财、物的有机组合不能实现预期的生产控制和成本控制，生产人员工艺技术不熟练，次品率高于控制标准，都会影响项目效益的实现；市场方面，原材料、能源市场价格波动，新技术的出现都会影响项目产品利润的实现；汇率方面，汇率的波动会直接影响投资收益；政治方面，一旦政局变动，尤其是国际关系出现分裂，将使投资项目严重受挫。

（七）并购项目

（1）企业并购风险是指企业并购失败、市场价值降低及管理成本上升等，或指并购后企业的市场价值遭到侵蚀。

（2）企业并购风险一般包括：①并购失败，即企业经过一系列运作之后，并购半途而废，使得企业前期运作成本付诸东流；②并购后企业的赢利无法弥补企业为并购支付的各种费用；③并购后企业的管理无法适应并购后企业营运的需要，导致企业管理失效或失控，增加企业管理成本。

（3）项目并购风险可分为政策风险、体制风险、文化风险、经济风险等。

（4）并购项目的风险因素识别中应重点考察以下三个方面：①目标企业的会计报表；②目标企业的对外合同；③目标企业的内部管理。

（5）并购项目风险识别的方法主要有：①审慎调查法；②财务分析法；③风险树识别法。

（6）并购企业应根据并购双方的不同特点和实际情况，选择头脑风暴法，德尔菲法和情景分析法等用于企业并购风险的识别，并结合企业并购的特点进行具体分析。

（7）并购项目的风险评价方法有重置成本法、决策树法、模糊风险综合评价。

（8）应对并购风险的具体方法有风险规避、风险转移。

（9）并购项目风险的规避方法有质疑式并购法、间接式并购法、两步式并购法。

（10）并购项目风险的转移的方法有并购方案转移法、并购协议转移法、保险转移法。

附表　　　　　　　　　　　　并购项目的风险因素列表

风险类型	风 险 因 素	
	外部环境	运营主体
政策风险	财政货币政策	对国家当前的有关政策缺乏深入研究
	内外贸易政策变化	对国家政策未来的变动趋势预测失误
	资本运营的政府行为	对国家未来的变动趋势预测不准确
	产业结构调整	对国家政策、法规理解有误
体制风险	政府体制改革未到位	企业缺乏完整的经营决策权
	经济体制改革未到位	资本运营的决策体系及方法
	社会保障体系不健全	下岗工人安置困难
	就业环境得不到改善	
文化风险	价值观念的改变	与目标企业文化存在冲突

续表

风险类型	风 险 因 素	
	外部环境	运营主体
经济风险	通货膨胀	对目标企业的资产评估不准
	金融危机	跨国资本运营
	宏观经济衰退	过高估计自己的经济实力
	资本市场利率变动	
技术风险	国家科技政策的变化	对新技术开发方向判断有误
	技术转移和技术商品化速度变快	对技术开发投入过大，前景难测
	国家对知识产权的保护情况	对投入目标企业的技术保护不利
财务风险	资本市场不完善，资金筹措困难	资本过小
		投资过大
	资金缺乏	信用降低
		周转资金不足
	税收政策改变	目标企业的资产负债率过高
		资金筹措困难，成本过高
行业风险	行业竞争激烈	目标企业所处的行业竞争激烈
		目标企业所处行业竞争对手实力强大
管理风险	国家对资本运营的监控系统还未形成	资本运营主体的管理素质

附录二　风险评估常用技术方法综述❶

一、头脑风暴法

（一）概述

头脑风暴法（Brainstorming）是指激励一群知识渊博的人员畅所欲言，以发现潜在的失效模式及相关危害、风险、决策准则及/或应对办法。"头脑风暴法"这个术语经常用来泛指任何形式的小组讨论。然而，真正的头脑风暴法包括一系列旨在确保人们的想象力因小组内其他成员的观点和言论而得到激发的专门技术。

在此类技术中，有效的引导非常重要，其中包括：在开始阶段创造自由讨论的氛围；会议期间对讨论进程进行有效控制和调节，使讨论不断进入新的阶段；筛选和捕捉讨论中产生的新设想和新议题。

（二）用途

头脑风暴法可以与其他风险评估方法一起使用，也可以单独使用来激发风险管理过程任何阶段的想象力。头脑风暴法可以用作旨在发现问题的高层次讨论，也可以用作更细致的评审或是特殊问题的细节讨论。

（三）输入

召集一个熟悉被评估的组织、系统、过程或应用的专家团队。

（四）过程

头脑风暴法可以是正式的，也可以是非正式的。正式的头脑风暴法组织化程度很高，其中参与人员需要提前进行充分准备，而且会议的目的和结果都很明确，有具体的方法来评价讨论思路。非正式的头脑风暴法则组织化程度较低，通常针对性更强。

在一个正式的过程中，应至少包括以下环节：

（1）讨论会之前，主持人准备好与讨论内容相关的一系列问题及思考提示。

（2）确定讨论会的目标并解释规则。

（3）引导员首先介绍一系列想法，然后大家探讨各种观点，尽量多发现问题。此时无需讨论是否应该将某些事情记在清单上或是某句话究竟是什么意思，因为这样做会妨碍思绪的自由流动。一切输入都要接受，不要对任何观点加以批评；同时，小组思路快速推进，使这些观点激发出大家的横向思维。

（4）当某一方向的思想已经充分挖掘或是讨论偏离主题过远，那么引导员可以引导与会人员进入新的方向。其目的在于收集尽可能多的不同观点，以便进行后续分析。

（五）输出

输出取决于该结果所应用的风险管理过程的阶段。例如，在识别阶段，该技术的输出可能是识别出的风险及当前控制措施的清单。

（六）优点及局限

头脑风暴法的优点包括：

---

❶　本附录改编自国家标准《风险管理：风险评估技术》（GBT 27921—2011）相关内容，仅供参考。

（1）激发了想象力，有助于发现新的风险和全新的解决方案。

（2）让主要的利益相关方参与其中，有助于进行全面沟通。

（3）速度较快并易于开展。

头脑风暴法的局限包括：

（1）参与者可能缺乏必要的技术及知识，无法提出有效的建议。

（2）由于头脑风暴法相对松散，因此较难保证过程及结果的全面性。

（3）可能会出现特殊的小组状况，导致某些有重要观点的人保持沉默而其他人成为讨论的主角。

二、结构化/半结构化访谈

（一）概述

在结构化访谈（Structured Interviews）中，访谈者会依据事先准备好的提纲向访谈对象提问一系列准备好的问题，从而获取访谈对象对某问题的看法。半结构化访谈（Semi-Structured Interviews）与结构化访谈类似，但是可以进行更自由的对话，以探讨可能出现的问题。

（二）用途

如果人们很难聚在一起参加头脑风暴讨论会，或者小组内难以进行自由的讨论活动时，结构化和半结构化访谈就是一种有用的方法。该方法主要用于识别风险或是评估现有风险控制措施的效果，是为利益相关方提供数据来进行风险评估的有效方式，并且适用于某个项目或过程的任何阶段。

（三）输入

输入数据包括：明确访谈目标；从利益相关方中挑选出被访谈者；准备问题清单。

（四）过程

设计相关的访谈提纲以指导访谈者的访谈工作。问题应该是明确而简单的，利于访谈对象理解。也要准备可能的后续问题，用来补充说明该问题。为了保证访谈质量，问题最好只涉及一个方面的事务。

接着，将问题提交给访谈对象。在寻求问题的解答时，问题应该是开放式的，应注意不要"诱导"被访谈者。

考虑答复时应具有一定的灵活性，以便有机会使访谈对象尽可能地表达其真实观点。

（五）输出

输出结果是利益相关方对于作为访谈主题的问题所形成的看法。

（六）优点及局限

结构化访谈的优点如下：

（1）结构化访谈可以使人们有时间专门考虑某个问题。

（2）通过一对一的沟通可以使双方有更多机会对某个问题进行深入思考。

（3）与只有小部分人员参与的头脑风暴法相比，结构化访谈可以让更多的利益相关方参与其中。

结构化访谈的局限如下：

（1）通过这种方式获得各种观点所花费的时间较多。

（2）访谈对象的观点可能会存有偏见，因其没有通过小组讨论加以消除。

（3）无法实现头脑风暴法的一大特征——激发想象力。

三、德尔菲法

（一）概述

德尔菲法（Delphi）是依据一套系统的程序在一组专家中取得可靠共识的技术。尽管该术语经常用来泛指任何形式的头脑风暴法，但是在形成之初，德尔菲法的根本特征是专家单独、匿名表达各自的观点。即在讨论过程中，团队成员之间不得互相讨论，只能与调查人员沟通。通过让团队成员填写问卷，集结意见，整理并共享，周而复始，最终获取共识。

（二）用途

无论是否需要专家的共识，德尔菲法可以用于风险管理过程或系统生命周期的任何阶段。

（三）输入

达成共识所需的一系列资源。

（四）过程

使用半结构化问卷对一组专家进行提问。专家无需会面，保证其观点具有独立性。

具体步骤如下：

（1）组建专家团队，可能是一个或多个专家组。

（2）编制第一轮问卷调查表。

（3）将问卷调查表发给每位专家组成员，要求定期返回。

（4）对第一轮答复的信息进行分析、对比和汇总，并再次下发给专家组成员。让专家比较自己同他人的不同意见，修改或完善自己的意见和判断；在此过程中，只给出各种意见，但并不提供发表意见的专家姓名。

（5）专家组成员重新做出答复。

（6）循环以上过程，直到达成共识。

（五）输出

逐渐对现有事项达成共识。

（六）优点及局限

德尔菲法的优点包括：

（1）由于观点是匿名的，因此成员更有可能表达出那些不受欢迎的看法。

（2）所有观点都获得相同的重视，以避免某一权威占主导地位和话语权的问题。

（3）便于展开，成员不必一次聚集在某个地方。

德尔菲法的局限包括：

（1）这是一项费力、耗时的工作。

（2）参与者需要进行清晰的书面表达。

四、情景分析

（一）概述

情景分析（Scenario Analysis）是指通过假设、预测、模拟等手段，对未来可能发生的各种情景以及各种情景可能产生的影响进行分析的方法。换句话说，情景分析法是类似"如果—怎样"的分析方法。未来总是不确定的，而情景分析使我们能够"预见"将来，对未来的不确定性有一个直观的认识。尽管情景分析法无法预测未来各类情景发生的可能性，但可以促使组织考虑哪些情景可能发生（如最佳情景、最差情景及期望情景），并且有助于组织提前对未来可能出现的情景进行准备。

（二）用途

情景分析可用来帮助决策并规划未来战略，也可以用来分析现有的活动。它在风险评估过程的三个步骤中都可以发挥作用。

情景分析可用来预计威胁和机会可能发生的方式，并且适用于各类风险，包括长期及短期风险的分析，在周期较短及数据充分的情况下，可以从现有情景中推断出可能出现的情景。对于周期较长或数据不充分的情况，情景分析的有效性更依赖于合乎情理的想象力。

如果积极后果和消极后果的分布存在比较大的差异，那么情景分析的应用效果会更为显著。

（三）输入

情景分析的必要前提是要构建一支专家团队，其成员了解相关变化的特征（如可能的技术进步），同时需要具备丰富的想象力，可以有效预见未来发展。同时，掌握现有变化的文献和数据也很有必要。

（四）过程

情景分析的结构可以是正式的，也可以是非正式的。

在建立起团队和相关沟通渠道，同时确定了需要处理的问题和事件的背景之后，下一步就是识别可能出现变化的性质。这就要求研究人员对未来发展趋势及趋势变化的可能时机进行分析。

需要分析的变化可能包括：

（1）外部情况的变化（如技术变化）。

（2）不久将要做出的决定，而这些决定可能会产生各种不同的后果。

（3）利益相关方的需求以及需求可能的变化。

（4）宏观环境的变化（如政府监管及人口构成等），有些变化是必然的，而有些是不确定的。

有时，某种变化可能归因于另一个风险带来的结果。例如，气候变化的风险正在造成与食物链有关的消费需求发生变化，这样会改变哪些食品的出口会盈利以及哪些食品可能在当地生产。

局部及宏观因素或趋势可以按重要性和不确定性进行列举并排序。应特别关注那些最重要、最不确定的因素。可以绘制出关键因素或趋势的图形，以显示那些情景可以进行开发的区域。

建议使用一系列的情景，关注每个情景参数的合理变化。为每个情景编写一个"故事"，讲述你如何从此时此地转向主题情景。这些故事可以包括那些能为情景带来附加值的合理细节。

现在，这些情景可以用来测试或评估最初的问题。这项测试需要考虑到任何重要但可预测的因素，然后通过"假定分析"分析组织现行策略在这种新情景中的"成功"概率。当对每个情景的问题或建议进行评估时，显然需要进行修正，以使其更为全面地反映现状。当情景正在发生变化时，可以找出一些能够表明变化的先行指标，监测先行指标并做出反应，可以为改变计划好的战略提供机会。

由于情景只是可能出现的未来经过界定的"片段"，因此关键是要确定某个特定结果（情景）发生的可能性。例如，对于最佳情景、最差情景以及预期情景，应努力描述或说明每个情景发生的可能性。

（五）输出

识别并描述未来可能发生的各类情景及发展趋势，并针对各类情景制订相应的应对措施。

（六）优点及局限

尽管每个决策人员都希望情报人员能够预测出唯一准确的结果，但由于当前环境的复杂性，更需要情景分析法对几种可能发生的情况进行预测，并针对每种情景进行提前准备，这样更具客观性。

但是，与这种优点相关的缺点是：在存在较大不确定性的情况下，有些情景可能不够现实。如果将情景分析作为一种决策工具，其危险在于所用情景可能缺乏充分的基础，数据可能具有随机性，同时可能无法发现那些将来可能出现，但目前看起来不切实际的结果。

五、检查表法

（一）概述

检查表（Check-Lists）是一个危险、风险或控制故障的清单，而这些清单通常是凭经验（要么是根据以前的风险评估结果，要么是因为过去的故障）进行编制的。按此表进行检查，以"是/否"进行回答。

（二）用途

检查表法可用来识别潜在危险、风险或其控制效果，适用于产品、过程或系统的生命周期的任何阶段。它们可以作为其他风险评估技术的组成部分进行使用。

（三）输入

有关某个问题的事先信息及专业知识，如可以选择或编制一个相关的，最好是经过验证的检查表。

（四）过程

具体步骤如下：

（1）组成检查表编制组，确定活动范围。

（2）依据有关标准、规范、法律条款及过去经验，选择设计一个能充分涵盖整个范围的检查表。

（3）使用检查表的人员或团队应熟悉过程或系统的各个因素，同时审查检查表上的项目是否有缺失。

（4）按此表对系统进行检查。

（五）输出

输出结果取决于应用该结果的风险管理过程的阶段。例如，输出结构可以是一个控制措施评估清单或是风险清单。

（六）优点及局限

检查表的优点包括：

（1）简单明了，非专业人士也可以使用。

（2）如果编制精良，那么可将各种专业知识纳入到便于使用的系统中。

（3）有助于确保常见问题不会被遗漏。

检查表的局限包括：

（1）只可以进行定性分析。

（2）可能会限制风险识别过程中的想象力。

（3）鼓励"在方框内画勾"的习惯。

（4）往往基于已观察到的情况，不利于发现以往没有被观察到的问题。

六、预先危险分析

（一）概述

预先危险分析（Primary Hazard Analysis，PHA）是一种简单易行的归纳分析法，其目标是识别危险以及可能给特定活动、设备或系统带来损害的危险情况及事项。

（二）用途

这是一种在项目设计和开发初期最常用的方法。因为当时有关设计细节或操作程序的信息很少，所以这种方法经常成为进一步研究工作的前奏，同时也为系统设计规范提供必要信息。在分析现有系统，从而将需要进一步分析的危险和风险进行排序时，或是现实环境使更全面的技术无法使用时，这种方法会发挥更大的作用。

（三）输入

输入包括：

（1）被评估系统的信息。

（2）可获得的与系统设计有关的细节。

（四）过程

通过考虑如下因素来编制危险、一般性危险情况及风险的清单。

（1）使用或生产的材料及其反应性。

（2）使用的设备。

（3）运行环境。

（4）布局。

（5）系统组成要素之间的分界面等。

对不良事项结果及其可能性可进行定性分析，以识别那些需要进一步评估的风险。

若需要，则在设计、建造和验收阶段都应展开预先危险分析，以探测新的危险并予以更正。获得的结果可以使用诸如表格和树状图之类的不同形式进行表示。

（五）输出

输出包括：

（1）危险及风险清单。

（2）包括接受、建议控制、设计规范或更详细评估的请求等多种形式的建议。

（六）优点及局限

PHA 的优点包括：

（1）在信息有限时可以使用。

（2）可以在系统生命周期的初期考虑风险。

PHA 的局限包括：只能提供初步信息，其不够全面也无法提供有关风险及最佳风险预防措施方面的详细信息。

七、失效模式和效应分析

（一）概述

失效模式和效应分析（Failure Mode and Effect Analysis，FMEA）是用来识别组件或系统

是否达到设计意图的方法，广泛用于风险分析和风险评价中。FMEA是一种归纳方法，其特点是从元件的故障开始逐级分析其原因、影响及应采取的应对措施，通过分析系统内部各个组件的失效模式并推断其对于整个系统的影响，考虑如何才能避免或减小损失。

FMEA用于识别：系统各部分所有潜在的失效模式；这些故障对系统的影响；故障原因；如何避免故障及/或减弱故障对系统的影响。

失效模式、效应和危害度分析（Failure Mode and Effect and Criticality Analysis，简称FMECA）拓展了FMEA的使用范围。根据其重要性和危害程度，FMECA可对每种被识别的失效模式进行排序。例如，将FMEA和FMECA联合使用，其应用范围更为广泛。

FMEA分析通常是定性或半定量的，在可以获得实际故障率数据的情况下也可以定量化。

（二）用途

FMEA方法大多用于实体系统中的组件故障，但是也可以用来识别人为失效模式及影响。该方法有几种应用：用于部件、产品的设计（或产品）FMEA；用于系统的系统FMEA；用于制造和组装过程的过程FMEA；服务FMEA和软件FMEA。

FMEA/FMECA可以在系统的设计、制造或运行过程中使用。然而，为了提高可靠性，改进在设计阶段更容易实施。FMEA/FMECA也适用于过程和程序。例如，它被用来识别潜在医疗保健系统中的错误和维修程序中的失败。FMEA及FMECA可以为其他分析技术，如定性及定量的故障树分析提供输入数据。

FMEA/FMECA可用来：

（1）协助挑选具有高可靠性的替代性设计方案。

（2）确保所有的失效模式及其对运行的影响得到分析。

（3）列出潜在的故障并识别其影响的严重性。

（4）为测试及维修工作的规划提供依据。

（5）为定量的可靠性及可用性分析提供依据。

（三）输入数据

FMEA及FMECA需要有关系统组件的充分信息，以便对各组件出现故障的方式进行详细分析。

信息可能包括：

（1）正在分析的系统及系统组件的构成图，操作过程步骤的流程图。

（2）了解过程中每一步或系统组成部分的功能。

（3）可能影响运行的过程及环境参数的详细信息。

（4）对特定故障结果的了解。

（5）有关故障的历史信息，包括现有的故障率数据。

（四）过程

FMEA的步骤包括：

（1）确定分析对象。

（2）组建研究团队。

（3）将系统分成组件或步骤，确认：

1）各部分出现明显故障的方式是什么？

2）造成这些失效模式的具体机制？

3）故障可能产生的影响？

4）失败是无害的还是有破坏性的？

5）故障如何检测？

（4）确定故障补偿设计中的固有规定。

对于 FMECA，研究团队需接着根据故障结果的严重性，将每个识别出的失效模式进行分类。可以通过几种方法完成。常用方法包括模式危险度指数、风险等级、风险优先数（The Risk Priority Numher）。

模式危险度是对所考虑的失效模式将导致整个系统发生故障的概率测量，其定义为故障影响率、失效率、系统操作时间三者的乘积。此定义经常应用于设备故障，其中每个术语可以定量地确定，而且失效模式都有同样的后果。

风险等级可通过故障模式后果与失效概率的组合获得。风险等级方法可应用于不同失效模式产生的不同后果，并且能够应用于设备系统或过程。风险等级可以定性地、半定量地或定量地表达。

风险优先数是一种半定量的危害度测量方法，其将故障后果、可能性和发现问题的能力（如果故障很难发现，则认为其优先级较高）进行等级赋值（通常为 1～10）并相乘来获得危险度。这个方法经常用于质量保证的应用实践中。

一旦确定失效模式和机制，就可以界定和实施针对更重大失效模式的纠正措施。

失效模式报告记录的内容包括：

所分析系统的详细说明；开展分析的方式；分析中的假设；数据来源；结果，包括完成的工作表；危害度（如果完成的话）以及界定危害度的方法；有关进一步分析、设计变更或者计划纳入测试计划的特征等方面的建议。

在完成了上述行动之后，可通过新一轮 FMEA 重新评估系统。

（五）输出结果

FMEA 的主要输出结果是失效模式、失效机制及其对各组件或者系统或过程步骤影响的清单（可能包括故障可能性的信息），也可以提供有关故障原因及其对整个系统影响方面的信息。FMECA 的输出包括对于系统失效的可能性、失效模式导致的风险等级、风险等级和"探测到"的失效模式的组合等方面的重要性进行排序。

如果使用合适的故障率资料和定量后果，FMECA 可以输出定量结果。

（六）优点及局限

FMEA 与 FMECA 的优点包括：

（1）广泛适用于人力、设备和系统失效模式，以及硬件、软件和程序。

（2）识别组件失效模式及其原因和对系统的影响，同时用可读性较强的形式表现出来。

（3）通过在设计初期发现问题，从而避免了开支较大的设备改造。

（4）识别单点失效模式以及对冗余或安全系统的需要。

（5）通过突出计划测试的关键特征，为开发测试计划提供输入数据。

FMEA 与 FMECA 的局限包括：

（1）只能识别单个失效模式，无法同时识别多个失效模式。

（2）除非得到充分控制并集中充分精力，否则研究工作较为耗时，且开支较大。

（3）对于复杂的多层系统来说，这项工作可能艰难枯燥。

八、危险与可操作性分析

（一）概述

危险与可操作性分析（Hazard and Operability Study，即 HAZOP），是一种对规划或现有产品、过程、程序或体系的结构化及系统分析技术。该技术被广泛应用于识别人员、设备、环境及/或组织目标所面临的风险。分析团队应尽量提供的解决方案，以消除风险。

HAZOP 过程是一种基于危险和可操作性研究的定性技术，它对设计、过程、程序或系统等各个步骤中是否能实现设计意图或运行条件的方式提出质疑。该方法通常由一支多专业团队通过多次会议进行。

HAZOP 与 FMEA 类似，都用于识别过程、系统或程序的失效模式、失效原因及后果。其不同之处在于 HAZOP 团队通过考虑当前结果与预期的结果之间的偏差以及所处环境条件等来分析可能的原因和失效模式，而 FMEA 则先确定失效模式，然后才开始。

（二）用途

HAZOP 技术最初被应用于化学工艺系统的风险评估中。目前该技术已拓展到其他类型的系统及复杂的操作中，包括机械及电子系统、程序、软件系统，甚至包括组织变更及法律合同设计及评审。

HAZOP 过程可以处理由于设计、部件、计划程序和人为活动的缺陷所造成的各种形式的对设计意图的偏离。这种方法也广泛地用于软件设计评审中。当用于关键安全仪器控制及计算机系统时，该方法称作 CHAZOP（控制危险及可操作性分析或计算机危险及可操作性分析）。

HAZOP 分析通常在设计阶段开展，因为此时设计仍可进行调整。但是，随着设计的详细发展，可以对每个阶段用不同的导语分阶段进行。HAZOP 分析也可以在操作阶段进行，但是，该阶段的变更可能需要较大成本。

（三）输入

HAZOP 分析的主要输入数据是有关计划审批的系统、过程和程序，以及设计意图与效果说明书的现有信息。输入数据可能包括说明书、工艺流程图、逻辑图、布局图、历史数据、操作及维修程序，以及紧急情况响应程序等。对于非硬件系统来说，HAZOP 的输入数据可以是描述所分析的系统或程序的功能和因素的任何文件。例如，输入数据可以是组织图或角色说明、合同草案甚至程序草案。

（四）过程

HAZOP 依据设计图纸、流程说明、操作程序等对系统各组成部分进行审查，检查是否存在偏离预期效果的偏差、潜在原因以及偏差可能造成的结果。通过使用合适的引导词，对于系统、过程或程序的各个部分对关键参数变化的反应方式进行系统性分析，就可以实现上述目标。可以使用针对某个特殊系统、过程或程序的引导词，也可以使用能涵盖各类偏差的通用词。表1举例说明了技术系统常用的引导词。类似的导语如"过早"、"过迟"、"过多"、"过少"、"过长"、"过短"、"错误方向"、"错误目的"、"错误行动"可以用来标明人为错误的模式。

HAZOP 分析的一般步骤包括：确定研究目标及范围；成立多专业人员组成的团队开展HAZOP 分析；建立一系列关键的引导词；收集必要的文件。

在研究团队的引导式研讨班上：

（1）将系统、过程或程序划分成更小的单元/子系统/过程，以进行具体的审核。

（2）约定各单元/子系统/过程的设计意图，然后对各元件依次使用引导词，以描述那些会产生不良结果的可能偏差。

（3）如果发现不良结果，讨论可能的原因及结果，同时就处理方式提出建议，从而减少或消除影响。

（4）将讨论内容记录在案，同时约定用于处理被识别风险的具体行动。

表1　　　　　　　　　　　　　　HAZOP 引导词的例子

术　语	定　义
"无"或"不"（none）	计划结果根本没有实现或是计划条件缺失
过高（more）	输出结果或运行状况的量值增长
过低（less）	输出结果或运行状况的量值减少
伴随（as well as）	在完成既定要求的同时有多余事件发生
部分（part of）	部分达到设计要求
相逆（reverse）	出现与设计要求完全相反的事件
异常（other than）	出现和设计意图不相通的事件
兼容性（compatibility）	材料、环境等的兼容性能

注　引导词适用于下列参数：材料或过程的物理特征；温度、速度等物理条件；系统或设计组件的规定目的（例如，信息转化）；运行方面。

（五）输出

对于每个评审点的项目，做好 HAZOP 的会议记录，包括使用的引导词、偏差、可能的原因、处理所发现问题的行动以及行动负责人。

对于任何无法纠正的偏差，需要对偏差造成的风险进行评估。

（六）优点及局限

HAZOP 的优点包括：

（1）为系统、彻底地分析系统、过程或程序提供了有效的方法。

（2）涉及多专业团队，可处理复杂问题。

（3）形成了解决方案和风险应对行动方案。

（4）有机会对人为错误的原因及结果进行清晰的分析。

HAZOP 的局限包括：

（1）耗时，成本较高。

（2）对文件或系统/过程以及程序规范的要求较高。

（3）主要重视的是找到解决方案，而不是质疑基本假设。

（4）讨论可能会集中在设计细节上，而不是在更宽泛或外部问题上。

（5）受制于设计（草案）及设计意图，以及传递给团队的范围及目标。

（6）过程对设计人员的专业知识要求较高，专业人员在寻找设计问题的过程中很难保证完全客观。

九、危害分析与关键控制点法

（一）概述

危害分析与关键控制点法（Hazard Analysis and Critical Control Points，HACCP）作为一种科学的、系统的方法，应用在从初级生产至最终消费过程中，为识别过程中各相关部分的风险并采取必要的控制措施提供了一个分析框架，以避免可能出现的危险，维护产品的质量可靠性和安全性。HACCP 其重点在于预防而不是依赖于对最终产品的测试。

（二）用途

20 世纪 60 年代，美国宇航局最早开展了 HACCP，其本意是为了保证太空计划的食品质量。目前，该方法已被广泛应用于食品产业中，在食品生产过程的各个环节识别并采取适当的控制措施防止来自物理、化学或生物污染物带来的风险。HACCP 也被用于医药生产和医疗器械方面的危害识别、评价和控制方面。目前，HACCP 正逐渐从一种管理手段和方法演变为一种管理模式或者管理体系。

（三）输入

应用 HACCP 方法，需要了解产品的生产过程流程，以及一切可能影响到产品质量、安全性或可靠性的危险因素的信息。

（四）过程

HACCP 包括以下 7 项原则。

（1）进行危害分析，识别潜在危害及已有预防性措施。

（2）确定关键控制点（CCP）。

（3）确定关键限值。例如，每个 CCP 必须在具体的参数范围内运行，这样才能保证危险得到控制。

（4）建立一个系统以监测关键控制点的控制情况。

（5）在监测结果表明某特定关键控制点失控时，确定应采取的纠正行动。

（6）建立审核程序。

（7）对于每一步都要实施记录和归档程序。

（五）输出

归档记录包括危害分析工作表及 HACCP 计划。

危害分析工作表包含下列内容：

（1）某个步骤中可能引入、控制或加剧的危害。

（2）危险是否会带来严重的风险（通过经验、数据及文献等综合因素对结果和可能性进行分析）。

（3）对严重性做出判断。

（4）各种危险可能的预防措施。

（5）该步骤能否使用监控或控制措施（例如，它是 CCP 吗）。

HACCP 计划说明了后续程序，以确保对具体设计、产品、过程或程序的控制。这项计划包括一个涵盖所有 CCP 并针对各 CCP 的清单：

（1）预防措施的关键限值。

（2）监控及继续控制活动（包括开展监控活动的内容、方式及时机以及监控人员）。

（3）如果发现与关键限值存在偏差，需要采取的纠正行动。

（4）核实及记录活动。

（六）优点及局限

HACCP 的优点包括：

（1）结构化的过程提供了质量控制以及识别和降低风险的归档证据。

（2）重点关注流程中预防危险和控制风险的方法及位置的可行性。

（3）鼓励在整个过程中进行风险控制，而不是依靠最终的产品检验。

（4）有能力识别由于人为行为带来的危险以及如何在引入点或随后对这些危险进行控制。

HACCP 的局限包括：

（1）HACCP 要求识别危险，界定它们代表的风险并认识它们作为输入数据的意义，也需要确定相应的控制措施。完成这些工作是为了确定 HACCP 过程中具体的临界控制点及控制参数。同时，还需要其他工具才能实现这个目标。

（2）如果等到控制参数超过了规定的限值时才采取行动，那么可能已经错过最佳控制时机。

十、结构化假设分析

（一）概述

最初，结构化假设分析（Structure "What if"，SWIFT）是作为比 HAZOP 更简单的替代性方法推出的。它是一种系统的、团队合作式的研究方法，利用了引导员在讨论会上运用的一系列"提示"词或短语来激发参与者识别风险。引导员和团队使用标准的"假定分析"式短语以及提示词，来调查正常程序和行为的偏差对某个系统、设备组件、组织或程序产生影响的方式。通常，与 HAZOP 相比，SWIFT 用于某个系统的更多层面，同时细节要求较低。

（二）用途

SWIFT 的设计初衷是针对化学及石化工厂的危险进行研究。目前，该技术广泛应用于各种系统、设备组件、程序及组织的风险评估活动中，可用来分析变化的后果以及新产生的风险。

（三）输入

在开始进行研究之前，必须对系统、设备组件、程序及/或变化进行严格界定。引导员应通过访谈以及对文件、计划和图纸的全面分析建立内外部背景。一般来说，研究涉及的项目、情况或系统应划分成节点或关键要素以便于开展分析过程，而这在 HAZOP 的界定层面中很少涉及。

另一个关键输入，是收集整理经过认真挑选的研究团队的专业知识和经验。其中，所有利益相关方的观点都要得到反映，如果可能的话，应当将其与拥有类似项目经验或情况经历的人员的观点统筹考虑。

（四）过程

一般过程如下所示：

（1）在开展研究之前，引导员应准备一份相关的词语或短语提示单。该清单可以基于一系列标准的词语或短语，也可以是为便于对危险或风险进行综合分析而形成的词语或短语。

（2）讨论并约定项目、系统、变化或情况的内外部背景以及研究范围。

（3）引导员要求参与者提出并讨论：已知的风险和危险；以往的经历和事件；已知和现有的控制性保障措施；监管要求和限制措施。

（4）使用"假定分析"这样的短语及提示语或主题以形成问题，达到引导讨论的目的。计划使用的"假定分析"短语包括"要是……怎么办……"、"如果……会发生……"、"某人或某事会……"以及"有人或有事曾经……"。其目的是激发研究团队探讨潜在的情景及其原因和后果以及影响。

（5）总结风险，同时团队分析现有的控制措施。

（6）与团队确认风险及其原因、后果和预期控制的描述，并进行记录。

（7）分析控制措施是否充分有效。如果未达到满意的效果，则团队应继续界定应采取的控制措施。

（8）在本次讨论中，提出更多的"假定分析"问题，以识别更多的风险。

（9）引导员利用提示单来监督讨论并建议团队讨论其他问题和情景。

（10）通常要使用定量或半定量风险评估方法来将行动进行等级划分，以确定行动优先级。一般来说，在使用这种风险评估方法时，要考虑现有的控制措施及其效果。

（五）输出

输出结果是一个风险列表，记录了针对不同等级风险的行动或任务。这些任务可构成一个风险应对计划的基础。

（六）优点及局限

SWIFT 的优点包括：

（1）广泛用于各种形式的物理设备或系统、情况或环境、组织或活动。

（2）对团队的准备工作要求较低。

（3）速度较快，同时重大危险及风险在讨论会上可以很快暴露出来。

（4）通过这项以"系统为导向"的研究，参与者可以分析系统对偏差的反应，而不只是分析组件故障的后果。

（5）可用来识别过程及系统改进的机会，通常可用来识别促进成功可能性的活动。

（6）使那些参与现有控制和进一步风险应对行动的人员参与到讨论会中，这样可以增强其责任感。

（7）可轻松地建立起风险登记表和风险应对计划。

SWIFT 的局限包括：

（1）要求经验丰富、能力较强、工作效率高的引导员。

（2）需要精心的准备，这样才不会浪费讨论会团队的时间。

（3）如果讨论团队缺乏足够经验或是提示系统不够全面，那么有些风险或危险可能就无法识别。

（4）可能无法揭示那些复杂、详细或相关的原因。

十一、风险矩阵

（一）概述

风险矩阵（Risk matrix）是用于识别风险和对其进行优先排序的有效工具。风险矩阵可以直观地显现组织风险的分布情况，有助于管理者确定风险管理的关键控制点和风险应对方案。一旦组织的风险被识别以后，就可以依据其对组织目标的影响程度和发生的可能性等维度来绘制风险矩阵。

（二）用途

风险矩阵通常作为一种筛查工具用来对风险进行排序，根据其在矩阵中所处的区域，确定哪些风险需要更细致的分析，或是应首先处理哪些风险。

风险矩阵也可以用于帮助在全组织内沟通对风险等级的共同理解。设定风险等级的方法和赋予他们的决策规则应当与组织的风险偏好一致。

（三）输入

需要输入的数据为风险发生的可能性与后果严重程度的评估结果。

对风险发生可能性的高低、后果严重程度的评估有定性、定量等方法。定性方法是直接用文字描述风险发生可能性的高低、后果严重程度，如"极低"、"低"、"中等"、"高"、"极高"等。定量方法是对风险发生可能性的高低、后果严重程度用具有实际意义的数量描述，如对风险发生可能性的高低用概率来表示，对后果严重程度用损失金额来表示。等级标度可以为任何数量的点。最常见的有 3、4 或 5 个点的等级，但各点定义应尽量避免含混不清。如表 2 和表 3 分别列出了某公司对风险发生可能性和对目标的影响程度的定性、定量评估标准及其相互对应关系，供实际操作中参考。

表 2　风险发生可能性的评价标准

定量方法一		评分	1	2	3	4	5
定量方法二		一定时期发生的概率	10%以下	10%～30%	30%～70%	70%～90%	90%以上
		文字描述一	极低	低	中等	高	极高
		文字描述二	一般情况下不会发生	极少情况下才发生	某些情况下发生	较多情况下发生	常常会发生
定性方法		文字描述三	今后 10 年内发生的可能少于 1 次	今后 5～10 年内可能发生 1 次	今后 2～5 年内可能发生 1 次	今后 1 年内可能发生 1 次	今后 1 年内至少发生 1 次

表 3　风险对目标影响程度的评价标准

定量方法一			评分	1	2	3	4	5
定量方法二			企业财务损失占税前利润的百分比（%）	1%以下	1%～5%	6%～10%	11%～20%	20%以上
定性方法			文字描述一	极轻微的	轻微的	中等的	重大的	灾难性的
			文字描述二	极低	低	中等	高	极高
	文字描述	日常运行		不受影响	轻度影响(造成轻微的人身伤害,情况立刻受到控制)	中度影响(造成一定人身伤害,需要医疗救援,需要外部支持才能控制情形)	严重影响(企业失去一些业务能力,造成严重人身伤害,情况失控,但无致命影响)	重大影响(重大业务失误,造成重大人身伤亡,情况失控,给企业致命影响)
		财务损失		较低的财务损失	轻微的财务损失	中等的财务损失	重大的财务损失	极大的财务损失
		企业声誉		负面消息在企业内部流传,企业声誉没有受损	负面消息在当地局部流传,企业声誉轻微损害	负面消息在某区域流传,企业声誉中等损害	负面消息在全国各地流传,对企业声誉造成重大损害	监管机构进行调查,公众关注,对企业声誉造成无法弥补的损害

（四）过程

对风险发生可能性的高低和后果严重程度进行定性或定量评估后，依据评估结果绘制风险图谱。在绘制矩阵时，一个坐标轴表示结果等级，另一个坐标轴表示可能性等级。

图 1 为一个风险矩阵示例，该矩阵带有 6 点结果等级和 5 点可能性等级。

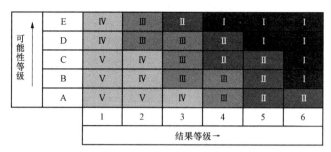

图 1　风险矩阵示例

矩阵定义的风险等级与组织的决策规则和风险偏好紧密相关，如管理层关注度或应对所需的反应时间。

（五）输出

输出结果是对各类风险的等级划分或是确定了重要性水平的、经分级的风险清单。

（六）优点及局限

风险矩阵的优点包括：

（1）方法简单，易于使用。

（2）显示直观，可将风险很快划分为不同的重要性水平。

风险矩阵局限包括：

（1）由于必须设计出适合具体情况的矩阵，因此很难有一个适用于组织各相关环境的通用系统。

（2）很难清晰地界定等级。

（3）该方法主观色彩较强，不同决策者之间的等级划分结果会有明显的差别。

（4）无法对风险进行累计叠加（例如，人们无法将一定频率的低风险界定为中级风险）。

十二、人因可靠性分析

（一）概述

人因可靠性分析（Human Reliability Analysis.，HRA）关注的是人因对系统绩效的影响，可以用来评估人为错误对系统的影响；很多过程都有可能出现人为错误，尤其是当操作人员可用的决策时间较短时。问题最终发展到严重地步的可能性或许不大，但是有时，人的行为是唯一能避免故障最终演变成事故的手段。

HRA 的重要性在各种事故中都得到了证明。在这些事故中，人为错误导致了一系列灾难性的事项。有些事故向人们敲响警钟，不要一味地进行那些只关注系统软硬件的风险评估。它们证明了忽视人为错误这种诱因发生的可能性是多么危险的事情。

（二）用途

HRA 可进行定性或定量使用，如果定性使用，则 HRA 可识别潜在的人为错误及其原因，降低人为错误发生的可能性；如果定量使用，则 HRA 可以为 FTA（故障树）或其他技术的人为故障提供基础数据。

（三）输入

HRA 分析方法的输入包括：

（1）明确人们必须完成的任务的信息。

（2）实际发生及有可能发生的各类错误的经验。

（3）有关人为错误及其量化的专业知识。

（四）过程

HRA 过程如下所示：

（1）问题界定：计划调查/评估过程中有哪种类型的人为参与？

（2）任务分析：如何执行任务？为了协助任务的执行，需要哪类帮助？

（3）人为错误分析：任务执行失败的原因？可能出现什么错误？怎样补救错误？

（4）表示：怎样将这些错误或任务执行故障与其他硬件、软件或环境事项整合起来，从而对整个系统故障的概率进行计算？

（5）筛查：有不需要细致量化的错误或任务吗？

（6）量化：人为错误和故障发生的可能性？

（7）影响程度评估：哪些错误或任务是最重要的？例如，哪些错误或任务最为危害系统可靠性？

（8）减少错误：如何提高人因可靠性？

（9）记录：有关 HRA 的哪些详情应记录在案？

在实践中，HRA 会分步骤进行，尽管某些部分（如任务分析及错误识别）有时会与其他部分同步进行。

图 2 给出了过程示意。

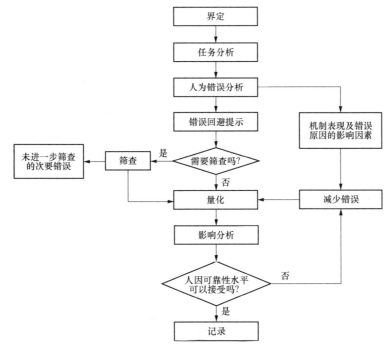

图 2　人因可靠性分析

（五）输出

输出包括：

（1）可能会发生的错误清单以及减少损失的方法（最好通过系统的重新设计）。

（2）错误模式、错误类型、原因及结果。

（3）错误所造成风险的定性或定量评估。

（六）优点及局限

HRA 的优点包括：

（1）HRA 提供了一种正式机制，将人为错误置于系统相关风险的分析中。

（2）对人为错误的正式分析有利于降低错误所致故障的可能性。

HRA 的局限包括：

（1）人的复杂性及多变性导致很难确定那些简单的失效模式及概率。

（2）很多人为活动缺乏简单的通过/失败模式。HRA 较难处理由于质量或决策不当造成的局部故障或失效。

十三、以可靠性为中心的维修

（一）概述

以可靠性为中心的维修（Reliability Centered Maintenance，RCM）是一种识别并确定故障管理策略的方法，目的是高效、有效地实现各类设备必要的安全性、可用性及运行经济性。

现在，RCM 已成为广泛用于各行业内并经过验证而被普遍接受的方法。

RCM 提供了一种决策过程，可以根据设备的安全、运行及经济结果，识别出设备适用且有效的预防性维修要求和退出机制。结束这个过程后，最终可以对执行维修任务或采取其他操作的必要性做出判断。关于使用和应用 RCM 的详细说明可参考《可信性管理》（IEC 60300-3-11：2009）。

（二）用途

一切任务都离不开人员及环境安全，也离不开关注的运行及经济问题。但是，应该注意的是，考虑的标准将取决于产品的性质及其应用。例如，生产过程在经济上应具有可行性，并且可能对严格的环境因素比较敏感。防护设备则首先应该保证正常运行，而在安全、经济及环境标准方面可能不够严格。通过重点分析故障可能产生严重的安全、环境、经济或运行影响的方面，有利于获得最大的成效。

RCM 用来确保可维护性，主要用于设计和开发阶段，然后在运行和维修阶段实施。

（三）输入

成功地运用 RCM，需要了解设备和结构、运行环境和相关系统、子系统及设备可能的故障以及故障的结果。

（四）过程

RCM 项目的基本步骤如下所示：①启动和规划；②功能故障分析；③任务挑选；④实施；⑤不断完善。

RCM 与风险密切相关，因为它采用的就是风险评估的基本步骤。RCM 与风险评估与失效模式、效应和危害度分析（FMECA）有着相似的类型。

在某些情况下，通过执行维修任务可以消除潜在的故障或是降低其频率及/或结果，而风险识别关注的正是这种情况。这些工作可以通过识别必要的功能及性能标准以及妨碍功能实现的设备和组件故障得以实现。

RCM 的风险分析包括估算无需维修状态下各故障的频率。通过界定失败效果来获得结果。综合故障频率和危险度的风险矩阵有利于对风险进行分级。

278

随后，通过选择各失效模式适用的故障管理策略来进行风险评价。

整个 RCM 过程应做好大量的记录工作，以供将来参考和检查之用。故障及维修相关数据的采集有助于监督结果并实施改进措施。

（五）输出

维修任务的界定，如状况监控、计划性恢复、计划性替换、故障查找或非预防性维修。这项分析可能带来的其他行动包括重新设计、调整运行或维修程序，或者额外培训。执行任务的时间间隔以及必要的资源都要得到确认。

十四、压力测试

（一）概述

压力测试是指在极端情景下（如最不利的情形），评估系统运行的有效性，及时发现问题和制订改进措施，目的是防止出现重大损失事件。

（二）用途

压力测试广泛应用于各行业的风险评估中，尤其常见于金融、软件等行业。

（三）输入

所需输入数据是：界定分析对象；召集相关专业人员；设想、模拟或试验可能出现的极端情形。

（四）过程

压力测试的具体操作步骤如下：

（1）针对某一风险管理模型或内控流程，假设可能会发生哪些极端情景。极端情景是指在非正常情况下，发生概率很小，而一旦发生，后果十分严重的事情。假设极端情景时，不仅要考虑本企业或同类企业出现过的历史教训，还要考虑以往不曾出现但将来可能会出现的情形。

（2）评估极端情景发生时，该风险管理模型或内控流程是否有效，并分析对目标可能造成的损失。

（3）制订相应措施，进一步修改和完善风险管理模型或内控流程。

以信用风险管理为例。某银行拥有一批信用记录良好的客户，该类客户除非发生极端情景，一般不会违约。在日常交易中，该银行只需遵循常规的风险管理策略和内控流程即可。如采用压力测试方法，则设想该批客户在极端情景（如其财产毁于地震、火灾、被盗）下可能会出现违约事故。由此分析一旦出现类似情形，银行可能遭受何种类型和程度的损失。

实施压力测试，一般需要借助敏感性分析、情景分析、头脑风暴法等工具辅助进行。

（五）输出

对潜在风险因素的认识和预防风险的措施建议。

（六）优点及局限

压力测试的优点包括：

（1）关注非正常情况下的风险情形，是普通风险评估方法的有益补充。

（2）考虑不同风险之间的相互关系。

（3）加强对极端情形与潜在危机的认识，预防重大风险的发生。

压力测试的局限包括：压力测试不能取代一般的风险管理工具，频繁地进行压力测试并不能解决组织日常的风险管理问题。此外，压力测试的效果取决于使用者是否可以构造合理、清晰、全面的情景。

十五、保护层分析

（一）概述

作为一种半定量方法，保护层分析法（Layer of Protection Analysis，LOPA）可估算与不期望事件或危险情景相关的风险，并且将其与风险容许界限比较，以确定现有的控制措施是否合适。

（二）用途

LOPA 典型的应用是在执行了 PHA 之后，以 PHA 的信息为基础进一步考虑安全设计问题。

LOPA 可以定性使用，用来简单分析现有的危害防护措施。LOPA 也可以半定量使用，在应用完 HAZOP 或 PHA 之后进行更为严格的检查。

通过分析各防护措施产生的风险预防效力，LOPA 也可以用来对资源进行合理配置。

（三）输入

LOPA 的输入包括：

（1）有关风险的基本信息。

（2）有关现有或建议控制措施的信息。

（3）原因事件概率、保护层故障、结果措施及可容许风险定义。

（4）初始原因概率、保护层故障、结果措施及可容许风险定义。

（四）过程

LOPA 可以通过专家团队运用下列程序进行实施：

（1）识别不良结果的初始原因并查找有关其概率和结果的数据。

（2）选择一个因果对。

（3）识别现有的保护层，同时对它们的效力进行分析。

（4）识别独立保护层（保护层未必都是 IPL）。

（5）估计每个独立保护层失效的概率。

（6）保护层的综合影响应与风险承受度进行比较，以确定是否需要进一步的保护。

独立保护层（Independent Protection Layers，IPL）是一种设备、系统或行动，其能避免某个情景演变成不良结果，并独立于初因事项或任何其他保护层。

IPL 包括：设计特点、实体保护装置、联锁及停机系统、临界报警与人工干预、事件后实物保护、应急反应系统（程序与检查不是 IPL）。

（五）输出

可给出需要进一步采取的控制措施，以及这些控制措施在降低风险方面效果的建议。

（六）优点及局限

LOPA 的优点包括：

（1）与故障树或其他定量风险分析方法相比，它需要更少的时间和资源，但是比定性的主观判断更为严格。

（2）它有助于识别并将资源集中在最关键的保护层上。

（3）它识别了那些缺乏充分安全措施的运行、系统及过程。

（4）它关注最严重的结果。

LOPA 的局限包括：

（1）LOPA 每次只能分析一个因果对和一个情景，并没有涉及风险或控制措施之间的相互影响。

（2）量化的风险可能没有考虑到普通模式的失效。

（3）LOPA 并不适用于很复杂的情景，如有很多因果对的情景，或有多种结果影响不同利益相关方的情景。

十六、业务影响分析

（一）概述

业务影响分析（Business Impact Analysis，BIA），也称作业务影响评估，旨在分析干扰性风险因素对组织运营的影响方式，同时识别组织是否具备必要的风险管理能力。

具体来说，BIA 可就以下问题达成一致认识：

（1）识别组织的关键经营过程及其临界状态、职能、相关资源，以及系统组件之间的关键依存关系。

（2）干扰性事项对组织重要经营目标的实现会产生怎样的影响。

（3）如何应对干扰因素的影响，以及如何使组织恢复到约定运行水平。

（二）用途

BIA 方法可用来确定干扰性因素的危害性以及过程和相关资源（人员、设备、信息技术）的恢复时间，以确保目标的持续实现。而且，BIA 有助于确定过程、内外部各方以及供应链接口处之间的相互关系。

（三）输入数据

输入包括：

（1）承担分析并制订计划的小组。

（2）关于目标、环境及运行和组织的相互依存关系的信息。

（3）有关组织活动及运行的详情，包括运行过程、辅助资源、与其他组织的关系、外包安排以及利益相关方。

（4）关键过程的失败造成的财务及运行结果。

（5）事先准备的调查问卷表。

（6）组织相关部门的受访者及/或计划联系的利益相关方的名单等。

（四）过程

通过使用调查问卷表、访谈、结构化讨论会或综合运用上述二种方法，可以开展 BIA 活动，识别关键过程，分析这些过程失败可能产生的影响，确定必要的恢复时间范围及辅助资源。

关键步骤包括：

（1）根据脆弱性分析（Vulnerability Assessment），确认组织的关键过程和输出结果。

（2）确定在干扰规定的时期内对被识别的关键过程造成的财务及/或运行影响。

（3）识别关键利益相关方之间的相互依存关系。这可能包括通过供应链说明相互依存关系的性质。

（4）确定现有资源及干扰过后继续以最低容许水平运行所需的基本资源。

（5）确定目前使用或计划开发的替代性工作区域和程序。如果在干扰过程中资源或能力无法获得或不够充分，那么可能就要开发替代性的工作区域和程序。

（6）根据被识别的结果以及职能部门的关键成功因素，确定各过程的最大可容忍故障时间（Maximum Acceptable Outage Time，MAOT），MAOT 代表组织所能容忍的能力损失的最大时间段。

（7）确定任何特定装备或信息技术的目标恢复时间（the Recovery Time Objective，RTO）。RTO 代表组织期望能够恢复运行能力所需的时间。

（8）确认关键过程的现期准备水平。这可能包括评估过程中的冗余能力（如备用设备）或替代供应商的存在情况。

（五）输出结果

输出结果包括：

（1）关键过程及相关依存关系的优先性清单。

（2）因关键过程失败而带来的财务及运行过程影响的记录。

（3）用于被识别的关键过程的辅助资源。

（4）关键过程的故障时间范围以及相关职能的恢复时间范围。

（六）优点及局限

BIA 的优点包括：

（1）对关键过程的认识，使组织有能力继续实现其既定目标。

（2）对资源的认识。

（3）有机会重新界定组织的运行过程，以增强组织的灵活性。

BIA 的局限包括：

（1）那些参与完成调查问卷或讨论会的参与人员可能缺乏某些知识。

（2）小组气氛可能会影响到关键过程的全面分析。

（3）对恢复要求有简单化或过于乐观的期望。

（4）难以获得组织运行及活动的足够的认识水平。

十七、潜在通路分析

（一）概述

潜在通路分析（Sneak Circuit Analysis，SCA）是一种用于识别系统设计错误的方法。潜在状态不是因部件故障产生的，而是一种可能会抑制预期功能或引起不良事项的潜在硬件、软件或集成的状态。这些状况的特点具有随意性，在最严格的标准化系统检查中也很难检测出来。潜在状态可能会引起运行不当、系统可用性缺失、程序延时或者甚至造成人员伤亡。

（二）用途

在 20 世纪 60 年代后期，潜在通路分析为美国航空航天局（NASA）所开发，用以核实产品设计的完整性及功能实现。潜在通路分析是一种发现非故意电路路径的有效工具，有利于设计出将各功能独立处理的解决方案。随着技术的进步，潜在通路分析的工具也一定在发展，潜在分析（Sneak Analysis）是用来描述潜在通路分析扩大范围的术语。潜在分析涵盖并超出了潜在通路分析的范畴。潜在分析可以使用任何技术来确定软硬件问题。潜在分析工具可以将几种分析工具，如故障树、失效模式和效应分析（FMEA）、可靠性估计（Reliability Estimates）等整合到一项分析中，从而节省时间和项目成本。

（三）输入

潜在分析是一种独特的设计过程，因为它利用不同的工具（如网络树、网络森林、提示语和问题等，帮助分析者发现潜在状态）来发现具体的问题。网络树和森林是对实际系统进行的拓扑分组。每个网络树代表一种次级功能并显示了可能影响次级功能输出的所有输入数据。将那些促成特定系统输出的网络树结合起来就能建构森林。一个合适的网络森林可以说明系统输出所有相关的输入数据。

（四）过程

开展潜在分析的基本步骤包括数据准备、网络树的建构、网络路径的评估、最终建议与报告。

（五）输出

潜在通路是系统内的意外路径或逻辑流。在特定状况下，意外路径或逻辑流会诱发不良功能或抑制预期功能。路径可能包括硬件、软件、操作人员行为以及这些因素的综合。潜在通路并不是硬件故障的结果，而是因设计疏忽而嵌入系统、通过编码进入软件程序，或者由于人为错误引发的潜在状况。四类潜在状况包括：

（1）潜在路径：电流、能量或逻辑顺序沿着非预计方向流动的意外路径。

（2）潜在时序：以意外或相互冲突的顺序发生的事项。

（3）潜在表述：对系统运行状况含混不清或错误的显示，可能会使系统或操作人员采取不当行为。

（4）潜在标识：对系统功能进行不正确或不准确的命名。例如，系统输入数据、控制措施及显示总线，可能会造成操作人员对系统的不当操作。

（六）优点及局限

SCA 的优点包括：

（1）潜在分析有利于分析人员识别设计错误。

（2）与 HAZOP（危险与可操作性分析）一起使用时会有最佳效果。

（3）非常有利于处理那些有多重情况的系统，如配料车间和半配料车间。

SCA 的局限包括：

（1）将其应用于电路、加工厂、机械设备或软件时，分析过程会有所不同。

（2）使用效果依赖于是否可以建立起正确的网络树。

十八、风险指数

（一）概述

风险指数（Risk Indices）是对风险的半定量测评，是利用顺序尺度的记分法得出的估算值。风险指数可以用来对使用相似准则的一系列风险进行比较。尽管是风险评估的组成部分，风险指数主要用于风险分析。尽管可以获得量化的结果，但风险指数本质上还是一种对风险进行分级和比较的定性方法，使用数字完全是为了便于操作。

（二）用途

如果充分理解系统，可以用指数对与活动相关的不同风险分级。指数允许将影响风险等级的一系列因素整合为单一的风险等级数字。

风险指数可作为一种范围划定工具用于各种类型的风险，以根据风险水平划分风险。这可以确定哪些风险需要更深层次的分析以及可能进行定量评估。

（三）输入

输入数据来源于对系统的分析，或者对背景的宽泛描述。这就要求很好地了解风险的各种来源、可能的路径以及可能影响到的方面。例如，故障树分析、事件树分析和一般的决策分析工具都可以用来支持风险指数的开发。

由于顺序尺度的选择在一定程度上具有任意性，因此，需要充分的数据来确认指数。

（四）过程

第一步是理解并描述系统。一旦系统得到确认，就要对各组件确定得分，再将这些得分结合起来，以提供综合指数。例如，在环境背景中，来源、途径及接收方将被打分。在有些情况下，每个来源可能会有多种路径和接收方。根据考虑系统客观现状的计划将单个得分进行综合。关键是，系统各部分的得分（来源、途径及接收方）应在内部保持一致，同时保持其正确关系。对风险要素（如概率、暴露及后果）或是增加风险的因素打分。

可以设计合适的指数模型对各因素的得分进行加、减、乘及/或除的运算。通过将得分相加来考虑累积效果（例如，将不同路径的得分相加）。严格地讲，将数学公式用于顺序得分是无效的，因此，一旦打分系统得以建立，必须将该模型用于已知系统，以便确认其有效性。确定指数是一种迭代方法，在分析师人员得到满意的确认结果之前，可以尝试几种不同的系统以将得分进行综合。

（五）输出

输出结果是与特定来源有关的一系列数字（综合指数），并可以与为其他来源开发的指数或是按相同方式建模的一系列数字进行比较。

（六）优点及局限

风险指数的优点包括：

（1）风险指数可以提供一种有效的划分风险等级的工具。

（2）可以让影响风险等级的多种因素整合到对风险等级的分析中。

风险指数的局限包括：

（1）如果过程（模式）及其输出结果未得到很好的确认，那么可能使结果毫无意义。输出结果是风险值这一点可能会被误解和误用，如在随后的成本效益分析中。

（2）在很多使用风险指数的情况下，缺乏一个基准模型来确定风险因素的单个尺度是线性的、对数的还是某个其他形式的，也没有固定的模型可以确定如何将各因素综合起来。在这些情况下，评级本身是不可靠的，对实际数据进行确认就显得尤其重要。

十九、故障树分析

（一）概述

故障树分析（Fault Tree Analysis，FTA）是用来识别和分析造成特定不良事件（称作顶事件）的可能因素的技术。造成故障的原因因素可通过归纳法进行识别，也可以将特定事故与各层原因之间用逻辑门符号连接起来并用树形图进行表示。树形图描述了原因因素及其与重大事件的逻辑关系。

故障树中识别的因素可以是与硬件故障、人为错误或其他引起不良事项的相关事项。

（二）用途

故障树可以用来对故障（顶事件）的潜在原因及途径进行定性分析，也可以在掌握原因事项概率的相关数据之后，定量计算重大事件的发生概率。图 3 是一个 FTA 的应用示例。

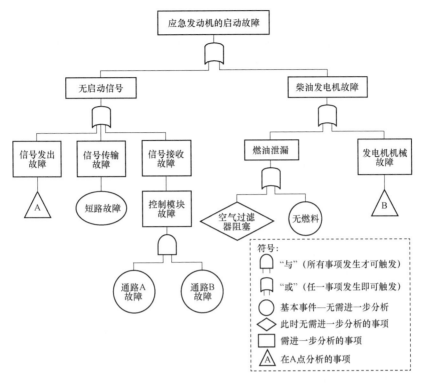

图3 FTA示例

故障树可以在系统的设计阶段使用，以识别故障的潜在原因并在不同的设计方案中进行选择；也可以在运行阶段使用，以识别重大故障发生的方式和导致重大事件的各类路径的相对重要性；故障树还可以用来分析已出现的故障，以便通过图形来显示不同事项如何共同作用造成故障。

（三）输入

对于定性分析，需要了解系统及故障原因、系统失效的方式；对于定量分析，需要了解故障树中各基本事件的故障率或者失效的可能性。

（四）过程

建构故障树的步骤包括：

（1）界定分析对象系统和需要分析的各对象事件（顶事件）。

（2）从顶事件入手，识别造成顶事件的直接原因或失效模式。

（3）调查原因事件，对每个原因/失效模式进行分析，以识别造成故障的原因（设备故障、人员失误以及环境不良因素等）。

（4）分步骤地识别不良的系统操作方式，沿着系统自上而下地分析，直到进一步分析不会产生任何成效为止，处于分析中系统最低水平的事项及原因因素称作基本事件。

（5）定性分析，按故障树结构进行简化，求出最小割集和最小径集，确定各基本事件的结构重要度。

（6）定量分析，找出各基本事件的发生概率，计算出顶事件的发生概率，计算出概率重要度和临界重要度，对于每个控制节点而言，所有的输入数据都必不可少，并足以产生输出事项。对于故障树中的逻辑冗余部分，可以通过布尔代数运算法则来进行简化。

除了估算顶事件发生的可能性之外，还要识别那些形成顶事件独立路径的最小分割集合，并计算它们对顶事件的影响。除了简单的故障树之外，当故障树存在几处重复事件时，需要使用软件包正确处理计算，并计算最小割集。软件工具有助于保证一致性、正确性和可检验性。

（五）输出

故障树分析的输出结果包括：

（1）顶事件发生方式的示意图，并可显示各路径之间的相互关系。

（2）最小分割集合清单（单个故障路径），并说明每个路径的发生概率（如果有相关数据）。

（3）顶事件的发生概率。

（六）优点及局限

故障树（FTA）的优点包括：

（1）它提供了一种系统、规范的方法，同时有足够的灵活性，可以对各种因素进行分析，包括人际交往和客观现象等。

（2）运用简单的"自上而下"方法，可以关注那些与顶事件直接相关故障的影响。

（3）FTA 对具有许多界面相互作用的分析系统特别有用。

（4）图形化表示有助于理解系统行为及所包含的因素。

（5）对故障树的逻辑分析和对分割集合的识别有利于识别高度复杂系统中的简单故障路径。

FTA 的局限包括：

（1）如果基础事件的概率有较高的不确定性，计算出的顶事件的概率的不确定性也较高。

（2）有时很难确定顶事件的所有重要途径是否都包括在内。

（3）故障树是一个静态模型，无法处理时序上的相互关系。

（4）故障树只能处理二进制状态（有故障/无故障）。

（5）虽然定性故障树可以包括人为错误，但是一般来说，各种程度或性质的人为错误引起的故障无法包括在内。

（6）分析人员必须非常熟悉对象系统，具有丰富的实践经验。

二十、事件树分析

（一）概述

事件树分析（Event Tree Analysis，简称 ETA）着眼于事故的起因，即初因事件。事件树从事件的起始状态出发，按照一定的顺序，分析初因事件可能导致的各种序列的结果，从而定性或定量地评价系统的特性。由于在该方法中事件的序列是以树形图的形式表示的，故称事件树。

图 4 显示了一个事件树的简单示例。

ETA 具有散开的树形结构，考虑到其他系统、功能或障碍，ETA 能够反映出引起初因事件加剧或缓解的事件。

（二）用途

ETA 分析适用于多环节事件或多重保护系统的风险分析和评价，既可用于定性分析，也可用于定量分析。

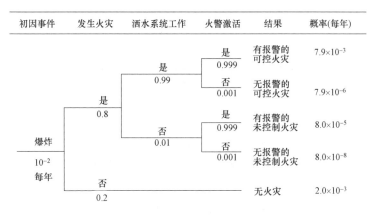

图 4 事件树示例

ETA 可以用于产品或过程生命周期的任何阶段。它可以进行定性使用，有利于群体对初始事件之后可能出现的情景进行集思广益，同时就各种处理方法、障碍或旨在缓解不良结果的控制手段对结果的影响方式提出各种看法。

定量分析有利于分析控制措施的可接受性。这种分析大都用于拥有多项安全措施的失效模式。

ETA 法是从决策树（Decision Tree）逐渐演化而来的，用于对可能带来损失或收益的初因事件建立模型。但是，在追求最佳收益路径的情况下，更经常地使用决策树建立模型。

（三）输入

输入包括：

（1）相关初始事项清单。

（2）关于应对、障碍和控制及其失效概率的信息。

（3）了解最初故障加剧的过程。

（四）过程

事件树首先要挑选初始事件。初始事件可能是粉尘爆炸或是停电这样的事项。那些旨在缓解结果的现有功能或系统应按时序列出。用一条线来代表每个功能或系统的成功或失败。每条线都应带有一定的失效概率，同时通过专家判断或故障树分析的方法来估算这种条件概率。这样，初始事件的不同途径就得以建模。

注意，事件树的可能性是一种有条件的可能性。例如，启动洒水功能的可能性并不是正常状况下测试得到的可能性，而是爆炸引起火灾状况下的可能性。

事件树的每条路径代表着该路径内各种事项发生的可能性。鉴于各种事项都是独立的，结果的概率可用单个条件概率与初因事项频率的乘积来表示。

（五）输出

ETA 的输出结果包括：

（1）对潜在问题进行定性描述，并将这些问题视为包括初始事件，同时能产生各类问题的综合事件。

（2）对各类事件的发生频率或概率以及事件的发生序列、各类事件的相对重要性的估算。

（3）降低风险的建议措施清单。

（4）建议措施效果的定量评价。

（六）优点及局限

ETA 的优点包括：

（1）ETA 用简单图示方法给出初因事项之后的全部潜在情景。

（2）它能说明时机、依赖性，以及在故障树模型中很烦琐的多米诺效应。

（3）它清晰地体现了事件的发展顺序，而使用故障树是不可能表现的。

ETA 的局限包括：

（1）为了将 ETA 作为综合评估的组成部分，一切潜在的初因事项都要进行识别。这可能需要使用其他分析方法（如 HAZOP、PHA），但总是有可能错过一些重要的初因事项。

（2）事件树只分析了某个系统的成功及故障状况，很难将延迟成功或恢复事项纳入其中。

（3）任何路径都取决于路径上以前分支点处发生的事项，因此要分析各可能路径上众多从属因素。然而，人们可能会忽视某些从属因素，如通用组件、公用系统以及操作人员等。如果不认真处理这些从属因素，就会导致风险评估过于乐观。

二十一、因果分析

（一）概述

因果分析（Cause and Consequence Analysis，CCA）综合了故障树分析和事件树分析。它开始于关键事件，同时通过结合"是/否"逻辑来分析结果，可识别出所有相关的原因和潜在结果，包括故障可能发生的条件，或者旨在减轻初始事件后果的系统失效。因果分析可应用于产品或系统生命周期的任何阶段；可以定性使用，也可用作定量分析。

最初，因果分析是作为关键安全系统的可靠性工具而开发出来的，可以让人们更全面地认识系统故障。类似于故障树分析，它用来表示造成关键事件的故障逻辑，但是，通过对时序故障的分析，它比故障树的功能更强大。这种方法可以将时间滞延因素纳入到结果分析中，而这在事件树分析中是办不到的。

（二）用途

因果分析方法可分析某个系统在关键事件之后可能的各种路径。如果进行量化，那么该方法可估算出某个关键事件过后各种不同结果发生的概率。由于因果图中的每个序列是子故障树的结合，因此因果分析可作为一种建立大故障树的工具。

（三）输入

与系统及其失效模式和故障情景相关的各类数据。

（四）过程

图 5 说明了典型的因果分析过程。

进行因果分析的步骤包括：

（1）识别关键事件（或初因事件）（类似于故障树的顶事件及事件树的初因事件）。

（2）绘制并验证关键事件的故障树。

（3）确定需考虑条件的顺序。这应该是一种逻辑顺序，如它们发生的时序。

（4）建构不同条件下的结果路径。这一点类似于事件树，但事件树路径的划分被表示为贴有适用特定条件的栏。

（5）如果各条件栏的故障为独立故障，则可以计算各故障的发生概率。要做到这一点，首先是确定条件栏内每个输出结果的概率（如果可以的话，使用相关的故障树）。通过将各次序条件的概率相乘，就可以得出产生特定结果的任一次序的概率，该次序条件结束于上述特定结果。如果一个以上的次序最终有相同的结果，那么各次序的概率应相加。如果某个序列中各条件的故障存在依存关系（如停电会造成多个条件出现故障），那么必须在计算前分析依存关系。

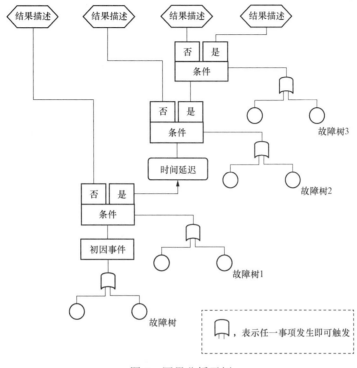

图 5　因果分析示例

（五）输出

因果分析的结果可用图形表示，对系统故障的原因进行图形表示既可说明原因，也可说明结果。通过对引起关键事件特定条件发生的概率进行分析，我们就可以估算出各潜在结果发生的概率。

（六）优点及局限

因果分析的优点相当于事件树及故障树的综合优点。而且，由于其可以分析随时间发展变化的事项，因果分析克服了那两种技术的局限，提供了系统的全面视角。

局限是该方法的建构过程要比故障树和事件树更为复杂，同时在定量过程中必须处理依存关系。

二十二、根原因分析

（一）概述

为了避免重大损失的再次发生，对重大损失进行的分析通常称作根原因分析（Root Cause Analysis，RCA）或者损失分析（Loss Analysis）。RCA 试图识别事故的根本或最初原因，而不是仅仅处理非常明显的表面"症状"。

（二）用途

RCA 适用于各种环境，拥有广泛的使用范围：

（1）安全型 RCA 用于事故调查和职业健康及安全。

（2）故障分析 RCA 用于与可靠性及维修有关的技术系统。

（3）生产型 RCA 用于工业制造的质量控制领域。

（4）过程型 RCA 关注的是经营过程。

（5）作为上述领域的综合体，系统型 RCA 主要用于处理复杂系统的变革管理、风险管理及系统分析。

（三）输入

RCA 的基本输入数据是指从故障或损失中搜集的证据。分析中也可以考虑其他类似故障的数据。其他输入数据可以是为了测试具体假设而得出的结果。

（四）过程

识别出 RCA 的需求之后，应指定一群专家开展分析并提出建议。专家的类型主要取决于分析故障时所需的具体专业知识。

虽然可以使用不同的方法进行分析，但开展 RCA 的基本步骤是相似的，包括以下方面：组建团队；确定 RCA 的范围及目标；搜集有关故障或损失的数据及证据；开展结构化分析，以确定根本原因；找出解决方案并提出建议；执行建议；核实所执行建议的成效。

结构化分析可以包括下列某一种方法：

（1）5-why 法，即反复询问"为什么？"，以剥离原因层及次原因层。

（2）失效模式和效应分析。

（3）故障树分析。

（4）鱼骨图（鱼刺图）。

（5）帕累托分析。

（6）根原因图。

对可能原因评价经常开始于明显的客观原因，然后是人为的原因，最后是潜在的管理或基本原因。相关各方必须对识别出的事故原因进行控制或消除，以便使纠正行为取得效果并富有价值。

（五）输出

RCA 的输出结果包括：

（1）记录收集的数据及证据。

（2）分析假设。

（3）归纳有关最有可能造成故障或损失的原因。

（4）纠正行为的建议。

（六）优点及局限

RCA 的优点包括：

（1）让合适专家在团队环境下工作。

（2）结构化分析。

（3）分析各种可能的假设。

（4）记录结果。

（5）需要提出最终的建议。

RCA 的局限性包括：

（1）未必有所需的专家。

（2）关键证据可能在故障中被毁或在清理中被删除。

（3）团队可能没有足够的时间或资源来充分评估情况。

（4）可能无法充分执行建议。

二十三、决策树分析

（一）概述

考虑到不确定性结果，决策树（Decision Tree）以序列方式表示决策的选择和结果，并用树形图的形式进行表示。类似于事件树，决策树开始于初因事项或是最初决策，考虑随后可能发生的事项及可能做出的决策，它需要对不同路径和结果进行分析。

（二）用途

决策树可用于项目风险管理和其他环境中，以便在不确定的情况下选择最佳的行动步骤。图形显示也有助于决策依据的快速沟通。

（三）输入

包含各个决策点的项目计划、各决策的可能结果、可能影响决策的偶然事件的信息。

（四）过程

决策树开始于最初决策，随着决策的继续，在各个决策点上，不同的事项会发生，通过估算各事项发生的可能性以及相应的成本或收益，使用者可选择最佳决策路径。

（五）输出

输出包括：

（1）显示可以采取不同选择的风险逻辑分析。

（2）每一个可能路径的预期值计算结果。

（六）优点及局限

决策树分析的优点包括：

（1）对于决策问题的细节，提供了一种清楚的图解说明。

（2）能够计算到达一种情形的最优路径。

决策树分析的局限包括：

（1）大的决策树可能过于复杂，不容易与其他人交流。

（2）为了能够用树形图表示，可能有过于简化背景环境的倾向。

二十四、蝶形图分析

（一）概述

蝶形图分析（Bow Tie Analysis）是一种简单的图解形式，用来描述并分析某个风险从原因到结果的路径。该方法可被视为分析事项起因（由蝶形图的结代表）的故障树和分析事项结果的事件树这两种方法的统一体。但是，蝶形图的关注重点是在风险形成路径上存在哪些预防措施及其实际效果。在建构蝶形图时，首先要从故障树和事件树入手，但是，这种图形大都在头脑风暴式的讨论会上直接绘制出来。

（二）用途

蝶形图分析被用来显示风险的一系列可能的原因和后果。如果人们更重视的是确保每个故障路径都有一个障碍或控制，那么就可以使用蝶形图分析。当导致故障的路径清晰而独立时，蝶形图分析就非常有用。

与故障树及事件树相比，蝶形图通常更易于理解，因此，在使用更复杂的技术才能完成分析的情况下，它会成为一种有用的沟通工具。

（三）输入

对于风险的原因和结果以及可能预防风险的障碍及控制措施的认识。

（四）过程

蝶形图的实施步骤如下：

（1）识别的具体风险，并将其作为蝶形图的中心结。

（2）列出造成结需要分析果的原因。

（3）识别由风险源到事故的传导机制。

（4）在蝶形图左手侧的每个原因与结果之间划线，识别那些可能造成风险升级的因素并将这些因素纳入图表中。

（5）如果某些因素可有效控制风险原因的升级，用条形框列出这些"控制措施"。

（6）在蝶形图右侧，识别风险不同的潜在结果，并以风险为中心向各潜在结果处绘制出放射状线条。

（7）如果某些因素可有效控制风险结果的升级，则用条形框列出这些"控制措施"。

（8）支持控制的管理职能（如培训和检验）应表示在蝶形图中，并与各自对应的控制措施相联系。

在路径独立、结果的可能性已知的情况下，可以对蝶形图进行一定程度的量化，同时可以估算出控制效果的具体数字。然而，在很多情况下，由于路径和障碍并不独立，控制措施可能是程序性的，因此结果并不清晰。更合适的做法是运用 FTA 及 ETA 进行定量分析。

（五）输出

输出结果是一个简单的图表，说明了主要的故障路径以及预防或减缓不良结果或者刺激及促进期望结果的现有障碍。一个蝶形图示例如图 6 所示。

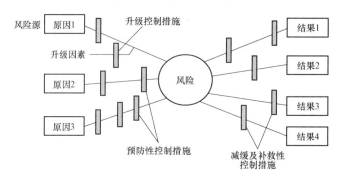

图 6　不良结果的蝶形图

（六）优点及局限

蝶形图分析的优点包括：

（1）用图形清晰地表示问题，便于理解。

（2）关注的是为了到达预防及减缓目的而确定的障碍及其效力。

（3）可用于期望结果。

（4）使用时不需要较高的专业知识水平。

蝶形图分析局限包括：

（1）无法描述当多种原因同时发生并产生结果时的情形（例如，故障树中用"闸"这个概念来描述蝶形图的右手侧）。

（2）可能会过于简化复杂情况，尤其是在试图量化的时候。

二十五、层次分析法

（一）概述

在进行社会、经济以及科学领域问题的系统分析中，常常面临由相互关联、相互制约的众多因素构成的复杂而往往缺少定量数据的系统。层次分析法（Analytic Hierarchy Process，AHP）为这类问题的决策和排序提供了一种新的、简洁而实用的建模方法，它特别适用于那些难于完全定量分析的问题。

（二）用途

层次分析法以其系统性、灵活性、实用性等特点特别适合于多目标、多层次、多因素的复杂系统的决策，在目标因素结构复杂且缺乏必要数据的情况下使用更为方便，同时它也被广泛应用于社会、经济、科技、规划等很多领域的评价、决策、预测、规划等。

（三）输入

对任意两因素的相对重要性进行比较判断，给予量化。为保证输入的比较值真实可信，通常可以用德尔菲法、头脑风暴法等进行操作。

（四）过程

运用层次分析法建模，大体上可按下面四个步骤进行：

（1）建立递阶层次结构模型。

（2）构造出各层次中的所有判断矩阵。

（3）层次单排序及一致性检验。

（4）层次总排序及一致性检验。

其中，后两个步骤在整个过程中需要逐层地进行。

（五）输出

各种方案相对于总目标的重要排序。

（六）优点及局限

AHP法较好地体现了系统工程学定性与定量分析相结合的思想。在决策过程中，决策者直接参与决策过程，并且其定性思维过程被数学化、模型化，而且还有助于保持思维过程的一致性。

层次分析法的局限性，主要表现在：

（1）很大程度上依赖于人们的经验，主观因素的影响很大，它至多只能排除思维过程中的严重非一致性，却无法排除决策者个人可能存在的严重片面性。

（2）比较、判断过程较为粗糙，不能用于精度要求较高的决策问题。

二十六、在险值法

（一）概述

在过去的几年里，一些银行和监管部门普遍地运用在险值法（Value at Risk，VaR）衡量风险。在险值法又被称为"风险价值"或"在险价值"，是指在一定的置信水平下，某一金融资产（或证券组合）在未来特定的一段时间内的最大可能损失。与传统风险度量手段不同，VaR完全是基于统计分析基础上的风险度量技术，它的产生是JP摩根公司用来计算市场风险的产物，随后逐步被引入信用风险管理领域。目前，VaR 已成为国外大多数金融机构广泛采用的衡量金融风险大小的方法。

在实际工作中，对于 VaR 的计算和分析可以使用多种计量模型，如参数法、历史模拟法和蒙特卡罗模拟法。参数法是 VaR 计算中最为常用的方法。以下以参数法为例介绍该方法的大致特点。

（二）用途

利用 VaR 法可以比较全面地描述和评估风险。许多风险度量方法，只能用来度量一类资产的风险或一类特定的风险，而 VaR 法不依赖个别风险的特性或受资产种类的限制，具有整体性。因其适用于各种风险，所以 VaR 法可提供一个基准单位，用来比较不同的风险。例如，企业可以用 VaR 法统一度量其面临的市场风险、信用风险等。另外，VaR 法可以对企业管理层的资源配置和投资决策起到参考作用，如衡量公司各产品业绩、调整交易员的收益行为、实施风险限额和头寸控制等。

VaR 法也可以应用于投资组合之中，投资者可以通过成分 VaR 来判断投资组合中哪笔交易对投资组合的风险暴露起到了对冲效果，从而优先把新投资投向该交易。在险值的概念还可以用来衡量诸如企业现金流和盈利的风险。这就是所谓的现金流在险值和收益在险值。

（三）输入

使用参数法计算 VaR 仅需要将市价、当前头寸面临的风险和风险数据三种数据相结合，因此比较易于操作。

（四）过程

参数法利用资产组合的价值函数与市场因子间的近似关系、市场因子的统计分布（方差-协方差矩阵）简化 VaR 计算。

参数法的主要计算步骤包括：

（1）列出各种风险因素。

（2）对投资组合中所有金融工具的线性风险进行映射。

（3）汇总不同金融工具的风险。

（4）估计风险因子的协方差矩阵。

（5）计算总体投资组合风险。

由于在使用参数法时，一般假定资产收益率服从正态分布，这对于股票、债券、商品等基础资产以及外汇远期等线性衍生产品而言是恰当的；但对期权等非线性衍生品而言，由于它们的收益分布是非正态的，即使假设标的资产收益率正态分布，经过非线性收益型态转换后，仍有巨大的偏移。因此，该方法仅适用于线性资产和线性衍生品。

VaR 基本模型见式（1）：

$$\text{VaR}=E(\omega)-\omega^* \tag{1}$$

式中 $E(\omega)$——资产组合的预期价值；

ω——资产组合的期末价值；

ω^*——置信水平 α 下投资组合的最低期末价值。

又设

$$\omega=\omega_0(1+R) \tag{2}$$

式中 ω_0——持有期初资产组合价值；

R——设定持有期内（通常一年）资产组合的收益率。

$$\omega^* = \omega_0(1+R^*) \tag{3}$$

式中　R^*——资产组合在置信水平 α 下的最低收益率。

根据数学期望值的基本性质，将式（2）、式（3）代入式（1），有

$$VaR = \omega_0[E(R)-R^*] \tag{4}$$

式（4）即为该资产组合的 VaR 值，根据式（4），如果能求出置信水平 α 下的 R^*，即可求出该资产组合的 VaR 值。

在估计 VaR 值时，置信区间和时间段的选取依赖于我们的管理需要和风险本身的特性。例如，商业银行通常采用 95% 或 99% 的置信区间，国际银行业监管机构的巴塞尔协议则规定商业银行应使用 99% 的置信区间和 10 天的时间段。

（五）输出

VaR 法可以给出特定持有期限、一定置信水平下资产组合面临的最大损失，有效描述资产组合的整体市场风险状况。

（六）优点及局限

VaR 法的优点包括：

（1）过程简单，结果简洁，非专业背景的投资者和管理者也可以通过 VaR 值对风险进行评判。

（2）可以事前计算风险，不像以往风险管理的方法都是在事后衡量风险大小。

（3）不仅能计算单个金融工具的风险，还能计算由多个金融工具组成的投资组合风险。

VaR 的局限包括：

（1）过分依赖统计数据和模型，当统计数据不足时难以支持可信赖的 VaR 模型，如一次性投资决策的数据。

（2）VaR 方法衡量的主要是市场风险，如单纯依靠 VaR 方法，则可能会忽视其他风险。

（3）VaR 值表明的是一定置信度内的最大损失，但并不能排除高于 VaR 的损失发生的可能性。

（4）VaR 值描述的是正常的市场条件下的情景。在极端情景下，VaR 可能就会失去作用。因此，在使用 VaR 值时，要结合其他的方法去进一步考虑这些极端的情形，如使用情景分析和压力测试的分析方法。

二十七、均值-方差模型

（一）概述

均值-方差模型（Mean-Variance Model）是组合投资理论研究和实际应用的基础，由美国经济学家马柯维茨（Markowitz）提出，因此又称为 Markowitz 模型。证券及其他风险资产的投资者们面对着两个核心问题：即预期收益与风险，他们期望尽可能高的收益率和尽可能低的不确定性。如何测定组合投资的风险与收益，并平衡这两项指标进行资产分配，是市场投资者迫切需要解决的问题。均值-方差模型即可用于这一场合。从所有可能的证券组合中选择一个最优的组合，使收益和风险这两个相互制约的目标达到最佳平衡。对于给定的收益水平，利用该模型可以求出方差意义下最小风险的组合。

均值-方差模型揭示了"资产的期望收益由其自身的风险的大小来决定"这一重要结论，即资产（单个资产和组合资产）由其风险大小来定价，单个资产价格由其方差或标准差来决

定，组合资产价格由其协方差来决定。

（二）用途

该方法常用于实际的证券投资和资产组合决策。

（三）输入

预期收益率及各项目的风险概率信息。

（四）过程

均值-方差模型如下所示。

目标函数：$\min \sigma^2(R_p) = \sum\sum x_i x_j \text{Cov}(R_i, R_j)$，其中 $R_p = \sum x_i R_i$。

限制条件：$\sum x_i = 1$（$x_i \geq 0$，$i = 1, 2, \cdots, n$）

其中，R_p 为组合收益，R_i 为第 i 只股票的收益，x_i、x_j 为证券 i、j 的投资比例，$\sigma^2(R_p)$ 为组合投资方差（组合总风险），$\text{Cov}(R_i, R_j)$ 为两个证券之间的协方差。

上式表明，在限制条件下如何使组合风险 $\sigma^2(R_p)$ 最小，可通过拉格朗日目标函数求得。其经济学意义是，投资者可顶先确定一个期望收益，通过上式可确定投资者往每个投资项目（如股票）上的投资比例（项目资金分配），使其总投资风险最小。不同的期望收益就有不同的最小方差组合，这就构成了最小方差集合。

（五）输出

在给定收益率下的最小风险组合或预定风险下的最大收益组合。

（六）优点及局限

均值-方差模型通过数理方法描绘出了资产组合选择的最基本、最完整的框架，具有开创性，是目前投资理论和投资实践的主流方法。

该模型的局限在于：一方面没有考虑到收益的非正态分布，而多数实证研究表明证券收益率不一定服从正态分布；另一方面该方法计算复杂，特别是运用于多个项目的投资组合问题时，这种计算量更为庞大。

二十八、资本资产定价模型

（一）概述

资本资产定价模型（Capital Asset Pricing Model，CAPM），是在投资组合理论和资本市场理论基础上形成发展起来的，主要研究证券市场中资产的预期收益率与风险资产之间的关系，以及均衡价格是如何形成的。该模型运用一般均衡模型刻划所有投资者的集体行为，揭示在均衡情况下证券风险与收益之间关系的经济本质。目前，资本资产定价模型被公认为金融市场现代价格理论的主干，使丰富的金融统计数据可以得到系统而有效的利用。此模型亦被广泛应用于实证研究并因而成为不同领域中决策的重要基础。

该理论的前提假设包括以下几点：市场是均衡的，并不存在摩擦；市场参与者都是理性的；不存在交易费用；税收不影响资产的选择和交易；投资总风险可以用方差或标准差表示，系统风险可用 β 系数表示；非系统性风险可通过多元化投资分散掉，不发挥作用，只有系统性风险发挥作用。

（二）用途

CAPM 理论广泛应用于投资决策及公司理财领域，一般用于评估已经上市的不同证券价格的合理性；帮助确定准备上市证券的价格；能够估计各种宏观和宏观经济变化对证券价格的影响。

（三）输入

输入数据主要包括预期回报率和无风险利率等相关信息，以及当前市场背景的宽泛描述。

（四）过程

资本资产定价理论认为，一项投资所要求的必要报酬率取决于以下 3 个因素：

（1）无风险报酬率，即将国债投资（或银行存款）视为无风险投资。

（2）市场平均报酬率，即整个市场的平均报酬率，如果一项投资所承担的风险与市场平均风险程度相同，该项报酬率与整个市场平均报酬率相同。

（3）投资组合的系统风险系数即 β 系数，是某一投资组合的风险程度与市场证券组合的风险程度之比。

CAPM 见式（5）：

$$E（R_i）=R_f+（R_m-R_f）\beta_i \tag{5}$$

$E(R_i)$ 表示投资组合 i 的期望收益率，R_f 是无风险资产的报酬率，R_m 是市场均衡组合的报酬率，β 是投资组合 i 的 β 系数。β 越大，系统性风险越高，要求的报酬率越高；反之，β 越小，要求的报酬率越低。

CAPM 是通过比较一项资本投资的回报率与投资于整个股票市场的回报率，来衡量该投资的风险贴水。如果该资产是股票，则其 β 通常可以用统计数据估算出来。但当资产是一家新工厂时，确立 β 比较困难。许多公司因此利用公司的资本成本作为正常的贴现率，公司资本成本是公司股票的预期回报率（取决于该股票的 β）和它偿付债务的利息率的加权平均数。只要有关的资本投资对整个公司是有代表性的，这一方法可以使用。

（五）输出

CAPM 模型说明了单个证券投资组合的期望受益率与相对风险程度间的关系。

（六）优点及局限

CAPM 模型是金融市场价格理论的经典模型，作为第一个不确定性条件下的资产定价的均衡模型，具有重大的历史意义。由于股票等资本资产未来收益的不确定性，CAPM 的实质是讨论资本风险与收益的关系。该模型合理简明地表达了这一关系，即高风险伴随着高收益。

CAPM 模型由于其严格的理论假设和对现实环境的高度抽象，影响和限制了其应用范围和效果。

二十九、FN 曲线

（一）概述

FN 曲线（FN Curves）表示的是人群中有 N 个或更多的人受到影响的累积频率（F）。FN 曲线最初用于核电站的风险评价中，其采用死亡人数 N 与事故发生频率 F 之间关系的图形来表示，目前广泛应用于社会风险接受准则的制订。在大多数情况下，它们指的是出现一定数量伤亡出现的频率。

（二）用途

FN 曲线可用于系统或过程设计，或是用于现有系统的管理。

FN 曲线是表示风险分析结果的一种手段。很多风险都具有轻微结果高概率或是严重后果低概率的特点，FN 曲线用区域块来表示风险，而不是用表示后果和概率组成的单点表示风险。FN 曲线可用来比较风险，如将风险与 FN 曲线规定的标准相比，或是将风险与历史数据相比，或是与决策准则相比。

（三）输入

所需输入数据是：

（1）特定时期内成套的可能性/后果对。

（2）定量风险分析的数据结果，估算出一定数量伤亡的可能性。

（3）历史记录及定量风险分析中得出的数据。

（四）过程

将现有数据绘制在图形上，以伤亡人数（一定程度的伤害，如死亡）作为横坐标，以事故发生频率作为纵坐标。由于数值范围大，两个轴通常都离不开对数比例尺。

FN 曲线可以使用过去损失的"真实"数字进行统计上建构，或者通过模拟模型进行计算。使用的数据及假定意味着这两类 FN 曲线可以传递出不同的信息，应单独用于不同目的。一般来说，理论 FN 曲线对于系统设计非常有用，而统计 FN 曲线对现有的特定系统的管理非常有用。

两种归纳法可能会很耗时，因此，将两种方法综合运用较为常见。接着，实证数据将形成已准确掌握的伤亡人数（在规定时间范围内已知事故/事项中发生的伤亡人数），以及通过外插法或内插法提供其他观点的定量风险分析。对于低频率事故的分析工作，需要收集较长时间跨度范围内的数据。

（五）输出

可与现有风险决策准则进行比较的一个风险区域。

（六）优点及局限

FN 曲线是一种有效描述风险信息的手段，能以便于理解的形式来表示频率及后果信息。管理人员和系统设计师可通过 FN 曲线，更有效地做出风险及安全水平方面的决策。

FN 曲线适用于具有充分数据且背景类似的情况下的风险比较。

FN 曲线的局限性是，它们无法说明影响范围或事项结果，而只能说明受影响人数，并且无法识别引发伤害发生的方式。FN 曲线并不是风险评估方法，而是一种表示风险评估结果的方法。作为一种表示风险评估结果的明确方法，它们需要那些熟练的分析师进行准备，经常很难为专家以外的人士所理解和使用。

三十、马尔可夫分析

（一）概述

如果事物每次状态的转移只与互相接引的前一状态有关，而与过去的状态无关，则称这种无后效性的状态转移过程为马尔可夫过程。具备这种时间离散、状态可数的无后效随机过程称为马尔可夫链。

马尔可夫分析（Markov Analysis）通常用来分析那些存在时序关系的各类状况的发生概率。该方法可用于生产现场危险状态、市场变化情况的预测，但是不适宜于系统的中长期预测。通过运用更高层次的马尔可夫链，这种方法可拓展到更复杂的系统中。类似于 Petri 网分析，马尔可夫分析也能监督并观察系统状态，但是两者存在差异，因为前者能同时处于多重状态下。

马尔可夫分析是一项定量技术，可以是不连续的（利用状态间变化的概率），也可以是连续的（利用各状态的变化率）。虽然马尔可夫分析可以手工计算进行，但是当前其更依存于计算机程序。

（二）用途

马尔可夫分析技术可用于各种系统结构（无论是否需要维修），包括：串联系统中相互独立的部件；并联系统中相互独立的部件；负荷分载系统；备用系统，包括发生转换故障的情况；降级系统。

马尔可夫分析技术也可以用于计算设备可用度，包括考虑需要维修的备件。

（三）输入

马尔可夫分析的关键输入数据如下所示：

（1）系统、子系统或组件可能处于的各种状况的清单，如全运行、部分运行（降级状况）以及故障状况等。

（2）状态的可能转移。例如，如果是汽车轮胎故障，那就要考虑备胎的状况，还要考虑检查频率。

（3）某种状况到另一种状况的变化率，通常由不连续事项之间的变化概率来表示，或者连续事项的故障率（λ）及/或维修率（μ）来表示。

（四）过程

马尔可夫分析技术主要围绕"状态"这个概念（如现有状态及故障状态）以及基于常概率的状态间的转移。随机转移概率矩阵可用来描述状态间的转移，以便计算各种输出结果。

为了说明马尔可夫分析技术，不妨分析一种仅存在于三种状态的复杂系统。功能、降级和故障将分别界定为状态 S1、状态 S2 以及状态 S3。每天，系统都会存在于这三种状态中的某一种。表4说明了系统明天处于状态 S_i 的概率（i 可以是 1、2 或 3）。

表4　　　　　　　　　马 尔 可 夫 矩 阵

		今天状态		
		S1	S2	S3
明天状态	S1	0.95	0.3	0.2
	S2	0.04	0.65	0.6
	S3	0.01	0.05	0.2

该概率阵称作马尔可夫矩阵，或是转移矩阵。注意，每栏数值之和是1，因为它们是每种情况一切可能结果的总和。

这个系统可以用马尔可夫图来表示，如图7所示。其中，圆圈代表状态，箭头代表相应概率的转移。

从某个状态返回自身的箭头通常并不绘出，但是为了完整性也显示在图7所示的例子中。

P_i 代表系统处于状态 i（i 可以是 1、2 或 3）的概率，那么需要解决的联立方程包括：

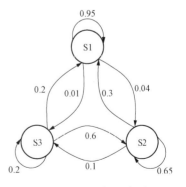

图7　系统马尔可夫图

$$P_1=0.95P_1+0.30P_2+0.20P_3 \qquad (6)$$
$$P_2=0.04P_1+0.65P_2+0.60P_3 \qquad (7)$$
$$P_3=0.01P_1+0.05P_2+0.20P_3 \qquad (8)$$

这3个方程并非独立的，无法解出3个未知数。因此，下列方程必须使用，而上述方程中有一个方程可以弃用。

$$1=P_1+P_2+P_3 \qquad (9)$$

状态 1、2 和 3 的答案分别是 0.85、0.13 和 0.02。该系统只在 85% 的时间里能充分发挥功效，13% 的时间内处于降级状态，而 2% 的时间存在故障。

再来考虑平行运行的两个组件。其中，系统要发挥功能，其中一组件必须正常运行。这些组件可能是正常的，也可能是故障的，系统的可用性依赖于组件的整体状态。

状态可以视为：

状态 1：两个项目能发挥正常功能。

状态 2：一个项目已出现故障并正在进行维修，而另一个项目运行正常。

状态 3：两个项目都已出现故障且都在进行维修。

如果假设各项的故障率为 λ，维修率为 μ，那么状态转移图如图 8 所示。

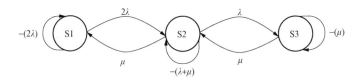

图 8　状态转移图

注意，从状态 1 到状态 2 的转移为 2λ，因为这两项中任一项的故障都会使系统进入状态 2。

设定 P_i（t）为 t 时系统处于初始状态 i 的概率。

设定 P_i（$t+\delta t$）为 $t+\delta t$ 时系统处于最终状态 i 的概率。

转移概率矩阵就变成表 5 的结果。

表 5　　　　　　　　　　　　　　　　　　最终马尔可夫矩阵

		最初状态		
		$P_1(t)$	$P_2(t)$	$P_3(t)$
最终状态	$P_1(t+\delta t)$	-2λ	μ	0
	$P_2(t+\delta t)$	2λ	$-(\lambda+\mu)$	μ
	$P_3(t+\delta t)$	0	λ	$-\mu$

值得关注的是，如果无法从状态 1 转移到状态 3 或是由状态 3 转移到状态 1，那么就会出现零值。而且，在规定比率时，各栏总和为零，联立方程变为

$$\mathrm{d}P_1/\mathrm{d}t=-2\lambda P_1(t)+\mu P_2(t) \qquad (10)$$

$$\mathrm{d}P_2/\mathrm{d}t=2\lambda P_1(t)+[-(\lambda+\mu)]P_2(t)+\mu P_3(t) \qquad (11)$$

$$\mathrm{d}P_3/\mathrm{d}t=\lambda P_2(t)+(-\mu)P_3(t) \qquad (12)$$

为了简单起见，我们假设所需的可用度为稳定状态可用度。

当 δt 趋向无限时，$\mathrm{d}P_i/\mathrm{d}t$ 会趋于零，方程式的求解会变得更容易。

（五）输出

由于马尔可夫分析的输出结果是处于各种状态下的各种概率，因此，可以估算出故障概

率及/或可用度（系统的关键组件之一）。

（六）优点及局限

马尔可夫分析的优点是能够计算出系统未来处于各状态的概率。

马尔可夫分析的局限包括：

（1）假设状态变化的概率是固定的。

（2）所有事项在统计上具有独立性，因此，未来状态独立于一切过去的状态，除非两个状态紧密相接。

（3）需要了解状态变化的各种概率。

（4）有关矩阵运算的知识。

（5）计算结果很难与非技术人员进行沟通。

三十一、蒙特卡罗模拟分析

（一）概述

蒙特卡罗模拟方法（Monte Carlo Simulation）又称随机模拟法，广泛用于计算各种领域的风险，是预测和估算失事概率常用的方法之一。该方法的主要思路是按照概率定义，某事件发生的概率可以用大量试验中该事件发生的频率估算。因此，可以先对影响其失事概率的随机变量进行大量随机抽样，获得各变量的随机数，然后将这些抽样值一组组地代入功能函数式，确定系统失效与否，统计失效次数，并计算出失效次数与总抽样次数的比值，此值即为所求的失事概率。蒙特卡罗法就是依靠上述思路求解系统失效概率的，该方法处理手段是计算机模拟与仿真。

（二）用途

蒙特卡罗模拟通常用来评估各种可能结果的分布及指标值的频率，如成本、周期、吞吐量、需求及类似的定量指标，其应用范围包括财务预测、投资效益、项目成本及进度预测、业务过程中断、人员需求等领域的风险评估。

蒙特卡罗模拟法可以用于两种不同用途：传统解析模型的不确定性的分布；解析技术不能解决问题时进行概率计算。

（三）输入

进行蒙特卡罗模拟分析时，需要构建一个可以很好地描述系统特性的模型。模型中各变量的输入数据需要依据其分布随机产生。为此，均匀分布、三角分布、正态分布和对数正态分布经常被使用。

（四）过程

过程如下：

（1）确定尽可能准确代表所研究系统特性的模型或算法。

（2）用随机数将模型运行多次，产生模型（系统模拟）输出。模型以方程式的形式提供输入参数与输出之间的关系。

（3）在每一种情况下，计算机以不同的输入运行模型多次并产生多种输出。这些输出可以用传统的统计方法进行处理，以提供均值、方差和置信区间等信息。

下面给出一个模拟例子。两组设备平行运行，而系统的正常运行只需要一个设备即可。第一个项目的可靠性为 0.9，而另一个项目的可靠性为 0.8。现求整个系统的可靠性。

可以构建如表 6 所示的电子表格。

表 6　　　　　　　　　　　　　模　拟　数　据

模拟数	项目 1		项目 2		系统运行情况
	随机数	功能状态	随机数	功能状态	
1	0.577243	是	0.059355	是	1
2	0.746909	是	0.311324	是	1
3	0.541728	是	0.919765	否	1
4	0.423274	是	0.643514	是	1
5	0.917776	否	0.539349	是	1
6	0.994043	否	0.972506	否	0
7	0.082574	是	0.950241	否	1
8	0.661418	是	0.919868	否	1
9	0.213376	是	0.367555	是	1
10	0.565657	是	0.119215	是	1

随机数生成器生成了 0～1 之间的数字，用来与各项的概率进行比较，以便确定系统是否正常运行。仅凭 10 次运行，0.9 这个结果不会成为准确的结果。常见的方法是在计算器内建模，当模拟程度达到了所需精度时，再比较总结果。在这个例子中，经过 20000 次迭代，我们就得出了 0.9799 这个结果。上述模型可以通过多种方式进行拓展。例如：

（1）通过拓展模型本身（例如，只有在首项出现故障的情况下，才考虑第二项）。

（2）当概率无法准确确定时，通过改变某个变量的固定概率拓展（三角分布是个很好的例子）。

（3）使用故障率外加一个随机函数生成器去推导出故障时间（指数分布、Weibull 分布或其他合适的分布）并建立维修时间。

（五）输出

输出结果可能是单个数值，如上例确定的单个数值；它也可能是表述为概率或频率分布的结果。一般来说，蒙特卡罗模拟可用来评估可能出现的结果的整体分布，或是以下分布的关键测评：期望结果出现的概率；在某个置信概率下的结果值。

对输入数据与输出结果之间关系的分析可以说明目前正发挥作用的因素的相对重要性，同时可识别那些旨在减少结果不确定性的工作的有用目标。

（六）优点及局限

蒙特卡罗模拟的优点包括：

（1）从原则上讲，该方法适用于任何类型分布的输入变量。

（2）模型便于开发，并可根据需要进行拓展。

（3）实际产生的任何影响或关系都可以进行表示，包括微妙的影响，如条件依赖。

（4）敏感性分析可以用于识别较强及较弱的影响。

（5）模型便于理解，因为输入数据与输出结果之间的关系是透明的。

（6）提供了一个结果准确性的衡量。

（7）软件便于获取且成本较低。

蒙特卡罗模拟的局限包括：

（1）结果准确性取决于可执行的模拟次数（随着计算机运行速度的加快，这一限制越来越小）。

（2）依赖于能够代表参数不确定性的有效分布。

（3）大型复杂的模型可能对建模者具有挑战性，很难使利益相关方参与到该过程中。

（4）由于抽样效率的限制，该方法对于组织最为关注的严重后果/低概率的风险事件预测效力不足。

三十二、贝叶斯统计及贝叶斯网络

（一）概述

贝叶斯统计学是由英国学者贝叶斯提出的一种系统的统计推断方法。其前提是任何已知信息（先验）可以与随后的测量数据（后验）相结合，在此基础上去推断事件的概率。贝叶斯理论的基本表达式见式（13）：

$$P(A|B)=\{P(A)P(B|A)\}/\sum P(B|E_i)P(E_i) \tag{13}$$

式中，事件 X 的概率表示为 $P（X）$；

在事件 Y 发生的情况下，X 的条件概率表示为 $P（X|Y）$

E_i 代表第 i 个事项。

式（13）的最简化形式为式（14）：

$$P(A|B)=\{P(A)P(B|A)\}/P(B) \tag{14}$$

与传统统计理论不同的是，贝叶斯统计并未假定所有的分布参数为固定的，而是设定这些参数是随机变量。如果将贝叶斯概率视为某个人对某个事项的信任程度，那么贝叶斯概率就更易于理解。相比之下，古典概率取决于客观证据。由于贝叶斯方法是基于对概率的主观解释，因此它为决策思维和建立贝叶斯网络（信念网、信念网络及贝叶斯网络）提供了现成的依据。

贝叶斯网络是基于概率推理的数学模型，它是基于概率推理的图形化网络，使用图形模式来表示一系列变量及其概率关系。网络中的节点表示随机变量，节点间的结有向边代表了节点间的互相关系，这里母节点是一个直接影响另一个（子节点）的变量，用条件概率进行表达关系强度，没有父节点的用先验概率进行信息表达。贝叶斯网络对于解决复杂系统中不确定性和关联性引起的故障有较大优势，由此在多个领域中获得广泛应用。

（二）用途

近年来，归功于目前越来越多现成的软件计算工具，贝叶斯理论及贝叶斯网络的运用非常普及。贝叶斯网络已用于各种领域：医学诊断、图像仿真、基因学、语音识别、经济学、外层空间探索，以及今天使用的强大的网络搜索引擎。对于任何需要利用结构关系和数据来了解未知变量的领域，它们都被证明行之有效。贝叶斯网可以用来认识因果关系，以便了解问题域并预测干预措施的结果。

（三）输入

其输入数据接近蒙特卡罗模拟的输入数据。每个贝叶斯网络应采取的步骤如下所示：

（1）界定系统变量。

（2）界定变量间的因果联系。

（3）确定条件及先验变量。

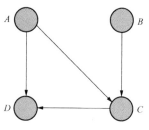

图 9   贝叶斯网络样图

（4）增加证据。

（5）进行信念更新。

（6）获取后验信念。

（四）过程

分析下列贝叶斯网络，如图 9 所示。

借助于确定的先验概率，计算结 C、结 D 的条件概率，如表 7～表 9 所示。其中，Y 表示正值，N 表示负值。

表 7   结 A 与结 B 的先验概率

$P(A=Y)$	$P(A=N)$	$P(B=Y)$	$P(B=N)$
0.9	0.1	0.6	0.4

表 8   在明确结 A 与结 B 的情况下，结 C 的条件概率

A	B	$P(C=Y)$	$P(C=N)$
Y	Y	0.5	0.5
Y	N	0.9	0.1
N	Y	0.2	0.8
N	N	0.7	0.3

表 9   在明确结 A 与结 B 的情况下，结 D 的条件概率

A	C	$P(D=Y)$	$P(D=N)$
Y	Y	0.6	0.4
Y	N	1.0	0.0
N	Y	0.2	0.8
N	N	0.6	0.4

为了确定 $P(A|D=N,C=Y)$ 的后验概率，首先要计算出 $P(A,B|D=N,C=Y)$。

使用贝叶斯规则，可以确定 $P(D|A,C)P(C|A,B)P(A)P(B)$，如表 10 所示。同时，最后一栏表示正态概率，其和为上列得出的 1（结果四舍五入）。

表 10   在明确结 C 与结 D 的情况下，结 A 与结 B 的后验概率

A	B	$P(D|A,C)P(C|A,B)P(A)P(B)$	$P(A,B|D=N,C=Y)$
Y	Y	0.4×0.5×0.9×0.6=0.110	0.4
Y	N	0.4×0.9×0.9×0.4=0.130	0.48
N	Y	0.8×0.2×0.1×0.6=0.010	0.04
N	N	0.8×0.7×0.1×0.4=0.022	0.08

要得出 $P(A|D=N,C=Y)$，B 的所有值必须求和。

| 表 11 | 在明确结 D 与 C 的情况下，结 A 的后验概率 |

P（$A=Y|D=N$，$C=Y$）	P（$A=N|D=N$，$C=Y$）
0.88	0.12

表 11 表明，P（$A=N$）的先验概率已由 0.1 增加到后验的 0.12，此变化较小。同理，通过计算可以得知，P（$B=N|D=N$，$C=Y$）已由 0.4 增加到 0.56，这个变化更明显。

（五）输出

贝叶斯方法与传统统计方法有着相同的应用范围，并会产生大量的输出结果，如得出点估算结果的数据分析以及置信区间。贝叶斯方法得以流行，而这与可以产生后验分布的贝叶斯网络密不可分。图形结果提供了一种便于理解的模式，可以轻松修正数据来分析参数的相关性及敏感性。

（六）优点及局限

贝叶斯统计及贝叶斯网络的优点包括：仅需有关先验的知识；推导式证明易于理解；确应考虑贝叶斯规则；它提供了一种利用客观信念解决问题的机制。

贝叶斯统计及贝叶斯网络的局限包括：

（1）对于复杂系统，确定贝叶斯网中所有节点之间的相互作用是相当困难的。

（2）贝叶斯方法需要众多的条件概率知识，这通常需要专家判断提供。软件工具只能基于这些假定来提供答案。

参 考 文 献

[1] 戚安邦. 工程项目全面造价管理. 天津：南开大学出版社，2000.

[2] 项目管理的风险分析与决策. 香港：香港理工大学出版社，1982.

[3] 王家远，刘春乐. 建设项目风险管理. 北京：中国水利水电出版社，2004.

[4] 余建星. 工程项目风险管理. 天津：天津大学出版社，2006.

[5] 美国项目管理协会，项目管理知识体系（PMBOK）2000 版. 北京：北京现代卓越管理技术交流中心，2001.

[6] 卢有杰，卢家仪. 项目风险管理. 北京：清华大学出版社，1998.

[7] 王卓甫. 工程项目风险管理—理论、方法与应用. 北京：中国水利水电出版社，2003.

[8] 陆惠民，苏振民. 工程项目管理. 南京：东南大学出版社，2002.

[9] 黄安平，卢方卫. 企业的整合风险管理要素分析. 经济与管理，2004，18（6）：49-51.

[10] 唐坤，卢玲玲. 建筑工程项目风险与全面风险管理. 建筑经济，2004，（4）：49-52.

[11] 王宏伟，孙建峰，吴海欣，等. 现代大型工程项目全面风险管理体系研究. 水利水电技术，2006，（2）：103-105.

[12] 张亚莉，杨乃定，杨朝君. 项目全寿命周期风险管理的研究. 科学管理研究，2004，（2）：27-30.

[13] 欧阳建涛，陈睿，刘晓君. 工程项目全寿命周期风险集成化管理研究. 基建优化，2006，（2）：70-73.

[14] 祁世芳，贾月阳. 工程项目的风险管理研究. 太原理工大学学报，2002，23（1）：95-99.

[15] 罗吉·弗兰根，乔治·诺曼. 工程建设风险管理. 李世蓉译. 北京：中国建筑工业出版社，2000.

[16] 祝迪飞，方东平，王守清，等. 2008奥运场馆建设风险管理工具—风险表的建立. 土木工程学报，2006，39（12）：119-123.

[17] 刘金兰，韩文秀，李光泉. 大型工程建设项目风险分析方法及应用. 系统工程理论与实践，1996，（8）：63-69.

[18] 胡云昌，黄海燕，余建星. 基于概率影响图的海洋平台安全风险评估方法. 中国造船，1998，（3）：38-46.

[19] 石晓军，任志安. 项目投资风险分析方法研究：一种基于影响图的解析方法. 系统工程理论与实践，2000，（3）：48-51.

[20] 赵振宇，刘伊生，杨华春. 故障树法引入工程项目风险管理研究. 现代电力，2002，（2）：96-100.

[21] 张晓峰，朱琳，谭学奇，等. 大型水利水电工程施工进度风险分析. 水利水电技术，2005，36（4）：82-84.

[22] 钟登华，张建设，曹广晶. 基于 AHP 的工程项目风险分析方法. 天津大学学报，2002，（2）：29-33.

[23] 林挺，常秒. 污水处理厂项目风险评价与控制. 中国给水排水，2007，16（8）：74-78.

[24] 杨建斌，张慧. 大型水利项目风险模糊层次综合评价方法研究. 人民长江，2007，（6）：148-150.

[25] 刘军，潘德惠，田喜龙. 房地产项目投资前期的风险评价. 系统管理学报，2007，16（4）：194-197.

[26] 林君晓，姜鹏飞，谢玉萍. 蒙特卡罗模拟技术在污水处理项目风险分析中的应用. 科技管理研究，2006，（12）：53-55.

[27] 孙建平，李胜. 蒙特卡罗模拟在城市基础设施项目风险评估中的应用. 上海经济研究，2005，（2）：91-97.

[28] 欧阳斌，王琳，黄敬东. 港口工程进度风险分析研究. 水运工程，2005，（1）：32-37.

[29] 王忠法，黄建和，邱忠恩．风险分析方法与三峡工程投资风险分析．人民长江，1997，(7)：5-7.

[30] 郭宇，刘尔烈．应用蒙特卡罗方法改进项目成本分析．天津大学学报，2002，(2)：66-69.

[31] 范小军，王方华，钟银元．大型基础项目融资风险的动态模糊评价．上海交通大学学报，2004，(3)：450-454.

[32] 刘晓君，刘新科．基于 PERT 与模糊数学的项目工期风险等级评价模型研究．西安建筑科技大学学报，2007，(4)：547-550.

[33] 王要武，孙成双．建设项目投资风险指标及模糊综合度量的研究．数学的实践与认识，2005，(8)：16-21.

[34] 张丽霞，侍克斌，丰景春，等．基于 Mamdani 模糊系统的工程项目风险分析．新疆农业大学学报，2005，28 (2)：63-66.

[35] 温海珍，贾生华，杨志威．BAYES 方法在房地产项目方案比选中的应用．土木工程学报，2006，39 (9)：108-111.

[36] 贾焕军．贝叶斯方法在工程建设项目风险分析中的应用．数理统计与管理，2005，(3)：12-16.

[37] 冯楠，李敏强，寇纪淞，等．基于贝叶斯网络的软件项目风险管理模型．计算机工程，2007，(7)：47-49.

[38] 卢新元，张金隆．基于粗糙集和贝叶斯理论的 IT 项目风险规则挖掘．计算机工程与应用，2006，(22)：12-15.

[39] 李丹，袁永博．基于灰色系统理论的建设项目风险评价．建筑经济，2007，(S2)：109-111.

[40] 张新立，杨德礼．多层次灰色评价法在风险投资项目决策中的应用．科技进步与对策，2006，23 (10)：140-142.

[41] 谢琳琳，傅鸿源．基于灰色评价的政府投资项目决策风险分析．建筑经济，2005，(10)：12-15.

[42] 张曙红，张金隆，鲍玉昆．一种基于粗糙集理论的工程项目招标风险分析方法研究．科技进步与对策，2004，(10)：143-145.

[43] 官庆．基于粗糙集的大型公用建筑设计项目技术风险评价．四川建筑科学研究，2007，(4)：228-230.

[44] 刘伟，王永庆．活动网络费用优化问题及其遗传算法．系统工程学报，1999，(2)：82-86.

[45] 杨乃定，姜继娇，蔡建峰．基于项目的企业集成风险管理模式研究．工业工程与管理，2004，(2)：6-10.

[46] 尹贻林，张传栋．大型建设项目集成风险管理的实现模式探讨．建筑经济，2006，(3)：37-40.

[47] 金德民．工程项目全寿命期风险管理系统理论及集成研究：博士学位论文．天津：天津大学，2004.

[48] 杨文安，陈斌．工程项目集成化风险管理研究．工业技术经济，2005，(2)：103-105.

[49] 向鹏成，谢琳琳，王林，等．工程项目集成风险管理探讨．建筑经济，2008，(5)：37-39.

[50] 陈伟坷，姚伟峰．项目集成风险管理．基建优化，2005，(4)：24-26.

[51] 唐文哲，强茂山，陆佑嵋，等．基于伙伴关系的项目风险管理研究．水力发电，2006 (7)：1-4.

[52] 秦旋．伙伴关系模式建设项目集成风险管理探讨．水力发电，2007，(6)：5-8.

[53] 王健，刘尔烈，骆刚．工程项目管理中工期—成本—质量综合均衡优化．系统工程学报，2004，19 (2)：148-153.

[54] 高兴夫，胡成顺，钟登华．工程项目管理的工期—费用—质量综合优化研究．系统工程理论与实践，2007，(10)：112-117.

[55] 张丽霞，侍克斌．施工网络计划的多目标优化．系统工程理论与实践，2003，(1)：56-61.

[56] 杨耀红，汪应洛，王能民．工程项目工期成本质量模糊均衡优化研究．系统工程理论与实践，2006，(7)：112-117.

[57] 刘晓峰，陈通，张连营．基于微粒群算法的工程项目质量、费用和工期综合优化．土木工程学报，2006，

39（10）：127-131.

［58］李雪淋，王卓甫，刘晓平，等．基于向量评价遗传算法的工程项目多目标优化．水运工程，2007，（11）：9-11.

［59］张清河，王全凤．安全质量费用工期在网络计划中的系统优化研究．数学的实践与认识，2006，36（1）：85-89.

［60］彭锟，强茂山．模糊层次分析法在 Duber Khwar 项目风险评价和投标决策中的应用研究．水力发电学报，2004，（3）：44-50.

［61］马运来．AHP-GCP 模型在风险投资项目评估中的应用．科技管理研究，2007，（9）：102-104.

［62］王鹏．工程项目风险管理理论的演进．西北工业大学学报（社会科学版），2004，（4）：42-45.

［63］吴秋明．集成管理理论研究：博士学位论文．湖北：武汉理工大学，2004.

［64］王乾坤．集成管理原理分析与运行探索．武汉大学学报，2006，（3）：355-359.

［65］王乾坤．建设项目集成管理研究：博士学位论文．湖北：武汉理工大学，2006.

［66］李瑞涵．工程项目集成化管理理论与创新研究：博士学位论文．天津：天津大学，2002.

［67］高云莉，李宏男，李平．工程项目动态集成化风险管理模式的探讨．建筑经济，2007，（3）：24-26.

［68］齐宝库．工程项目管理．辽宁：大连理工大学出版社，2004.

［69］黄有亮，王中平．风险管理与项目管理的整合．建筑技术，2006，37（4）：282-285.

［70］吕宁华．工程项目目标集成控制的研究：硕士学位论文．陕西：西安建筑科技大学，2007.

［71］李登峰．模糊多目标多人决策与对策．北京：国防工业出版社，2003.

［72］陈水利，李敬功，王向公．模糊集理论及其应用．北京：科学出版社，2005.

［73］李荣均．模糊多准则决策理论与应用．北京：科学出版社，2002.

［74］中国项目管理研究委员会．中国项目管理知识体系与国际项目管理专业资质认证标准．北京：机械工业出版社，2002.

［75］克里斯·查普曼，斯蒂芬·沃德，项目风险管理一过程，技术和洞察力．北京：电子工业出版社，2003.

［76］中国项目管理国际研讨会学术委员会．中国项目管理知识体系纲要．北京：电子工业出版社，2002.

［77］罗布·托姆赛特．极限项目管理．北京：电子工业出版社，2003.

［78］王祖和．现代工程项目管理．北京：电子工业出版社，2007.

［79］戚安邦．项目管理十大风险．北京：中国经济出版社，2004.

［80］王宏伟，余建星．海洋工程全面风险管理方法体系研究．海洋技术，2006，（1）：89-92.

［81］张林．基于风险矩阵的创业投资项目风险评估．工业技术经济，2005，（2）：124-126.

［82］朱启超，匡兴华．风险矩阵方法与应用述评．中国工程科学，2003，5（1）：89-94.

［83］赵振宇，刘伊生．基于伙伴关系的建设工程项目管理．北京：中国建筑工业出版社，2006.

［84］何晓晴，工程项目成功合作及其管理指标体系的构建与研究：博士学位论文．湖南：湖南大学，2006.

［85］李士勇．工程模糊数学及应用．哈尔滨：哈尔滨工业大学出版社，2004.

［86］潘英帅．基于模糊博弈论的合作供应链优化配置方法：硕士学位论文．浙江：浙江大学，2006.

［87］王铁江，邮萌，徐霭．安全苛求软件的模糊风险评价．计算机应用，2003，（23）：182-184.

［88］王士同．模糊推理理论与模糊专家系统．上海：上海科学技术文献出版社，1995.

［89］朱训生．工程管理的模糊分析．上海：上海交通大学出版社，2004.

［90］沈建功．项目风险管理．北京：机械工业出版社，2004.

［91］王华．现代工程项目管理的组织创新研究：博士学位论文．天津：天津大学，2005.

［92］朱金弟. 基于网络的工程项目管理一虚拟建设模式研究：硕士学位论文. 陕西：西安建筑科技大学，2002.

［93］何清华. 虚拟组织在建筑业中的应用一虚拟建设. 建筑施工，2000，（1）：31-32.

［94］黄宏飞，欧国立. 博弈论在投标报价决策中的应用，北京交通大学学报，2002，（3）：41-44.

［95］沙凯逊，宋清，赵锦锷，等. 从非对称信息看建设市场的整顿和规范. 建筑经济，2004，（1）：8-11.

［96］张德群，关柯. 建筑业信息模型及信息不对称分析. 哈尔滨建筑大学学报，2000，（8）：93-94.

［97］谢识予. 经济博弈论. 上海：复旦大学出版社，2006.

［98］张维迎. 博弈论与信息经济学. 上海：上海三联书店，1996.

［99］刘伊生. 建设工程项目管理的发展趋势一集成化. 建筑经济，2008，（1）：13-16.

［100］何清华，陈发标. 建设项目全寿命周期集成化管理模式研究. 重庆大学学报，2001，23（4）：75-79.

［101］孙成双，王要武. 基于多 Agent 技术的工程项目风险管理系统构架. 哈尔滨工业大学学报，2005，37（6）：777-778.

［102］都志辉，陈渝，刘鹏，等. 网格计算. 北京：清华大学出版社，2002.

［103］邹顺，曹雷. 数据网格. 中国科技信息，2005，（22）：14-15.

［104］王意洁，肖侬，任浩，等. 数据网格及其关键技术研究. 计算机研究与发展，2002，39（8）：943-947.

［105］姜青舫，陈方正. 风险度量原理. 上海：同济大学出版社，2000：52-53.

［106］张建设，钟登华. 工程项目风险的多维功效函数评价方法研究. 洛阳大学学报，2002，（6）：50.

［107］余志峰. 大型建筑工程项目风险管理和工程保险的研究[硕士学位论文]. 上海，同济大学，1993.

［108］雷胜强. 国际工程风险管理与保险. 北京：中国建筑工业出版社，1996.

［109］邱菀华. 现代项目风险管理方法与实践. 北京：科学出版社. 2003，7.

［110］姜青舫. 证券投资的风险偏好与期望效用决策模型. 审计与经济研究，2006（5）.

［111］金德民. 工程项目全寿命期风险管理系统理论及集成研究. 天津大学，2004.

［112］徐祖林. 论我国合同法中的公平原则. 云梦学刊，2001，22（5）：29-31.

［113］朱冰，李启明. 工程项目风险分担问题的探讨. 江苏建筑，2005（3）：50-52.

［114］张水波，何伯森. 工程项目合同双方风险分担问题的探讨. 天津大学学报（社会科学版），2003，5（3）：257-261.

［115］王晓刚. 交通 PFI 模式的风险分担机制研究. 成都：西南交通大学，2004.

［116］刘新平，王守清. 试论 PPP 项目的风险分配原则和框架. 建筑经济，2006（2）：59-63.

［117］Johnathan Mun Modeling Risk Wiley Finance Publisher, 2006.

［118］Wenzhe Tang, Maoshan Qiang, Duffield Colin F., et al. Risk Management in the Chinese Construction Industry. Journal of Construction Engineering and Management, 2007, Nov/Dec：473-485.

［119］Hertz D.B. and Thomas H. Risk and Its Application. New York: John Wiley and Sons, Inc., 1983.

［120］Hayes R.W., Perry J.G., and Willmer G. Risk Management in Engineering Construction Implications for Project Managers. UK: Project Management Group, UMIST, Thmoas Telford Ltd. 1987.

［121］Haimes, Yacov Y. Total Risk Management. Risk Analysis, 1991, (2): 169-178.

［122］Carter B., Hancock T., Morin J., et al. Introducing RISKMAN: The European Project Risk Management Methodology. UK: NCC Blackwell Limited, 1994.

［123］Ren H. Risk Lifecycle and Risk Relationships on Construction Projects. International Journal of Project Management. 1994, 12(2):68-74.

［124］Tummala V.M.R., Mnkasu M. and Chuah K.B. A Framework for Project Risk Management. ME Research Bulletin, 1994, (2): 145-171.

［125］Tummala V.M.R., Mnkasu M. and Chuah K.B A Systematic Approach to Risk Management. Joumal of Mathematical Modeling and Scientific Computing, 1994, (4)：174-184.

［126］Ali Jaafari. Management of Risks, Uncertainties and Opportunities on Projects: Time for a Fundamental Shift. International Journal of Project Management, 2001, 19(2):89-101.

［127］Nottingham Lucy. Integrated Risk Management. The Canadian Business Review, 2002, 23(7): 26-28.

［128］Hernandez L R. Integrated Risk Management in the Internet Age. Risk Management, 2000, 47(6): 29-32.

［129］Nicos S. Integrated Risk Management. The Journal of Risk and Insurance, 2000, 67(4):63-74.

［130］Makarand Hastak, Aury Shaked. ICRAM-1: Model for International Construction Risk Assessment Journal of Management in Engineering, 2000, (1)：59-69.

［131］Patrick X.W.Zou, Goumin Zhang, Jiayuan Wang. Understanding the Key Risks in Construction Projects in China. International Journal of Project Management, 2007,25(6):601-614.

［132］Yuan H.,Apostolakis G. Conditional Influence Diagrams in Risk Management. Risk Analysis. 1993, (13)6:625-636.

［133］Y.P.Poh, J.H.M.Tah. Integrated Duration-cost Influence Network for Modeling Risk Impacts on Construction Tasks. Construction Management and Economics, 2006,(24):861-868.

［134］Irem Dikmen, M.Talat Birgonul, Sedat Han. Using Fuzzy Risk Assessment to Rate Cost Overrun Risk in International Construction Projects. International Journal of Project Management, 2007,(25):494-505.

［135］Young T'.C. Measurement of Investment Risk in Shipping Project Using Monte Carlo Simulation. Oceanographic Literature Review, 1995,42(11):1032-1033.

［136］Ng K.H., Fairfield C.A. Monte Carlo Simulation for Arch Bridge Assessment. Construction and Building Materials, 2002,16(5):271-280.

［137］Van Dorp, J.R.，Duffey M.R. Statistical Dependence in Risk Analysis for Project Networks Using Monte Carlo Methods. International Journal of Production Economics,1999,58(1):17-29.

［138］Sangyoub lee. Predictive Tool for Estimating Accident Risk. Journal of Construction Engineering and Management, 2003,(4):431-436.

［139］Karia Knight，Aminah Robinson. Use of Fuzzy Logic for Predicting Design Cost Overruns on Building Projects. Journal of Construction Engineering and Management,2002,(4):503-512.

［140］Wang J. A Fuzzy Project Scheduling Approach to Minimize Schedule Risk for Product Development. Fuzzy Sets and Systems,2002,127(2)：99-116.

［141］Ching-Torng Lin, Ying-Te Chen. Bid/No-bid Decision-Making A Fuzzy Linguistic Approach. International Journal of Project Management, 2004, 22(2)：585-593.

［142］Ibrahim A.Motawa, Chimay J.Anumba, Ashraf EI-Hamalawi. A Fuzzy System for Evaluating the Risk of Change in Construction Projects. Advances in Engineering Software, 2006, 37(9):583-591.

［143］Wang N. Uncertainty of Large Scale Project Logistics Based on the Decision Network Planning Technique. International Conference on Transportation Engineering. New York: The American Society of Civil Engineers, 2007：3673-3678.

［144］Fiona D. Patterson, Kevin Neaile. A Risk Register Database System to Aid the Management of Project Risk.

International Journal of Project Management，2002, 20 (5):365-374.

［145］Williams.T.M. Using a Risk Register to Integrate Risk Management in Project Definition. International Journal of Project Management,1994,12(1):17-22.

［146］Alfredo del Cano,M.Pliar de la Cruz. Integrated Methodology for Risk Management. Journal of Construction Engineering and Management, 2002，Nov：473-485.

［147］P.Sen, John K.GTan，David Spencer. An Integrated Probabilistic Risk Analysis Decision Support Methodology for Systems With Multiple State Variables. Reliability Engineering and System Safety,1999,64 (1):73-87.

［148］C.B Chapman,D F Cooper. Risk Analysis for Large Projects：Models, Methods and Cases.New York:John Viley & Sons, 1987.

［149］C.B Chapman. A Risk Engineering Approach to Project Risk Management, Project Management, 1990, 8(1)：5-16.

［150］Geoff Conroy, Hossein Soltan, ConSERV. A Project Specific Risk Management Concept. International Journal of Project Management. 1998, 16(6)：353-366.

［151］HM Leung, KB Chuah, V.M. R Tummala. A Knowledge-based System for Identifying Potential Project Risk. International Journal of Management Science, 1998,26(5): 623-638.

［152］J.H.M.Tah, V.Carr. Knowledge-based Approach to Construction Project Risk Management. Journal of Computer in Civil Engineering, 2001,26(7): 170-177.

［153］Sou-Sen Leu,An-Ting Chen，Chung-Huei Yang. A GA-Based Fuzzy Optimal Model for Construction Time-Cost Trade-Off. International Journal of Project Management, 2001, 19 (1): 47-58.

［154］I-Tung Yang. Performing Complex Project Crashing Analysis with aid of Particle Swarm Optimization Algorithm. International Journal Project Management，2007, 25 (6): 637-646.

［155］Daisy X. Zheng, S.Thomas Ng, Kumaraswamy. Applying Pareto Ranking and Niche Formation to Genetic Algorithm-Based Multiobjective Time-Cost Optimization. Journal of Construction Engineering and Management, 2005,(1)：81-91.

［156］A.J.G Babu, Nalina Suresh. Project Management with Time, Cost, and Quality Considerations. European J.Operations Research, 1996, 88 (2)：320-327.

［157］Khaled EI-Rayes, Amr Kandil. Time-Cost-Quality Trade-Off Analysis for Highway Construction. Journal of Construction Engineering and Management, 2005, Mar: 477-486.

［158］Do Ba Khang, Yin Mon Myint. Time Cost and Quality Trade-Off in Project Management:A Case Study. International Journal of Project Management, 1999, 17 (4)：249-256.

［159］CIOB. Code of Practice of Project Management for Construction and Development (Third edition). UK: Blackwell Publishing，2002.

［160］Harold Kerzner. Project Management: A Systems Approach to Planning, Scheduling, and Controlling (seventh edition). Canada: John Wiley&Sons, Inc. 2001.

［161］Paul R, Garvey P R, Lansdowne Z F. Risk Matrix: An Approach for Identifying Assessing and Ranking Program Risks. Air Force Journal of Logistics, 1998, 25:16-19.

［162］Yunli Gao, Hongnan Li. A Multidimensional Space Risk Management Matrix Model Appropriate To Civil Engineering Projects. Proceedings of 2006 International Conference on Construction and Real Estate Management. October, Orlando，Florida, USA: 251-256.

［163］Wenzhe Tang, Colin F. Duffield, David M.Young.el. Partnering Mechanism in Construction: An Empirical Study on the Chinese Construction Industry. J. Constr. Eng. and Manage., 2006, 132(3):217-228.

［164］Larry G. Crowley. Conceptual Model of Partnering. Journal of Management in Engineering, 1995,11(5): 33-39.

［165］Sirkka L. Jarvenpaa, Thomas R. Shaw, Global Virtual Teams: Integrating Models of Trust, Organizational Virtualness, Proceedings of the VoNet-Workshop, 1998,April:27-28.

［166］S. Ping Ho, Liang Y.Liu. Analytical Model for Analyzing Construction Claims and Opportunitic Bidding. Journal of Construction Engineering and Management, January/February 2004:94-104.

［167］J.H.M.Tah,V.Carr. A Proposal for Construction Project Risk Assessment Using Fuzzy Logic. Construction Management and Economics,2000,(18):491-500.

［168］J.H.M.Tah, V.Carr. Information Modelling for a Construction Project Risk Management System. Engineering, Construction and Architectural Management，2000, 7(2):107-119.

［169］Yun-Li Gao,Hong-nan Li,Qing-chun Wang. Study on the Dynamic Information Model for Civil Engineering Project Management Based on Data Grid Technology. Proceedings of 2007 International Conference of Management Science and Engineering. August,Harbin, P.R.China: 949-952.

［170］Merriam-Webster's collegiate dictionary (11th ed.). (2005). Springfield, MA: Merriam-Webster.

［171］Reddy & Rawi. Modeling Uncertainty in Selection Using Extract Interval Arithmetric. Design the Orem and Methodology, 1992.

［172］Weck M. Evaluation Alternative Production Cycles Using the Extended Fuzzy AHP Method. Europe Journal of Operational Research, 1997(100).

［173］Wu, Huizhong & Fang Wang, A Model of Inextract Reasoning in Mechanical Design Evaluation. Artificial Intelligence in Engineering, 1996(10).

［174］Histoshi Furuta, Michiyuki Hirokane, Rough-Set-Based Knowledge Acquisition From Cases for Integrity Assessment of Bridge Structure, Computer-Aided Civil and Infrastructure Engineering, 1998(13).

［175］Pawlak, Zdzislaw. Rough Set Theory and Its Application to Data Analysis. Cybernetics and Systems, 1998(29).

［176］Delado, M., Herrera F., Herrera-Viedma, E., Martinez L. Combining Numerical and Linguistic Information in Group Decision Making . Journal of Information Sciences. 1998(107): 177-194.

［177］Herrera, F., Herrera-Viedma, E., Verdegay, J.L. Direct Approach Processes in Group Decision Making Using Linguistic OWA Operators. Fuzzy Sets and System, 1996(79): 175-190.

［178］Kim, Soung Hie, Ahn, Byeong Seok. Interactive Group Decision Making Procedure Under Incomplete Information . Europe Journal of Operational Research, 1999(116): 498-507.

［179］Chun-Hsien Chen. Development of A Product Design Evaluation System. University of Missouri-Columbia, 1996.

［180］Williams, C.A., Heins, R.M. Risk Management and Insurance (6th-ed) . New York: McGraw-Hill, -McGraw-Hill insurance series, 1989.

［181］Williams, T.M. The Two-Dimentionality of Project Risk. International Journal of Project Management, 1996, 14(3): 185-186.

［182］Pouliquen, L.Y. Risk Analysis in Project Analysis. Baltimore: The Johns Hopkins Press, 1970.

［183］Reutlinger, S. Techniques for Project Appraisal Under Uncertainty. Baltimore: The Johns Hopkins Press, 1970.

［184］Markowitz, Harry. Portfolio Selection. The Journal of Finance, Vol. 7, No. 1, 1952: 77-91.

［185］Shannon, C.E. A Mathematical Theory of Communication. The Bell System Technical Journal. Vol.27, July, October, 1948: 379-423, 623-656

［186］Pm, I. "A guide to the project management body of knowledge (PMBOK guide)." Project Management Institute, 2000.

［187］Arndt, Henry R. Risk allocation in the Melbourne city link project. Journal of Project Finance, 1998, 4(3) : 11-24.

［188］Nadel N A. Allocation of risks: a contractor' s view. Construction risks and liability sharing . American Society of Civil Engineers, 1979 (1) : 38- 53.

［189］Humphreys I, Francis G, Ison S. An examination of risk transference in air transport privatization . Transportation Quarterly, 2003, 57(4) :31- 37.

［190］World Bank. Tools to mitigate risks in highway PPPs. Presented by Cledan Mandri- Perrott in Infrastructure Economics & Finance Department (IEF) Workshop, PPP in Highways, 2006.

［191］Boeuf P. Public-private partnerships for transport infrastructure projects. Paris: European Investment Bank, 2003.

［192］Frederick A. Entrepreneurial risk allocation in public -private infrastructure provision in South Africa . South African Journal of Business Management, 2002, 33 (4): 29- 40.

［193］Michel J. Risk- allocation: theoretical and empirical evidences, application to public - private partnerships in the defence sector. Barcelona, Spain: the 9th annual conference of the institutions of market exchange, 2005.

［194］Furmston M. The liability of contractors: principles of liability in contract and tort . In Lloyd H. (ed.) The liability of contractors. Centre for Commercial Law Studies, Queen Mary College, London, 1986.

［195］Lin MC. Contract design of private infrastructure concessions [phD]. California: University of California Berkeley, 2000.

［196］Hurst C and Reeves E. An economic analysis of Ireland' s first public private partnership. The International Journal of Public Sector Management, 2004, 17(5) : 379-388.